Gefahrbegriff und zeitliche Grenzen der Verkäuferhaftung im UN-Kaufrecht

Berliner Schriften zum internationalen, ausländischen und deutschen Privatrecht

Herausgegeben von Prof. Dr. Helmut Grothe, Freie Universität Berlin

Band 13

Zur Qualitätssicherung und Peer Review der vorliegenden Publikation

Die Qualität der in dieser Reihe erscheinenden Arbeiten wird vor der Publikation durch den Herausgeber der Reihe geprüft.

Notes on the quality assurance and peer review of this publication

Prior to publication, the quality of the work published in this series is reviewed by the editors of the series.

Alexander Dolgorukow

Gefahrbegriff und zeitliche Grenzen der Verkäuferhaftung im UN-Kaufrecht

PETER LANG

Bibliografische Information der Deutschen Nationalbibliothek
Die Deutsche Nationalbibliothek verzeichnet diese Publikation in der Deutschen Nationalbibliografie; detaillierte bibliografische Daten sind im Internet über http://dnb.d-nb.de abrufbar.

Zugl.: Berlin, Freie Univ., Diss., 2018

D 188
ISSN 2364-4370
ISBN 978-3-631-81785-8 (Print)
E-ISBN 978-3-631-81787-2 (E-PDF)
E-ISBN 978-3-631-81788-9 (EPUB)
E-ISBN 978-3-631-81789-6 (MOBI)
DOI 10.3726/b16785

Peter Lang – Berlin · Bern · Bruxelles · New York · Oxford · Warszawa · Wien

Diese Publikation wurde begutachtet.

www.peterlang.com

Vorwort

Die Idee zu dieser Arbeit ist entstanden während meiner Tätigkeit als wissenschaftlicher Mitarbeiter am Institut für Internationales Privatrecht, Internationales Zivilverfahrensrecht und Rechtsvergleichung der Freien Universität Berlin und insbesondere anlässlich der Betreuung des Teams der Freien Universität Berlin für den Willem C. Vis International Commercial Arbitration Moot Court. Meine darauffolgende Tätigkeit als Rechtsanwalt im Bereich der internationalen Handelsschiedsgerichtsbarkeit eröffnete mir die Möglichkeit, die Thematik noch einmal aus einem neuen Blickwinkel zu bewerten. Dieser Perspektivenwechsel bewog mich dazu, die Arbeit in wesentlichen Teilen umzustellen und fast durchgehend neu zu formulieren.

Zu danken habe ich in erster Linie meinem Doktorvater Herrn Prof. Dr. Helmut Grothe, der meine Arbeit stets mit viel Verständnis unterstützt hat. Ich freue mich sehr, die Arbeit in seiner Schriftenreihe „Berliner Schriften zum internationalen, ausländischen und deutschen Privatrecht" publizieren zu dürfen. Frau Prof. Dr. Ruth Janal danke ich für die Übernahme und zügige Erstellung des Zweitgutachtens. Meiner Mutter Frau Erika Dolgorukowa danke ich für die ideelle sowie beizeiten auch finanzielle Unterstützung und insbesondere für das Korrekturlesen.

Inhaltsverzeichnis

Abkürzungsverzeichnis

a.A.	anderer Ansicht
a.a.O.	am angegebenen Ort
AALR	Anglo-American Law Review
ABGB	Allgemeines Bürgerliches Gesetzbuch vom 1. 6. 1811 (Österreich)
Abs.	Absatz
AC	Law Reports, Appeal Cases
ALR 3d.	American Law Report
Alt.	Alternative
Am. J. Comp. L.	American Journal of Comparative Law
Anm.	Anmerkung
Art., Artt.	Artikel
AT	Allgemeiner Teil
begr.	begründet
BGB	Bürgerliches Gesetzbuch
BGH	Bundesgerichtshof
BGHZ	Entscheidungen des Bundesgerichtshofs in Zivilsachen (amtliche Sammlung)
Bsp.	Beispiel
bspw.	beispielsweise
BT	Besonderer Teil
BT-Drucks.	Bundestags Drucksache
bzgl.	bezüglich
bzw.	beziehungsweise
C&F	cost and freight (Kosten und Fracht)
CFR	cost and freight (Kosten und Fracht, Incoterm)
CIETAC	China International Economic and Trade Arbitration Commission
CIM	convention internationale concernant le transport des marchandises par chemin de fer / Einheitliche Rechtsvorschriften für den Vertrag über die internationale Eisenbahnbeförderung von Gütern, COTIF, Anhang B
CIP	carriage and insurance paid to (frachtfrei versichert, Incoterm)

CISG	United Nations Convention on Contracts for the International Sale of Goods / Übereinkommen der Vereinten Nationen über Verträge über den internationalen Warenkauf
CLOUT	Case Law on UNCITRAL Texts
CMR	convention relative au contrat de transport international de marchandises par route / Übereinkommen über den Beförderungsvertrag im internationalen Straßengüterverkehr
Colum. J. Transnat'l L.	Columbia Journal of Transnational Law
COTIF	convention relative aux transports internationaux ferroviaires / Übereinkommen über den internationalen Eisenbahnverkehr
CPT	carriage paid to (frachtfrei, Incoterm)
d.h.	das heißt
DAP	delivered at place (geliefert benannter Ort, Incoterm)
DCFR	Draft Common Frame of Reference
DCFR Model Rules	Principles, Definitions and Model Rules of European Private Law, Draft Common Frame of Reference (DCFR) (siehe Literaturverzeichnis)
DDP	delivered duty paid (geliefert verzollt, Incoterm)
ders.	derselbe
DES	delivered ex ship (frei ab Schiff, Incoterm)
EKG	Einheitliches Gesetz über den Kauf beweglicher Sachen
engl.	englisch
Eur. Transp. L.	European Transport Law
f(f).	folgend(e)
FN, Fn.	Fußnote
FOB, fob	free on board (frei an Bord, Incoterm)
h.M.	herrschende Meinung
Harv. L. Rev.	Harvard Law Review
HGB	Handelsgesetzbuch
HR	Haager Regeln
Hrsg.	Herausgeber
hrsg.	herausgegeben
HVR	Haager-Visby Regeln
i.V.m.	in Verbindung mit
IATA	International Air Transport Association

ICC	International Chamber of Commerce / Internationale Handelskammer
IHR	Internationales Handelsrecht, Zeitschrift für das Recht des internationalen Warenkaufs und -vertriebs
INCOTERMS	International Commercial Terms
insbes.	insbesondere
IPR	Internationales Privatrecht
IPRax	Praxis des Internationalen Privat- und Verfahrensrechts
IWF	Internationaler Währungsfonds
J. Econ. Lit.	Journal of Economic Literature
J. L. & Com.	The Journal of Law and Commerce
Jb.Ital. R.	Jahrbuch für Italienisches Recht
JuS	Juristische Schulung
JZ	Juristenzeitung
lit.	litera, Buchstabe
Lloyd's Rep.	Lloyd's List LawReports
Loy. L.A. Int'l & Comp. L.J.	Loyola of Los Angeles International and Comparative Law Journal
m.	mit
m.w.N.	mit weiteren Nachweisen
MÜ	Montrealer Übereinkommen
NJW	Neue Juristische Wochenschrift
NJW-RR	Neue Juristische Wochenschrift-Rechtsprechungsreport Zivilrecht
Nr.	Nummer
NW, Nachw.	Nachweis
O.R.	Unites Nations Conference on Contracts for the International Sale of Goods, Official Records
OGH	Oberster Gerichtshof (Österreich)
OLG	Oberlandesgericht
öst. JBL	österreichische Juristische Blätter
PECL	Principles of European Contract Law (siehe Literaturverzeichnis)
RabelsZ	Rabels Zeitschrift für ausländisches und internationales Privatrecht

RIW	Recht der internationalen Wirtschaft, Außenwirtschaftsdienst des Betriebsberaters
Rn.	Randnummer
Rspr.	Rechtsprechung
S.	Seite
SJZ	Schweizerische Juristen-Zeitung
SOGA 1979	Sale of Goods Act 1979
U. Pa. L. Rev.	University of Pannsylvania Law Review
u.a.	unter anderem
UCC	Uniform Commercial Code
UCC L. J.	Uniform Commercial Code Law Journal
ULIS	Uniform Law on the International Sale of Goods
UN	United Nations, Vereinte Nationen
UNCITRAL	United Nations Commission on International Trade Law / Kommission der Vereinten Nationen für internationales Handelsrecht
UNIDROIT	International Institute for the Unification of Private Law
URL	Uniform Resource Locator
US, U.S.	United States
v.	von
vgl.	vergleiche
VVG	Gesetz über den Versicherungsvertrag
WA	Warschauer Abkommen
WBl.	(österr.) Wirtschaftsrechtliche Blätter
YB	UNCITRAL Yearbook, New York, United Nations Publication
z.B., z. Bsp.	Zum Beispiel
zahlr.	zahlreich
ZEuP	Zeitschrift für Europäisches Privatrecht
ZGS	Zeitschrift für das gesamte Schuldrecht
Ziff.	Ziffer
ZIP	Zeitschrift für Wirtschaftsrecht
zit.	zitiert als (Kurztitel)

Einführung

Gegenstand der vorliegenden Untersuchung ist die Gefahrtragung in Verträgen, die dem Übereinkommen der Vereinten Nationen über Verträge über den internationalen Warenkauf (im Folgenden „UN-Kaufrecht“ oder „CISG“) unterliegen. Unter Gefahrtragung versteht man im Kaufrecht gemeinhin die Zuweisung des durch Untergang oder Beschädigung der Kaufsache in einem Zeitpunkt zwischen Vertragsschluss und endgültiger Vertragserfüllung entstandenen wirtschaftlichen Nachteils[1].

Der Begriff des Nachteils hat im Recht des internationalen Warenkaufs eine ganz spezifische Bedeutung, was wiederum wichtige Implikationen für den vorliegenden Untersuchungsgegenstand mit sich bringt. Das UN-Kaufrecht ist ausschließlich auf den grenzüberschreitenden Warenkauf anwendbar[2]. Bei solchen Exportgeschäften ist die Ware in aller Regel gegen Lager- und Transportschäden versichert[3]. Die Gefahrverwirklichung hat also meist nicht zur Folge, dass die gefahrbelastete Partei tatsächlich den in der Ware verkörperten Wert verliert. Der angesprochene wirtschaftliche Nachteil besteht vielmehr insbesondere in der Last, die Ware zu versichern und – in einem geringeren Umfang – in der Aufgabe, sich im Schadensfall mit dem Versicherer auseinanderzusetzen und gegebenenfalls die beschädigte Ware am Markt zu verwerten bzw. die zerstörte Ware zu entsorgen[4]. Insbesondere der Aspekt der Versicherung, der von den Parteien bereits bei Vertragsschluss bedacht werden sollte, zeigt, dass der Schaffung von Rechtssicherheit im Gefahrtragungsrecht des CISG im Ergebnis eine größere Bedeutung beizumessen ist als einer den Geboten der Gerechtigkeit und Billigkeit entsprechenden Lastenzuweisung im tatsächlich eingetretenen Schadensfall. Nur wenn bei Vertragsschluss eindeutig feststeht, ab welchem Zeitpunkt der Verkäufer für die Ware nicht mehr verantwortlich ist und – spiegelbildlich

---

1 Grundlegend *Hager*, Gefahrtragung beim Kauf, S. 11.

2 Artikel 1 Abs. 1 CISG.

3 Sekretariatskommentar, Art. 78, Anm. 2; *Sevón*, Passing of Risk, S. 193; *Schmitthoff*, Export Trade, S. 488; *Basedow*, Transportvertrag, S. 474; Honsell-*Schönle/Th. Koller*, Vorbem. 66–70, Rn. 3; *Honnold/Flechtner*, Uniform Law, Rn. 358.

4 *Lindacher*, Gefahrtragung und Gefahrübergang, S. 165 f.; Honsell-*Schönle/Th. Koller*, Vorbem. 66–70, Rn. 3; *Honnold/Flechtner*, Uniform Law, Rn. 358; MünchKommHGB-*Wertenbruch*, Art. 66 CISG, Rn. 2; Bianca/Bonell-*Nicholas*, Art. 66, Anm. 3.3.; MünchKommBGB-*Peter Huber*, Art. 66 CISG, Rn. 4.

dazu – die Verantwortlichkeit des Käufers beginnt, wird eine wirtschaftlich sinnlose doppelte Versicherung der Kaufsache oder, das ist der gravierendere Fall, das Entstehen einer „Versicherungslücke", in der dann doch wieder der gesamte Sachwert auf dem Spiel stünde, vermieden. Es ist eines der Anliegen der sich anschließenden Erörterungen, die Rechtssicherheit im skizzierten Bereich durch die Ausarbeitung einer verbindlichen und systematisch stimmigen Interpretation der Gefahrtragungsregeln des UN-Kaufrechts zu erhöhen[5].

Bei der zu diesem Zweck vorgenommenen Analyse sind eine Reihe von Charakteristika zu berücksichtigen, die einmal dem spezifischen tatsächlichen Hintergrund des internationalen Handelskaufs, des Weiteren aber auch dem Rechtscharakter des UN-Kaufrechts als internationalem Einheitsrecht geschuldet sind. Eine für die Auslegung besonders relevante praktische Erwägung ist der bereits angesprochene Zusammenhang von Gefahrtragung und Versicherung. Des Weiteren gilt es den häufig spekulativen Charakter von Exportgeschäften[6] zu berücksichtigen. Die gehandelte Ware ist in aller Regel nur ihrer Gattung nach bestimmt. Dieser Umstand und die lange Transportdauer, insbesondere beim Überseegeschäft, ermöglichen es dem Verkäufer, bereits auf dem Transport befindliche Ware an einen anderen Empfänger als den Käufer umzuleiten und den Kaufvertrag dann mit einem auf dem Markt erst noch zu beschaffenden Substitut zu erfüllen. Der Verkäufer wird ein solches Vorgehen immer dann erwägen, wenn er von sinkenden Preisen auf dem betreffenden Markt – meist wird es sich um Rohstoffe oder andere Massengüter wie beispielsweise Getreide (im Englischen wird zusammenfassend der Begriff *„commodities"* verwendet, für den es in der deutschen Sprache kein aussagekräftiges Äquivalent gibt) handeln – ausgeht. Ein weiterer bei der Analyse des Gefahrtragungsrechts relevanter Aspekt ist die Üblichkeit des so genannten multimodalen Transports und, damit zusammenhängend, der Verwendung von Containern. Da Exportgeschäfte ohne Warentransport nicht denkbar sind, gilt es ferner die Spezifika des Transportrechts zu berücksichtigen, die zwar nicht unmittelbarer Regelungsgegenstand des UN-Kaufrechts sind, aber erkennbar auf dessen Regelungen zu Gefahrübergang und Inhalt der Lieferpflicht ausstrahlen.

Schließlich gilt es die große Bedeutung von Handelsklauseln wie beispielsweise den von der internationalen Handelskammer herausgegebenen (und in

---

5 Vgl. in diesem Zusammenhang auch die rechtsvergleichenden Ausführungen von *Kötz*, RabelsZ 54 (1990), 203, 204.

6 Ausführlich hierzu *Grewal*, 14 Loy. L.A. Int'l & Comp. L.J. (1991), 93, 95.

regelmäßigen Abständen aktualisierten[7]) INCOTERMS bei der Auseinandersetzung mit dem Gefahrtragungsrecht des CISG im Auge zu behalten. Solche Standardklauseln beinhalten so gut wie immer eine vergleichsweise detaillierte Regelung zum Gefahrübergang. Es werden zudem Aspekte wie Transportmodalitäten und Versicherungsschutz berücksichtigt und zu den jeweiligen Gefahrtragungsregeln ins Verhältnis gesetzt[8]. Obwohl sich die Verfasser des UN-Kaufrechts der Bedeutungen der Handelsklauseln im Exporthandel selbstverständlich bewusst waren, haben sie sich, anders als beispielsweise die Verfasser des US-amerikanischen Uniform Commercial Code, nicht damit zufrieden gegeben, Auslegungsregeln für die wichtigsten in der Praxis verwendeten Handelsklauseln nebst eines allgemeinen Auffangtatbestands bereitzustellen. Das Gefahrtragungsrecht des UN-Kaufrechts soll den Gefahrübergang vielmehr für alle in der Praxis möglicherweise auftretenden Fallkonstellationen abschließend interessengerecht regeln, ohne dass es ergänzend des Rückgriffs auf eine etwaige Parteivereinbarung bedarf. Dieser Ansatz ist im Grundsatz begrüßenswert. Es sollte die Aufgabe jeder Kodifikation, auch im Bereich des internationalen Einheitsrechts, sein, die ihren Rechtssätzen zugrunde liegende Wirklichkeit umfassend abzubilden.

Die vorliegende Untersuchung befasst sich primär mit dem dispositiven Gefahrtragungsrecht des CISG. Auf einzelne Handelsklauseln ist nur insoweit einzugehen, wie dies zur Auslegung der gesetzlichen Regelungen erforderlich ist. Insbesondere das Verhältnis von Handelsklauseln und Gesetzesrecht ist nicht unmittelbarer Gegenstand der Untersuchung. Die insoweit ganz herrschende Ansicht, dass tatsächlich von den Parteien vereinbarte Handelsklauseln das dispositive Gefahrtragungsrecht in ihrem konkreten Regelungsbereich nach Maßgabe des Artikels 6 CISG verdrängen ohne die Anwendbarkeit des UN-Kaufrechts in seiner Gesamtheit auszuschließen[9], soll hier nicht in Frage gestellt werden. Ebenso ist mit der herrschenden Ansicht in Rechtsprechung und Schrifttum davon auszugehen, dass die Handelsklauseln nicht als Handelsbrauch

---

7 Einen Überblick über die verschiedenen Fassungen seit erstmaliger Veröffentlichung im Jahr 1936 geben *Ramberg*, ICC Guide to INCOTERMS 2010, S. 8 f. und *Graf von Bernsdorf*, RIW 2010, 672, 674 f.

8 Überblicksartig *Graf von Bernsdorf*, RIW 2010, 672, 676 ff.; *Ramberg*, ICC Guide to INCOTERMS 2010, S. 27 ff.

9 *Baasch Andersen*, The Interrelation of the CISG and Other Uniform Sources, S. 250; *Magnus/Lüsing*, IHR 2007, 1, 6; *Ramberg*, CISG and INCOTERMS 2000, S. 400; Staudinger-*Magnus*, Art. 6 CISG, Rn. 46; MünchKommHGB-*Ferrari*, Art. 6 CISG, Rn. 22; Honsell-*Siehr*, Art. 6, Rn. 9; ausführlich *Renck*, Incoterms und UN-Kaufrecht, S. 57 ff.

im Sinne von Artikel 9 Abs. 2 CISG zu qualifizieren sind[10]. Das ist zum einen bereits durch die Vielgestalt der zur Verfügung stehenden Klauseln[11] und den Umstand indiziert, dass auch gleichlautende Handelsklauseln in verschiedenen Teilen der Welt durchaus unterschiedlich ausgelegt werden[12]. Im Übrigen machte die Annahme eines Handelsbrauchs das Gefahrtragungsrecht des CISG in seiner Gesamtheit obsolet, ein Umstand, der ganz offensichtlich dem mit der Kodifikation verfolgten Zweck nicht entspricht.

Ungeachtet der Vielzahl praktischer Umstände, die im Gefahrtragungsrecht zwangsläufig eine Rolle spielen müssen, bleibt die Frage nach dem Zeitpunkt des Gefahrübergangs im Grunde genommen abstrakt. Traditionell hat man sich dem Problem eher von einer theoretisch dogmatischen als von einer auf den Einzelfall bezogenen pragmatischen Ausgangsposition genähert. Die den einzelnen unvereinheitlichten nationalen Rechtsordnungen zu Grunde liegenden Konzepte unterscheiden sich zumindest im Ansatz erheblich. Der Gefahrübergang kann an den Zeitpunkt des Vertragsschlusses oder an den Eigentumsübergang geknüpft werden. Andere Rechtsordnungen sehen vor, dass der Verkäufer zu entlasten ist, sobald er alles seinerseits zur Erfüllung des Vertrags Erforderliche getan hat. Ein wesentlicher Unterschied zwischen den einzelnen nationalen Rechtsordnungen besteht in der rechtlichen Bewertung der in Deutschland so genannten Frage nach der Zuordnung der Leistungsgefahr. Den Rechtsordnungen des anglo-amerikanischen Rechtskreises ist bereits der Begriff der Leistungsgefahr fremd. Das mag daran liegen, dass auch der Erfüllungs- bzw. Lieferanspruch, über dessen rechtliches Schicksal die Zuordnung der Leistungsgefahr im Ergebnis ja entscheidet, in diesen Rechtsordnungen nur ganz ausnahmsweise geltend gemacht werden kann[13]. Anders insbesondere im deutschen, aber auch im österreichischen Recht. Im CISG ist die Zuordnung der Leistungsgefahr nicht ausdrücklich geregelt. Die Stellungnahmen im Schrifttum hierzu sind dabei bedauerlicher Weise stark durch den Blickwinkel des Heimatrechts des jeweiligen Autors bestimmt. Während englischsprachige Publikationen die Problematik der Leistungsgefahr in der Regel überhaupt nicht erwähnen,

---

10 Vgl. Brunner-*Hurni*, UN-Kaufrecht, Art. 9, Rn. 2; Kröll/Mistelis/Perales Viscasillias-*Johan Erauw*, Art. 67, Rn. 30 f. m.w.N.

11 So Staudinger-*Magnus*, Art. 9 CISG, Rn. 8.

12 Vgl. *Baasch Andersen*, The Interrelation of the CISG and Other Uniform Sources, S. 250; Bianca/Bonell-*Bonell*, Art. 9, Anm. 3.5; *Ramberg*, ICC Guide to INCOTERMS 2010, S. 9 zum Verständnis der FOB Klausel der INCOTERMS im Vergleich zum US Recht.

13 *Zweigert/Kötz*, Einführung in die Rechtsvergleichung, § 35 IV, S. 477 ff.

sprechen deutschsprachige Veröffentlichungen meist von einer Regelungslücke, die es im Wege der Analogie zu schließen gilt.

Methodisch erschließt sich die anschließende Untersuchung das Gefahrtragungsrecht des CISG unter Verwendung der aus dem deutschen Recht geläufigen Differenzierung zwischen Allgemeinem und Besonderem; es wird insoweit im Folgenden also von allgemeinem und besonderem Gefahrtragungsrecht die Rede sein. Die in den Artikeln 67 bis 69 CISG geregelten hier so genannten Gefahrtragungstatbestände machen das besondere Gefahrtragungsrecht aus. Die genannten Vorschriften definieren für verschiedene Sachverhaltskonstellationen den konkreten Zeitpunkt des Gefahrübergangs – Artikel 68 CISG bestimmt beispielsweise, dass beim so genannten Verkauf reisender Ware die Gefahr im Zeitpunkt des Vertragsschlusses übergeht. Dem allgemeinen Gefahrtragungsrecht sind spiegelbildlich all diejenigen Normen zuzuordnen, die auf alle denkbaren Fallkonstellationen des Handelskaufs Anwendung finden. Eine Frage des allgemeinen Gefahrtragungsrechts ist es beispielsweise, wie sich Pflicht- bzw. Vertragsverletzungen des Verkäufers auf den Gefahrübergang auswirken.

Bei der Auslegung der einzelnen Vorschriften des Gefahrtragungsrechts ist ferner dem Umstand Rechnung zu tragen, dass internationales Einheitsrecht autonom, also ohne Rückgriff auf das Heimatrecht des Anwenders bzw. das sich aus der betreffenden Rechtsordnung ergebende Rechtsverständnis, auszulegen ist[14]. Mit dem Gebot der autonomen Auslegung internationalen Einheitsrechts korrespondiert das Erfordernis der rechtsvergleichenden Auslegung. Gerade zentrale Begrifflichkeiten wie beispielsweise der Verschuldensbegriff, der im CISG selbst nur eine untergeordnete Rolle spielt, erschließen sich erst mit Blick auf das in einzelnen nationalen Rechtsordnungen vorherrschende Verständnis. Auch wenn Stellenwert und Nutzen der rechtsvergleichenden Auslegung internationalen Einheitsrechts durchaus umstritten sind[15], wird im Folgenden häufig auf rechtsvergleichende Erwägungen zurückgegriffen werden. Dabei werden grundsätzlich das deutsche Recht als Vertreter der Rechtsordnungen des germanischen Rechtskreises, das französische Recht als Vertreter der Rechtsordnungen

---

14 Allgemein zur autonomen Auslegung internationalen Einheitsrechts *Gruber*, Methoden des internationalen Einheitsrechts, S. 80 m.w.N.; im Kontext des CISG Schlechtriem/Schwenzer-*Ferrari*, Art. 7, Rn. 9 mit zahlr. Nachw.

15 *Huber/Mullis*, the CISG, S. 9; Schlechtriem/Schwenzer-*Ferrari*, Art. 7, Rn. 40; MünchKommBGB-*Gruber*, Art. 7 CISG, Rn. 24; Brunner-*Wagner*, UN-Kaufrecht, Art. 7, Rn. 5; Staudinger-*Magnus*, Art. 7 CISG, Rn 37; Honsell-*Melis*, Art. 7, Rn. 11; ausführlich zur rechtsvergleichenden Auslegung *Gruber*, Methoden des internationalen Einheitsrechts, S. 188 ff. und insbes. S. 198 ff.

des romanischen Rechtskreises sowie das englische und U.S.-amerikanische Recht als Vertreter der Rechtsordnungen des anglo-amerikanischen Rechtskreises untersucht. Das englische Recht findet insoweit ungeachtet der Tatsache Berücksichtigung, dass das Vereinigte Königreich das UN-Kaufrecht bis zum heutigen Tage nicht ratifiziert hat[16]. Dies ist zum einen der großen Bedeutung geschuldet, die das englische Recht auch für andere Rechtsordnungen des Common Law Rechtskreises, insbesondere diejenigen der ehemaligen englischen Kolonien bzw. nunmehrigen Commonwealth Staaten wie beispielsweise Australien, Indien sowie zahlreiche afrikanische Staaten hat[17]. Es spricht ferner viel dafür, die rechtsvergleichende Auslegung „universal gedachten" internationalen Einheitsrechts bereits aus ganz grundsätzlichen Erwägungen nicht auf die betreffenden Unterzeichnerstaaten zu beschränken[18].

Der eigentlichen Untersuchung vorgreifend lässt sich sagen, dass insbesondere zwei Themen zentral für das Verständnis des Gefahrtragungsrechts des CISG in seiner Gesamtheit sind. Das ist zum einen die Definition des Gefahrbegriffs sowie die sich daraus ergebende Frage nach dem Zusammenhang zwischen Gefahrtragung und Haftung, genauer gesprochen zwischen Gefahrtragung und den Rechtsbehelfen des Käufers wegen Beeinträchtigung der Kaufsache in ihrer Substanz. Hierbei handelt es sich um eine Frage des hier so genannten allgemeinen Gefahrtragungsrechts. Das zweite Schlüsselthema ist die Auseinandersetzung mit den einzelnen Zweckerwägungen, die mit der Gefahrtragung gemeinhin in Zusammenhang gebracht werden. Diese teleologische Analyse hat besondere Bedeutung für die Abgrenzung der einzelnen Tatbestände des besonderen Gefahrtragungsrechts untereinander, ein Unterfangen, das sich als weitaus problematischer herausstellt als dies auf den ersten Blick den Anschein haben mag. Unklar ist hier vor allem die in der Praxis besonders wichtige Definition des Versendungskaufs, der im CISG in Artikel 67 geregelt ist. Die Beantwortung der zahlreichen weiteren Auslegungsprobleme, beispielsweise der bereits angesprochenen Frage nach der Zuordnung der im deutschen Recht so genannten Leistungsgefahr, lässt sich aus diesen beiden grundlegenden Erwägungen ableiten.

---

16 Zum Ratifikationsstand Schlechtriem/Schwenzer-*Schwenzer*, Anh. I.; der derzeit aktuelle Ratifikationsstand kann auf der Website der UN-Kommission für internationales Handelsrecht („UNCITRAL") unter der URL https://uncitral.un.org/sites/uncitral.un.org/files/overview-status-table_0.pdf (Stand: 25. August 2019) heruntergeladen werden.

17 Zur Bedeutung des englischen Rechts in den genannten Rechtsordnungen *Zweigert/Kötz*, Einführung in die Rechtsvergleichung, § 16, S. 214 ff.

18 *Kropholler*, Internationales Einheitsrecht, S. 279.

Erster Teil: Allgemeines Gefahrtragungsrecht

Der dem allgemeinen Gefahrtragungsrecht gewidmete erste Teil setzt sich mit drei Fragestellungen auseinander. Ganz grundlegend ist die eingangs angesprochene Frage, worum es sich bei der Gefahr, die nach den Vorschriften des besonderen Gefahrtragungsrechts auf den Käufer übergehen soll, handelt. Darauf aufbauend stellt sich, zweitens, die Frage nach den konkreten Auswirkungen des Gefahrübergangs auf das Schuldverhältnis. Die erste Frage ist im Gesetz nicht, die zweite Frage ist in den Artikeln 66 1. Halbsatz und 36 Abs. 1 CISG geregelt. Beiden Fragestellungen soll im ersten Kapitel nachgegangen werden. Dem allgemeinen Gefahrtragungsrecht ist, drittens, die Frage zuzuordnen, inwieweit sich pflicht- bzw. vertragswidriges Verhalten der Parteien auf einen etwaigen Gefahrübergang nach den Artikeln 66 ff. CISG auswirkt. Systematisch wenig konsequent regelt das CISG die Auswirkung von Pflicht- bzw. Vertragsverletzungen des Verkäufers in den dem allgemeinen Teil zuzuordnenden Artikeln 36 Abs. 2, 66 2. Halbsatz, 70 und 82 CISG, während die Frage, welchen Einfluss Pflichtverletzungen des Käufers (und hier insbesondere der Annahmeverzug) auf den Gefahrübergang haben, in den Vorschriften des besonderen Gefahrtragungsrechts, und hier insbesondere in Artikel 69 Abs. 1 CISG, angesprochen wird. Auch wenn diese Unterteilung aus gesetzestechnischer Hinsicht kritikwürdig ist, folgt die vorliegende Darstellung des Gefahrtragungsrechts der Gesetzessystematik. Im zweiten Kapitel wird demnach ausschließlich von den Auswirkungen von Pflichtverletzungen des Verkäufers auf den Gefahrübergang die Rede sein. Wie sich der Annahmeverzug und andere Pflicht- bzw. Vertragsverletzungen des Käufers auf den Gefahrübergang auswirken, wird dann im Zusammenhang der einzelnen Bestimmungen des besonderen Gefahrtragungsrechts in Kapitel fünf untersucht.

Kapitel 1: Gefahrbegriff und Gefahrverwirklichung: Artikel 66 1. Halbsatz CISG und Artikel 36 Abs. 1 CISG

Der Begriff der „Gefahr" bzw. des „Gefahrübergangs" spielt im Kontext der Artikel 66 bis 70 CISG zwei unterschiedliche Rollen. Zum einen hängt die Anwendbarkeit der Gefahrtragungsregeln vom Vorliegen bzw. von der Verwirklichung einer Gefahr im Rechtssinne ab. Dies soll im Folgenden als die „Tatbestandsseite" des Gefahrbegriffs bezeichnet werden.

Der Gefahrbegriff ist im Gesetz nicht definiert[19]. Es besteht jedoch weltweit ein Grundkonsens dergestalt, dass unter „Gefahr" das „Risiko des zufälligen Untergangs oder der zufälligen Beschädigung" der Kaufsache zu verstehen ist. Die insoweit vorgenommene Anknüpfung an das Element der Zufälligkeit bzw. des „Zufalls" steht allerdings in einem Widerspruch zu dem, ebenfalls unwidersprochenen, Postulat der verschuldensunabhängigen Haftung des Verkäufers für Vertragsverletzungen nach den Artikeln 45 ff. CISG. Dieser Widerspruch, bzw. die sich aus ihm für das Gefahrtragungsrecht ergebenden Konsequenzen, sollen in einem ersten Abschnitt dieses Kapitels untersucht werden. Den Abschluss bildet eine Stellungnahme zu der in Rechtsprechung und Schrifttum häufig diskutierten Frage, ob der Gefahrbegriff auf physische Beeinträchtigungen der Kaufsache beschränkt ist, oder ob auch „unkörperliche" Beeinträchtigungen wie insbesondere hoheitliche Eingriffe mit umfasst sind. Es wird sich zeigen, dass die Überlegungen zum Zusammenhang von „Gefahr" und „Zufall" hier wesentliche Denkanstöße geben.

Der zweite Abschnitt befasst sich mit der Rechtsfolge des Gefahrübergangs – einem Aspekt, der ebenfalls der Konkretisierung bedarf. Anders als die Rechtsfolge beispielsweise des Artikels 53 CISG, der bestimmt, dass der Käufer den Kaufpreis für die Ware zu bezahlen hat, erschließt sich die Rechtsfolge der einzelnen Vorschriften des besonderen Gefahrtragungsrechts nicht auf den ersten Blick. Die in den Artikeln 67 bis 69 CISG getroffene Aussage, dass die Gefahr in Fällen, in denen tatbestandlich eine Gefahrverwirklichung vorliegt, übergeht, versteht sich im Grunde genommen von selbst und hilft in der Sache nicht

---

19 *Mankowski* in: Ferrari u.a., Internationales Vertragsrecht, Art. 66 CISG, Rn. 4; Staudinger-*Magnus*, Art. 66 CISG, Rn. 6.

weiter. Konkretisiert wird der Begriff des „Gefahrübergangs“ durch Artikel 66 1. Halbsatz CISG und, bei funktionaler Betrachtung, durch Artikel 36 Abs. 1 CISG. Auch wenn ein Vorgriff auf die Funktion des Gefahrübergangs bereits im Kontext der Bestimmung des Gefahrbegriffs auf der Tatbestandsseite unerlässlich ist, soll die „Rechtsfolge“ des Gefahrübergangs in einem zweiten Abschnitt ausführlicher untersucht werden.

I. Gefahrbegriff und Zufall

Der bereits angedeutete Widerspruch zwischen dem Gefahrbegriff nach herrschender Meinung und dem Dogma der verschuldensunabhängigen Verkäuferhaftung macht eine Neubestimmung des Gefahrbegriffs auf der Tatbestandsseite erforderlich. Der Gedankengang, der zu diesem Ergebnis führt, lässt sich in wenigen Sätzen wie folgt zusammenfassen: Unter „Gefahr“ ist nach tradierter Auffassung das Risiko des zufälligen Untergangs oder der zufälligen Beschädigung der Kaufsache zu verstehen. Zufällig ist ein Ereignis im Vertragsrecht immer dann, wenn es keine der Vertragsparteien zu verantworten hat. Der Gefahrbegriff knüpft damit an das Verschulden der Parteien bzw. dessen Fehlen an. Die Haftung des Verkäufers für Vertragsverletzungen ist im Gegensatz dazu verschuldensunabhängig ausgestaltet. Ein Widerspruch ergibt sich nunmehr daraus, dass die Funktion des Gefahrtragungsrechts gerade darin besteht, die Verkäuferhaftung für die Vertragswidrigkeit der Ware in zeitlicher Hinsicht zu begrenzen. Damit ist die Begründung der Verkäuferhaftung verschuldensunabhängig, ihre Begrenzung allerdings verschuldensabhängig. Im Folgenden soll zuerst auf die drei Prämissen und im Anschluss daran auf die sich aus diesen Prämissen ergebenden Konsequenzen für das allgemeine Gefahrtragungsrecht eingegangen werden

1. Der Gefahrbegriff nach herrschender Meinung

Gefahr ist das Risiko der zufälligen Sachbeeinträchtigung[20]. Der Begriff des Zufalls ist, wie der Gefahrbegriff auch, im UN-Kaufrecht nicht definiert. Auf den allgemeinen Sprachgebrauch kann zur Konkretisierung nur sehr eingeschränkt

---

20 So explizit Schlechtriem/Schwenzer-*Hachem*, Art. 66, Rn. 2; *Karollus*, UN-Kaufrecht, S. 186; Witz/Salger/Lorenz-*Witz*, Art. 66, Rn. 1; Enderlein/Maskow/Strohbach-*Maskow*, Art. 66, Anm. 2; Schwimann-*Posch*, vor Art. 66, Rn. 1; *Mankowski* in: Ferrari u.a., Internationales Vertragsrecht, Art. 66 CISG, Rn. 4; Honsell-*Schönle/Th. Koller*, Art. 66, Rn. 17; *Herber/Czerwenka*, vor Art. 66, Rn. 1; *Renck*, Incoterms und UN-Kaufrecht, S. 203 und 237; *Hager*, Gefahrtragung nach UN-Kaufrecht, S. 387; *Lookofsky*, Understanding the CISG, § 5.1., S. 99 („*accidental*“); *Roth*, 27 Am. J. Comp. L. (1979),

zurückgegriffen werden. Der Zufallsbegriff ist insoweit vielgestaltig. Für den vorliegend relevanten Zusammenhang der Sachbeeinträchtigung wird man sagen können, dass ein Ereignis immer dann als zufällig zu gelten hat, wenn es unerwartet eintritt bzw. wenn sein Eintritt nicht vorausgesehen werden konnte[21]. Dies impliziert regelmäßig, dass das Ereignis selbst bzw. der zu dem Ereignis führende Kausalverlauf – vergleichbar dem Resultat beim Münzenwerfen – von der betreffenden Bezugsperson nicht beeinflussbar war. Der Begriff des Zufalls nach dem allgemeinen Sprachgebrauch entspricht damit in sehr groben Zügen dem Begriff der höheren Gewalt im rechtlichen Sinne, wie er im Anwendungsbereich des UN-Kaufrechts insbesondere Artikel 79 CISG zu Grunde liegt[22]. Der vertragsrechtliche Zufallsbegriff ist im Vergleich dazu enger gefasst[23]. Ein Schadensereignis ist zufällig im rechtlichen Sinne, wenn es von den Vertragsparteien nicht zu verantworten[24] bzw. nicht zur vertreten[25] ist. Damit ist der Zufallsbegriff nach herrschender Meinung, anders als der Begriff der höheren Gewalt, verschuldensabhängig ausgestaltet. Das Gleiche gilt dann zwangsläufig auch für den Anwendungsbereich der Gefahrtragungsvorschriften insgesamt.

2. Die verschuldensunabhängige Verkäuferhaftung nach den Artikeln 45 ff. CISG

Nach ebenso einhelliger Meinung in Rechtsprechung und Schrifttum ist die Haftung für Vertragsverletzungen im CISG verschuldensunabhängig ausgestaltet[26].

---

291 („*accidental*"); *Sevón*, Passing of Risk, S. 195 („*by accident*"); rechtsvergleichend *de Cruz*, 11 AALR (1982), 1, 6; *Schmitthoff*, Risk of Loss in Transit, S. 173.

21 Brockhaus Enzyklopädie, Stichwort: Zufall; *Schäfer* in: Gabler Wirtschaftslexikon, Stichwort: Zufall, URL http://wirtschaftslexikon.gabler.de/Archiv/9439/ zufall-v5.html (Stand: 25.3.2012).

22 Vgl. *Lookofsky*, Understanding the CISG, § 6.32, S. 154; *Huber/Mullis*, the CISG, S. 259 f.; im deutschsprachigen Schrifttum wird der Begriff der „höheren Gewalt" im Kontext des Artikels 79 CISG allerdings weitestgehend vermieden.

23 **A.A.** aber *Bach/Stieber*, IHR 2006, 59, 60, die ein Ereignis immer schon dann für zufällig halten, wenn es nicht im Einflussbereich einer der Parteien liegt.

24 Witz/Salger/Lorenz-*Witz*, Art. 66, Rn. 1; Staudinger-*Magnus*, Vorbem. zu Artt. 66 ff. CISG, Rn. 1; MünchKommHGB-*Wertenbruch*, Art. 66 CISG, Rn. 1; *Schlechtriem/Schroeter*, Internationales UN-Kaufrecht, Rn. 537; MünchKommBGB-*Peter Huber*, Art. 66 CISG, Rn. 3.

25 *Lindacher*, Gefahrtragung und Gefahrübergang, S. 165; *Achilles*, Art. 66 CISG, Rn. 2; Schwimann-*Posch*, vor Art. 66 CISG, Rn. 1; *Karollus*, UN-Kaufrecht, S. 186.

26 *Honnold/Flechtner*, Uniform Law, Rn. 276; MünchKommBGB-*Peter Huber*, Art. 45 CISG, Rn. 3; Staudinger-*Magnus*, Art. 45 CISG, Rn. 1 und 11; *Lando*, European Contract Law,

Vorschriften wie Artikel 2 lit. a) CISG legen allerdings nahe, dass der Aspekt des Verschuldens dem UN-Kaufrecht zumindest nicht gänzlich unbekannt ist. In Artikel 2 lit. a) CISG heißt es:

> *„Dieses Übereinkommen findet keine Anwendung auf den Kauf von Ware für den persönlichen Gebrauch oder den Gebrauch in der Familie oder im Haushalt, es sei denn, dass der Verkäufer vor oder bei Vertragsschluss weder wusste noch wissen musste, dass die Ware für einen solchen Gebrauch gekauft wurde" (Hervorhebung durch den Verfasser).*

Ähnliche Formulierungen finden sich in den Artikeln 8 Abs. 1, 9 Abs. 2, 42 Abs. 1, 60[27], 64 Abs. 2 lit. b), 74, 79 Abs. 4 CISG. Vor diesem Hintergrund ist es keineswegs selbstverständlich, dass der Verkäufer nach den Regelungen des UN-Kaufrechts tatsächlich völlig verschuldensunabhängig haftet. Das dahingehende Postulat soll im Folgenden in zwei aufeinander aufbauenden Schritten einer genaueren Überprüfung unterzogen werden. Einleitend gilt es zu untersuchen, ob „Wissenmüssen" bzw. „Kennenmüssen" im Sinne der soeben genannten Vorschriften bedeutungsäquivalent mit dem Maßstab des „Vertretenmüssens" bzw. Verschuldens ist bzw. nach welchem Maßstab die Frage nach der Verschuldensabhängigkeit bzw. -unabhängigkeit der Verkäuferhaftung im CISG zu beurteilen ist. Diese Aufgabe wird dadurch erschwert, dass ein Verschuldensmaßstab im CISG, anders als beispielsweise im deutschen Bürgerlichen Gesetzbuch, nicht ausdrücklich definiert ist. Ein Vergleich mit der Haftung für Vertragsverletzungen in anderen nationalen Rechtsordnungen zeigt allerdings, dass trotz der stark divergierenden Ansätze im Grundsatz weitgehende Übereinstimmung im Hinblick auf den allgemeinen vertragsrechtlichen Haftungsmaßstab besteht. An diesem Maßstab, der als allgemeiner Grundsatz im Sinne des Artikels 7 Abs. 2 CISG zu qualifizieren ist, sind dann in einem zweiten Schritt die einzelnen Vorschriften des CISG, die auf ein Wissenmüssen bzw. Kennenmüssen abstellen

---

S. 91; Witz/Salger/Lorenz-*Salger*, Art. 45, Rn. 8; *Vischer*, Gemeinsame Bestimmungen, S. 174; *Krüger*, Modifizierte Erfolgshaftung, S. 67; *Pellegrino*, ZEuP 1997, 41, 45; Soergel-*Lüderitz/Schüßler-Langeheine*, Art. 45 CISG, Rn. 3; MünchKommHGB-*Benicke*, Art. 45 CISG, Rn. 2; *Ulrich Huber*, ZIP 2000, 2273, 2279; *Audit*, Vente Internationale, Anm. 122; Brunner-*Akikol/Bürki*, UN-Kaufrecht, Art. 45, Rn. 11; *Herber/Czerwenka*, Art. 45, Rn. 3; Honsell-*Schnyder/Straub*, Art. 45, Rn. 23; Enderlein/Maskow/Strohbach-*Enderlein*, Art. 45, Anm. 1 und 5; Schlechtriem/Schwenzer-*Müller-Chen*, Art. 45, Rn. 8; *Stoll*, Inhalt und Grenzen der Schadensersatzpflicht, S. 270; *Larenz*, Schuldrecht I, § 20 I, S. 278; Bianca/Bonell-*Will*, Art. 45, Anm. 2.1.2; ausdrücklich für den Anspruch auf Schadensersatz auch der Sekretariatskommentar, Art. 41, Anm. 3.

27 Ausführlich zu Artikel 60 CISG *Nicholas*, Fault and Breach of Contract, S. 352; *Nicholas*, Liability for Breach of Contract, S. 286.

oder vergleichbare Formulierungen verwenden, zu beurteilen. Am Ende soll eine Antwort auf die Frage stehen, ob bzw. in welchem Umfang die Haftung des Verkäufers für Vertragsverletzungen nach dem UN-Kaufrecht verschuldensabhängig ist.

a) Der Verschuldensbegriff aus rechtsvergleichender Perspektive

Der sich anschließende überblicksartige Vergleich orientiert sich an der Rechtslage im deutschen, englischen, US-amerikanischen sowie französischen Recht, die exemplarisch für die Lösungsansätze im germanischen[28], im anglo-amerikanischen sowie im romanischen Rechtskreis stehen. Insbesondere der Frage nach der Bedeutung des Verschuldens im englischen und US-amerikanischen Common Law ist von anderer Seite bereits viel Aufmerksamkeit gewidmet worden. Es kann aus diesem Grund im Wesentlichen auf die Ergebnisse bestehender rechtsvergleichender Untersuchungen zurückgegriffen werden. Am Ende der Betrachtung soll eine für das international vereinheitlichte Kaufrecht gültige Definition des Verschuldensmaßstabs stehen.

(1) Das Verschulden im Vertragsrecht des deutschen Bürgerlichen Gesetzbuchs (BGB)

Das Verschulden hat im BGB seinen festen Platz, insbesondere in den Vorschriften der §§ 280, 276 BGB. Verschulden bedeutet Vorsatz und Fahrlässigkeit. Insbesondere die in § 280 BGB normierte Schadensersatzpflicht setzt das Verschulden ausdrücklich voraus. Die negative Formulierung in § 280 Satz 2 BGB dient nur der Beweislastverteilung[29]. Charakteristisch für das deutsche Recht ist eine Zweiteilung des Haftungstatbestands, die dadurch zu Stande kommt, dass die Pflichtverletzung des Schuldners einerseits und sein Verschulden andererseits als zwei unterschiedliche Haftungsvoraussetzungen voneinander getrennt werden[30]. Im Folgenden soll von Haftungsbegründung und Zurechnungsmaßstab[31] die Rede sein. Die Haftung auf Schadensersatz gründet sich, wie im CISG auch, auf die Verletzung einer Vertragspflicht durch den Schädiger[32]. Die

28 Nachweise zum österreichischen und schweizerischen Recht bei *Treitel*, Remedies for Breach of Contract, Rn. 9, S. 8.

29 Statt aller Palandt-*Grüneberg*, § 280 BGB, Rn. 40; MünchKommBGB-*Ernst*, § 280 BGB, Rn. 34, 153, beide m.w.N.

30 Vgl. *Larenz*, Schuldrecht I, § 20, S. 275; *Esser/Schmidt*, Schuldrecht I 2, § 25 II, S. 56; *Medicus*, Schuldrecht I, Rn. 300.

31 Vgl. *Larenz*, Schuldrecht I, § 29, S. 287; *Deutsch*, Fahrlässigkeit, S. 64 ff.

32 Vgl. § 280 Satz 1 BGB.

maßgeblichen Pflichten sind dabei von Rechtsprechung und Literatur für die einzelnen Vertragstypen idealtypisch herausgearbeitet worden[33]. Auf die faktische Situation des betrachteten Einzelfalls wird in diesem Zusammenhang keine Rücksicht genommen. So ist es im deutschen Recht anerkannt, dass den Schuldner eine allgemeine Verpflichtung trifft, bei der Abwicklung eines Vertrags die Rechtsgüter des Vertragspartners (wie Leben, Gesundheit, Eigentum, Vermögen etc.) nicht zu verletzen[34]. Ob der Schuldner die Rechtsgutsverletzung auch vermeiden konnte, interessiert insoweit nicht. Korrigiert wird dieses Ergebnis in den meisten Fällen durch den Zurechnungsmaßstab des Verschuldens. Dem Verschulden kommt im deutschen Vertragsrecht also genau genommen keine haftungsbegründende, sondern eine haftungsbegrenzende Funktion zu[35]. § 276 Abs. 2 BGB stellt klar, dass im Zivilrecht, anders als im Strafrecht, ein verobjektivierter Verschuldensmaßstab gilt. Es sind nicht die individuellen Fähigkeiten des Schuldners maßgeblich, sondern vielmehr die Sorgfalt, die von einem Teilnehmer am Rechtsverkehr vernünftiger Weise erwartet werden kann[36]. Verschuldenshaftung bedeutet im deutschen Recht also das Bestehen einer absoluten Pflichtenstellung, die durch einen relativierenden Zurechnungsmaßstab des, objektiviert, Machbaren begrenzt wird. Die Fälle der Garantiehaftung sind im Gegensatz dazu dadurch gekennzeichnet, dass sie einzig an die objektive Pflicht anknüpfen und das in einer bestimmten Situation Machbare unberücksichtigt lassen. Gerade im kaufrechtlichen Zusammenhang sind die Pflicht des Verkäufers zur Übergabe und Übereignung von Gattungssachen sowie die Pflicht des Käufers zur Zahlung des Kaufpreises als Garantiehaftung ausgestaltet[37].

---

33 Staudinger- *Georg Caspers*, § 276 BGB, Rn. 32 ff.

34 Das folgt letztlich bereits aus § 241 Abs. 2 BGB; dazu Palandt-*Grüneberg*, § 241 BGB, Rn. 6; Staudinger-*Dirk Olzen*, § 241 BGB, Rn. 491 ff.; MünchKommBGB-*Bachmann*, § 241 BGB, Rn. 103 ff.; siehe auch die rechtsvergleichenden Ausführungen unten 2 b (2).

35 Dazu *v Caemmerer*, Das Verschuldensprinzip im Vertragsrecht, S. 2.

36 Palandt-*Grüneberg*, § 276 BGB, Rn. 15; *Medicus*, Schuldrecht I, Rn. 309; Staudinger-*Georg Caspers*, § 276 BGB, Rn. 29; *Larenz*, Schuldrecht I, § 20 III, S. 285 f.; MünchKommBGB-*Grundmann*, § 276 BGB, Rn. 55, alle mit zahlr. NWen aus der Rspr.; vgl. auch *v. Caemmerer*, Das Verschuldensprinzip im Vertragsrecht, S. 4; *Pellegrino*, ZEuP 1997, 41, 42.

37 *Ulrich Huber*, ZIP 2000, 2273, 2281; MünchKommBGB-*Grundmann*, § 276 BGB, Rn. 177 ff *Treitel*, Remedies for Breach of Contract, Rn. 17 f., S. 13 ff.; *Nicholas*, Liability for Breach of Contract, S. 285; *v. Caemmerer*, Das Verschuldensprinzip im Vertragsrecht, S. 7.

(2) *Das Verschulden im Vertragsrecht des englischen und US-amerikanischen Common Law*

Einen vollkommen anderen Weg schlägt das Vertragsrecht der Common Law Rechtsordnungen ein. Den Begriff *„fault“* sucht man hier vergebens[38]. Die hierzu vom englischen House of Lords getroffene Aussage in der viel zitierten Entscheidung *Raineri v. Miles* lässt insoweit keine Zweifel offen:

> *„It is axiomatic that, in relation to a claim for damages for breach of contract, it is, in general, immaterial why the defendant failed to fulfil his obligation, and certainly no defence to plead that he had done his best*[39]*.“*

Das damit ausgesprochene Bekenntnis zur uneingeschränkten Garantiehaftung ist oft damit erklärt worden, dass das Richterrecht des Common Law stark durch Entscheidungen auf dem Gebiet des Handelsrechts geprägt worden sei und dass unter Kaufleuten *„ein schärferer Wind wehe als unter Privatpersonen“*[40]. Die besondere Schärfe des englischen und US-amerikanischen Vertragsrechts ist allerdings in vielen Fallkonstellationen nur eine terminologische. Anders als im deutschen Recht verzichten die Rechtsordnungen des anglo-amerikanischen Rechtskreises nämlich auf eine allzu starke Typisierung im Bereich der Haftungsbegründung[41]. Weitaus deutlicher als das deutsche Recht kehrt das Common Law das Versprechen der Parteien als Haftungsgrundlage in den Vordergrund[42]. In vielen Fallkonstellationen wird das Versprechen einer Vertragspartei aber gerade dahin gehen, in bestimmten Angelegenheiten die ihr mögliche – oder

---

38 *Zweigert/Kötz*, Einführung in die Rechtsvergleichung, § 36 IV, S. 501 f. und § 36 VI, S. 512; *Lando*, European Contract Law, S. 88; *Harrer/Wiegmann* in: Assmann/Bungert, Handbuch des US-amerikanischen Handels-, Gesellschafts- und Wirtschaftsrechts, 2. Kapitel, Rn. 52, S. 80; *v. Caemmerer*, Das Verschuldensprinzip im Vertragsrecht, S. 3; *Rabel*, Recht des Warenkaufs I, § 44 I, S. 329.

39 *Raineri v Miles* [1981] AC 1050, 1086G, zitiert nach *Nicholas*, Fault and Breach of Contract, S. 337.

40 *Zweigert/Kötz*, Einführung in die Rechtsvergleichung, § 36 V, S. 510.

41 Vgl. *Rheinstein*, Die Struktur des vertraglichen Schuldverhältnisses im anglo-amerikanischen Recht, S. 154 f.

42 *Pellegrino*, ZEuP 1997, 41, 48; *Rheinstein*, Die Struktur des vertraglichen Schuldverhältnisses im anglo-amerikanischen Recht, S. 154; OLG Zweibrücken, Urteil vom 31.3.1998, 8 O 1995/95, CISG-online Nr. 481; zur Bedeutung des *„promise“* im anglo-amerikanischen Recht siehe auch Chitty on Contracts-*S.J. Whittaker*, Rn. 1–001; *Anson/Beatson*, Anson's Law of Contract, S. 2; *Farnsworth* on Contracts, § 1.3, S. 8 ff.; *Oechsler*, Vertragsrecht, § 1, Rn. 2, S. 3 f.

objektiv von ihr zu erwartende – Sorgfalt walten zu lassen[43]. Beispielhaft genannt wird die Haftung des Taxifahrers bei Verursachung eines Unfalls[44]. Zumindest konkludent hat der Taxifahrer dem Fahrgast versprochen, das Taxi mit der im Straßenverkehr üblichen Sorgfalt zu lenken. Hält der Fahrer dieses Versprechen nicht, dann haftet er dafür nach der Systematik des englischen und US-amerikanischen Rechts verschuldensunabhängig[45]. In der Sache hätte ein deutscher Richter aber nicht anders entschieden.

(3) Das Verschulden im Vertragsrecht des französischen Code Civil

Das französische Recht nimmt, stellvertretend für den romanischen Rechtskreis, eine Mittelstellung zwischen den dargestellten Herangehensweisen ein[46]. Es unterscheidet zwischen *„obligations de résultats“* und *„obligations des moyens“*[47]. Um eine *„obligation de résultat“* handelt es sich, wenn nach dem Vertrag ein bestimmter Erfolg geschuldet ist. Die Hauptleistungspflichten im Kaufvertrag sind also *„obligations de résultats“*[48]. Für *„obligations de résultats“* haftet der Schuldner in den Grenzen höherer Gewalt unbeschränkt[49]. Eine *„obligation de moyens“* liegt vor, wenn der Schuldner nur die Vornahme einer bestimmten Handlung verspricht[50]. Diese Handlung hat er dann wie ein sorgfältiger Durchschnittsbürger (*„bon père de famille“*) auszuführen[51]. Die Haftung für *„obligations de moyens“* kann man aus diesem Grund als verschuldensabhängig bezeichnen.

---

43 *Nicholas*, Fault and Breach of Contract, S. 341; *Zweigert/Kötz*, Einführung in die Rechtsvergleichung, § 36 IV, S. 502; siehe auch Section 13 des englischen Supply of Goods and Services Act 1982.

44 *McBride/Bagshaw*, Tort Law, S. 9.

45 Vgl. *Nicholas*, Liability for Breach of Contract, S. 284.

46 *Treitel*, Remedies for Breach of Contract, Rn. 11, S. 9.

47 *Hübner/Constantinesco*, Einführung in das französische Recht, § 22 3, S. 180; *Sonnenberger/Autexier*, Einführung in das französische Recht, S. 131; *Treitel*, Remedies for Breach of Contract, Rn. 11, S. 9; *v. Caemmerer*, Das Verschuldensprinzip im Vertragsrecht, S. 8; *Nicholas*, Fault and Breach of Contract, S. 338 f.; *Zweigert/Kötz*, Einführung in die Rechtsvergleichung, § 36 III, S. 499 f; *Pellegrino*, ZEuP 1997, 41, 43.

48 *v. Caemmerer*, Das Verschuldensprinzip im Vertragsrecht, S. 8; *Zweigert/Kötz*, Einführung in die Rechtsvergleichung, § 36 III, S. 500.

49 *Zweigert/Kötz*, Einführung in die Rechtsvergleichung, § 36 III, S. 500; *Hübner/Constantinesco*, Einführung in das französische Recht, § 22 3, S. 179 f.

50 *Sonnenberger/Autexier*, Einführung in das französische Recht, S. 131 sprechen von der Haftung für „Verhaltenspflichten“.

51 *Zweigert/Kötz*, Einführung in die Rechtsvergleichung, § 36 III, S. 500; *Treitel*, Remedies for Breach of Contract, Rn. 11, S. 9; *Hübner/Constantinesco*, Einführung in das französische Recht, § 22 3, S. 179 f.

Das Leistungsversprechen des Arztes oder des Architekten begründet zum Beispiel in aller Regel lediglich eine *„obligation de moyens“*[52].

(4) Zwischenergebnis: Verschuldenshaftung als Sorgfaltshaftung

Die Differenzierung des deutschen Rechts zwischen Haftungsbegründung und Zurechnungsmaßstab ist meines Erachtens unglücklich. Es ist nicht sinnvoll, eine absolute Verhaltenspflicht zu konstruieren, nur um sie dann in den meisten Fällen anhand des Verschuldenskriteriums wieder zu relativieren. Verständlich wäre eine solche Unterteilung vielleicht, wenn das Verschulden tatsächlich an die individuellen Fähigkeiten des Schuldners anknüpfte. Dies ist im deutschen Recht aber gerade nicht der Fall. Das französische Recht ist insoweit ehrlicher wenn es fragt, ob der Schuldner für die Nichterfüllung einer Vertragspflicht per se haftet oder letztlich nicht der Erfolg geschuldet war, sondern das sorgfältige Tätigwerden. Einen ähnlichen Weg geht das englische und US-amerikanische Common Law, das im Gegensatz zum französischen Recht allerdings stärker auf den Parteiwillen als Ausgangspunkt der vertraglichen Haftung Bezug nimmt.

Alle untersuchten Rechtsordnungen unterscheiden in letzter Konsequenz Fälle, in denen der Schuldner verpflichtet ist, den Erfolg in jedem Fall herbeizuführen und solche Konstellationen, in denen er gehalten ist, sich wie ein vernünftiger Geschäftsmann in vergleichbarer Lage für die Herbeiführung des mit dem Vertrag bezweckten Erfolgs einzusetzen. Letztere Kategorie von Vertragspflichten ist, funktional betrachtet, mit dem Verschuldenskriterium nach deutschem Rechtsverständnis kongruent. Dieser Grundkonsens der Rechtsordnungen des germanischen, anglo-amerikanischen und romanischen Rechtskreises[53] sollte auch dem CISG und damit der vorliegenden Untersuchung zu Grunde gelegt werden. Eine im CISG getroffene Regelung muss demnach immer dann als verschuldensabhängig gelten, wenn sie tatbestandlich an das sorgfältige bzw. sorgfaltswidrige Verhalten einer der Vertragsparteien anknüpft. Das ist bei den eingangs genannten Regelungen, die auf das „Kennenmüssen“ bzw. das „Wissenmüssen“ abstellen, grundsätzlich der Fall. „Kennenmüssen“ und

---

52 Vgl. *Zweigert/Kötz*, Einführung in die Rechtsvergleichung, § 36 III, S. 500; *Treitel*, Remedies for Breach of Contract, Rn. 11, S. 9.

53 Vgl. insoweit auch die auf ausführlicher rechtsvergleichenden Analyse 30 europäischer Rechtsordnungen beruhende im Jahr 2009 veröffentlichten Stellungnahme der DCFR Model Rules, *v.Bar/Clive*, DCFR I, Comment C zu III.-3:701, S. 916.

„Wissenmüssen" sind also gleichbedeutend mit „Vertretenmüssen". Der Verschuldensbegriff ist dem UN-Kaufrecht zumindest dem Grundsatz nach nicht unbekannt[54].

b) *Die Haftung des Verkäufers für Vertragsverletzungen gemessen am Maßstab der Sorgfaltshaftung*

Der Verkäufer haftet vor dem Hintergrund des soeben Gesagten also nur dann verschuldensunabhängig für eine etwaige Vertragswidrigkeit der Kaufsache, wenn diese Haftung dem Grunde nach nicht von einem sorgfältigen Verhalten seinerseits abhängt. Ziel des sich anschließenden Abschnitts ist es, sämtliche für die Verkäuferhaftung relevanten Bestimmungen des UN-Kaufrechts (die nicht dem Gefahrtragungsrecht im weiteren Sinne zuzurechnen sind) in einem Ausschlussverfahren auf ihre Verschuldensabhängigkeit zu überprüfen. So kann das Postulat der verschuldensunabhängigen Verkäuferhaftung entweder verifiziert oder aber widerlegt werden.

Die in diesem Sinne haftungsrechtlich relevanten Bestimmungen lassen sich systematisch danach unterscheiden, ob sie die Verkäuferhaftung unmittelbar oder lediglich mittelbar regeln. Unmittelbare haftungsrechtliche Relevanz kommt den einzelnen in den Artikeln 45, 46, 49 und 50 CISG normierten Anspruchsgrundlagen des Käufers wegen Vertragsverletzungen des Verkäufers zu. Die genannten Bestimmungen knüpfen erkennbar nicht an eine Sorgfaltswidrigkeit des Verkäufers an. Eine weiterführende Analyse erübrigt sich vor diesem Hintergrund. Das Postulat der verschuldensunabhängigen Verkäuferhaftung kann insoweit als bestätigt gelten.

Weniger eindeutig ist die Rechtslage bei den nur mittelbar haftungsrechtlich relevanten Bestimmungen. In diese Kategorie fallen, das hat bereits der Blick auf das englische und US-amerikanische Recht gezeigt, insbesondere Regelungen, die die einzelnen Vertragspflichten des Verkäufers zum Gegenstand haben, deren Verletzung dann wiederum die Verkäuferhaftung nach den Artikeln 45 ff. CISG auslöst. Die in der Praxis bedeutsamsten Pflichten des Verkäufers zur Lieferung mangelfreier Ware und zur Verschaffung des Eigentums nach den Artikeln 30, 31 und 35 CISG stellen offenkundig nicht auf ein sorgfältiges Tätigwerden des Verkäufers ab. Damit ist dann konsequenter Weise auch seine

---

54 So auch *Pellegrino*, ZEuP 1997, 41, 49; Dies gilt – in beschränktem Umfang – sogar für das Gefahrtragungsrecht selbst. Nach Artikel 68 CISG, einer Vorschrift des besonderen Gefahrtragungsrechts, hängt der konkrete Zeitpunkt des Gefahrübergangs in der spezifischen Konstellation des Verkaufs reisender Ware davon ab, ob der Verkäufer bei Vertragsschluss von der Gefahrverwirklichung *„wusste oder wissen musste"*.

Haftung im Falle der Pflichtverletzung verschuldensunabhängig. Weniger eindeutig ist im Gegensatz dazu die Einordnung der in Artikel 85 CISG geregelten Erhaltungspflicht des Verkäufers in den Fällen des Annahmeverzugs des Käufers. Das dort verwendete Kriterium der Angemessenheit könnte im Sinne einer Sorgfaltspflicht zu verstehen sein, die über die Artikel 45 ff. CISG zur Verschuldenshaftung führte. Im Schrifttum wird ferner vereinzelt eine ungeschriebene vertragsrechtliche Pflicht des Verkäufers angenommen, die Rechtsgüter seines Vertragspartners bei Gelegenheit der Vertragserfüllung nicht zu verletzen[55]. Die Existenz einer solchen Pflicht ist, erkennt man sie denn grundsätzlich an, ohne das Korrektiv des Verschuldens nur schwer vorstellbar.

Schließlich bedarf es einer Auseinandersetzung mit der in Artikel 79 CISG getroffenen Regelung. Als „Enthaftungstatbestand" hat Artikel 79 CISG mittelbar haftungsrechtliche Relevanz. Die Verschuldensabhängigkeit der Vorschrift könnte sich daraus ergeben, dass die Enthaftung nur im Falle der Vorhersehbarkeit und Vermeidbarkeit des schädigenden Ereignisses durch den Verkäufer möglich ist. Zumindest nach dem deutschen Rechtsverständnis handelt es sich bei den Kriterien der Vorhersehbarkeit und Vermeidbarkeit um die klassische Umschreibung bzw. Ausgestaltung des Fahrlässigkeitsbegriffs[56].

(1) Die Erhaltungspflicht des Verkäufers nach Artikel 85 CISG

Artikel 85 Satz 1 CISG verpflichtet den Verkäufer, „den Umständen angemessene Maßnahmen" zur Erhaltung der Kaufsache zu treffen, wenn der Käufer die Ware nicht rechtzeitig abnimmt oder aber der Verkäufer aufgrund des Zahlungsverzugs des Käufers zu ihrer Zurückbehaltung berechtigt ist. Der Verkäufer, der zu Lasten des Käufers nur unangemessene Maßnahmen zur Erhaltung der Ware unternimmt, haftet nach Maßgabe der Artikel 45 Abs. 1 lit. b) und 74 CISG auf Schadensersatz[57]. Die Angemessenheit einer Erhaltungsmaßnahme beurteilt sich nach einem objektivierten Maßstab[58]. Es kommt insoweit auf die

55 Staudinger-*Magnus*, Art. 30 CISG, Rn. 17; *Herber/Czerwenka*, Art. 5, Rn. 2; MünchKommBGB-*Gruber*, Art. 30 CISG, Rn. 8.

56 Statt aller Palandt-*Grüneberg*, § 276 BGB, Rn. 20 f. m.w.N.

57 Der Käufer muss hier auf den Schadensersatzanspruch beschränkt bleiben, da nur auf diesem Wege sein in aller Regel bestehendes Mitverschulden nicht adäquat berücksichtigt werden könnte, dazu ausführlich unten Fußnote 110.

58 Vgl. Staudinger-*Magnus*, Art. 85 CISG, Rn. 9; Schlechtriem/Schwenzer-*Bacher*, Art. 85, Rn. 12; Soergel-*Lüderitz/Dettmeier*, Art. 85, Rn. 7; Witz/Salger/Lorenz-*Lorenz*, Art. 85, Rn. 9; MünchKommBGB-*Peter Huber*, Art. 85 CISG, Rn. 7; Honsell-*Weber*, Art. 85, Rn. 10.

Sorgfalt eines ordentlichen Kaufmanns in einer vergleichbaren Situation an[59]. Dieser verobjektivierte Sorgfaltsmaßstab ist oben als charakteristisch für die Verschuldenshaftung identifiziert worden. Der Verkäufer haftet bei einer Verletzung seiner Erhaltungspflicht aus Artikel 85 Satz 1 CISG mithin verschuldensabhängig[60]. Das Postulat der verschuldensunabhängigen Verkäuferhaftung kann insoweit als widerlegt gelten.

Im vorliegenden Kontext kann die Haftung des Verkäufers wegen Verletzung seiner Erhaltungspflicht allerdings aus zwei Gründen unberücksichtigt bleiben. Die Verschuldenshaftung nach Artikel 85 Satz 1 CISG ist, erstens, im Haftungssystem des CISG atypisch. Sie stellt im Ergebnis eine Haftungsprivilegierung des Verkäufers dar, die sich daraus erklären lässt, dass der an sich vertragstreue Verkäufer durch den vertragsbrüchigen Käufer gewissermaßen in die Erhaltungspflicht gedrängt worden ist. Der Ausnahmecharakter der Vorschrift spricht dagegen, aus Artikel 85 CISG generelle Rückschlüsse auf die Bedeutung des Verschuldens im Haftungssystem des CISG zu ziehen. Die in Artikel 85 CISG getroffene Regelung kann aber vor allem, zweitens, deshalb nicht von Bedeutung für die Bestimmung des Zusammenhangs zwischen Verkäuferhaftung und Gefahrbegriff sein, weil zwischen der Verkäuferhaftung nach Artikel 85 und dem Gefahrübergang denklogisch kein funktionaler Zusammenhang bestehen kann. Wie in einem Vorgriff bereits angedeutet wurde, besteht die Funktion des Gefahrübergangs einerseits in der Begrenzung der Verkäuferhaftung in zeitlicher Hinsicht[61]. Die Erhaltungspflicht setzt, wie eben gesagt, andererseits tatbestandlich den Annahmeverzug des Käufers voraus. Der Annahmeverzug hat aber gleichzeitig auch den Übergang der Preisgefahr zur Konsequenz. Dies folgt nach allgemeiner Meinung aus einem dem Artikel 69 Abs. 1 2. Halbsatz CISG zu entnehmenden allgemeinen Rechtsgrundsatz[62]. Die Gefahr ist also nach der vom Verfasser geteilten ganz herrschenden Auffassung in dem Zeitpunkt des

---

59 Witz/Salger/Lorenz-*Lorenz*, Art. 85, Rn. 9; ähnlich MünchKommHGB-*Mankowski*, Art. 85 CISG, Rn. 9; *Jentsch*, Erhaltungspflichten, S. 35.

60 Vgl. *Pellegrino*, ZEuP 1997, 41, 53.

61 Ausführlich unten Seiten 26 ff. Dies gilt im Übrigen unabhängig davon, ob man der hier vertretenen Ansicht folgt und die Funktion des Gefahrübergangs als Instrument der Haftungsbegrenzung verschuldensunabhängig und damit umfassend versteht oder ob man mit der unausgesprochen herrschenden Meinung davon ausgeht, dass die Gefahrtragungsregeln nur im Falle einer zufälligen und damit von den Parteien nicht verschuldeten Sachbeeinträchtigung anwendbar sind.

62 Schlechtriem/Schwenzer-*Hachem*, Art. 69, Rn. 9 m.w.N.; und unten Kapitel 5 I. 3.

Entstehens der Erhaltungspflicht bereits auf den Käufer übergegangen[63]. Es ist damit nicht möglich, dass der Gefahrübergang die Haftung des Verkäufers wegen Verletzung der Erhaltungspflicht zeitlich begrenzt. Die Verkäuferhaftung nach Artikel 85 i.V.m. Artikel 46 Abs. 1 lit. b), 74 CISG ist mithin eine für das CISG atypische Haftung nach Gefahrübergang. Sie hat für das hier untersuchte Problem des Zusammenhangs zwischen Gefahrtragung und Haftung keine Relevanz[64].

(2) Allgemeine vertragsrechtliche Integritätshaftung des Verkäufers

In systematischer Hinsicht bedeutsamer wäre sicherlich die Annahme einer allgemeinen ungeschriebenen vertragsrechtlichen Pflicht des Verkäufers, „die Vertragsdurchführung so zu gestalten, dass – andere – Rechtsgüter des Vertragspartners bei der Vertragserfüllung nicht verletzt werden“[65]. Eine Verkäuferpflicht dieses Inhalts ist im Ergebnis nur unter dem Korrektiv des Verschuldens denkbar. Eine uneingeschränkte Haftung für die Integrität aller Rechtsgüter des Käufers, mit denen der Verkäufer bei Gelegenheit der Vertragserfüllung in Berührung kommt, kann dem Verkäufer billiger Weise nicht zugemutet werden.

Eine allgemeine vertragsrechtliche Integritätshaftung kann im Ergebnis allerdings im Geltungsbereich des UN-Kaufrechts nicht angenommen werden. Sie lässt sich, entgegen einiger Stimmen im Schrifttum, weder aus dem Wortlaut des Artikels 45 Abs. 1 lit. b) CISG[66] noch aus der in Artikel 5 CISG getroffenen Regelung zum sachlichen Anwendungsbereich der Konvention[67] ableiten. Artikel 45 Abs. 1 lit. b) CISG bestimmt lediglich, welche Rechtsbehelfe dem Käufer im Falle einer Vertragsverletzung durch den Verkäufer im Einzelnen zur Verfügung stehen. Die Vorschrift setzt eine Pflichtverletzung des Verkäufers zwar tatbestandlich voraus, definiert den Inhalt der zugrunde liegenden Vertragspflicht aber nicht. Mit Artikel 45 CISG eine den Umfang der Haftung bestimmende

63 So explizit Schlechtriem/Schwenzer-*Bacher*, Art. 85, Rn. 1.

64 Die Verletzung der Erhaltungspflicht fällt auch nicht unter die Ausnahmetatbestände der Artikel 36 Abs. 2 und 66 2. Halbsatz CISG, die nach dem hier vertretenen Ansatz eine Gefahrtragung des Käufers nach Gefahrübergang in Fällen zur Folge haben, in denen die Sachbeeinträchtigung durch eine Vertragsverletzung des Verkäufers herbeigeführt worden ist, dazu ausführlich unten Kapitel 2 II. 1. b).

65 In diesem Sinne Staudinger-*Magnus*, Art. 30 CISG, Rn. 17; vgl. auch *Herber/Czerwenka*, Art. 5, Rn. 2.

66 So *Magnus*, ZEuP 1993, 79, 95; Staudinger-*Magnus*, Art. 30 CISG, Rn. 17; MünchKommBGB-*Gruber*, Art. 30 CISG, Rn. 8.

67 So *Magnus*, ZEuP 1993, 79, 95.

Vorschrift zur Haftungsbegründung heranzuziehen liefe im Ergebnis auf einen Zirkelschluss hinaus[68]. Die auf Artikel 5 CISG gestützte Argumentation vermag ebenso wenig zu überzeugen. Artikel 5 CISG hat den folgenden Wortlaut:

> *„Dieses Übereinkommen findet keine Anwendung auf die Haftung des Verkäufers für den durch die Ware verursachten Tod oder die Körperverletzung einer Person".*

Unmittelbar wird die allgemeine vertragsrechtliche Integritätshaftung in Artikel 5 CISG erkennbar nicht angesprochen. Die im Schrifttum propagierte Herleitung aus dieser Vorschrift bedarf vielmehr der Verkettung einer Reihe von Schlussfolgerungen: Artikel 5 CISG schließt Personenschäden vom Anwendungsbereich des UN-Kaufrechts aus, die durch die Ware verursacht werden. Dem sei dann im Umkehrschluss zu entnehmen, dass das CISG auf nicht durch die Ware verursachte Personenschäden anwendbar wäre. Nicht durch die Ware verursachte Personenschäden resultierten aber aus der Verletzung einer vertragsbegleitenden Verhaltenspflicht[69]. Erkenne das UN-Kaufrecht vertragsbegleitende Verhaltenspflichten zum Schutz der personellen Integrität des Vertragspartners an, so müsse das verallgemeinernd auch im Hinblick auf den Schutz aller anderen Rechtsgüter gelten.

Gegen eine solche Sichtweise sprechen drei Argumente. In systematischer Hinsicht erscheint es, erstens, aufgrund des Ausnahmecharakters einer verschuldensabhängigen Haftung im UN-Kaufrecht, bedenklich, einen umfassenden verschuldensabhängigen Haftungstatbestand alleine im Umkehrschluss aus einer Vorschrift über den sachlichen Anwendungsbereich abzuleiten. Dieser Umkehrschluss aus Artikel 5 CISG ist, zweitens, auch nicht zwingend. Genauso gut lässt sich in die entgegengesetzte Richtung argumentieren: Die Pflichten des Verkäufers nach dem UN-Kaufrecht sind, wie die Artikel 30, 31 und 35 CISG zeigen, primär auf die Lieferung der Ware und deren Zustand bezogen. Wenn Artikel 5 CISG nun aber bereits durch die Ware verursachte Personenschäden vom Anwendungsbereich der Konvention ausschließt, dann muss das erst recht für nicht durch die Ware verursachte Beeinträchtigungen gelten. In den Rechtsordnungen der einzelnen Unterzeichnerstaaten des CISG ist eine allgemeine vertragsrechtliche Integritätshaftung, drittens, überwiegend nicht vorgesehen. Nur die Rechtsordnungen des germanischen Rechtskreises erkennen eine allgemeine

68 Ähnlich Soergel-*Lüderitz/Schüßler-Langeheine*, Art. 30 CISG, Rn. 3, insbes. Fn 3.

69 Häufig wird als Beispiel die Fallkonstellation genannt, in der der Käufer oder einer seiner Mitarbeiter anlässlich der Warenlieferung vom LKW des Verkäufers angefahren wird; vgl. *Herber/Czerwenka*, Art. 5, Rn. 2; Schlechtriem/Schwenzer-*Ferrari*, Art. 5, Rn. 7.

Sorgfaltspflicht der Vertragsparteien für vertragsfremde Rechtsgüter vorbehaltlos an[70]. Eine überzeugende dogmatische Erklärung dieses Phänomens ist bisher allerdings nicht gefunden worden. Letztlich geben pragmatische Überlegungen den Ausschlag; das Integritätsinteresse ist in den Rechtsordnungen des germanischen Rechtskreises durch das Deliktsrecht nur unzureichend geschützt[71]. Das Vertragsrecht wird dazu zweckentfremdet, diese Schutzlücke zu schließen. Das kann aber nichts an der grundlegenden dogmatischen Einordnung ändern. In der Sache handelt es sich bei der Integritätshaftung um Deliktsrecht[72]. Im französischen Recht hat sich eine Dogmatik überhaupt nicht herausgebildet. In Einzelfällen sind Sorgfaltspflichten anerkannt[73]. Gerade im Kontext des Kaufrechts scheint allerdings eher Zurückhaltung geboten zu sein[74]. Allgemein ist die Sorgfaltshaftung im französischen Recht weniger stark ausgeprägt als in den Rechtsordnungen des germanischen Rechtskreises. Dies ist darauf zurückzuführen,

---

70 *Pellegrino*, ZEuP 1997, 41, 53 f.; im deutschen Bürgerlichen Gesetzbuch ist die Integritätshaftung des Vertragspartners seit der Schuldrechtsreform sogar ausdrücklich in § 241 Abs. 2 BGB geregelt; dazu Palandt-*Grüneberg*, § 241 BGB, Rn. 6; Staudinger-*Dirk Olzen*, § 241 BGB, Rn. 487 ff.; MünchKommBGB-*Roth*, § 241 BGB, Rn. 103 ff.; zum österreichischen Recht: *Koziol/Welser*, Grundriss des bürgerlichen Rechts, S. 85; zum schweizerischen Recht: Basler Kommentar-*Wiegand*, Einl. zu Art. 97 - 109, Rn. 5 ff.

71 Zum unvereinheitlichten deutschen Recht: *Stoll*, Die Beweislastverteilung bei positiven Vertragsverletzungen, S. 527; im Ergebnis auch *Canaris*, Schutzgesetze, S. 86.

72 *v.Bar*, Verkehrspflichten, S. 312 ff.; *ders.*, JuS 1983, 637, 642; *Stoll*, Die Beweislastverteilung bei positiven Vertragsverletzungen, S. 526 ff.; *Müller*, JuS 1998, 894 und 896; *Ulrich Huber*, Leistungsstörungen, S. 737; differenzierend *Canaris*, Schutzgesetze, S. 105 ff. und *Choi*, Mangelschaden, S. 84 f., die die allgemeine Schutzpflicht des Vertragspartners systematisch zwischen Vertrags- und Deliktsrecht verorten. Deliktstypisch sei insoweit das Fehlen der- konkreten- rechtsgeschäftlichen Grundlage. Deliktsuntypisch sei hingegen die Ausrichtung der betreffenden Sorgfaltspflicht auf bestimmte Personen. Dagegen ist indes einzuwenden, dass auch das Deliktsrecht Sorgfaltspflichten kennt, die nur Einzelpersonen oder einem bestimmten Personenkreis geschuldet sind, so insbesondere im Rahmen der deliktischen Haftung für Unterlassen; dazu *Deutsch/Ahrens*, Deliktsrecht, Rn. 38, *Ulrich Huber*, Leistungsstörungen, S. 737; aber auch *Canaris*, Schutzgesetze, S. 86 f. selbst. Im vorliegenden Zusammenhang ist darüber hinaus nur entscheidend, dass es sich bei der Haftung für Schutzpflichtverletzungen nicht um Vertragsrecht handelt. Die Streitfrage nach der genauen typologischen Einordnung der Verkäuferhaftung kann an dieser Stelle dahingestellt bleiben.

73 Zum Ganzen *Mayr*, Schutzpflichten im deutschen und französischen Recht, S. 73, 101 ff. und 173 ff.

74 *Mayr*, Schutzpflichten im deutschen und französischen Recht, S. 177 ff; vgl. auch *Hübner/Constantinesco*, Einführung in das französische Recht, § 22 2 b), S. 177.

dass bereits das französische Deliktsrecht mit seinen Generalklauseln einen umfassenden Rechtsgutsschutz gewährt. Einer Korrektur durch das Vertragsrecht bedarf es, anders als im deutschen Recht, in vergleichbarem Umfang nicht[75]. Den Rechtsordnungen des anglo-amerikanischen Rechtskreises, an denen sich das Haftungsrecht des CISG erkennbar orientiert[76], ist im Gegensatz dazu eine allgemeine vertragsrechtliche Sorgfaltshaftung, zumindest im Bereich des Kaufrechts, vollkommen unbekannt[77]. Das ist auch konsequent, bedenkt man, dass nach dem anglo-amerikanischen Rechtsverständnis das Versprechen der Vertragsparteien bzw. das Vertrauen der jeweiligen Gegenseite auf dessen Einhaltung, die Grundlage der vertraglichen Haftung bildet[78]. Das Leistungsversprechen des Verkäufers konzentriert sich aber auf seine Leistungsfähigkeit in Bezug auf die Verschaffung der Kaufsache[79]. Selbstverständlich steht es darüber hinausgehend auch nicht im Interesse einer Vertragspartei, mit einem generell

---

75 *Hübner/Constantinesco*, Einführung in das französische Recht, § 22 2 b), S. 177.

76 *Oechsler*, Vertragsrecht, § 1, Rn. 2, S. 2 und Rn. 43, S. 31; *Ryffel*, Die Schadensersatzhaftung des Verkäufers, S. 37; *Vischer*, Gemeinsame Bestimmungen, S. 174; *Zweigert/Kötz*, Einführung in die Rechtsvergleichung, § 36 VI, S. 513; *Treitel*, Remedies for Breach of Contract, Rn. 21, S. 23; **a.A.** *Nicholas*, Liability for breach of contract, S. 283.

77 So auch *Pellegrino*, ZEuP 1997, 41, 54 f.; die Idee eines vertragsrechtlichen Schutzes des Integritätsinteresses der Parteien ist dem anglo-amerikanischen Juristen dermaßen fremd, dass die Problematik in der einschlägigen Literatur nicht einmal erwähnt wird. Dass das englische Recht ein solches Schutzinteresse nicht anerkennt, folgt allerdings deutlich aus dem Vergleich der Regelungen des englischen Sale of Goods Act 1979 (SOGA 1979) mit dem dem Dienstvertragsrecht zuzurechnenden Supply of Goods and Services Act 1982. Während das Kaufrecht des Sale of Goods Act Schutzpflichten zu Gunsten vertragsfremder Rechtsgüter der Parteien nicht erwähnt (wobei die im Gesetz vorgenommenen Aufzählungen als enumerativ zu verstehen sind), enthält Section 13 des Supply of Goods and Services Act 1982 eine dahingehende Regelung; zum US-amerikanischen Recht vgl. *Harrer/Wiegmann* in: Assmann/Bungert, Handbuch des US-amerikanischen Handels-, Gesellschafts- und Wirtschaftsrechts, 2. Kapitel, Rn. 148 ff., S. 114; rechtsvergleichend zu vorvertraglichen Sorgfaltspflichten *Kirchner*, Europäisches Vertragsrecht, S. 124.

78 Chitty on Contracts-*S.J. Whittaker*, Rn. 1–001; *Anson/Beatson*, Anson's Law of Contract, S. 2; vgl. auch *Rheinstein*, Die Struktur des vertraglichen Schuldverhältnisses im anglo-amerikanischen Recht, S. 28 f.; *Oechsler*, Vertragsrecht, § 1, Rn. 2, S. 3 f; *Pellegrino*, ZEuP 1997, 41, 48; *Rabel*, Recht des Warenkaufs I, S. 263 und oben a) (2); die deutsche Dogmatik stellt statt dessen gelegentlich auf die „Sonderverbindung" zwischen den Vertragsparteien ab: *Choi*, Mangelschaden, S. 82; *Larenz*, Schuldrecht I, § 9 I a), S. 106; *Canaris*, Schutzgesetze, S. 105 ff.; kritisch *Stoll*, Die Beweislastverteilung bei positiven Vertragsverletzungen, S. 526.

79 Vgl. die Aussage bei *v.Bar*, Verkehrspflichten, S. 312.

unsorgfältigen Gegenüber zu kontrahieren, auch wenn zu erwarten steht, dass dieses die eigentlichen vertraglichen Pflichten in zufrieden stellender Weise erfüllen wird. Eine derart unsorgfältige Person wird man aber auch aus vielerlei anderen Gründen nicht in die Nähe der eigenen Rechtsgüter gelangen lassen wollen. Die insoweit bestehenden Vorbehalte sind nicht spezifisch vertragsrechtlicher Natur. Der Vertrag bietet allerhöchstens die Gelegenheit der Rechtsgutsbeeinträchtigung[80]. Gelegenheit können aber beispielsweise auch die Teilnahme am Straßenverkehr oder eine Einladung zum Abendessen sein, Situationen mithin, in denen selbst nach dem großzügigen Verständnis des deutschen BGB nur aus Deliktsrecht gehaftet wird[81].

Im Ergebnis enthält das UN-Kaufrecht damit keine allgemeine Parteipflicht zum sorgfältigen Umgang mit den vertragsfremden Rechtsgütern des Vertragspartners. Typologisch ist eine solche Pflicht dem Deliktsrecht zuzuordnen und fällt folglich nicht in den Anwendungsbereich des UN-Kaufrechts[82]. Das Postulat der verschuldensunabhängigen Verkäuferhaftung im CISG wird insoweit nicht eingeschränkt.

(3) Die Haftungsbefreiung des Verkäufers nach Artikel 79 I CISG

Nach Artikel 79 Abs. 1 CISG kann sich der Verkäufer[83] von seiner Haftung auf Schadensersatz[84] befreien, wenn er beweist, dass die maßgebliche Vertragsverletzung auf einem außerhalb seines Einflussbereichs liegenden Hinderungsgrund

---

80 Vgl. *Stoll*, Inhalt und Grenzen der Schadensersatzpflicht, S. 259.

81 In diesem Sinne (allerdings in anderem Zusammenhang) auch Enderlein/Maskow/Strohbach-*Maskow*, Art. 66, Anm. 3.

82 *Stoll*, Inhalt und Grenzen der Schadensersatzpflicht, S. 259; Soergel-*Lüderitz/Fenge*, Art. 5 CISG, Rn. 3; Soergel-*Lüderitz/Schüßler-Langeheine*, Art. 30 CISG, Rn. 3; *Schlechtriem*, Gemeinsame Bestimmungen, S. 163, Fn. 30; MünchKommHGB²-*Benicke*, Art. 5 CISG, Rn. 6; ähnlich *Lüderitz*, Parteipflichten, S. 195 und Bianca/Bonell-*Khoo*, Art. 4, Anm. 3.3; zum EKG auch *Ulrich Huber*, Leistungsstörungen, S. 737; **a.A.** *Magnus*, ZEuP 1993, 79, 95; Staudinger-*Magnus*, Art. 30 CISG, Rn. 17; Brunner-*Dimsey*, UN-Kaufrecht, Art. 30, Rn. 21; MünchKommHGB-*Mankowski*, Art. 74 CISG, Rn. 32; differenzierend Honsell-*Ernst/Lauko*, Art. 30, Rn. 18. Zur Rechtslage unter den UNIDROIT Principles und PECL vgl. *Mayr*, Schutzpflichten im deutschen und französischen Recht, S. 28 ff.

83 Artikel 79 CISG findet grundsätzlich zu Gunsten sowohl des Verkäufers als auch des Käufers Anwendung. Vorliegend ist im Hinblick auf den Untersuchungsgegenstand jedoch ausschließlich die Perspektive des Verkäufers maßgeblich.

84 Die Beschränkung auf den Schadensersatzanspruch folgt aus Artikel 79 Abs. 5 CISG; dazu ausführlich Schlechtriem/Schwenzer-*Schwenzer*, Art. 79, Rn. 49 ff.

beruht und dass von ihm vernünftiger Weise nicht erwartet werden konnte, den Hinderungsgrund bei Vertragsschluss in Betracht zu ziehen oder den Hinderungsgrund oder seine Folgen zu vermeiden oder zu überwinden. Als Befreiungstatbestand wirkt sich die Vorschrift mittelbar auf die Haftung dem Grunde nach aus[85] und ist damit im vorliegenden Kontext relevant.

Artikel 79 CISG setzt tatbestandlich die objektive Vorhersehbarkeit und Vermeidbarkeit des schädigenden Ereignisses voraus und knüpft damit an einen Sorgfaltsmaßstab an, der nach dem oben Gesagten als verschuldensabhängig zu qualifizieren ist. Dies macht die Schadensersatzhaftung nach Artikel 74 CISG allerdings nicht zu einer Haftung (nur) für Verschulden[86]. Von einer solchen Verschuldenshaftung könnte nämlich nur dann ausgegangen werden, wenn sich der Verkäufer alleine unter Berufung auf sein sorgfältiges Verhalten von der Haftung entlasten könnte. Eine derart weitreichende Wirkung hat Artikel 79 Abs. 1 CISG aber nicht[87]. Die in der Praxis außerordentlich eng ausgelegte Vorschrift[88] stellt primär auf das Vorliegen eines unabwendbaren Ereignisses als einen Umstand ab, der weder der Risikosphäre des Verkäufers noch der des Käufers zugerechnet werden kann. Die objektive Vorhersehbarkeit und Vermeidbarkeit hat im Tatbestand des Artikels 79 CISG lediglich die Funktion eines (negativen) Regelbeispiels bzw. Ausschlusstatbestands[89]. Ist ein bestimmter Umstand für den Verkäufer vorhersehbar und vermeidbar, so kann ein von der Schadensersatzhaftung befreiender Hinderungsgrund ultimativ ausgeschlossen werden. Bei Verschulden haftet der Verkäufer also auf jeden Fall. Es sind darüber hinaus allerdings weitere Konstellationen denkbar, in denen der Verkäufer das schadensstiftende Ereignis bzw. dessen Folgen nicht vorhersehen oder vermeiden konnte, in denen der Enthaftungstatbestand des Artikels 79 CISG aber trotzdem nicht greift. Der Verkäufer haftet dann, obwohl er die Vertragsverletzung nicht verschuldet hat. Neben dem offensichtlichen Fall

---

85 Vgl. *Schneider*, Abkehr vom Verschuldensprinzip, S. 305 f.

86 So auch *Krüger*, Modifizierte Erfolgshaftung, S. 107 ff., insbes. 112; *Schneider*, Abkehr vom Verschuldensprinzip, S. 306; MünchKommHGB-*Mankowski*, Art. 79 CISG, Rn. 18; MünchKommBGB-*Peter Huber*, Art. 79 CISG, Rn. 7; Staudinger-*Magnus*, Art. 79 CISG, Rn. 8.

87 *Schneider*, Abkehr vom Verschuldensprinzip, S. 307.

88 Brunner-*Brunner/Sgier*, UN-Kaufrecht, Art. 79, Rn. 1; MünchKommBGB-*Peter Huber*, Art. 79 CISG, Rn. 1; Schlechtriem/Schwenzer-*Schwenzer*, Art. 79, Rn. 1; Staudinger-*Magnus*, Art. 79 CISG, Rn. 4; OLG Zweibrücken, Urteil vom 31.3.1998, 8 O 1995/95, CISG-online Nr. 481.

89 Ähnlich *Nicholas*, Liability for breach of contract, S. 286.

des Beschaffungsrisikos[90] ist hier zum Beispiel die Konstellation zu nennen, in denen der Verkäufer seine vertraglichen Verpflichtungen aufgrund eines Streiks in seinem oder im Betrieb eines seiner Zulieferer nicht ordnungsgemäß erfüllen kann[91].

Der Umstand, dass sich der Verkäufer in Fällen einer unverschuldeten Vertragsverletzung unter Umständen, nämlich dann, wenn noch weitere – strengere – Enthaftungsvoraussetzungen vorliegen, von der Verpflichtung zum Schadensersatz befreien kann, macht seine Haftung also nicht verschuldensabhängig. Das bestätigt sich mit Blick auf die Entstehungsgeschichte. Im Entwurfsstadium knüpfte die Haftungsbefreiung ausdrücklich an das Verschulden der vertragsbrüchigen Partei an[92]. Diese Bezugnahme wurde in den heutigen Artikel 79 CISG bewusst nicht übernommen. Die Enthaftung sollte nur unter strengeren Voraussetzungen möglich sein[93]. Im Ergebnis stellt Artikel 79 CISG das Postulat der verschuldensunabhängigen Verkäuferhaftung im UN-Kaufrecht damit nicht in Frage.

c) Zwischenergebnis: Die Haftung des Verkäufers als eine vom Verschuldenskriterium unabhängige Erfolgshaftung

Im Ergebnis kann das Postulat der verschuldensunabhängigen Haftung des Verkäufers für Vertragsverletzungen als bestätigt gelten. Unter Verschulden ist im Kontext des UN-Kaufrechts die Haftung unter der Voraussetzung einer Sorgfaltspflichtverletzung zu verstehen, die an einem verobjektivierten Maßstab zu messen ist. Dieses Konzept ist dem Haftungssystem des UN-Kaufrechts durchaus bekannt, wie aus der Verkäuferperspektive insbesondere die in den Artikeln 79 und 85 CISG getroffenen Regelungen zeigen. Artikel 85 CISG muss im vorliegenden Kontext unberücksichtigt bleiben. Die Erhaltungspflicht nach dieser Vorschrift entsteht regelmäßig erst in einem Zeitpunkt, in dem die Preisgefahr

---

90 Vgl. Schlechtriem/Schwenzer-*Schwenzer*, Art. 79, Rn. 26 f.; MünchKommBGB-*Peter Huber*, Art. 79 CISG, Rn. 17, beide m.w.N.

91 Vgl. *Saenger* in: Ferrari u.a., Internationales Vertragsrecht, Art. 79 CISG, Rn. 7; Schlechtriem/Schwenzer-*Schwenzer*, Art. 79, Rn. 22; Enderlein/Mas-kow/Strohbach-*Maskow*, Art. 79, Anm. 4.2.; Soergel-*Lüderitz/Dettmeier*, Art. 79 CISG, Rn. 5; differenzierend MünchKommHGB-*Mankowski*, Art. 79 CISG, Rn. 29 f.

92 Artikel 50 Abs. 1 des so genannten „Genfer Entwurfs", YB VII, S. 94; ausführlich zur Entstehungsgeschichte und dem zeitlichen Aufeinanderfolgen der einzelnen Entwurfsfassungen unten Kapitel 4 IV. 1.

93 Ausführlich *Krüger*, Modifizierte Erfolgshaftung, S. 91 ff., insbes. S. 94 zum Verschulden; Staudinger-*Magnus*, Art. 79 CISG, Rn. 5.

bereits auf den Käufer übergegangen ist. Ein Zusammenhang zwischen Gefahrübergang und Haftung des Verkäufers wegen Verletzung seiner Erhaltungspflicht kann vor diesem Hintergrund nicht bestehen. Die Haftungsbefreiung nach Artikel 79 CISG kennt das Verschulden nur als Ausschlussmerkmal, nicht aber als Tatbestandsvoraussetzung. Die Enthaftungsmöglichkeit macht die Schadensersatzhaftung des Verkäufers aus diesem Grund nicht zu einer Verschuldenshaftung.

3. Artikel 66 CISG als Instrument der Haftungsbegrenzung

Es wurde bereits angedeutet, dass die „Rechtsfolge" des Gefahrübergangs in dem Ausschluss der Haftung des Verkäufers für sachbezogene Vertragsverletzungen liegt. Dem Gefahrtragungsrecht kommt damit im Ergebnis eine dem Artikel 79 CISG vergleichbare Funktion zu. Die haftungsbegrenzende Funktion des Gefahrtragungsrechts lässt sich, mehr oder weniger direkt, aus Artikel 66 1. Halbsatz CISG ableiten. Artikel 66 1. Halbsatz CISG hat in der hier maßgeblichen Passage den folgenden Wortlaut:

> *„Untergang oder Beschädigung der Ware nach Übergang der Gefahr befreit diesen nicht von der Pflicht, den Kaufpreis zu zahlen [...]".*

Dass der Käufer nach Übergang der Gefahr den Kaufpreis bezahlen muss, ist letztlich selbstverständlich. Die Kaufpreiszahlungspflicht ist ausdrücklich in Artikel 53 CISG normiert, eines Rückgriffs auf das Gefahrtragungsrecht bedarf es insoweit nicht. Es ist versucht worden, Artikel 66 1. Halbsatz CISG im Sinne einer „Einrede des noch nicht erfolgten Gefahrübergangs" auszulegen. Die Vorschrift soll demnach bewirken, dass der Käufer im Falle des Untergangs oder der Beschädigung der Ware in einem Zeitpunkt vor Gefahrübergang die Kaufpreiszahlung unter Berufung auf den Gefahrübergang verweigern könne[94]. Eine solche Auslegung wirkt zum einen gekünstelt. Sie ist des Weiteren mit der Verteilung der Darlegungs- und Beweislast im Hinblick auf den Gefahrübergang nach herrschender Meinung nicht vereinbar. Die Voraussetzungen eines Leistungsverweigerungsrechts müsste der Käufer als der insoweit Begünstigte[95] darlegen und beweisen. In Rechtsprechung und Schrifttum wird im Gegensatz

94 So *Renck*, Incoterms und UN-Kaufrecht, S. 237.

95 Auch im CISG gilt der allgemeine Grundsatz, dass jede Partei die für sie günstigen Umstände bzw. Tatbestandsmerkmale zu beweisen hat, vgl. *Huber/Mullis*, the CISG, S. 36 f. m.w.N.

dazu favorisiert, im Anwendungsbereich des Artikels 66 CISG dem Verkäufer im Grundsatz die Darlegungs- und Beweislast zuzuweisen[96].

Die Bedeutung des Artikels 66 CISG erschließt sich vielmehr vor dem Hintergrund der dem Käufer im Falle des Untergangs oder der Beschädigung der Ware zustehenden Rechtsbehelfe. Kann die Ware dem Verkäufer aufgrund ihres Untergangs oder ihrer Beschädigung nicht oder zumindest nicht unversehrt geliefert und übereignet werden, so hat der Verkäufer nach dem oben Gesagten für diesen Umstand wegen Verletzung einer seiner Hauptleistungspflichten aus den Artikeln 30, 31 und 35 CISG verschuldensunabhängig einzustehen. Nach Artikel 45 CISG stehen dem Käufer in diesem Fall die Rechtsbehelfe des Erfüllungs- bzw. Nacherfüllungsanspruchs, der Vertragsaufhebung, der Minderung sowie des Schadensersatzanspruchs zu. Möchte der Käufer eine Zahlung des Kaufpreises vermeiden, so muss er die Rechtsbehelfe der Vertragsaufhebung bzw. der Minderung[97] wählen. Das Erlöschen der Kaufpreisforderung folgt dann aus den Artikeln 81 bzw. 50 CISG[98]. Wenn Artikel 66 CISG nun bestimmt, dass der Käufer im Falle des Untergangs oder der Beschädigung der Kaufsache nach Gefahrübergang den Kaufpreis weiterhin bezahlen muss, dann bedeutet das nichts anderes, als dass die Rechtsbehelfe der Vertragsaufhebung und der

---

96 Richtiger Weise ist nach den allgemeinen beweisrechtlichen Grundsätzen danach zu differenzieren, ob der Gefahrübergang – wie im vorliegenden Kontext– im Zusammenhang einer Kaufpreisklage des Verkäufers oder im Zusammenhang mit einem Rechtsbehelf des Käufers wie beispielsweise des Nachbesserungsanspruchs aus Artikel 46 Abs. 3 CISG relevant wird. In erstgenannter Konstellation ist der Gefahrübergang für den Verkäufer günstig, und er trägt die Beweislast, in letztgenannter Konstellation verhält es sich umgekehrt; vgl. Baumgärtel/Laumen/Prütting-*Hepting*, Handbuch der Beweislast, vor Art. 66 ff UNKR, Rn. 2; *Imberg*, Beweislast, S. 104 ff., *Mankowski* in: Ferrari u.a., Internationales Vertragsrecht, Art. 66 CISG, Rn. 32; Staudinger-*Magnus*, Art. 66 CISG, Rn. 20; MünchKommHGB²-*Benicke*, Art. 66 CISG, Rn. 11, alle m.w.N.

97 Nach h.M. kann der Käufer bei Erhalt einer wertlosen Sache den Kaufpreis auf Null mindern, dazu Schlechtriem/Schwenzer-*Müller-Chen*, Art. 50, Rn. 13; *Achilles*, Art. 50 CISG, Rn. 7; Staudinger-*Magnus*, Art. 50 CISG, Rn. 23; MünchKommBGB-*Peter Huber*, Art. 50 CISG, Rn. 24; Honsell-*Schnyder/Straub*, Art. 50, Rn. 46.; Brunner-*Altenkirch*, UN-Kaufrecht, Art. 50, Rn. 11; *Piltz*, Internationales Kaufrecht, Rn. 5–334 und 5–357; BeckOKBGB-*Saenger*, Art. 50 CISG, Rn. 4 und unten Fn. 165, S. 73.

98 *Bach/Stieber*, IHR 2006, 59, 62 und 64; im Falle der Minderung steht dem Käufer ein dauerhaftes Leistungsverweigerungsrecht zu, dazu Schlechtriem/Schwenzer-*Müller-Chen*, Art. 50, Rn. 16; Staudinger-*Magnus*, Art. 50 CISG, Rn. 24; MünchKommBGB-*Peter Huber*, Art. 50 CISG, Rn. 25, alle m.w.N.

Minderung durch den erfolgten Gefahrübergang ausgeschlossen sind. Bei Artikel 66 1. Halbsatz CISG handelt es sich also um eine Haftungsbefreiung zu Gunsten des Verkäufers bzw. eine Ausnahme zu der in Artikel 45 CISG getroffenen Regelung. Schlagwortartig kann die Funktion des Artikels 66 1. Halbsatz CISG wie folgt zusammengefasst werden:

Artikel 66 1. Halbsatz CISG begrenzt die Haftung des Verkäufers nach den Artikeln 45 Abs. 1 lit. a), 49 und 50 CISG in zeitlicher Hinsicht[99].

4. Eine Neubestimmung des Gefahrbegriffs

Artikel 66 1. Halbsatz CISG stellt nach dem soeben Gesagten also eine Verbindung des Gefahrbegriffs zum Haftungsrecht (also den Bestimmungen zu Voraussetzungen und Rechtsfolgen der Verkäuferhaftung) her und schafft auf diese Weise den eingangs angedeuteten Widerspruch. Der Verkäufer haftet für Vertragsverletzungen nach der Konzeption des UN-Kaufrechts an sich verschuldensunabhängig. In zeitlicher Hinsicht ist seine Haftung durch das Gefahrtragungsrecht begrenzt, das allerdings nur im Falle einer unverschuldeten Substanzbeeinträchtigung der Kaufsache Anwendung findet. Für die Zeit nach Gefahrübergang haftet der Verkäufer damit im Ergebnis nur verschuldensabhängig.

Artikel 66 CISG kommt, legt man den Gefahrbegriff nach tradiertem Verständnis zu Grunde, folglich die Funktion zu, einen Zeitraum verschuldensunabhängiger Haftung des Verkäufers vor Gefahrübergang von einem Zeitraum verschuldensabhängiger Haftung nach Gefahrübergang abzugrenzen. Drei Argumente sprechen gegen ein solches Verständnis des Gefahrtragungsrechts und damit im Ergebnis für die Loslösung des Gefahrbegriffs vom Verschuldenskriterium.

Erstens lässt sich aus einer rechtsvergleichenden Perspektive feststellen, dass sich die Verschuldenshaftung im Vertragsrecht generell auf dem Rückzug befindet. Dies zeigt sich nicht zuletzt an der soeben diskutierten Ausgestaltung des Haftungsrechts des UN-Kaufrechts selbst. Auch auf umfassenden rechtsvergleichenden Vorarbeiten beruhende unverbindliche Regelwerke wie die *UNIDROIT Principles of International Commercial Contracts*, die *Principles of European Contract Law* (PECL) sowie die auf den PECL aufbauenden im Jahr 2009 veröffentlichten *DCFR Model Rules* stellen zur Haftungsbegründung auf ein etwaiges Verschulden der Vertragsparteien nicht ab[100]. Das englische und

---

99 Vgl. *Schmitthoff*, Risk of Loss in Transit, S. 172.

100 UNIDROIT Principles, Artt. 7.1.1., 7.4.1. und Anm. 1. zu Art. 7.4.1; PECL Artt. 8:101, 8:108; DCFR Model Rules Regel III.-3:701 und hierzu *v.Bar/Clive*, DCFR I, Comment

US-amerikanische Recht gehen, zumindest im Grundsatz, seit jeher von einer verschuldensunabhängigen Verkäuferhaftung aus[101]. Auch im französischen Recht ist eine starke Tendenz hin zur generell verschuldensunabhängigen Haftung des Verkäufers erkennbar[102]. Das deutsche Recht hat sich - zumindest was die Diskussion im Schrifttum betrifft - im Zuge der Schuldrechtsmodernisierung ebenfalls diesem Standpunkt angenähert. Zwar hat sich das Verschuldensprinzip im Tatbestand des § 280 Abs. 1 BGB gehalten. Die Beibehaltung des Verschuldenskorrektivs bei Umverteilung lediglich der Beweislast ist in der Lehre allerdings nicht ohne Kritik geblieben. Gerade der Blick auf ausländische Rechtsordnungen sowie auf das internationale Einheitsrecht hat in der Diskussion um die Sinnhaftigkeit des Festhaltens an der Verschuldenshaftung im Vertragsrecht des BGB eine bedeutende Rolle gespielt[103].

Zweitens ist eine Loslösung des Vertragsrechts vom Verschuldensprinzip auch rechtspolitisch sinnvoll. Das muss ganz besonders für das Handelsrecht gelten. Gerade für Kaufleute steht die Effizienz des Vertrags und dessen Abwicklung im Vordergrund. Billigkeitserwägungen, auf die das Verschuldensprinzip letzten Endes zurückgeführt werden kann, spielen demgegenüber nur eine untergeordnete Rolle. Eine Anknüpfung der Haftung an den Verschuldensmaßstab schafft Rechtsunsicherheit und ist aus diesem Grund ineffizient. Der Nachweis des Verschuldens ist im Prozess oft schwer zu führen und macht regelmäßig eine Beweisaufnahme erforderlich. Die damit verbundenen Ungewissheiten ermutigen die Vertragsparteien dazu, es auf einen Rechtsstreit ankommen zu lassen[104]. Für die Parteien verursachen Rechtsstreitigkeiten unerwünschte Opportunitätskosten. Die in einem Prozess gebundenen Ressourcen können nicht ihrem eigentlichen Zweck, nämlich dem Exporthandel und der damit bezweckten Gewinnerzielung, zugeführt werden.

Drittens führt eine an das Verschulden anknüpfende Definition des Gefahrbegriffs zu einem systematischen Widerspruch zwischen Artikel 66 1. Halbsatz CISG und Artikel 36 Abs. 1 CISG. Der Zusammenhang zwischen diesen beiden Vorschriften ist wie folgt: Wie Artikel 66 1. Halbsatz CISG auch bewirkt Artikel 36 Abs. 1 CISG eine Begrenzung der Verkäuferhaftung in zeitlicher Hinsicht.

C zu III.-3:701, Seite 916; zu UNIDROIT Principles und PECL des Weiteren auch *Schneider*, Abkehr vom Verschuldensprinzip, S. 317 und 325.

101 Oben 2. a) (2).

102 *Schneider*, Abkehr vom Verschuldensprinzip, S. 330 ff.

103 Vgl. *Schneider*, Abkehr vom Verschuldensprinzip, S. 65 ff. m.w.N., insbes. S. 71.

104 Ausführlich zum Aspekt der „Streitvermeidung" unten Kapitel 4 V. 2. d).

Anders als Artikel 66 1. Halbsatz bringt Artikel 36 Abs. 1 CISG dies sogar ganz explizit zum Ausdruck:

> *Der Verkäufer haftet nach dem Vertrag und diesem Übereinkommen für eine Vertragswidrigkeit, die im Zeitpunkt des Übergangs der Gefahr auf den Käufer besteht …*

Artikel 36 CISG findet sich im II. Kapitel des CISG, das sich mit den Pflichten des Verkäufers und seiner Haftung im Falle einer Pflichtverletzung befasst. Systematisch ist die Vorschrift mithin dem Haftungsrecht zuzuordnen. Zumindest in funktioneller Hinsicht handelt es sich allerdings (auch) um eine Gefahrtragungsnorm. Artikel 36 und 66 CISG behandeln ein und dieselbe Sache – nämlich die Grenzen der Verkäuferhaftung in zeitlicher Hinsicht – aus jeweils unterschiedlichen Perspektiven. Der Anwendungsbereich der beiden Normen überschneidet sich dabei wesentlich, ohne allerdings deckungsgleich zu sein. Diese Überschneidung ist die Grundursache für einige der im Laufe der Untersuchung zu erörternden Auslegungsprobleme des Gefahrtragungsrechts im erweiterten – systematischen sowie funktionellen – Sinne. Artikel 36 CISG ist insoweit großzügiger als seine Schwesternorm, als dass die durch Verweis auf das Gefahrtragungsrecht herbeigeführte zeitliche Haftungsbegrenzung hier für alle Rechtsbehelfe des Käufers gilt, unabhängig davon, ob diese sich auf den Kaufpreiszahlungsanspruch des Verkäufers auswirken (wie Vertragsaufhebung und Minderung) oder nicht (wie insbesondere Ersatzlieferung und Nachbesserung, in gewisser Hinsicht aber auch der Schadensersatzanspruch[105]). Artikel 36 CISG ist andererseits nur auf die Haftung des Verkäufers für eine Vertragswidrigkeit der Ware anwendbar. Aus Artikel 35 Abs. 1 CISG ergibt sich, dass die Vertragswidrigkeit in einer Mengen- oder Qualitätsabweichung oder in einem so genannten Verpackungsmangel bestehen kann. Die Nichtlieferung ist vom Begriff der Vertragswidrigkeit nicht erfasst[106]. Damit ist Artikel 36 CISG im Falle des Untergangs der Kaufsache nicht anwendbar. Der Tatbestand der Vorschrift ist insoweit enger als der des Artikels 66 CISG. Ein gemeinsamer Anwendungsbereich verbleibt in Konstellationen, in denen die Ware den Käufer beschädigt erreicht und dieser deshalb den Kaufpreis mindern oder den Kaufvertrag aufheben will. Artikel 36 Abs. 1 CISG begrenzt in diesen Fällen die Verkäuferhaftung

---

105 Zur Klassifizierung des Schadensersatzanspruchs als Rechtsbehelf *sui generis* sogleich Seite 58.

106 Vgl. MünchKommBGB-*Gruber*, Art. 35 CISG, Rn. 1; Honsell-*Magnus*, Art. 36, Rn. 3; Staudinger-*Magnus*, Art. 36 CISG, Rn. 7; *Karollus*, UN-Kaufrecht, S. 120; *Herber/Czerwenka*, Art. 36, Rn. 2; Soergel-*Lüderitz/Schüßler-Langeheine*, Art. 36 CISG, Rn. 1; MünchKommBGB-*Gruber*, Art. 36 CISG, Rn. 2.

ohne dass es darauf ankommt, ob die Beschädigung der Kaufsache von einer der Parteien zu vertreten war. Das Vorliegen einer Gefahr im Rechtssinne wird in Artikel 36 CISG tatbestandlich nicht vorausgesetzt. Die Vorschrift verweist lediglich auf den Zeitpunkt des Übergangs der Gefahr, mithin auf Tatbestand und Rechtsfolge des in den Artikeln 67 bis 69 CISG geregelten besonderen Gefahrtragungsrechts[107]. Ein Widerspruch zwischen beiden Gefahrtragungsregeln ergibt sich in den Fällen, in denen der Verkäufer die Kaufsache in einem Zeitpunkt nach Gefahrübergang schuldhaft beschädigt. Als Beispiel für eine solche Fallkonstellation ist bereits in den Gesetzesmaterialien die Beschädigung der Ware im Zuge der Rücknahme der dem Verkäufer gehörenden Container bei einem Kauf FOB genannt[108]. Nach Artikel 66 1. Halbsatz CISG stehen dem Käufer hier die Rechtsbehelfe der Minderung und der Vertragsaufhebung weiterhin zur Verfügung, während eine solche Haftung des Verkäufers nach Artikel 36 Abs. 1 CISG ausgeschlossen ist.

Im Ergebnis ist es aus den genannten Gründen sinnvoll, an der Verschuldensunabhängigkeit des Haftungsrechts festzuhalten und den in Artikel 66 1. Halbsatz CISG tatbestandlich vorausgesetzten Gefahrbegriff neu zu definieren. In Orientierung an der Parallelvorschrift des Artikels 36 Abs. 1 CISG bietet es sich an, unter „Gefahr“ das Risiko jedweder Beeinträchtigung der Kaufsache zu verstehen, die sich auf deren Substanz auswirkt. Dies muss unabhängig davon gelten, ob diese Beeinträchtigung von einer der Parteien zu vertreten war oder ob sie lediglich zufällig erfolgte. Damit haftet der Verkäufer im Falle einer schuldhaften Beeinträchtigung der Kaufsache in einem Zeitpunkt nach Gefahrübergang dem Grundsatz nach nur außervertraglich[109], in der Regel also nach Deliktsrecht.

---

107 Schlechtriem/Schwenzer-*Schwenzer*, Art. 36, Rn. 3; Staudinger-*Magnus*, Art. 36 CISG, Rn. 8; Enderlein/Maskow/Strohbach-*Enderlein*, Art. 36, Anm. 5; *Karollus*, UN-Kaufrecht, S. 120; Witz/Salger/Lorenz-*Salger*, Art. 36, Rn. 5; MünchKommBGB-*Gruber*, Art. 36 CISG, Rn. 3; MünchKommHGB-*Benicke*, Art. 36 CISG, Rn. 2.

108 Sekretariatskommentar, Art. 78, Anm. 6. Das Beispiel ist im Übrigen schlecht gewählt, da bei Vereinbarung einer Handelsklausel wie FOB das Gefahrtragungsrecht des CISG in seiner Gesamtheit nicht zur Anwendung gelangt, dazu schon oben Seite 23.

109 Das gilt auch in den Konstellationen des Verkaufs reisender Ware. Artikel 68 Satz 3 CISG weicht das Dogma vom verschuldensunabhängigen Gefahrbegriff zwar insoweit auf, als dass der konkrete Zeitpunkt des Gefahrübergangs beim Verkauf reisender Ware davon abhängt, ob der Verkäufer die Sachbeeinträchtigung vor Vertragsschluss kannte oder hätte kennen müssen. Das ändert aber nichts an der grundlegenden Aussage, dass nach Gefahrübergang auch die vertragliche Verschuldenshaftung ausgeschlossen und der Käufer vielmehr auf das Deliktsrecht zu verweisen ist. Dennoch stellt die Gefahrtragungsregel beim Verkauf reisender Ware zu einem guten Stück eine

Eine Ausdehnung der vertraglichen Haftung über den Zeitpunkt des Gefahrübergangs hinaus kann sich, die Schadensersatzhaftung wegen Verletzung der Erhaltungspflicht aus Artikel 85 CISG einmal ausgenommen[110], allenfalls nach den in Artikel 36 Abs. 2 und 66 2. Halbsatz CISG vorgesehenen Ausnahmen ergeben. Auf die Auslegung dieser Ausnahmetatbestände und die sich insoweit ergebenden Probleme soll im zweiten Kapitel ausführlich eingegangen werden.

Die hier propagierte Neubestimmung des Gefahrbegriffs beinhaltet nach dem soeben Gesagten eine Stellungnahme zu dem viel diskutierten Problem[111] des Verhältnisses der Regelungen des UN-Kaufrechts zum nationalen – durch das IPR des Forumsstaates berufenen – Deliktsrecht. Dem Gefahrtragungsrecht kommt demnach bildlich gesprochen die Funktion einer Scheidelinie zwischen vertraglicher und außervertraglicher Haftung des Verkäufers zu. Daraus folgt, dass das CISG Ersatzansprüche aus unerlaubter Handlung, die in einem Zeitpunkt nach Gefahrübergang entstanden sind, nicht verdrängt. Vor Gefahrübergang sollten die Bestimmungen des UN-Kaufrechts das Deliktsrecht zumindest in dem Umfang ausschließen, in dem sie das Äquivalenzinteresse des Käufers schützen[112]. Im vorliegenden Kontext bedeutet das, dass deliktische Ansprüche wegen einer Beeinträchtigung der Kaufsache in einem Zeitpunkt vor Gefahrübergang nicht in Betracht kommen, auch wenn der Verkäufer die Beeinträchtigung durch sein eigenes sorgfaltswidriges, d.h. schuldhaftes, Verhalten herbeigeführt hat. Andernfalls könnten die auf den Exporthandel zugeschnittenen Spezifika

---

Systemwidrigkeit dar, die im Hinblick auf den eindeutigen Gesetzeswortlaut einerseits aber hinzunehmen ist, andererseits angesichts der Atypik der Norm im Gesamtsystem des Haftungs- und Gefahrtragungsrechts des CISG nicht weiter ins Gewicht fällt.

110 Nach zutreffender Ansicht kann der Käufer bei Verletzung der Erhaltungspflicht ausschließlich den Schadensersatzanspruch nach Artikel 45 Abs. 1 lit. b) CISG geltend machen (wie hier *Ferrari* in: Ferrari u.a., Internationales Vertragsrecht, Art. 85 CISG, Rn. 9; Herber/Czerwenka, vor Art. 85, Rn. 4; Schlechtriem/Schwenzer-*Bacher*, Vorbem. Artt. 85–88, Rn. 4; Soergel-*Lüderitz/Dettmeier*, Art. 85 CISG, Rn. 9; Staudinger-*Magnus*, Art. 85 CISG, Rn. 13; offen gelassen von Witz/Salger/Lorenz-*Lorenz*, Art. 85, Rn. 12). Minderung, Vertragsaufhebung, Ersatzlieferungs- und Nachbesserungsanspruch müssen ihm verwehrt bleiben, da andernfalls unbilliger Weise sein im Annahmeverzug begründetes Mitverschulden (dazu Schlechtriem/Schwenzer-*Bacher*, a.a.O.) nicht berücksichtigt werden könnte.

111 Zum Meinungsstand Staudinger-*Magnus*, Art. 5 CISG, Rn. 11; Schlechtriem/Schwenzer-*Ferrari*, Art. 5, Rn. 12, alle m.w.N.

112 Staudinger-*Magnus*, Art. 5 CISG, Rn. 14; Schlechtriem/Schwenzer-*Ferrari*, Art. 5, Rn. 12; Brunner-*Meier/Stacher*, UN-Kaufrecht, Art. 5, Rn. 2; ähnlich Schlechtriem/Schwenzer-*Müller-Chen*, Art. 45, Rn. 32.

der Haftung nach UN-Kaufrecht wie beispielsweise die Untersuchungs- und Rügeobliegenheit nach Artikeln 38 f. CISG durch Berufung auf unvereinheitlichtes nationales Recht ausgehebelt werden[113].

5. Nicht körperliche Sachbeeinträchtigungen

Während das Verhältnis des Gefahrbegriffs zu dem Postulat der verschuldensunabhängigen Verkäuferhaftung im UN-Kaufrecht in Rechtsprechung und Schrifttum soweit ersichtlich nicht thematisiert wird, finden sich zahlreiche Stellungnahmen zu der ebenfalls den Anwendungsbereich des Gefahrtragungsrechts betreffenden Frage, ob auch Beeinträchtigungen der Kaufsache, die sich zwar nicht unmittelbar auf deren Substanz auswirken, aber dennoch die Verwendbarkeit der Kaufsache einschränken oder sogar aufheben, unter den Gefahrbegriff zu subsumieren sind[114]. Beispielhaft genannt werden in diesem Zusammenhang hoheitliche Eingriffe wie Beschlagnahmen, Verwendungsverbote oder Export- bzw. Import-Embargos[115].

Nach dem hier vertretenen Ansatz sind Haftung und Gefahrtragung als zusammenhängendes System zu verstehen. Ob die Gefahrtragungsregel auch in den Fällen hoheitlicher Eingriffe Anwendung finden, sollte vor diesem Hintergrund im Zusammenhang mit der – ebenfalls umstrittenen – Frage diskutiert werden, ob Einschränkungen der Verwendbarkeit der Ware aufgrund öffentlich rechtlicher Bestimmungen bzw. Verfügungen überhaupt die Vertragsmäßigkeit

---

113 Vgl. Schlechtriem/Schwenzer-*Müller-Chen*, Art. 45, Rn. 32; MünchKommBGB-*Peter Huber*, Art. 46 CISG, Rn. 27.

114 Dafür Arbitration Court of the Hungarian Chamber of Commerce and Industry, Urteil vom 10. Dezember 1996, CISG-online Nr. 774; Kröll/Mistelis/Perales Viscasillias-*Erauw*, Art. 66, Rn. 34 ff; Schlechtriem/Schwenzer-*Hachem*, Art. 66, Rn. 7 f.; Staudinger-*Magnus*, Art. 66 CISG, Rn. 6; MünchKommBGB-*Peter Huber*, Art. 66 CISG, Rn. 7; Witz/Salger/Lorenz-*Witz*, Art. 66 CISG, Rn. 4; *Neumayer/Ming*, Art. 66, Anm. 1; *Achilles*, Art. 66 CISG, Rn. 2; Soergel-*Lüderitz/Budzikiewicz*, Art. 66, Rn. 3; Enderlein/Maskow/Strohbach-*Maskow*, Art. 66, Anm. 2; *Geist*, WBl. 1988, 349, 350; *Ulrich Huber*, RabelsZ 43 (1979), 413, 501, Fn 164; *Mankowski* in: Ferrari u.a., Internationales Vertragsrecht, Art. 66 CISG, Rn. 5; dagegen Schlechtriem/Schwenzer[5]-*Hager/Maultzsch*, Art. 66, Rn. 4; *Hager*, Gefahrtragung nach UN-Kaufrecht, S. 410; *Schlechtriem/Schroeter*, Internationales UN-Kaufrecht, Rn. 536 f.; *Bollée*, Theory of Risks, S. 273; MünchKommHGB-*Wertenbruch*, Art. 66 CISG, Rn. 4; *Piltz*, Internationales Kaufrecht, Rn. 4–270; differenzierend Honsell-*Schönle/Th. Koller*, Art. 66, Rn. 19 ff.

115 Vgl. die Aufzählungen bei Staudinger-*Magnus*, Art. 66 CISG, Rn. 6; Schlechtriem/Schwenzer-*Hachem*, Art. 66, Rn. 10 f.. Einen rechtsvergleichenden Überblick über die Embargo- und Beschlagnahmefälle gibt *Hager*, Gefahrtragung beim Kauf, S. 244 ff.

der Ware beeinträchtigen[116]. Letztgenannte Problematik ist systematisch im Tatbestand des Artikels 35 Abs. 2 lit. a) CISG zu verorten. Es ist zu fragen, worin der übliche Verwendungszweck für die betreffende Ware besteht.

Verneint man bereits die Vertragswidrigkeit, wie es beispielsweise der BGH in seiner Kadmium-Muschel-Entscheidung aus dem Jahr 1995[117] getan hat, so stellt sich mangels Bestehen eines (sachbezogenen) Rechtsbehelfs die Frage nach der Haftungsbegrenzung durch das Gefahrtragungsrecht nicht. Geht man hingegen davon aus, dass ein bestimmter hoheitlicher Eingriff eine Vertragswidrigkeit der Ware im Sinne des Artikels 35 Abs. 2 lit. a) CISG im konkreten Fall begründet, so lässt sich eingangs feststellen, dass eine unmittelbare Anwendung des Gefahrtragungsrechts auf die Fälle hoheitlicher Eingriffe nach dem Wortlaut des Artikels 66 CISG nicht in Betracht kommt. Dort ist ausdrücklich von „Untergang" und „Beschädigung" der Ware die Rede, womit das Erfordernis einer (körperlichen) Substanzbeeinträchtigung der Ware eindeutig zum Ausdruck gebracht wird. Die Funktion des Gefahrtragungsrechts als Instrument der umfassenden Begrenzung der Verkäuferhaftung für Beeinträchtigungen der Kaufsache in zeitlicher Hinsicht und der darin zum Ausdruck gebrachte Zusammenhang zwischen Begründung und Begrenzung der Rechtsbehelfe des Käufers wegen einer Vertragswidrigkeit der Ware legen es allerdings nahe, das Gefahrtragungsrecht hier entsprechend anzuwenden bzw. vom Bestehen eines allgemeinen Grundsatzes dieses Inhalts im Sinne des Artikels 7 Abs. 2 CISG[118] auszugehen. Behandelt man die Beeinträchtigung der Ware durch hoheitliche Eingriffe auf der Ebene der Haftungsbegründung wie gewöhnliche Sachmängel, so sollte man das Gleiche konsequenter Weise auch auf der Ebene der Haftungsbegrenzung tun. Eine solche Vorgehensweise ist nicht nur rechtsdogmatisch konsequent. Sie vermeidet auch Abgrenzungsschwierigkeiten in Konstellationen, in denen die Ware sukzessive zuerst von einer hoheitlichen Maßnahme betroffen und danach auch in ihrer Substanz beeinträchtigt wird. Als Gefahrverwirklichung ist bei Eingriffen von hoher Hand der Erlass der betreffenden Maßnahme anzusehen. Der Verkäufer haftet also nicht für unter Artikel 35 Abs. 2 lit. a) CISG fallende

116 Welche Kriterien zur Beantwortung dieser– notgedrungen stark einzelfallbezogenen– Frage heranzuziehen sind, betrifft den vorliegenden Untersuchungsgegenstand nicht und soll demnach nicht weitergehend erörtert werden. Ausführlich zum Meinungsstand MünchKommBGB-*Gruber*, Art. 35 CISG, Rn. 18 ff.

117 Urteil vom 8. März 1995, VIII ZR 159/94, NJW 1995, S. 2099 ff.; CISG-online Nr. 144.

118 So MünchKommBGB-*Peter Huber*, Art. 66 CISG, Rn. 7.

Maßnahmen, wenn diese nach dem in den Artikeln 67 bis 69 CISG Zeitpunkt erlassen worden sind[119].

II. Die Rechtsfolgen des Gefahrübergangs bei rechtsbehelfsbezogener Betrachtungsweise

Der vorangegangene Abschnitt hat gezeigt, dass das Gefahrtragungsrecht nur vor dem Hintergrund der einzelnen dem Käufer bei Vertragsverletzungen des Verkäufers zu Verfügung stehenden Rechtsbehelfe verstanden werden kann. Aus dem Vergleich des Anwendungsbereichs des Artikels 66 1. Halbsatz CISG mit dem des Artikels 36 Abs. 1 CISG hat sich ferner ergeben, dass diese Vorschriften die Verkäuferhaftung nur in bestimmten Fallkonstellationen begrenzen. Während manche Konstellationen in beiden Rechtsnormen geregelt sind, entstehen an anderer Stelle Regelungslücken. Im Folgenden sollen die in den Artikeln 36 Abs. 1 und 66 1. Halbsatz CISG enthaltenen allgemeinen Gefahrtragungsregeln auf ihre Auswirkungen auf die einzelnen Rechtsbehelfe des Käufers untersucht werden. Dabei bietet sich eine Kategorisierung nach den in den Artikeln 36 und 66 CISG angelegten Kriterien an.

Sowohl Artikel 36 als auch Artikel 66 CISG differenzieren danach, ob sich die Gefahr im Untergang oder in einer bloßen Beschädigung der Kaufsache verwirklicht. Während die Unterscheidung in Artikel 66 CISG lediglich deklaratorische Bedeutung hat – die Vorschrift ist sowohl auf den Untergang als auch auf die Beschädigung der Kaufsache anwendbar – ist sie für die Anwendbarkeit des Artikels 36 CISG konstitutiv. Aus dem Begriffspaar Untergang und Beschädigung lässt sich des Weiteren ableiten, dass eine Vertragsverletzung des Verkäufers im Kontext des Gefahrtragungsrechts lediglich relevant sein kann, wenn sie in der Beeinträchtigung der Substanz der Kaufsache resultiert[120]. Im Folgenden soll insoweit von Sachbezogenheit die Rede sein.

Artikel 66 1. Halbsatz CISG setzt ferner tatbestandlich voraus, dass sich der vom Käufer gewählte Rechtsbehelf auf dessen Kaufpreiszahlungspflicht aus Artikel 53 CISG auswirkt. Artikel 36 CISG kennt eine entsprechende Differenzierung nicht. Die Vorschrift ist damit auch auf Rechtsbehelfe des Käufers anwendbar,

---

119 Der in den Artikeln 36 Abs. 2 CISG und 66 2. Halbsatz CISG geregelte Zusammenhang zwischen Gefahrverwirklichung und Pflicht- bzw. Vertragsverletzungen des Verkäufers (dazu sogleich im zweiten Kapitel) dürfte in diesem Zusammenhang so gut wie nie praktisch relevant werden.

120 Zur entsprechenden Anwendung in den Fällen der Beeinträchtigung durch hoheitliche Eingriffe siehe oben I. 5.

die die Leistungspflicht des Verkäufers modifizieren oder eine gänzlich neue Verpflichtung des Verkäufers begründen. Rechtsbehelfe des Käufers, die die originäre Leistungsverpflichtung des Verkäufers zum Inhalt haben bzw. diese modifizieren sollen im Folgenden „leistungsbezogene Rechtsbehelfe" genannt werden. Rechtsbehelfe, die sich auf die Kaufpreiszahlungspflicht des Käufers auswirken, werden im Folgenden „gegenleistungsbezogene Rechtsbehelfe" genannt. Diese Terminologie erklärt sich vor dem Hintergrund, dass die Leistung des Verkäufers dem Kaufvertrag das charakteristische Gepräge gibt und entspricht der Unterscheidung zwischen Leistungs- und Preisgefahr. In eine eigene Kategorie fällt der Schadensersatzanspruch aus Artikel 74 CISG, der weder die Leitungspflicht des Verkäufers noch die Kaufpreiszahlungspflicht des Verkäufers modifiziert[121], sondern einen eigenständigen Rechtsbehelf *sui generis* begründet.

Die Untersuchung vollzieht sich in zwei Schritten. Einleitend soll herausgearbeitet werden, welche Rechtsbehelfe des Käufers für die im Folgenden anzustellenden Überlegungen zum funktionalen Zusammenhang zwischen Haftungsbegründung und Gefahrtragung relevant sind beziehungsweise einer eingehenderen Analyse bedürfen. In einem zweiten Schritt sind dann die Wechselwirkungen der so identifizierten Rechtsbehelfe mit dem (allgemeinen) Gefahrtragungsrecht zu erörtern.

1. Die im Kontext des allgemeinen Gefahrtragungsrechts relevanten Rechtsbehelfe des Käufers

Artikel 45 Abs. 1 CISG zählt die Rechtsbehelfe des Käufers wegen Vertragsverletzungen des Verkäufers auf. Die Aufzählung ist nicht abschließend. Hinzu kommen die situationsspezifischen Rechtsbehelfe für die Konstellationen des antizipierten Vertragsbruchs (Artikel 72 CISG) sowie des Bestehens eines Sukzessivlieferungsvertrags (Artikel 73 CISG). Ferner ist zu überlegen, ob es sich auch beim Zurückbehaltungsrecht aus Artikel 58 Abs. 1 Satz 1 CISG um einen Rechtsbehelf im hier verwendeten Sinne handelt. Die genannten Rechtsbehelfe sollen im Folgenden auf ihre Relevanz für den vorliegenden Untersuchungsgegenstand überprüft werden. Entscheidendes Kriterium ist das aus den Artikeln 36 Abs. 1 und 66 1. Halbsatz CISG abzuleitende Erfordernis der Sachbezogenheit. Bei Artikel 58 Abs. 1 CISG sowie den situationsspezifischen Rechtsbehelfen

---

121 Eine automatische Verrechnung von Kaufpreisanspruch des Verkäufers und Schadensersatzanspruch des Käufers kennt das UN-Kaufrecht nicht. Nach zutreffender herrschender Ansicht fällt die Aufrechnung nicht einmal in den Anwendungsbereich der Konvention; statt aller Schlecht-riem/Schwenzer-*Ferrari*, Art. 4, Rn. 39 m.w.N.

ist des Weiteren zu fragen, ob diese neben den allgemeinen in Artikel 45 Abs. 1 CISG aufgezählten Rechtsbehelfen eigenständige Bedeutung im Hinblick auf den vorliegenden Untersuchungsgegenstand haben.

a) Nachbesserungsanspruch, Ersatzlieferungsanspruch und Minderungsrecht (Artikel 46 Abs. 2 und 3 CISG, Artikel 50 CISG)

Nachbesserungs- und Ersatzlieferungsanspruch sowie das Minderungsrecht des Käufers aus Artikel 50 CISG sind unmittelbar sachbezogen. Die betreffenden Rechtsbehelfe können ausschließlich aufgrund einer Vertragswidrigkeit der Ware geltend gemacht werden (wobei Vertragswidrigkeit im Wesentlichen im Sinne von Substanzbeeinträchtigung zu verstehen ist[122]) und unterfallen folglich vollumfänglich dem vorliegenden Untersuchungsgegenstand.

b) Das Vertragsaufhebungsrecht aus Artikel 49 Abs. 1 CISG

Das Vertragsaufhebungsrecht aus Artikel 49 Abs. 1 lit. a) CISG steht dem Käufer für alle Arten der Vertragsverletzung unabhängig von deren Sachbezogenheit zur Verfügung. Voraussetzung ist lediglich die Wesentlichkeit der Pflichtverletzung. So kann beispielsweise erheblicher Lieferverzug (oder auch nur geringer Verzug bei Bestehen eines Fixgeschäfts) das Recht zur Vertragsaufhebung auslösen, auch wenn die Verzögerung eine Substanzbeeinträchtigung der Ware nicht zur Konsequenz hatte[123]. Ein funktionaler Zusammenhang mit dem Gefahrtragungsrecht kann nur bestehen, sofern die Vertragsverletzung des Verkäufers sachbezogen ist. Nur in diesem Umfang ist das Vertragsaufhebungsrecht nach Artikel 49 Abs. 1 lit. a) CISG Gegenstand der vorliegenden Untersuchung.

Nach Artikel 49 Abs. 1 lit. b) CISG kann der Käufer den Vertrag auch wegen einer nicht wesentlichen Vertragsverletzung aufheben, wenn eine zuvor von ihm gesetzte Nachfrist erfolglos verstrichen ist. Zwar kann auf diesem Wege auch eine nicht wesentliche sachbezogene Vertragsverletzung des Verkäufers – mittelbar – das Vertragsaufhebungsrecht begründen. Selbst in diesem Fall ist für die Vertragsaufhebung allerdings nicht die Sachbeeinträchtigung selbst, sondern der fruchtlose Ablauf der Nachfrist konstitutiv. Dieses Verzugselement kann jedoch niemals sachbezogen sein. Daraus folgt, dass das Vertragsaufhebungsrecht aus

---

122 Vgl. die Definition in Artikel 35 CISG und dazu die Ausführungen unten Kapitel 2 I. 1. a).

123 Ausführlich zu den Verzugskonstellationen *Huber/Mullis*, the CISG, S. 225 f.

Artikel 49 Abs. 1 lit. b) CISG für den vorliegenden Untersuchungsgegenstand nicht von Bedeutung ist.

c) Der allgemeine Erfüllungsanspruch aus Artikel 46 Abs. 1 CISG

Nach Artikel 46 Abs. 1 CISG kann der Käufer das ihm vom Verkäufer aufgrund vertraglicher Vereinbarung oder gesetzlicher Bestimmungen Zustehende in den Grenzen des Artikels 28 CISG vor Gericht einklagen. Naturgemäß sind die Pflichten, die im Wege des allgemeinen Erfüllungsanspruchs durchgesetzt werden können, vielgestaltig. Man kann sagen, dass Artikel 46 Abs. 1 CISG dem Käufer – mit einer bedeutenden Ausnahme, dazu sogleich – ebenso viele unterschiedliche Rechtsbehelfe eröffnet, wie das UN-Kaufrecht und der konkret zu beurteilende Kaufvertrag Pflichten des Verkäufers vorsehen[124].

Die unter Artikel 46 Abs. 1 CISG fallenden Verkäuferpflichten können anhand des Kriteriums der Sachbezogenheit in drei Kategorien – nicht sachbezogen, mittelbar sachbezogen und unmittelbar sachbezogen – unterteilt werden. Nicht sachbezogen sind dabei die Pflichten des Verkäufers, die unter keinen Umständen die Substanzbeeinträchtigung der Ware verursachen können. In diese Kategorie fällt beispielsweise die in Artikel 30 CISG genannte Pflicht des Verkäufers zur Übergabe der die Ware betreffenden Dokumente. Nicht sachbezogene Verkäuferpflichten und der auf die Erfüllung solcher Pflichten gerichtete Anspruch aus Artikel 46 Abs. 1 CISG unterfallen einer zeitlichen Begrenzung durch das Gefahrtragungsrecht nicht und können vorliegend folglich unberücksichtigt gelassen werden. Das Gleiche gilt im Ergebnis für die hier so genannten mittelbar sachbezogenen Verkäuferpflichten. In diese Kategorie fallen Verpflichtungen, die zwar nicht direkt auf die Bewahrung der Integrität der Kaufsache gerichtet sind, deren Verletzung aber dennoch eine Sachbeeinträchtigung zur Folge haben kann. Mittelbar sachbezogen sind beispielsweise die in Artikel 32 CISG geregelten Pflichten des Verkäufers betreffend die Beförderung der Ware. Dass der Anspruch auf Erfüllung solcher mittelbar sachbezogenen Pflichten nicht *per se* durch das Gefahrtragungsrecht zeitlich begrenzt wird, ergibt sich im Umkehrschluss aus den Artikeln 36 Abs. 2 CISG und 66 2. Halbsatz CISG,

---

124 Vgl. *Karollus*, UN-Kaufrecht, S. 134 f.; Staudinger-*Magnus*, Art. 46 CISG, Rn. 10; MünchKommBGB-*Peter Huber*, Art. 46 CISG, Rn. 1 und 11; Bianca/Bonell-*Will*, Art. 46, Anm. 3.1.; Soergel-*Lüderitz/Schüßler-Langeheine*, Art. 46 CISG, Rn. 2; Brunner-*Akikol/Bürki*, UN-Kaufrecht, Art. 46, Rn. 3; MünchKommHGB-*Benicke*, Art. 46 CISG, Rn. 3.

die für ebendiese Fälle der mittelbaren Verursachung eine „Gefahrtragung nach Gefahrübergang“[125] anordnen.

Es bleiben die unmittelbar sachbezogenen Verkäuferpflichten. Konkret vorstellbar sind hier lediglich drei Pflichten, nämlich die Verpflichtung des Verkäufers zur (erstmaligen) Lieferung der Ware, die Pflicht zur Lieferung vertragsgemäßer Ware, sowie – mit Einschränkungen – die Pflicht zur Verschaffung des Eigentums. In letzter Konsequenz fällt lediglich die erstgenannte Pflicht zur erstmaligen Lieferung der Ware in den Anwendungsbereich des Artikels 46 Abs. 1 CISG bzw. wird durch das Gefahrtragungsrecht in zeitlicher Hinsicht begrenzt.

Die zweifellos sachbezogene Pflicht zur Lieferung vertragsgemäßer Ware kann grundsätzlich[126] nur unter den qualifizierten Voraussetzungen des Artikels 46 Absätze 2 und 3 CISG geltend gemacht werden[127]. Der allgemeine Erfüllungsanspruch wird insoweit in Anwendung des *lex specialis* Grundsatzes verdrängt.

Die Pflicht des Verkäufers zur Verschaffung des Eigentums ist in Artikel 30 CISG zwar angesprochen. Inhalt und Umfang der Eigentumsverschaffungspflicht sind im Einheitskaufrecht allerdings nicht geregelt. Diese so genannte „externe Regelungslücke“[128] ist auf eine bewusste Entscheidung der Gesetzesverfasser zurückzuführen[129] und dem Umstand geschuldet, dass die teils erheblichen

---

125 Dazu unten Kapitel 2.

126 Rückausnahmen gelten zum einen in der Fallkonstellation, in der der Käufer bei der Holschuld die als mangelhaft erkannte Ware nicht entgegennimmt. Hier erscheint eine analoge Anwendung des Artikels 46 Abs. 1 CISG angebracht, um eine ungerechtfertigte Benachteiligung des Käufers zu verhindern, dazu Schlechtriem/Schwenzer-*Müller-Chen*, Art. 46, Rn. 19. Artikel 46 Abs. 1 CISG bleibt des Weiteren in Fällen der „Zuweniglieferung“ anwendbar, dazu Staudinger-*Magnus*, Art. 46 CISG, Rn. 10; MünchKommBGB-*Peter Huber*, Art. 46 CISG, Rn. 8, beide m.w.N.

127 *v.Hoffmann*, Gewährleistungsansprüche im UN-Kaufrecht, S. 294; Staudinger-*Magnus*, Art. 46 CISG, Rn. 2; Bianca/Bonell-*Will*, Art. 46, Anm. 1.1.; Honsell-*Schnyder/Straub*, Art. 46, Rn. 3 und 5; *Karollus*, UN-Kaufrecht, S. 134 f.; Witz/Salger/Lorenz-*Salger*, Art. 46, Rn. 5; *Herber/Czerwenka*, Art. 46, Rn. 2; Soergel-*Lüderitz/Schüßler-Langeheine*, Art. 46 CISG, Rn. 3; MünchKommBGB-*Peter Huber*, Art. 46 CISG, Rn. 5.

128 Zum Begriff; *Karollus*, UN-Kaufrecht, S. 16; *Schlechtriem/Schroeter*, Internationales UN-Kaufrecht, Rn. 147.

129 Sekretariatskommentar, Art. 4, Anm. 4; *Czerwenka*, Rechtsanwendungsprobleme, S. 165; *Honnold/Flechtner*, Uniform Law, Rn. 70; MünchKommBGB-*Peter Huber*, Art. 4 CISG, Rn. 20; Schlechtriem/Schwenzer-*Ferrari*, Art. 4, Rn. 29; MünchKommHGB-*Mankowski*, Art. 4 CISG, Rn. 14.

Unterschiede in den einzelnen nationalen Rechtsordnungen im Hinblick auf den Eigentumsübergang in den Beratungen zum CISG nicht überbrückt werden konnten. Es entscheidet somit das nach dem internationalen Privatrecht des angerufenen Gerichts maßgebliche Sachenrecht[130]. In Rechtsordnungen wie dem englischen und französischen Recht, in denen das Eigentum mit Vertragsschluss bzw. bei der Gattungsschuld im Zeitpunkt der Konkretisierung übergeht[131], geht die Eigentumsverschaffungspflicht dabei letztlich als wesensgleiches Minus in der Lieferpflicht des Verkäufers auf. Einer gesonderten Analyse bedarf es mithin nicht. In Rechtsordnungen wie dem deutschen Recht hat die Eigentumsverschaffungspflicht zwar eine ungleich größere Bedeutung. Das Eigentum geht hier im Grundsatz erst mit Übertragung der tatsächlichen Sachherrschaft über[132] und die zur Eigentumsverschaffung erforderlichen Handlungen des Verkäufers sind folglich meist zu einem Zeitpunkt zu erbringen, in dem die Lieferpflicht nach dem CISG typischer Weise bereits erfüllt ist. Beim Versendungskauf im Sinne des Artikels 31 lit. a) CISG erfolgt der Eigentumsübergang nach Maßgabe des § 929 BGB beispielsweise erst mit tatsächlicher Übergabe der Ware an den Käufer[133] (also typischer Weise nach Beendigung des Transports), während die Lieferpflicht bereits zu Beginn des Transports erfüllt ist. Die in Artikel 31 CISG zur Lieferpflicht getroffene Regelung sollte aber auch hier nicht von den Bestimmungen des unvereinheitlichten nationalen Sachenrechts überlagert werden. Das jeweils einschlägige Sachenrecht ist vielmehr im Lichte des Einheitsrechts auszulegen[134]. Bei Anwendbarkeit deutschen Sachenrechts ist beispielsweise von

---

130 Schlechtriem/Schwenzer-*Widmer Lüchinger*, Art. 30, Rn. 7; MünchKommBGB-*Gruber*, Art. 30 CISG, Rn. 6; Bianca/Bonell-*Lando*, Art. 30, Anm. 2.2.; *Lüderitz*, Parteipflichten, S. 186; *Herber/Czerwenka*, Art. 30, Rn. 7; Witz/Salger/Lorenz-*Witz*, Art. 30, Rn. 13; Staudinger-*Magnus*, Art. 30 CISG, Rn. 10.

131 Vgl. Schlechtriem/Schwenzer-*Ferrari*, Art. 4, Rn. 29; *Karollus*, UN-Kaufrecht, S. 44; und unten Kapitel 4 V. 2. g).

132 Zum Ganzen *Baur/Stürner*, Sachenrecht, § 51 C, S. 640 ff. Wird über die Ware ein Traditionspapier (zu Begriff und Voraussetzungen *Karsten Schmidt*, Handelsrecht, § 24 III 1) ausgestellt, genügt die Übertragung der Sachherrschaft an dem Papier. Das Eigentum an der Ware geht dann mit Übergabe der Papiere nach § 929 BGB über (h.M., zum Streitstand *Karsten Schmidt*, Handelsrecht, § 24 III 2; Staudinger-*Wolfgang Wiegand*, § 929 BGB, Rn. 91). Traditionspapiere sind insbesondere der Ladeschein (§ 448 HGB) und das Konnossement (§ 650 HGB), nicht aber der einfache Frachtbrief (*Karsten Schmidt*, Handelsrecht, § 32 II 3 b).

133 Die Übergabe der Ware an den Frachtführer kann den Eigentumsübergang nicht bewirken, da der Frachtführer nicht Besitzdiener des Käufers ist, dazu Staudinger-*Martin Gutzeit*, § 868 BGB, Rn. 35; Soergel-*Stadler*, § 855 BGB, Rn. 10, beide m.w.N.

134 *Lüderitz*, Parteipflichten, S. 186.

einer Übergabe im Sinne der §§ 929 ff. BGB auszugehen, sobald der Verkäufer die Anforderungen des Artikels 31 CISG erfüllt hat[135]. Sachbezogene Pflichten können aus der Eigentumsverschaffungspflicht mithin nur in dem durch Artikel 31 CISG vorgegebenen Umfang entstehen.

Der vorliegende Untersuchungsgegenstand beschränkt sich vor diesem Hintergrund auf den allgemeinen Erfüllungsanspruch in Gestalt des Anspruchs auf erstmalige Lieferung der Kaufsache.

d) Der Schadensersatzanspruch aus Artikel 45 Abs. 1 lit. b) CISG i.V.m. Artikel 74 CISG

Ähnlich dem Vertragsaufhebungsrecht knüpft der Schadensersatzanspruch aus Artikel 45 Abs. 1 lit. b) CISG i.V.m. Artikel 74 CISG nicht unmittelbar an die Vertragswidrigkeit der Ware an, sondern lässt im Grundsatz jede Vertragsverletzung des Verkäufers zur Haftungsbegründung genügen. Im vorliegenden Zusammenhang ist der Schadensersatzanspruch hingegen nur insoweit von Bedeutung, wie die zugrunde liegende Vertragsverletzung sachbezogen ist, der Rechtsbehelf also wegen Untergang oder Beschädigung der Ware geltend gemacht wird. Es gilt im Wesentlichen das zu Artikel 49 Abs. 1 lit. a) CISG Gesagte.

Trotz Sachbezogenheit nicht zu berücksichtigen ist der Schadensersatzanspruch des Käufers bei Verletzung der Erhaltungspflicht aus Artikel 85 CISG. Hier fehlt es am funktionalen Zusammenhang mit dem Gefahrtragungsrecht, da die maßgebliche rechtsbehelfsbegründende Pflichtverletzung zwangsläufig in einem Zeitpunkt nach Gefahrübergang erfolgt.

e) Das Zurückbehaltungsrecht aus Artikel 58 Abs. 1 Satz 1 CISG

Artikel 58 Abs. 1 Satz 1 CISG regelt seinem unmittelbaren Wortlaut nach die Fälligkeit der Kaufpreiszahlung bei Fehlen einer expliziten vertraglichen Vereinbarung. Die Vorschrift hat den folgenden Wortlaut:

> *Ist der Käufer nicht verpflichtet, den Kaufpreis zu einer bestimmten Zeit zu zahlen, so hat er den Preis zu zahlen, sobald ihm der Verkäufer entweder die Ware oder die Dokumente,*

---

135 Vgl. Witz/Salger/Lorenz-*Witz*, Art. 30, Rn. 11 und *Lüderitz*, Parteipflichten, S. 186. Die nach § 929 BGB darüber hinausgehend für den Eigentumsübergang konstitutive dingliche Einigung richtet sich weiterhin nach deutschem Recht. Der Käufer kann demnach nach den Artikeln 46 Abs. 1, 30 CISG i.V.m. § 929 BGB die Mitwirkung des Verkäufers zur Herbeiführung der dinglichen Einigung verlangen; dazu Schlechtriem/Schwenzer-*Widmer Lüchinger*, Art. 30, Rn. 7; **a.A.** wohl *Herber/Czerwenka*, Art. 30, Rn. 8.

die zur Verfügung darüber berechtigen, nach dem Vertrag und diesem Übereinkommen zur Verfügung gestellt hat.

Artikel 58 Abs. 1 Satz 1 CISG wirft im vorliegenden Kontext drei miteinander in Zusammenhang stehende Fragen auf. Angesichts des Gesetzeswortlauts bzw. der Ausgestaltung des Artikels 58 Abs. 1 Satz 1 CISG als Fälligkeitsregel stellt sich einleitend die Frage, ob die Vorschrift überhaupt als Rechtsbehelf im hier verwendeten Sinne qualifiziert werden kann. Das ist im Ergebnis zu bejahen und wirft die Folgefragen nach dem konkreten Anwendungsbereich der Vorschrift einerseits sowie nach dem Bestehen eines funktionalen Zusammenhangs mit dem allgemeinen Gefahrtragungsrecht andererseits auf.

Artikel 58 Abs. 1 Satz 1 CISG sichert das Zug um Zug Prinzip im UN-Kaufrecht dadurch ab, dass es die Fälligkeit der Zahlungsverpflichtung des Käufers von der Vertragstreue des Verkäufers abhängig macht. In der Sache handelt es sich dabei, trotz des wenig eindeutigen Wortlauts, um ein Zurückbehaltungsrecht[136]. Zwar gewährt die Vorschrift dem Käufer keinen eigenständigen Anspruch für den Fall der Vertragsverletzung durch den Käufer. Sie kann aus diesem Grund nicht als Rechtsbehelf im formellen Sinne bezeichnet werden. Bei der im vorliegenden Kontext gebotenen funktionellen Betrachtungsweise des Haftungsrechts ist ein Leistungsverweigerungsrecht allerdings einer eigenständigen Anspruchsgrundlage gleichzusetzen. Wie Minderung und Vertragsaufhebung auch ermöglicht das Zurückbehaltungsrecht dem Käufer die Verweigerung der eigentlich nach Artikel 53 CISG geschuldeten Kaufpreiszahlung unter Berufung auf eine Vertragsverletzung des Verkäufers. Artikel 58 Abs. 1 Satz 1 CISG ist aus diesem Grund als ein gegenleistungsbezogener Rechtsbehelf im hier verwendeten Sinne zu qualifizieren.

Die Vorschrift ist ihrem unmittelbaren Wortlaut nach nur in den Fällen der Nichterfüllung, nicht aber in den Fällen der Schlechterfüllung anwendbar. Artikel 58 Abs. 1 Satz 1 CISG verknüpft die Fälligkeit der Kaufpreiszahlung mit der „zur Verfügung Stellung“ der Ware durch den Verkäufer. Der Begriff des „Zur Verfügung Stellens“ wird im UN-Kaufrecht außer in Artikel 58 Abs. 1 Satz 1 CISG noch in den Artikeln 31 und 69 Abs. 1 CISG verwendet. Im Anwendungsbereich dieser beiden Vorschriften hat der Verkäufer die Kaufsache immer dann zur Verfügung gestellt, wenn er alles Erforderliche unternommen hat, um dem

136 So ausdrücklich Schlechtriem/Schwenzer-*Mohs*, Art. 58, Rn. 2 und 23; *Schlechtriem/Schroeter*, Internationales UN-Kaufrecht, Rn. 504; implizit Witz/Salger/Lorenz-*Witz*, Art. 59, Rn. 12; *Karollus*, UN-Kaufrecht, S. 83 f.; Honsell-*Schnyder/Straub*, Art. 58, Rn. 2; *Hartmann*, IHR 2006, 181 ff.

Käufer die Übernahme der Sachherrschaft auf dem vertraglich vereinbarten Wege zu ermöglichen[137]. Auf die Übertragung der Herrschaft an einer mangelfreien Sache kommt es insoweit nicht an[138]. Es ist kein Grund ersichtlich, warum die Auslegung des Begriffs des „zur Verfügung Stellens" im Kontext des Artikels 58 Abs. 1 Satz 1 CISG von diesem Begriffsverständnis abweichen sollte[139]. Der Käufer kann die Zahlung des Kaufpreises nach dem Gesetzeswortlaut also nur dann verweigern, wenn er die Kaufsache überhaupt nicht erhält bzw. diese nicht in seinen Machtbereich gelangt ist[140].

In den Fällen der Schlechtleistung ist der Tatbestand des Artikels 58 Abs. 1 Satz 1 CISG in direkter Anwendung hingegen nicht erfüllt[141]. Die Vorschrift ist in diesen Fällen allerdings entsprechend heranzuziehen[142]. Artikel 58 Abs. 1 Satz 1 CISG bezweckt die Absicherung des Zug um Zug Prinzips im UN-Kaufrecht[143]

---

137 Sekretariatskommentar, Art. 29, Anm. 16; *Achilles*, Art. 31 CISG, Rn. 11; BeckOKBGB-*Saenger*, Art. 31 CISG, Rn. 13; Honsell-*Ernst/Lauko*, Art. 31, Rn. 39; Witz/Salger/Lorenz-*Witz*, Art. 31, Rn. 28; MünchKommBGB-*Gruber*, Art. 31 CISG, Rn. 7; *Neumayer/Ming*, Art. 31, Anm. 11; *Reinhart*, UN-Kaufrecht, Art. 69, Rn. 6; Schlechtriem/Schwenzer-*Widmer Lüchinger*, Art. 31, Rn. 50; Soergel-*Lüderitz/Schüßler-Langeheine*, Art. 31 CISG, Rn. 8; Staudinger-*Magnus*, Art. 69 CISG, Rn. 13; *Herber/Czerwenka*, Art. 31, Rn. 7; *de Vries*, 17 Eur. Transp. L (1982), 495, 497.

138 Schlechtriem/Schwenzer-*Widmer Lüchinger*, Art. 31, Rn. 33.

139 Grundsätzlich gilt bereits die Vermutung, dass gleiche Ausdrücke im Kontext eines Gesetzes auch Gleiches bedeuten; dazu: *Zippelius*, Juristische Methodenlehre, § 10 III a, S. 49; *Larenz*, Methodenlehre, S. 321.

140 Vgl. *Witz*, Zurückbehaltungsrechte im internationalen Kauf, S. 303 f.; Honsell-*Schnyder/Straub*, Art. 58, Rn. 64; **a.A.** *Herber/Czerwenka*, Art. 53, Rn. 11, die wohl von einer direkten Anwendbarkeit ausgehen.

141 Vgl. *Karollus*, UN-Kaufrecht, S. 84; ähnlich *Hartmann*, IHR 2006, 181, 183 f.

142 *Karollus*, UN-Kaufrecht, S. 84; Soergel-*Lüderitz/Budzikiewicz*, Art. 58 CISG, Rn. 10. OGH, IHR 2006, 87, 91, Schlechtriem/Schwenzer[5]-*Hager/Maultzsch*, Art. 58, Rn. 13 und *Schlechtriem/Schroeter*, Internationales UN-Kaufrecht, Rn. 506 wollen eine identische Konsequenz aus einer Gesamtanalogie aus den Artikeln 58 Abs. 1 Satz 1, 71 und 86 CISG herleiten; **a.A.** Honsell-*Schnyder/Straub*, Art. 58, Rn. 66 ff.; differenzierend danach, ob die Vertragswidrigkeit offensichtlich ist Schlechtriem/Schwenzer-*Mohs*, Art. 58, Rn. 28.

143 *Hartmann*, IHR 2006, 181; allgemein zur Geltung des Austauschprinzips im CISG OGH, IHR 2006, 87, 91; *Witz*, Zurückbehaltungsrechte im internationalen Kauf, S. 293 f.; *Peter Huber*, IPRax 2001, 557, 559; MünchKommBGB-*Peter Huber*, Art. 58 CISG, Rn. 10; Witz/Salger/Lorenz-*Witz*, Art. 59, Rn. 2; Staudinger-*Magnus*, Art. 58 CISG, Rn. 7; Schlechtriem/Schwenzer-*Mohs*, Art. 58, Rn. 1; Bianca/Bonell-*Maskow*, Art. 58, Anm. 2.1.; Brunner-*Lerch/Rusch*, UN-Kaufrecht, Art. 58, Rn. 1; *Karollus*, UN-Kaufrecht, S. 83.

in Situationen, in denen eine Vorleistungspflicht des Käufers nicht vereinbart worden ist[144]. Dem verwandt ist das Prinzip des so genannten mittelbaren Erfüllungszwangs[145], das allen Zurückbehaltungsrechten gemeinsam ist. Die Leistungsverweigerung des Gläubigers soll den säumigen Schuldner zur Erfüllung anhalten. Der Gläubiger bekommt ein Druckmittel an die Hand, das es ihm eventuell ermöglicht, eine gerichtliche Auseinandersetzung zu vermeiden[146]. Dieser Zweck ist bei Nichterfüllung und Schlechterfüllung gleichermaßen einschlägig. Es besteht auch eine im Wege der Analogie zu schließende Regelungslücke. Insbesondere die Unsicherheitseinrede aus Artikel 71 Abs. 1 CISG ist auf die hier erörterten Fälle einer bereits konkret eingetretenen Pflichtverletzung nach zutreffender herrschender Meinung nicht anwendbar[147]. Aus rechtsvergleichender Sicht kommt hinzu, dass eine Einrede des „nicht gehörig erfüllten Vertrags" auch in den meisten europäischen Rechtsordnungen dem Grundsatz nach anerkannt ist[148].

Obwohl das Zurückbehaltungsrecht aus Artikel 58 Abs. 1 Satz 1 CISG nach dem eben Gesagten als ein gegenleistungsbezogener Rechtsbehelf des Käufers zu qualifizieren ist, spielt die Vorschrift im Fortgang der Betrachtung nur eine untergeordnete Rolle. Dies ergibt sich aus der dienenden Funktion des Zurückbehaltungsrechts, die ebenfalls aus dem mit dem Rechtsbehelf verfolgten gesetzgeberischen Zweck des mittelbaren Erfüllungszwanges folgt. Artikel 58 Abs. 1 Satz 1 CISG soll dem Käufer die außergerichtliche Durchsetzung der anderen ihm wegen einer Nicht- bzw. Schlechtlieferung gegen den Verkäufer zustehenden Rechtsbehelfe erleichtern. Daraus folgt, dass ein Zurückbehaltungsrecht konsequenter Weise nur so lange bestehen kann, wie die Geltendmachung solcher Rechtsbehelfe rechtlich möglich ist. Die zeitliche Begrenzung anderer

---

144 Bianca/Bonell-*Maskow*, Art. 58, Anm. 2.1.; Honsell-*Schnyder/Straub*, Art. 58, Rn. 2; *Herber/Czerwenka*, Art. 58, Rn. 2; MünchKommHGB-*Wertenbruch*, Art. 58 CISG, Rn. 2; MünchKommBGB-*Peter Huber*, Art. 58 CISG, Rn. 1.

145 Zum Begriff *Gernhuber*, Schuldverhältnis, § 30 I 4, S. 671; vgl. auch die allgemeine rechtsvergleichende Darstellung von *Flessner*, Einstweilige Zurückbehaltung, S. 300.

146 *Hartmann*, IHR 2006, 181, 184.

147 Nach zutreffender Ansicht ist Artikel 71 CISG auf Störungen im Vorfeld der Vertragserfüllung anwendbar. Die Unsicherheitseinrede soll die vollständige Abwicklung des Vertrags verzögern, während das Zurückbehaltungsrecht im Gegensatz dazu eine Beschleunigung der Vertragsabwicklung bezweckt; vgl. *Reinhart*, Zurückbehaltungsrecht und Unsicherheitseinrede, S. 379; *Karollus*, UN-Kaufrecht, S. 84; Enderlein/Maskow/Strohbach-*Enderlein*, Art. 71, Anm. 1; Schlechtriem/Schwenzer-*Fountoulakis*, Art. 71, Rn. 2.

148 Überblicksartig *Flessner*, Einstweilige Zurückbehaltung, S. 307 und 309 f.

Käuferrechte durch das Gefahrtragungsrecht schlägt mithin mittelbar auf Artikel 58 Abs. 1 Satz 1 CISG durch.

f) Die Käuferrechte bei antizipiertem Vertragsbruch

Artikel 71 und 72 CISG geben dem Käufer besondere Rechtsbehelfe für die Situation des so genannten antizipierten Vertragsbruchs. Damit ist gemeint, dass dem Käufer ausnahmsweise bereits vor Fälligkeit der Leistungspflichten des Verkäufers Rechtsbehelfe gegen diesen zustehen[149]. Die Haftung vor Fälligkeit rechtfertigt sich aus dem Umstand, dass bereits zu diesem Zeitpunkt eine Vertragsverletzung des Verkäufers im Fälligkeitszeitpunkt droht[150]. Im Gegensatz zu den anderen Rechtsbehelfen des Käufers nach dem UN-Kaufrecht knüpft die Rechtsfolge der Artikel 71 und 72 CISG also nicht an eine tatsächlich eingetretene, sondern an eine potentielle zukünftige Störung des vertraglichen Äquivalenzverhältnisses an[151]. Die hypothetische Natur der Rechtsbehelfe bei antizipiertem Vertragsbruch schließt einen funktionalen Zusammenhang mit dem Gefahrtragungsrecht aus. Die Gefahrverwirklichung im Sinne der Artikel 66 ff., 36 I CISG ist immer konkret. Das muss dann konsequenter Weise auch für die in der Gefahrverwirklichung begründete Vertragsverletzung des Verkäufers gelten.

g) Das Vertragsaufhebungsrecht beim Sukzessivlieferungsvertrag

Die Vertragsaufhebung beim Sukzessivlieferungsvertrag ist in Artikel 73 CISG geregelt. Unter einem Sukzessivlieferungsvertrag ist in diesem Zusammenhang ein Vertrag zu verstehen, der zumindest zwei aufeinander folgende Lieferungen durch den Verkäufer vorsieht[152]. Artikel 73 CISG erfasst in seinen drei Absätzen drei unterschiedliche Situationen, denen allen die Grundannahme gemeinsam

---

149 Witz/Salger/Lorenz-*Lorenz*, Art. 71, Rn. 1.

150 Dazu ausführlich Witz/Salger/Lorenz-*Lorenz*, Art. 71, Rn. 7 ff.; Bianca/Bonell-*Bennett*, Art. 71, Anm. 3.2. f.; Schlechtriem/Schwenzer-*Fountoulakis*, Art. 71, Rn. 22 ff.; Staudinger-*Magnus*, Art. 71 CISG, Rn. 15 ff.; MünchKommHGB-*Mankowski*, Art. 71 CISG, Rn. 6 ff.

151 MünchKommHGB-*Mankowski*, Art. 71 CISG, Rn. 1; MünchKommBGB-*Peter Huber*, Art. 71 CISG, Rn. 1; Schlechtriem/Schwenzer-*Fountoulakis*, Art. 71, Rn. 2 sprechen von „Störungen im Vorfeld der Erfüllung".

152 Zum Begriff des Sukzessivlieferungsvertrags: Sekretariatskommentar, Art. 64, Anm. 1; Bianca/Bonell-*Bennett*, Art. 73, Anm. 2.1.; *Piltz*, Internationales Kaufrecht, Rn. 5–296; Schlechtriem/Schwenzer-*Fountoulakis*, Art. 73, Rn. 8; MünchKommBGB-*Peter Huber*, Art. 73 CISG, Rn. 2; Witz/Salger/Lorenz-*Lorenz*, Art. 73, Rn. 1.

ist, dass zumindest eine der in einem Sukzessivlieferungsvertrag vorgesehenen Warenlieferungen nicht vertragsgemäß erfolgte. Im Wesentlichen geht es in allen drei Absätzen um die Frage, ob der Gesamtvertrag wegen der Vertragswidrigkeit einer Teillieferung aufgehoben werden kann.

Nach Artikel 73 Abs. 1 CISG ist die Teilaufhebung des Sukzessivlieferungsvertrags im Grundsatz ausschließlich in dem Umfang der konkret gestörten Teillieferung möglich[153]. Dem ist – gewissermaßen im Umkehrschluss – die Aussage zu entnehmen, dass eine Aufhebung des Gesamtvertrags wegen Leistungsstörungen bei einer Teillieferung nur ausnahmsweise, nämlich unter den qualifizierten Voraussetzungen der Absätze 2 und 3, möglich ist. Artikel 73 Abs. 1 CISG stellt ferner klar, dass die für eine Vertragsaufhebung des Käufers nach den Artikeln 49 Abs. 1 lit. a), 25 CISG vorausgesetzte Wesentlichkeit der Vertragsverletzung im Falle der Teilaufhebung ebenfalls nur am Maßstab des konkret gestörten Vertragsteils zu bewerten ist. Die Vorschrift modifiziert demnach die Voraussetzungen des Rechtsbehelfs der Vertragsaufhebung für die besondere Sachverhaltskonstellation des Sukzessivlieferungsvertrags, ohne selbst ein Rechtsbehelf zu sein. Die Bestimmung kann damit im Folgenden unberücksichtigt bleiben.

Gleiches gilt für Artikel 73 Abs. 2 CISG. Artikel 73 Abs. 2 CISG überträgt das hypothetische Element des Artikels 72 CISG auf die Situation des Sukzessivlieferungsvertrags[154]. Eine Aufhebung des Gesamtvertrags ist demnach ausnahmsweise möglich, wenn die Pflichtverletzung im Teilvertrag zwar noch keine wesentliche Verletzung des Gesamtvertrags ausmacht, eine solche Beeinträchtigung des Gesamtvertrags aber aufgrund der bereits erfolgten Vertragsverletzung als wahrscheinlich droht[155]. Wie Artikel 72

153 Schlechtriem/Schwenzer-*Fountoulakis*, Art. 73, Rn. 15; Staudinger-*Magnus*, Art. 73 CISG, Rn. 10; Witz/Salger/Lorenz-*Lorenz*, Art. 73, Rn. 10; *Honnold/Flechtner*, Uniform Law, Rn. 400; *Karollus*, UN-Kaufrecht, S. 161; MünchKommHGB-*Mankowski*, Art. 73 CISG, Rn. 6; *Piltz*, Internationales Kaufrecht, Rn. 5–297.

154 MünchKommHGB-*Mankowski*, Art. 73 CISG, Rn. 2; die Prognosekriterien der beiden Vorschriften weichen allerdings im Einzelnen voneinander ab, vgl. MünchKommBGB-*Peter Huber*, Art. 73 CISG, Rn. 13; Bianca/Bonell-*Bennett*, Art. 73, Anm. 2.7.; *Achilles*, Art. 73 CISG, Rn. 4; Staudinger-*Magnus*, Art. 73 CISG, Rn. 22; *Herber/Czerwenka*, Art. 73, Rn. 4; **a.A.** *Schlechtriem*, Gemeinsame Bestimmungen, S. 160.

155 Genau genommen ist davon auszugehen, dass Artikel 73 Abs. 2 CISG ein Vertragsaufhebungsrecht hinsichtlich des „Restvertrags", also für die Zukunft, einräumt. Bereits erfolgte Lieferungen können allenfalls nach Artikel 73 Abs. 3 CISG rückgängig gemacht werden; zum Ganzen: Witz/Salger/Lorenz-*Lorenz*, Art. 73, Rn. 15; Staudinger-*Magnus*, Art. 73 CISG, Rn. 17; MünchKommHGB-*Mankowski*, Art. 73 CISG, Rn. 10; MünchKommBGB-*Peter Huber*, Art. 73 CISG, Rn. 17.

CISG auch stellt Artikel 73 Abs. 2 CISG einen eigenständigen Rechtsbehelf im Rechtsbehelfssystem des UN-Kaufrechts dar[156]. Aufgrund des hypothetischen Elements ist ein Zusammenhang mit dem Gefahrtragungsrecht allerdings nicht denkbar. Es kann auf die Ausführungen zu Artikel 72 CISG verwiesen werden.

Artikel 73 Abs. 3 CISG erweitert das Vertragsaufhebungsrecht des Käufers auf nicht gestörte Teillieferungen bzw. den Gesamtvertrag unter der Voraussetzung, dass ein enger innerer Zusammenhang mit einem Teilvertrag besteht, den der Käufer nach Maßgabe des Artikels 49 CISG aufheben kann[157]. Für die nicht gestörten Teillieferungen folgt das Vertragsaufhebungsrecht dann unmittelbar aus Artikel 73 Abs. 3 CISG. Die Aufhebung der nicht gestörten Teilverträge setzt eine Beeinträchtigung der in Erfüllung dieser Teilverträge gelieferten Ware also nicht voraus. Damit kommt insoweit auch eine zeitliche Begrenzung durch das Gefahrtragungsrecht mangels Sachbezogenheit nicht in Betracht. Die Vertragsaufhebung nach Artikel 73 Abs. 3 CISG ist vielmehr lediglich ein Reflex der Aufhebung des gestörten Teils (die streng nach Artikel 49 CISG ohne Berücksichtigung etwaiger Auswirkungen der Teilaufhebung auf den Gesamtvertrag zu erfolgen hat) unter der zusätzlichen Tatbestandsvoraussetzung des inneren Zusammenhangs[158]. Im vorliegenden Kontext ist demnach ausschließlich der „Grundrechtsbehelf" nach Artikel 49 CISG von Bedeutung. Artikel 73 Abs. 3 CISG folgt dem rechtlichen Schicksal des Artikels 49 CISG.

---

156 Vgl. Schlechtriem/Schwenzer-*Fountoulakis*, Art. 73, Rn. 17; Staudinger-*Magnus*, Art. 73 CISG, Rn. 17; Soergel-*Lüderitz/Dettmeier*, Art. 73 CISG, Rn. 8.

157 Schlechtriem/Schwenzer-*Fountoulakis*, Art. 73, Rn. 29; MünchKommBGB-*Peter Huber*, Art. 73 CISG, Rn. 19– 21; MünchKommHGB-*Mankowski*, Art. 73 CISG, Rn. 20 f.; Staudinger-*Magnus*, Art. 73 CISG, Rn. 29.

158 Die Abhängigkeit des Vertragsaufhebungsrechts aus Artikel 73 Abs. 3 CISG von der Aufhebung des gestörten Vertragsteils nach Artikel 49 CISG manifestiert sich auch darin, dass die Aufhebung nach Artikel 73 Abs. 3 CISG nur zusammen mit der Aufhebung nach Artikel 49 CISG erklärt werden kann. So ist wohl schon der Wortlaut des Artikels 73 Abs. 3 CISG zu verstehen, unabhängig davon handelt es sich in jedem Fall um die Position der ganz herrschenden Meinung, vgl. nur Sekretariatskommentar, Art. 64, Anm. 7; Enderlein/Maskow/Strohbach-*Enderlein*, Art. 73, Anm. 11; Bianca/Bonell-*Bennett*, Art. 73, Anm. 2.8.; Schlechtriem/Schwenzer-*Fountoulakis*, Art. 73, Rn. 29; Witz/Salger/Lorenz-*Lorenz*, Art. 73, Rn. 20; MünchKomm-HGB-*Mankowski*, Art. 73 CISG, Rn. 27; Soergel-*Lüderitz/Dettmeier*, Art. 73 CISG, Rn. 16.

h) *Zusammenfassung*

Nicht alle dem Käufer nach dem CISG zustehenden Rechtsbehelfe sind im Gefahrtragungskontext gleich relevant. Letztlich kommt es auf die im unvereinheitlichten deutschen Recht klassischer Weise als Gewährleistungsrechte bezeichneten Ansprüche auf Ersatzlieferung, Nachbesserung, Minderung, Vertragsaufhebung und Schadensersatz an. Hinzu tritt der allgemeine Erfüllungsanspruch gerichtet auf (erstmalige) Lieferung, der im CISG, abweichend zum deutschen Recht, als Rechtsbehelf des Käufers ausgestaltet ist[159]. Die genannten Gewährleistungsrechte sind im UN-Kaufrecht in Artikel 45 aufgeführt, der allerdings, den Schadensersatzanspruch einmal ausgenommen, lediglich deklaratorische Bedeutung hat, also nicht die direkte Anspruchsgrundlage darstellt[160].

Das Zurückbehaltungsrecht aus Artikel 58 Abs. 1 Satz 1 CISG und die Regelungen zum Vertragsaufhebungsrecht des Käufers beim Sukzessivlieferungsvertrag haben im Verhältnis zu den in Artikel 45 CISG genannten Rechtsbehelfen keine eigenständige bzw. lediglich eine unterstützende Funktion und sind aus diesem Grund für den vorliegenden Untersuchungsgegenstand nicht weiter von Bedeutung. Die Käuferrechte bei antizipiertem Vertragsbruch stehen aufgrund der hypothetischen Natur der Vertragsverletzung in keinem maßgeblichen funktionellen Zusammenhang zum Gefahrtragungsrecht.

2. Der Zusammenhang von Gefahrübergang und gegenleistungsbezogenen Rechtsbehelfen des Käufers im Einzelnen

Im Folgenden soll geprüft werden, inwieweit die Artikel 36 Abs. 1 CISG und 66 1. Halbsatz CISG auf die Haftung des Verkäufers nach den für den Fortgang der Untersuchung für maßgeblich erklärten Rechtsbehelfen anwendbar sind und in welchem Umfang durch diese dem Gefahrtragungsrecht zuzuordnenden Normen eine Begrenzung der Verkäuferhaftung erreicht wird. Den in den Artikeln 36 und 66 CISG angelegten Differenzierungen folgend soll dabei einerseits – wie in Artikel 66 CISG – zwischen gegenleistungsbezogenen Rechtsbehelfen, leistungsbezogenen Rechtsbehelfen und dem Schadensersatzanspruch unterschieden werden. Andererseits ist – wie in Artikel 36 CISG – danach zu differenzieren,

---

159 MünchKommBGB-*Peter Huber*, Art. 46 CISG, Rn. 3.

160 Sekretariatskommentar, Art. 41, Anm. 1; Schlechtriem/Schwenzer-*Müller-Chen*, Art. 45, Rn. 1; Bianca/Bonell-*Will*, Art. 45, Anm. 1.1; Witz/Salger/Lorenz-*Salger*, Art. 45, Rn. 1; MünchKommHGB-*Benicke*, Art. 45 CISG, Rn. 1 f.

ob das den Rechtsbehelf auslösende Ereignis die Kaufsache beschädigt oder aber ihren vollständigen Untergang zur Konsequenz hat.

Die Untersuchung wird ergeben, dass manche der genannten Konstellationen sowohl von Artikel 36 als auch von Artikel 66 CISG erfasst sind, während andere Konstellationen in den Anwendungsbereich nur einer dieser Vorschriften fallen oder aber überhaupt nicht in den Artikeln 36 und 66 CISG geregelt werden. Den sich aus letztgenanntem Befund ergebenden Konsequenzen ist der dritte und letzte Teil der Untersuchung gewidmet. Eine teilweise Vorwegnahme der dort angestellten Überlegungen ist aber bereits im vorliegenden Kontext unerlässlich.

a) Vertragsaufhebung

Der von seinen Rechtsfolgen gewichtigste gegenleistungsbezogene Rechtsbehelf des Käufers ist das Recht, den Kaufvertrag durch einseitige Erklärung aufzuheben. Nach Artikel 81 CISG bewirkt die wirksame Vertragsaufhebung das Erlöschen der durch den Kaufvertrag begründeten Pflichten. Bereits erbrachte Leistungen sind rückabzuwickeln. Das Vertragsaufhebungsrecht wird im Anwendungsbereich des CISG nur zurückhaltend gewährt. Über die Vertragsverletzung des Verkäufers hinaus bedarf es dazu nach Artikel 49 Abs. 1 CISG weiterer Umstände. Der Käufer kann den Vertrag nur aufheben, wenn die Vertragsverletzung des Verkäufers ihrem Charakter nach entweder wesentlich im Sinne des Artikels 25 CISG war oder aber der Verkäufer eine ihm gesetzte Frist zur Nacherfüllung fruchtlos hat verstreichen lassen. Die restriktive Handhabung des Vertragsaufhebungsrechts erklärt sich vor dem Hintergrund der logistischen Schwierigkeiten, die mit einer Rückabwicklung des Kaufvertrags im internationalen Handel verbunden sind und dem dadurch häufig verursachten unverhältnismäßigen wirtschaftlichen Aufwand. Die Vertragsaufhebung soll im Exporthandel die „*ultima ratio*" bleiben[161]. Nach dem soeben zum Untersuchungsgegenstand Gesagten ist im Folgenden lediglich die Vertragsaufhebung bei Vorliegen einer wesentlichen Vertragsverletzung nach Maßgabe der Artikel 49 Abs. 1 lit. a), 25 CISG zu berücksichtigen.

---

161 BGH, Urteil vom 3. April 1996, VIII ZR 51/95, BGHZ 132, 290, 298 = CISG-online Nr. 135; OLG Köln, Urteil vom 14. Oktober 2002, 16 U 77/01, CISG-online Nr. 709; *Krebs*, Rückabwicklung im UN-Kaufrecht, S. 21; *Honsell*, SJZ 1992, 345, 346; Staudinger-*Magnus*, Art. 49 CISG, Rn. 4; *Piltz*, Internationales Kaufrecht, Rn. 5–229; Honsell-*Schnyder/Straub*, Art. 49, Rn. 2 und Art. 45, Rn. 31; Schlechtriem/Schwenzer-*Müller-Chen*, Art. 49, Rn. 2; MünchKommBGB-*Peter Huber*, Art. 49 CISG, Rn. 3; *Song*, Vertragsaufhebung und Rückabwicklung, S. 228.

Kann der Verkäufer in Folge des Untergangs des Kaufgegenstandes nicht liefern, so stellt dies in jedem Fall eine wesentliche Vertragsverletzung im Sinne des Artikels 25 CISG dar[162], die den Käufer zur Aufhebung des Kaufvertrags berechtigt. Der Käufer hat es damit in der Hand, sich vollständig von seiner Kaufpreiszahlungspflicht zu befreien. Das Vertragsaufhebungsrecht des Käufers wegen Nichtlieferung der Ware ist tatbestandlich von Artikel 66 1. Halbsatz CISG erfasst; die Begrenzung des Rechtsbehelfs in zeitlicher Hinsicht vollzieht sich folglich unter den Voraussetzungen dieser Vorschrift. Artikel 36 Abs. 1 CISG ist im Gegensatz dazu nicht einschlägig. Die durch den Untergang bedingte Nichtlieferung begründet keine Vertragswidrigkeit der Ware. Nur eine Ware, die bereits geliefert worden ist, kann vertragswidrig im Sinne der Artikel 35 und 36 CISG sein. Eine analoge Anwendung des Artikels 36 Abs. 1 CISG ist mangels einer Regelungslücke nicht zu erwägen. Die Haftungsbegrenzung zu Gunsten des Verkäufers wird in vollem Umfang durch Artikel 66 1. Halbsatz CISG gewährleistet.

Liefert der Verkäufer aufgrund der Beschädigung der Kaufsache nur mangelhafte Ware, bestimmen sich die zeitlichen Grenzen seiner Sachmängelhaftung sowohl nach Artikel 66 1. Halbsatz als auch nach Artikel 36 Abs. 1 CISG. Diese Fallkonstellation ist im UN-Kaufrecht also doppelt geregelt[163]. Ein Konkurrenzproblem zwischen den beiden Haftungsbegrenzungen besteht nach der hier vertretenen Ansicht zur Auslegung des Gefahrbegriffs nicht, da auch Artikel 66 1. Halbsatz CISG die Verkäuferhaftung umfassend und verschuldensunabhängig begrenzt. Aufgrund der Identität der in den Artikel 36 Abs. 1 CISG und Artikel 66 1. Halbsatz CISG angeordneten Rechtsfolge sind beide Vorschriften im Falle einer Vertragsaufhebung des Käufers wegen Mangelhaftigkeit der Kaufsache kumulativ anwendbar.

b) Minderung

Das Recht des Käufers, den Kaufpreis aufgrund von Vertragsverletzungen des Verkäufers herabzusetzen, ist in Artikel 50 CISG geregelt. Im Wesentlichen gleicht es dem aus dem deutschen Bürgerlichen Gesetzbuch bekannten Minderungsrecht aus § 441 BGB. Wie im deutschen Recht[164] kann der Käufer auch nach Artikel 50 CISG den Kaufpreis auf null herabsetzen, wenn er eine

---

162 Statt aller Schlechtriem/Schwenzer- *Schroeter*, Art. 25, Rn. 37 m.w.N.

163 Vgl. oben Seite 51 ff.

164 Palandt-*Weidenkaff*, § 441 BGB, Rn. 16; Staudinger-*Annemarie Matusche-Beckmann*, § 441 BGB, Rn. 25 m.w.N.

vollständig wertlose Sache erhält[165]. Voraussetzung ist allerdings, dass überhaupt Sachherrschaft an den Käufer übertragen wird[166]. Auf den Fall der durch die Zerstörung der Sache verursachten Nichtlieferung ist Artikel 50 CISG ausweislich seines Wortlautes („ist die Ware nicht vertragsgemäß") damit nicht anwendbar. Die Haftungsbegrenzung zu Gunsten des Verkäufers kann im Falle der Beschädigung der Kaufsache sowohl über Artikel 36 Abs. 1 als auch über Artikel 66 1. Halbsatz CISG herbeigeführt werden. Zum Konkurrenzverhältnis der beiden Vorschriften gilt das zur Vertragsaufhebung bei beschädigter Kaufsache Gesagte.

3. Der Zusammenhang von Gefahrübergang und leistungsbezogenen Rechtsbehelfen des Käufers im Einzelnen

Wie dem Gefahrtragungsrecht auch ist den in Artikel 46 CISG geregelten hier so genannten leistungsbezogenen Rechtsbehelfen die Unterscheidung zwischen der Sachbeeinträchtigung in Form der Zerstörung der Kaufsache einerseits und in Form der bloßen Beschädigung der Ware andererseits immanent. Den Anspruch auf erstmalige Lieferung der Ware kann der Käufer ausschließlich in Konstellationen geltend machen, in denen die Ware durch die Gefahrverwirklichung vollständig zerstört wird. Wie bereits in anderem Zusammenhang ausgeführt worden ist, lässt Artikel 46 Abs. 1 CISG einen originären Erfüllungsanspruch, gerichtet auf die Lieferung mangelfreier Ware, nicht zu. Der Käufer kann in Konstellation, in denen die Ware lediglich beschädigt wird, einen leistungsbezogenen Rechtsbehelf folglich nur unter den qualifizierten Voraussetzungen der Absätze 2 und 3 geltend machen[167]. Durch die Lieferung mangelhafter Ware erlischt der ursprüngliche Lieferanspruch bzw. wandelt sich unter den Voraussetzungen der Absätze 1 und 2 in den Anspruch auf Ersatzlieferung oder Nachbesserung um[168].

---

165 AG Nordhorn, Urteil vom 14. Juni 1994, 3 C 75/94, CISG-online Nr. 259; Schlechtriem/Schwenzer-*Müller-Chen*, Art. 50, Rn. 13; *Achilles*, Art. 50 CISG, Rn. 7; Staudinger-*Magnus*, Art. 50 CISG, Rn. 23; MünchKommBGB-*Peter Huber*, Art. 50 CISG, Rn. 24; *Piltz*, Internationales Kaufrecht, Rn. 5–334 und 357; Brunner-*Altenkirch*, UN-Kaufrecht, Art. 50, Rn. 11; Honsell-*Schnyder/Straub*, Art. 50, Rn. 46 und die Nachw. oben Fn. 97, S. 49.

166 Schlechtriem/Schwenzer-*Müller-Chen*, Art. 50, Rn. 13 spricht von der „gelieferten Ware".

167 Vgl. oben Seite 61.

168 Vgl. *Lüderitz*, Parteipflichten, S. 181.

a) Der allgemeine Erfüllungsanspruch gerichtet auf Lieferung

Weder Artikel 36 Abs. 1 CISG noch Artikel 66 1. Halbsatz CISG können unmittelbar zur Begrenzung der Verkäuferhaftung nach Artikel 46 Abs. 1 CISG im Falle der Zerstörung der Ware herangezogen werden. Artikel 36 Abs. 1 CISG setzt tatbestandlich eine Vertragswidrigkeit der Kaufsache voraus und ist damit nur in den Fällen der Beschädigung der Ware einschlägig. Artikel 66 1. Halbsatz CISG enthält eine vergleichbare Beschränkung zwar nicht. Der Anwendungsbereich dieser Vorschrift ist jedoch auf die gegenleistungsbezogenen Rechtsbehelfe des Käufers, also Vertragsaufhebung und Minderung, beschränkt.

Eine Regelungslücke kann vor diesem Hintergrund jedoch allenfalls für die Konstellationen des Gattungskaufs angenommen werden. Bei der Stückschuld folgt bereits aus der Natur der Sache, dass der Käufer im Falle der Zerstörung der Kaufsache keine Lieferung mehr verlangen kann. Auch wenn dies im UN-Kaufrecht nicht explizit zum Ausdruck gebracht wird, besteht ein auf die Erbringung einer unmöglichen Leistung gerichteter Anspruch des Käufers nach einhelliger Auffassung nicht[169]. Dies lässt sich aus dem unter Artikel 7 Abs. 2 CISG fallenden Verbot rechtsmissbräuchlichen Verhaltens ableiten[170]. Wie die Haftung des Verkäufers in den Fällen der Gattungsschuld zu begrenzen ist, ist im Schrifttum umstritten. Aus dem Blickwinkel der Rechtsordnungen des germanischen Rechtskreises handelt es sich bei der Frage nach der zeitlichen Begrenzung des Erfüllungsanspruchs in den Fällen des Untergangs des ursprünglichen Leistungsgegenstandes um das Problem der Zuweisung der so genannten Leistungsgefahr. Es werden im Wesentlichen zwei Auffassungen vertreten. Nach einer wohl als Mindermeinung zu bezeichnenden Ansicht richtet sich der Übergang der Leistungsgefahr nach dem Inhalt der in Artikel 31 CISG spezifizierten Lieferpflicht des Verkäufers[171]. Dabei bleibt jedoch in aller Regel unklar, ob Artikel 31 CISG die Verkäuferhaftung originär begrenzen soll oder ob vielmehr eine

169 Honsell-*Schnyder/Straub*, Art. 46, Rn. 30; *Karollus*, UN-Kaufrecht, S. 141; MünchKommBGB-*Peter Huber*, Art. 46 CISG, Rn. 18; MünchKommHGB-*Benicke*, Art. 46 CISG, Rn. 7; Witz/Salger/Lorenz-*Salger*, Art. 46, Rn. 3; *Ulrich Huber*, Rechtsbehelfe, S. 206 f.; Staudinger-*Magnus*, Art. 46 CISG, Rn. 26; ausführlich *Bach/Stieber*, IHR 2006, 59, 62 ff.; **a.A.** *Herber/Czerwenka*, Art. 46, Rn. 4, die insoweit eine nach nationalem Unmöglichkeitsrecht zu füllende „externe Regelungslücke" annehmen.

170 Vgl. z.B. Witz/Salger/Lorenz-*Salger*, Art. 46, Rn. 3.

171 So *Karollus*, UN-Kaufrecht, S. 192 ff.; *Bucher*, Neuerungen, S. 39 f.; Honsell-*Schönle/Th. Koller*, Art. 66, Rn. 2; Brunner-*Dimsey*, UN-Kaufrecht, Art. 31, Rn. 15; *Brunner*[1], UN-Kaufrecht, Art. 66, Rn. 10; *Imberg*, Beweislast, S. 51 ff.; wohl auch Staudinger-*Magnus*, Vorbem zu Art 66 ff CISG, Rn. 9.

entsprechende Anwendung der Vorschrift geboten ist. Die Gegenansicht will den Anwendungsbereich der Artikel 66 ff. CISG im Wege der Analogie auch auf die leistungsbezogenen Rechtsbehelfe des Käufers ausdehnen[172]. Der Auseinandersetzung mit diesem Rechtsproblem soll aufgrund seiner Komplexität ein eigenes Kapitel vorbehalten sein[173]. Im vorliegenden Kontext genügt die Feststellung, dass zumindest die im UN-Kaufrecht vorgesehenen Gefahrtragungsregeln eine zeitliche Begrenzung der Haftung des Verkäufers aus Artikel 46 Abs. 1 CISG nicht bewirken.

b) Ersatzlieferung und Nachbesserung

Erhält der Käufer aufgrund einer Beschädigung der Kaufsache mangelhafte Ware, so kann er sein Interesse an einer vertragsgemäßen Leistung über die in Artikel 46 Absätze 2 und 3 CISG geregelten Rechtsbehelfe der Ersatzlieferung und der Nachbesserung unter den dort genannten qualifizierten Voraussetzungen geltend machen. Beim Stückkauf findet der Ersatzlieferungsanspruch seine natürliche Grenze im Unmöglichkeitsgedanken[174]. In allen anderen Fällen ergibt sich die zeitliche Begrenzung des Ersatzlieferungs- und des Nachbesserungsanspruchs aus Artikel 36 Abs. 1 CISG. Aufgrund der in dieser Vorschrift ausgesprochenen Verweisung auf das besondere Gefahrtragungsrecht[175] endet die Haftung des Verkäufers für die leistungsbezogenen Rechtsbehelfe aus Artikel 46 Absätze 2 und 3 CISG mithin in dem in den Artikeln 67 bis 69 CISG bezeichneten Zeitpunkt. Artikel 66 1. Halbsatz CISG findet im Gegensatz dazu aufgrund der tatbestandlichen Beschränkung auf gegenleistungsbezogene Rechtsbehelfe auf den Ersatzlieferungs- und Nachbesserungsanspruch des Käufers keine Anwendung.

---

172 So *Piltz*, Internationales Kaufrecht, Rn. 4–271; *Schlechtriem*, Pflichten des Verkäufers, S. 113; MünchKommBGB-*Peter Huber*, Art. 66 CISG, Rn. 15; Soergel-*Lüderitz/Budzikiewicz*, Art. 66 CISG, Rn. 1; Schlechtriem/Schwenzer-*Widmer Lüchinger*, Art. 31, Rn. 62; Schlechtriem/Schwenzer^{5}-*Hager/Maultzsch*, Artikel 69, Rn. 10; *Reinicke/Tiedtke*, Kaufrecht, Rn. 1203; *Mankowski* in: Ferrari u.a., Internationales Vertragsrecht, Art. 66 CISG, Rn. 27; *Hager*, Gefahrtragung nach UN-Kaufrecht, S. 408; nicht ganz eindeutig *Choi*, Gefahrtragungsregeln, S. 124 f.

173 Kapitel 6 und dort insbesondere Seiten 319 ff.

174 Soergel-*Lüderitz/Schüßler-Langeheine*, Art. 46 CISG, Rn. 6; Staudinger-*Magnus*, Art. 46 CISG, Rn. 33; Schlechtriem/Schwenzer-*Müller-Chen*, Art. 46, Rn. 18.

175 Vgl. dazu schon oben Seiten 51 f.

4. Der Zusammenhang von Gefahrübergang und dem Schadensersatzanspruch des Käufers im Einzelnen

Der Schadensersatzanspruch des Käufers aus den Artikeln 45 Abs. 1 lit. b), 74 ff. CISG ist bereits als „Rechtsbehelf *sui generis*", der sich nicht in das Schema von leistungsbezogenen und gegenleistungsbezogenen Rechtsbehelfen einordnen lässt, identifiziert worden[176]. Im vorliegenden Kontext interessiert der Schadensersatzanspruch nur insoweit, als die ihm zugrunde liegende Vertragsverletzung des Verkäufers eine sachbezogene ist. In Frage kommt wiederum die Zerstörung oder die Beschädigung des Kaufgegenstandes. Artikel 66 1. Halbsatz CISG ist nur auf gegenleistungsbezogene Rechtsbehelfe anwendbar und kann aus diesem Grund zur zeitlichen Begrenzung der Schadensersatzhaftung des Verkäufers nicht herangezogen werden. Artikel 36 Abs. 1 CISG spricht hingegen nur von der „Haftung des Verkäufers" und bezieht aus diesem Grund den Rechtsbehelf Schadensersatz prinzipiell mit ein. Im Falle der vollständigen Zerstörung der Kaufsache ist die Vorschrift mangels Vertragswidrigkeit der Ware indes nicht unmittelbar einschlägig. Parallel zu der Rechtslage bei Artikel 46 Abs. 1 CISG haben die Gefahrtragungsregeln des UN-Kaufrechts auf den zeitlichen Bestand des Schadensersatzanspruchs in dieser Konstellation zumindest in wortlautgetreuer Anwendung keine Auswirkung. Wie bei Artikel 46 Abs. 1 CISG gilt es zu untersuchen, ob die gesetzlichen Regeln einen hinreichenden Schutz der Verkäuferinteressen bewirken, oder ob eine zeitliche Haftungsbegrenzung im Wege der Analogie zu erwägen ist.

III. Zusammenfassung der Ergebnisse

Den Ausgangspunkt der Überlegungen zum hier so genannten allgemeinen Gefahrtragungsrecht bildet der Widerspruch zwischen weitestgehend verschuldensunabhängiger Haftung des Verkäufers für sachbezogene Vertragsverletzungen nach dem UN-Kaufrecht einerseits und verschuldensabhängigem Gefahrtragungsrecht andererseits. Der Gefahrbegriff ist im CISG zwar nirgends definiert. Nach nahezu einhelliger Auffassung in der einschlägigen Literatur – Stellungnahmen der Rechtsprechung zu Fragen des allgemeinen Gefahrtragungsrechts sind selten – ist von Gefahrverwirklichung allerdings immer nur dann zu sprechen, wenn weder der Verkäufer noch der Käufer das sachbeeinträchtigende Ereignis zu vertreten haben. Der Widerspruch ergibt sich daraus, dass dem Gefahrtragungsrecht die Funktion zukommt, die Haftung des

---

176 Oben Seite 58.

Verkäufers für die Integrität der Kaufsache in zeitlicher Hinsicht zu begrenzen. Ein Rechtssystem, in dem die Haftungsbegründung unabhängig vom Verschulden bewertet wird, die Haftungsbegrenzung dann allerdings unter Berücksichtigung des Aspekts des Verschuldens stattfindet, ist nicht konsequent und im Ergebnis nicht sinnvoll. Letztlich läuft ein so konzipiertes Haftungssystem auf eine verschuldensabhängige Haftung des Verkäufers hinaus.

Der Widerspruch zwischen verschuldensunabhängiger Haftungsbegründung und verschuldensabhängiger Haftungsbegrenzung ist zu Gunsten des Prinzips der verschuldensunabhängigen Haftung aufzulösen. Die Abkehr vom Verschuldensprinzip ist im internationalen Handelsrecht sinnvoll. Hier kommt es primär auf wirtschaftliche Aspekte wie die Vermeidung von Rechtsstreitigkeiten und die leichte Versicherbarkeit von Risiken an. Gerechtigkeitserwägungen, auf denen das Verschuldensprinzip ausschließlich beruht, treten in den Hintergrund. Ein verschuldensunabhängiges Gefahrtragungsrecht hat zur Folge, dass der Verkäufer im Falle der Beeinträchtigung der Integrität der Kaufsache nach dem in den Artikel 67 bis 69 CISG bezeichneten Zeitpunkt nur noch außervertraglich, sprich nach dem durch das internationale Privatrecht des Forumsstaates zur Anwendung berufenen Deliktsrecht, haftet. Die Loslösung der Gefahrtragung vom Verschuldensmaßstab und die damit verbundene Abkehr vom tradierten Verständnis des Gefahrbegriffs ermöglicht eine klare Abgrenzung von Vertrags- und Deliktsrecht. Im Ergebnis lässt sich formulieren, dass der Gefahrübergang die Haftung des Verkäufers für Beeinträchtigungen der Kaufsache in zeitlicher Hinsicht umfassend begrenzt. Diese haftungsbegrenzende Funktion ist auch auf die Verkäuferhaftung für hoheitliche Eingriffe zu erstrecken. Dies kann aber natürlich nur dann gelten, wenn der betreffende hoheitliche Eingriff auch bereits auf der Ebene der Haftungsbegründung berücksichtigungsfähig ist.

Gewissermaßen die Kehrseite der umfassenden vertraglichen Haftung vor Gefahrübergang ist die umfassende außervertragliche Haftung des Verkäufers nach Gefahrübergang. Die weitreichende (und im Ergebnis den Verkäufer privilegierende) Haftungsbegrenzung durch das Gefahrtragungsrecht führt nur dann zu interessengerechten Ergebnissen, wenn dem Käufer nach dem nationalen Recht zustehende Ansprüche aus unerlaubter Handlung ab Gefahrübergang uneingeschränkt zur Verfügung stehen.

Zentral für das Verständnis der „Rechtsfolge des Gefahrübergangs" ist die hier so genannte „rechtsbehelfsbezogene Betrachtung". Die Auswirkung des Gefahrübergangs auf das Schuldverhältnis ist lückenhaft in den Artikeln 66 1. Halbsatz und 36 Abs. 1 CISG geregelt. Der Gefahrübergang bewirkt, dass dem Käufer Rechtsbehelfe wegen einer Integritätsbeeinträchtigung der Kaufsache nur zustehen, wenn sich die dem betreffenden Rechtsbehelf zu Grunde liegende

Beeinträchtigung der Ware vor dem in den Artikeln 67 bis 69 CISG bezeichneten Zeitpunkt ereignet hat. Artikel 66 1. Halbsatz CISG ordnet diese Rechtsfolge für alle Rechtsbehelfe des Käufers an, die sich auf die Pflicht des Käufers zur Zahlung des Kaufpreises aus Artikel 53 CISG (hier so genannte gegenleistungsbezogene Rechtsbehelfe) beziehen. Dies sind das Minderungsrecht nach Artikel 50 CISG und das Recht des Käufers, den Kaufvertrag unter den Voraussetzungen des Artikels 49 CISG aufzuheben. Im Zusammenhang des Artikels 66 1. Halbsatz CISG ist es ohne Belang, ob die Ware durch das gefahrverwirklichende Ereignis lediglich beschädigt oder aber vollständig zerstört worden ist. Artikel 36 Abs. 1 CISG ist im Gegensatz dazu ausschließlich auf die Fälle der Beschädigung der Kaufsache anwendbar. Andererseits ist der Anwendungsbereich der Vorschrift nicht auf die hier so genannten gegenleistungsbezogenen Rechtsbehelfe beschränkt. Erfasst werden vielmehr auch der Schadensersatzanspruch und insbesondere die in Artikel 46 CISG geregelten Rechtsbehelfe, die Inhalt und Umfang der Leistungspflicht des Verkäufers zum Gegenstand haben (hier so genannte leistungsbezogene Rechtsbehelfe).

Die – insbesondere im deutschsprachigen Schrifttum umstrittene – Frage nach der Zuordnung der Leistungsgefahr ist im Lichte der hier so genannten rechtsbehelfsbezogenen Betrachtungsweise als nichts anderes zu verstehen als die Frage nach der Begrenzung der Haftung des Verkäufers nach den leistungsbezogenen Rechtsbehelfen in zeitlicher Hinsicht. Die Problematik ist teilweise, nämlich für die Fälle der Beschädigung der Ware, in Artikel 36 Abs. 1 CISG geregelt. Wie das rechtliche Schicksal der leistungsbezogenen Rechtsbehelfe im gravierenderen Fall der Zerstörung der Kaufsache zu bewerten ist, kann dem Gesetz nicht unmittelbar entnommen werden. Die sich daraus ergebenden Konsequenzen werden im 6. Kapitel untersucht. Ähnliches gilt für den Zusammenhang von Gefahrübergang und Schadensersatzanspruch des Käufers wegen sachbezogener Vertragsverletzungen. Auch die Begrenzung des Schadensersatzanspruchs ist nur in Artikel 36 CISG und damit nur für Konstellationen geregelt, in denen der Käufer den Anspruch aufgrund der Beschädigung der Ware geltend macht. Wie in den verbleibenden Fällen des vollständigen Untergangs der Kaufsache zu verfahren ist, wird im 7. Kapitel untersucht.

Verschuldenshaftung ist in der Sache Sorgfaltshaftung. Der Gedanke der Haftung für die im Verkehr übliche Sorgfalt ist dem UN-Kaufrecht nicht gänzlich fremd, hat im Anwendungsbereich der Konvention allerdings erkennbaren Ausnahmecharakter. Ausdrücklich normiert ist eine Sorgfaltshaftung im Gesetz lediglich in Artikel 85 Abs. 1 CISG. Implikationen für den vorliegenden Untersuchungsgegenstand hat dies nicht, da ein Zusammenhang zwischen Gefahrübergang und der in Artikel 85 CISG geregelten Erhaltungspflicht des

Verkäufers in den Fällen des Annahmeverzugs des Käufers aus ganz grundsätzlichen Erwägungen nicht bestehen kann. Eine ungeschriebene Vertragspflicht des Verkäufers zur sorgfältigen Behandlung der Ware auch nach Gefahrübergang besteht nach dem UN-Kaufrecht nicht. Entsprechende Verpflichtungen sind typologisch vielmehr dem Deliktsrecht zuzuordnen. Etwas anderes gilt natürlich im Falle der ausdrücklichen oder stillschweigenden Vereinbarung einer auf die Ware bezogenen Sorgfaltspflicht des Verkäufers für einen Zeitpunkt nach Gefahrübergang. Die Verletzung einer solchen individualvertraglichen Pflicht ist im Gefahrtragungskontext über die Artikel 36 Abs. 2 und 66 2. Halbsatz CISG zu berücksichtigen. Sie bewirkt im Ergebnis, dass der Verkäufer in diesen Konstellationen auch nach Gefahrübergang noch auf die Integrität der Kaufsache haftet. Das Dogma des verschuldensunabhängigen Gefahrübergangs kann dies vor dem Hintergrund der dispositiven Natur aller Bestimmungen des UN-Kaufrechts nicht in Frage stellen. Auch in einem System verschuldensunabhängiger Gefahrtragung und Haftung muss es den Parteien unbenommen bleiben, sich abweichend auf eine Verschuldenshaftung zu einigen. Dass diese Verschuldenshaftung dann nicht durch das verschuldensunabhängige Gefahrtragungsrecht begrenzt werden kann, ist letztlich nur konsequent und bestätigt den hier vertretenen Ansatz.

Kapitel 2: Gefahrtragung des Verkäufers nach Gefahrübergang

Ausnahmsweise kann auch eine Sachbeeinträchtigung, die sich nach dem in den Artikeln 67 bis 69 CISG definierten Zeitpunkt ereignet hat, zu Lasten des Verkäufers gehen. In der Sache bedeutet dies eine Gefahrtragung nach Gefahrübergang. Die Artikel 36 Abs. 2, 66 2. Halbsatz, 70 und 82 CISG bestimmen die Voraussetzungen, unter denen eine solche Erweiterung der Haftung des Verkäufers für die Beeinträchtigung der Kaufsache in Betracht kommt.

Die Auslegung der genannten Vorschriften wirft eine Reihe von Problemen auf. Im Tatbestand der Artikel 36 Abs. 2 und 66 2. Halbsatz CISG gilt es das vertragswidrige von dem lediglich pflichtwidrigen Verkäuferverhalten abzugrenzen. Dies entspricht im Groben der Abgrenzung zwischen verschuldensunabhängiger Sachmängelhaftung und verschuldensabhängiger (deliktischer) Haftung auf das Integritätsinteresse. Eine vergleichbare Frage stellt sich auch im Kontext des Artikels 82 Abs. 2 lit. a) CISG, der seinerseits in engem funktionalem Zusammenhang mit Artikel 70 CISG steht. Artikel 70 CISG ist sicherlich die problematischste der in diesem Kapitel behandelten Ausnahmeregelungen. Der erkennbar zu weit gefasste Tatbestand der Vorschrift bedarf einerseits der einschränkenden Auslegung, eine solche Restriktion hat dann allerdings andererseits schnell zur Folge, dass Artikel 70 CISG seines eigenständigen Anwendungsbereichs vollständig beraubt wird. Die einzelnen Ausnahmeregelungen sollen im Folgenden in numerischer Reihenfolge besprochen werden.

I. Artikel 36 Abs. 2 CISG

Artikel 36 Abs. 2 CISG befasst sich mit Fallkonstellationen, in denen die Vertragswidrigkeit der Ware auf eine Verletzung der Pflichten des Verkäufers zurückzuführen ist. Auslegungsprobleme bereitet insbesondere der in Artikel 36 Abs. 2 1. Alternative CISG geregelte allgemeine Tatbestand. Hier stellt sich die in der Einleitung zu diesem Kapitel bereits angesprochene Frage, ob jede Pflichtverletzung des Verkäufers oder nur eine spezifische Verletzung seiner vertraglichen Pflichten ausnahmsweise eine Gefahrtragung nach Gefahrübergang zur Konsequenz hat. Eine Analyse des Artikels 36 Abs. 2 1. Alternative CISG im Lichte der einzelnen dem Käufer möglicherweise zustehenden Rechtsbehelfe wird zeigen, dass der Ausnahmetatbestand nicht für alle Käuferrechte im Falle der Sachbeeinträchtigung gleich relevant ist. Abschließend soll die Spezialkonstellation der Haftung des Verkäufers für Verpackungsmängel untersucht werden. Hier ist bereits fraglich, ob es sich überhaupt um einen Fall der Gefahrtragung des Verkäufers nach Gefahrübergang handelt.

Artikel 36 Abs. 2 2. Alternative CISG nennt ausdrücklich die Verletzung einer Haltbarkeitsgarantie, also des Versprechens des Verkäufers, dass die Ware für eine bestimmte Zeit für den üblichen oder für einen ausdrücklich bestimmten besonderen Zweck geeignet bleiben oder besondere Merkmale oder Eigenschaften behalten wird[177], als einen besonderen Fall der Pflichtverletzung des Verkäufers. Der Spezialfall der Haltbarkeitsgarantie ist für den Fortgang der Untersuchung nicht weiter relevant. Die Haltbarkeitsgarantie ist in der Sache eine Haftung des Verkäufers nach Gefahrübergang kraft Parteivereinbarung bzw. bedingt das gesetzliche Gefahrtragungsrecht ab[178]. Umfang und Reichweite der Garantie sind im Wege der Vertragsauslegung zu ermitteln, ohne dass eine weitergehende Bezugnahme auf das allgemeine oder besondere Gefahrtragungsrecht erforderlich wäre. Die sich bei der Auslegung eines Garantieversprechens stellenden Fragen sind in der Kommentarliteratur umfassend erörtert worden, so dass an dieser Stelle ein Verweis auf das bereits vorhandene Schrifttum[179] genügen soll. Erwähnenswert ist allenfalls der Umstand, dass die Auswirkung einer Garantievereinbarung auf den Gefahrübergang nur in Artikel 36 Abs. 2, nicht aber in Artikel 66 2. Halbsatz CISG geregelt ist. Das bestätigt die bereits im Zusammenhang mit Leistungsgefahr und Schadensersatz angesprochenen[180] systematischen Defizite des in den Artikeln 36 und 66 CISG geregelten allgemeinen Gefahrtragungsrechts.

1. Der Tatbestand des Artikels 36 Abs. 2 1. Alternative CISG

Artikel 36 Abs. 2 CISG hat, in der hier maßgeblichen Passage, den folgenden Wortlaut:

> *„Der Verkäufer haftet auch für eine Vertragswidrigkeit, die nach dem in Absatz 1 angegebenen Zeitpunkt eintritt und auf die Verletzung einer seiner Pflichten zurückzuführen ist […]“ (Hervorhebung durch den Verfasser).*

---

177 Vgl. Schlechtriem/Schwenzer-*Schwenzer*, Art. 36, Rn. 7; nicht von Artikel 36 Abs. 2 CISG erfasst sind so genannte Beschaffenheitsgarantien, also das Versprechen des Verkäufers, dass die Kaufsache bestimmte tatsächliche Eigenschaften positiv aufweist, vgl. MünchKommBGB-*Gruber*, Art. 36 CISG, Rn. 15.

178 Staudinger-*Magnus*, Art. 36 CISG, Rn. 16.

179 Statt aller Schlechtriem/Schwenzer-*Schwenzer*, Art. 36, Rn. 7 ff.; Staudinger-*Magnus*, Art. 36 CISG, Rn. 15 ff., beide m.w.N.

180 Oben Kapitel 1 II. 3. und 4., Seiten 73 ff.

bzw. in der authentischen englischen Textfassung:

> *"The seller is also liable for any lack of conformity which occurs after the time indicated in the preceding paragraph and which is due to a breach of any of his obligations […]"(Hervorhebung durch den Verfasser).*

Es stellen sich im Wesentlichen zwei Auslegungsprobleme. Einleitend sind die im Tatbestand des Artikels 36 Abs. 2 CISG nebeneinander verwendeten Begriffe der „Vertragswidrigkeit" und der „Pflichtverletzung" voneinander abzugrenzen. Näher einzugehen ist im Anschluss daran vor allem auf das Tatbestandsmerkmal der Pflichtverletzung. Hier kann auf die im ersten Kapitel angestellten Überlegungen zu Für und Wider einer allgemeinen vertragsrechtlichen Integritätshaftung des Verkäufers zurückgegriffen werden. Es stellt sich anschließend die – im Schrifttum umstrittene – Folgefrage, ob auch eine Pflichtverletzung des Verkäufers nach Gefahrübergang in den Anwendungsbereich des Artikels 36 Abs. 2 CISG fällt und damit im Ergebnis eine Gefahrtragung des Verkäufers nach Gefahrübergang auslöst.

a) Pflichtverletzung und Vertragswidrigkeit

Im systematischen Vergleich untypisch setzt der – haftungsbegrenzende – Tatbestand des Artikels 36 Abs. 2 CISG rein begrifflich eine bloße Pflichtverletzung des Verkäufers voraus. Alle die Haftung des Verkäufers nach dem UN-Kaufrecht begründenden Vorschriften knüpfen im Gegensatz dazu an eine Vertragsverletzung, also die Verletzung einer entweder zwischen den Parteien individuell vereinbarten oder im Gesetz ausdrücklich geregelten Verkäuferpflicht, an[181].

Trotz der begrifflichen Abweichung ist mit der einhelligen Auffassung im Schrifttum davon auszugehen, dass Pflichtwidrigkeit und Vertragswidrigkeit als Synonyme zu verstehen sind. Der Verkäufer handelt nur pflichtwidrig im Sinne des Artikels 36 Abs. 2 CISG, wenn er eine Pflicht verletzt, die ihm durch das CISG selbst oder eine, ausdrückliche oder stillschweigende, Parteivereinbarung aufgegeben worden ist[182]. Die Verletzung vertragsähnlicher oder

---

181 So explizit die Artikel 45, 49 und 74 CISG. Artikel 46 CISG spricht dem Wortlaut nach zwar lediglich von der Erfüllung der Pflichten des Verkäufers. Dass hier keine lediglich das Integritätsinteresse schützenden vertragsähnlichen Pflichten gemeint sein können, ergibt sich aber aus dem Umstand, dass bzgl. solcher Pflichten unter keinen Umständen ein Erfüllungsanspruch wie aus Artikel 46 CISG bestehen kann.

182 Das ergibt sich zumindest indirekt aus den in diesem Kontext verwendeten Beispielen; vgl. Brunner-*Boehm/Gottlieb*, UN-Kaufrecht, Art. 36, Rn. 3; Schlechtriem/Schwenzer-*Schwenzer*, Art. 36, Rn. 5; Staudinger-*Magnus*, Art. 36 CISG, Rn. 11;

gar vorvertraglicher bzw. außervertraglicher Sorgfaltspflichten erfüllt den Tatbestand des Artikels 36 Abs. 2 CISG also nicht[183]. Dies ist vor allem vor dem Hintergrund von Bedeutung, dass eine allgemeine vertragsrechtliche Integritätshaftung im Anwendungsbereich des UN-Kaufrechts nach der hier vertretenen Auffassung nicht besteht[184]. Bemerkenswert ist in diesem Zusammenhang, dass auch die Autoren, die eine solche allgemeine Sorgfaltshaftung generell befürworten, den Begriff der Pflichtverletzung im Kontext des Artikels 36 Abs. 2 CISG eng interpretieren[185]. Der darin zum Ausdruck kommende Widerspruch ist ein weiteres Argument für die hier vertretene Auffassung.

Pflichtverletzung bedeutet in der Sache also Vertragsverletzung. Im Tatbestand des Artikels 36 Abs. 2 CISG treten damit, zumindest sinngemäß, die Tatbestandsmerkmale „Vertragswidrigkeit" und „Vertragsverletzung" kumulativ auf. Die Begriffe sind folgendermaßen voneinander abzugrenzen; die Vertragswidrigkeit ist ein dem Gewährleistungsrecht im engeren Sinne spezifischer Terminus. So knüpfen beispielsweise die Minderung und der Nacherfüllungsanspruch tatbestandlich an die Vertragswidrigkeit an[186]. Die „Vertragsgemäßheit" ist in Artikel 35 CISG definiert. Die Ware ist vertragsgemäß, wenn sie sachgerecht verpackt ist und, vor allem, keine Sachmängel aufweist. Vertragswidrigkeit meint somit die Verletzung einer bestimmten Vertragspflicht, insbesondere der Verpflichtung des Verkäufers aus Artikel 35 CISG zur Lieferung mangelfreier Ware. Die englischsprachige Textfassung bringt dies deutlich zum Ausdruck, indem sie hier von *conformity of the goods* spricht. Die Vertragswidrigkeit stellt einen in der Praxis besonders wichtigen Fall der Vertragsverletzung dar.

Artikel 36 Abs. 2 CISG geht nun davon aus, dass die Vertragsverletzung des Verkäufers die Vertragswidrigkeit, sprich Mangelhaftigkeit, der Ware nach Gefahrübergang erst verursacht. Daraus folgt, dass die Vertragsverletzung gerade nicht in der Vertragswidrigkeit der Ware bestehen kann. Die Mangelhaftigkeit kann sich nicht selbst bedingen. Im Ergebnis ist unter dem in Artikel 36 Abs. 2 CISG verwendeten Begriff der Pflichtverletzung also die Verletzung vertraglicher Pflichten des Verkäufers zu verstehen, die gerade nicht in Artikel 35 CISG geregelt sind. Hierbei kann es sich um gesetzlich vorgeschriebene oder

---

MünchKommBGB-*Gruber*, Art. 36 CISG, Rn. 6; explizit Enderlein/Maskow/Strohbach-*Enderlein*, Art. 36, Anm. 5. und *Bollée*, Theory of Risks, S. 279.

183 *Karollus*, UN-Kaufrecht, S. 120.

184 Dazu oben Kapitel 1 I. 2. b) (2).

185 Vgl. insbes. Staudinger-*Magnus*, Art. 30 CISG, Rn. 17 einerseits und Art. 36, Rn. 11 andererseits.

186 Artikel 50 bzw. 46 Abs. 2 CISG.

aber, das wird der weitaus häufigere Fall sein, um individualvertraglich vereinbarte Pflichten handeln. Als Beispiel werden im Schrifttum die Verletzung einer Montage- oder Wartungspflicht[187], die Versendung von Waren mit einem ungeeignetem Transportmittel[188] oder einem unzuverlässigen Beförderer[189] oder die Verletzung einer Pflicht zur hinreichenden Gebrauchsinstruktion[190] genannt.

b) Pflichtverletzungen nach Gefahrübergang

Artikel 36 Abs. 2 CISG setzt erkennbar voraus, dass die Vertragswidrigkeit der Ware, also die Beeinträchtigung der Sachsubstanz[191], nach Gefahrübergang eingetreten ist. Andernfalls wären die sachbezogenen Rechtsbehelfe des Käufers von vornherein nicht durch Artikel 36 Abs. 1 CISG ausgeschlossen. Der in Absatz 2 getroffenen Regelung bedarf es in den Fällen einer Sachbeeinträchtigung, die sich bereits vor Gefahrübergang realisiert hat, mithin nicht.

Ob die Vertragsverletzung des Verkäufers, die die Vertragswidrigkeit verursacht hat, vor Gefahrübergang eingetreten sein muss, oder ob auch eine Vertragsverletzung nach Gefahrübergang den Tatbestand des Artikels 36 Abs. 2 CISG erfüllt, ist im Schrifttum umstritten. Ein Beispiel für eine Vertragsverletzung vor Gefahrübergang, die sich in einer Sachbeeinträchtigung nach Gefahrübergang realisiert, ist die Auswahl eines ungeeigneten Transportmittels durch den Verkäufer in den Fällen des Versendungskaufs nach Artikel 67 CISG. Die Gefahr geht hier mit Beginn des Transportvorgangs auf den Käufer über. Die Auswahl des Transportmittels ist dem Transport vorgelagert. Ein etwaiger Transportschaden soll zu Lasten des Verkäufers gehen, da dieser den Keim der Beeinträchtigung gewissermaßen mit der Auswahl des ungeeigneten Transportmittels gesät hat. Ein Beispiel für eine Vertragsverletzung nach Gefahrübergang ist die mangelhafte Montage oder Wartung der Ware am Bestimmungsort. Der Verkäufer kann auch verpflichtet sein, dem Käufer in einem Zeitpunkt nach Gefahrübergang Gebrauchsinstruktionen zu geben.

---

187 *Achilles*, Art. 36 CISG, Rn. 4; MünchKommBGB-*Gruber*, Art. 36 CISG, Rn. 6.

188 Staudinger-*Magnus*, Art. 36 CISG, Rn. 11 m.w.N.; Enderlein/Maskow/Strohbach-*Enderlein*, Art. 36, Anm. 5.

189 MünchKommBGB-*Gruber*, Art. 36 CISG, Rn. 6; Schlechtriem/Schwenzer-*Schwenzer*, Art. 36, Rn. 5.

190 *Audit*, Vente Internationale, Anm. 103; Staudinger-*Magnus*, Art. 36 CISG, Rn. 11.

191 Eine mangelhafte Verpackung der Ware erst nach Gefahrübergang ist praktisch kaum vorstellbar.

Mit der herrschenden Meinung ist davon auszugehen, dass auch Vertragsverletzungen des Verkäufers nach Gefahrübergang grundsätzlich den Tatbestand des Artikels 36 Abs. 2 CISG erfüllen[192]. Dies ergibt sich so bereits aus dem Gesetzeswortlaut[193], der, anders als insbesondere Artikel 36 Abs. 1 CISG, nicht nach dem Zeitpunkt des Gefahrübergangs differenziert. Auch auf der Wertungsebene leuchtet es nicht ein, den Verkäufer etwa für die oben beispielhaft genannte Pflicht zur Auswahl des Transportmittels, die nur vor Gefahrübergang erfüllt werden kann, schärfer haften zu lassen als für eine etwaige Wartungspflicht, die in der Regel nach Gefahrübergang zu erfüllen ist. Vollends willkürlich wäre es, bei Pflichten, die sowohl vor als auch nach Gefahrübergang erfüllt werden können, rein formell auf den Zeitpunkt des Gefahrübergangs abzustellen, obwohl dieser Zeitpunkt im Zusammenhang mit der betreffenden Verkäuferpflicht keinerlei Bedeutung hat. Ob der Verkäufer beispielsweise eine E-Mail mit Gebrauchsinstruktionen an den Käufer absendet, bevor oder nachdem er die Ware dem beauftragten Transportunternehmer übergeben hat, sollte auf den Umfang seiner Haftung für eine etwaige Sachbeeinträchtigung keine Auswirkung haben.

Der Grundsatz, dass der Verkäufer auch für Vertragsverletzungen nach Gefahrübergang nach Artikel 36 Abs. 2 CISG verschärft haftet, muss allerdings in zweierlei Hinsicht eingeschränkt werden. Der Begriff der Vertragsverletzung in Artikel 36 Abs. 2 CISG sollte, erstens, restriktiv ausgelegt werden und lediglich die Verletzung vertraglicher Pflichten erfassen, deren Zweck gerade darin besteht, die Kaufsache auch in einem Zeitpunkt nach Gefahrübergang noch vor Beschädigung bzw. Zerstörung zu schützen. Die oben beispielhaft genannten Verkäuferpflichten zur ordnungsgemäßen Montage- oder Wartung der Kaufsache und zu einer sachgemäßen Gebrauchsinstruktion erfüllen allesamt diese Voraussetzung. Zweitens ist die Erhaltungspflicht des Verkäufers aus Artikel 85 Abs. 1 CISG vom Anwendungsbereich des Artikels 36 Abs. 2 CISG auszunehmen. Zwar bezweckt diese gesetzlich geregelte Verkäuferpflicht erkennbar den Schutz der Kaufsache vor Beschädigung oder Zerstörung. Wie bereits ausgeführt

---

192 So auch Brunner-*Boehm/Gottlieb*, UN-Kaufrecht, Art. 36, Rn. 3; Schlechtriem/Schwenzer-*Schwenzer*, Art. 36, Rn. 5; Staudinger-*Magnus*, Art. 36 CISG, Rn. 11; Honsell-*Magnus*, Art. 36, Rn. 9; Enderlein/Maskow/Strohbach-*Enderlein*, Art. 36, Anm. 5; *Bollée*, Theory of Risks, S. 280; Soergel-*Lüderitz/Schüßler-Langeheine*, Art. 36 CISG, Rn. 5; **a.A.:** *Piltz*, Internationales Kaufrecht, Rn. 5–22; *Aue*, Mängelgewährleistung im UN-Kaufrecht, S. 117; *Welser*, Vertragsverletzungen des Verkäufers, S. 110.

193 MünchKommBGB-*Gruber*, Art. 36 CISG, Rn. 11 m.w.N.

worden ist[194], soll der Käufer im Falle der Zuwiderhandlung durch den Verkäufer allerdings nur den Schadensersatzanspruch aus Artikel 45 Abs. 1 lit. b) i.V.m. Artikel 74 CISG geltend machen können. Nur so kann ein etwaiges Mitverschulden[195] des Käufers hinreichend berücksichtigt werden. Fiele die Verletzung der Erhaltungspflicht durch den Verkäufer nämlich in den Anwendungsbereich des Artikels 36 Abs. 2 CISG, so könnte der Käufer in diesen Fällen auch die sachbezogenen Rechtsbehelfe der Minderung, des Nachbesserungs- und gegebenenfalls sogar des Ersatzlieferungsanspruchs geltend machen, in deren Zusammenhang der Verursachungsbeitrag des Käufers nicht haftungsmildernd als Mitverschulden berücksichtigt werden könnte. Dieses unbillige Ergebnis gilt es durch eine Ausnahme der Erhaltungspflicht vom Anwendungsbereich des Artikels 36 Abs. 2 CISG im Wege der teleologischen Reduktion zu vermeiden.

Die Erhaltungspflicht ist die einzige gesetzlich normierte den Gefahrübergang überdauernde sachbezogene Pflicht des Verkäufers. Das bedeutet im Ergebnis, dass der in diesem Abschnitt diskutierte Meinungsstreit lediglich relevant wird, sobald die Vertragsparteien eine Verkäuferpflicht nach Gefahrübergang individuell vereinbaren.

2. Die Rechtsfolge des Artikels 36 Abs. 2 CISG vor dem Hintergrund der einzelnen Käuferrechte

Der in Kapitel 1 entwickelten Methode folgend soll die in Artikel 36 Abs. 2 CISG getroffene Ausnahmeregelung im Folgenden darauf hin untersucht werden, inwieweit sie auf die einzelnen Rechtsbehelfe des Käufers wegen Beschädigung der Kaufsache anwendbar ist und welche Auswirkungen sie diesbezüglich hat.

a) Vertragsaufhebung

Der Käufer kann den Kaufvertrag nach Artikel 49 Abs. 1 lit. a) CISG[196] aufheben, wenn die Beschädigung der Ware eine wesentliche Vertragsverletzung im Sinne des Artikels 25 CISG darstellt. Die in Artikel 36 Abs. 2 CISG angeordnete Gefahrtragung des Verkäufers nach Gefahrübergang ergibt sich für den

---

194 Oben Seite 39, Fn. 57 und, Seite 54, Fn. 110.

195 Artikel 85 Abs. 1 CISG begründet ausnahmsweise eine verschuldensabhängige Pflicht des Verkäufers (vgl. oben Kapitel 1 I. 2. b) (1)). Damit ist auch ein Mitverschulden im technischen Sinne möglich, ein Korrektiv, das dem CISG in der Regel aufgrund der verschuldensunabhängigen Haftung, nicht bekannt ist.

196 Das Vertragsaufhebungsrecht nach Artikel 49 Abs. 1 lit. b) CISG ist nicht Untersuchungsgegenstand, siehe oben Kapitel 1 II. 1. b).

Rechtsbehelf nach Artikel 49 Abs. 1 lit. a) CISG dabei bereits aus dem Begriff der wesentlichen Vertragsverletzung nach herrschender Meinung, so dass es eines Rückgriffs auf Artikel 36 Abs. 2 CISG nicht bedarf:

Die Wesentlichkeit einer Vertragsverletzung ist nach zutreffender herrschender Meinung aus der *ex post* Perspektive zu beurteilen[197]. Das bedeutet nichts anderes, als dass eine in einem Zeitpunkt nach Gefahrübergang eingetretene wesentliche Substanzbeeinträchtigung der Ware jede vorangegangene Vertragsverletzung, die die Beeinträchtigung – mittelbar – verursacht hat, ebenfalls zu einer wesentlichen Vertragsverletzung macht[198]. Der Käufer kann den Vertrag dann unter Berufung auf diese vorangegangene Vertragsverletzung aufheben ohne dass es im Einzelnen darauf ankommt, ob die betreffende Vertragsverletzung selbst (unmittelbar) sachbezogen war. Der Verkäufer haftet mithin auch für den nach Gefahrübergang eingetretenen Sachschaden im Sinne des Artikels 36 Abs. 2 CISG. Eine ausdrückliche Berufung auf die Ausnahmevorschrift ist somit entbehrlich.

Wählt der Verkäufer in einem Zeitpunkt vor Gefahrübergang beispielsweise eine unzuverlässige Transportperson aus und wird die Ware dann nach Gefahrübergang in einem durch die Transportperson verursachten Unfall schwer beschädigt, so stellt bereits die Auswahl des Transporteurs vor dem Hintergrund der nach Gefahrübergang eingetretenen schweren Konsequenzen eine wesentliche Vertragsverletzung dar. Die Vertragsaufhebung erfolgt wegen der Auswahl der unzuverlässigen Transportperson und wird damit begründet, dass ebendiese Auswahl die (erhebliche) Beschädigung der Ware in einem Zeitpunkt nach Gefahrübergang verursacht hat.

b) Minderung

Auf den – gegenleistungsbezogenen – Rechtsbehelf der Minderung ist Artikel 36 Abs. 2 CISG uneingeschränkt anwendbar. Nach Artikel 50 Satz 1 CISG setzt die Minderung tatbestandlich die Vertragswidrigkeit der Ware voraus. Nach Artikel 36 Abs. 1 CISG haftet der Verkäufer für eine nach Gefahrübergang eingetretene Sachbeeinträchtigung, sprich Vertragswidrigkeit, grundsätzlich nicht. Der Rechtsbehelf der Minderung steht dem Käufer damit grundsätzlich nicht

---

197 Vgl. MünchKommBGB-*Gruber*, Art. 25 CISG, Rn. 14; Staudinger-*Magnus*, Art. 25 CISG, Rn. 9; Enderlein/Maskow/Strohbach-*Maskow*, Art. 25, Anm. 3.1.

198 Ist auch die Sachbeeinträchtigung nach Gefahrübergang nicht ausreichend, die Wesentlichkeitsschwelle des Artikels 25 CISG zu überwinden, so kann das Vertragsaufhebungsrecht nach Artikel 49 Abs. 1 lit. a) CISG ohnehin nicht gewährt werden.

mehr zur Verfügung. Artikel 36 Abs. 2 CISG hat die Rechtsfolge, dass der Käufer auch im Falle einer Substanzbeeinträchtigung der Ware nach Gefahrübergang den Kaufpreis mindern kann, wenn diese Substanzbeeinträchtigung auf eine anderweitige Vertragsverletzung, beispielsweise die Auswahl eines ungeeigneten Transportmittels, zurückzuführen ist.

c) Die leistungsbezogenen Rechtsbehelfe des Artikels 46 CISG

Auf den Anspruch auf erstmalige Lieferung der Kaufsache aus Artikel 46 Abs. 1 CISG i.V.m. Artikel 31 CISG kann Artikel 36 Abs. 2 CISG keine Anwendung finden. Wie bereits dargelegt worden ist, ist der Anwendungsbereich des Artikels 36 CISG in seiner Gesamtheit auf Fallkonstellationen beschränkt, in denen das gefahrverwirklichende Ereignis die Beschädigung der Kaufsache zur Folge hat[199]. In diesem Fall stehen dem Käufer aber ausschließlich die spezielleren erfüllungsbezogenen Rechtsbehelfe des Ersatzlieferungs- und Nachbesserungsanspruchs nach Artikel 46 Absätze 2 und 3 CISG zur Verfügung. Auf diese Rechtsbehelfe ist Artikel 36 Abs. 2 CISG dann auch uneingeschränkt anwendbar. Gäbe es die Ausnahmevorschrift nicht, stünden dem Käufer die genannten Rechtsbehelfe in einer Konstellation, in der die Ware nach Gefahrübergang aufgrund einer Pflichtverletzung des Verkäufers beschädigt wurde, wegen der allgemeinen Gefahrtragungsregel des Artikels 36 Abs. 1 CISG nicht zur Verfügung.

d) Schadensersatz

Der Schadensersatzanspruch aus Artikel 74 CISG setzt, anders als Artikel 36 CISG, eine Vertragswidrigkeit der Ware tatbestandlich nicht voraus. Es genügt vielmehr jede Form der Vertragsverletzung, also insbesondere auch die Verletzung einer vertraglichen Nebenpflicht des Verkäufers wie beispielsweise der oben bereits genannten Pflicht zur Auswahl eines geeigneten Beförderungsmittels. Verletzt der Verkäufer eine seiner Vertragspflichten, so haftet er nach Artikel 74 CISG für alle Folgeschäden, also auch eine Sachbeeinträchtigung nach Gefahrübergang, sofern diese voraussehbar im Sinne dieser Vorschrift sind[200].

Anders als die Wesentlichkeit der Vertragsverletzung nach Artikel 25 CISG ist die Voraussehbarkeit nach Artikel 74 CISG aus der Perspektive des Käufers im Zeitpunkt des Vertragsschlusses zu beurteilen. Ein eigenständiger Anwendungsbereich

199 Oben Seiten 51 ff.

200 Vgl. Staudinger-*Magnus*, Art. 74 CISG, Rn. 31 ff.; MünchKommBGB-*Peter Huber*, Art. 74 CISG, Rn. 25 ff., beide m.w.N.

des Artikels 36 Abs. 2 CISG verbleibt mithin in den Konstellationen, in denen die den Schadensersatzanspruch auslösende Vertragsverletzung des Verkäufers die Beschädigung der Ware zwar kausal herbeiführt, dieser Zusammenhang zwischen Vertragsverletzung und Vertragswidrigkeit bei Vertragsschluss aber durch eine verständige Person in der Lage des Käufers angesichts der konkreten Umstände des Falles[201] nicht vorauszusehen war. Dies wird in der Praxis zugegebener Maßen vergleichsweise selten vorkommen.

3. Insbesondere: Versteckter Mangel und Verpackungsmangel

Auch für die Fälle der so genannten versteckten Vertragswidrigkeit bedarf es eines Rückgriffs auf Artikel 36 Abs. 2 CISG nicht. Unter einer versteckten Vertragswidrigkeit sind Sachmängel zu verstehen, die im Zeitpunkt des Gefahrübergangs noch nicht erkennbar waren, deren Ursache jedoch bereits bei Gefahrübergang angelegt war[202]. Artikel 36 Abs. 1 2. Halbsatz CISG stellt ausdrücklich klar, dass es für die Beurteilung der Vertragswidrigkeit nicht auf den Zeitpunkt des Offenbarwerdens des betreffenden Sachmangels ankommt. Maßgeblich ist vielmehr der Zeitpunkt, in dem die Vertragswidrigkeit der Ware erstmals vorhanden ist[203].

Nach Artikel 35 Abs. 1 CISG ist der Verkäufer ausdrücklich verpflichtet, die Ware den Anforderungen des Vertrags gemäß zu verpacken. Mangelhafte Verpackung führt sogar zur Vertragswidrigkeit der Ware, mithin zu einem Sachmangel im weiteren Sinne. Ob ein Verpackungsmangel, der zur tatsächlichen Beeinträchtigung der Substanz der Kaufsache in einem Zeitpunkt nach Gefahrübergang führt, einen versteckten Sachmangel im Sinne des Artikels 36 Abs. 1 2. Halbsatz darstellt[204], oder ob die umschriebene Situation unter Artikel 36 Abs. 2 CISG zu subsumieren ist[205], ist im Schrifttum umstritten. Richtiger Weise

---

201 Vgl. Schlechtriem/Schwenzer-*Schwenzer*, Art. 74, Rn. 48 ff. m.w.N.; Staudinger-*Magnus*, Art. 74 CISG, Rn. 35.

202 So explizit BGH, Urteil vom 2.3.2005, VIII ZR 67/04, CISG-online Nr. 999, JZ 2005, 844, 846; aus dem Schrifttum Schlechtriem/Schwenzer-*Schwenzer*, Art. 36, Rn. 4 mit zahlr. Nachw.

203 BGH, a.a.O.

204 So Schlechtriem/Schwenzer-*Schwenzer*, Art. 36, Rn. 4; MünchKommBGB-*Gruber*, Art. 36 CISG, Rn. 7; Staudinger-*Magnus*, Art. 36 CISG, Rn. 11; wohl auch *Herber/Czerwenka*, Art. 36, Rn. 3; *Bollée*, Theory of Risks, S. 278.

205 So Witz/Salger/Lorenz-*Salger*, Art. 36, Rn. 7; *Karollus*, UN-Kaufrecht, S. 120; *Aue*, Mängelgewährleistung im UN-Kaufrecht, S. 117, FN. 88; *Audit*, Vente Internationale, Anm. 103; *Neumayer/Ming*, Art. 36, Anm. 5; Soergel-*Lüderitz/Schüßler-Langeheine*, Art. 36 CISG, Rn. 5.

ist davon auszugehen, dass ein versteckter Sachmangel nur in solchen Konstellationen vorliegt, in denen der vor Gefahrübergang angelegte Defekt typischer Weise zu einer Beeinträchtigung der Ware in einem Zeitpunkt nach Gefahrübergang führt. So werden als Beispiele für einen versteckten Sachmangel im Schrifttum unter anderem die Lieferung von Stoffen angeführt, die beim ersten Waschen über das Übliche hinaus einlaufen oder deren Farben sich als nicht licht- oder waschecht herausstellen[206]. Nach dem BGH stellt es einen verdeckten Sachmangel dar, wenn Milchpulver aufgrund eines Lipasebefalls in einem Zeitpunkt vor Gefahrübergang durch Zugabe von Wasser – mithin der bestimmungsgemäßen Verwendung der Ware – in einem Zeitpunkt nach Gefahrübergang verdirbt[207].

Ob ein Verpackungsmangel typischer Weise zur Beeinträchtigung der Kaufsache nach Gefahrübergang führt, kann nicht einheitlich beantwortet werden. Zu bejahen wäre dies beispielsweise in einer Konstellation, in der Ware, die nach dem Vertrag als Decksladung verschifft werden soll, nicht wasserdicht verpackt wird. Hier ist es sachgerecht, den nahezu zwangsläufig eintretenden Wasserschaden als Verpackungsmangel zu qualifizieren. Anders sollten jedoch Fälle beurteilt werden, in denen die spätere Substanzbeeinträchtigung der Ware nach Gefahrübergang „nur" kausal durch die mangelhafte Verpackung herbeigeführt wurde. Dies wird zum Beispiel der Fall sein, wenn unzureichend verpackte Ware aufgrund eines schweren Verkehrsunfalls beeinträchtigt wird, der nicht mehr als typische Konsequenz des Transports angesehen werden kann. Entscheidend für die Einordnung des Verpackungsmangels sind letztlich die tatsächlichen Gegebenheiten des konkreten Einzelfalles[208]. Praktische Bedeutung hat die Differenzierung keine[209]. Unabhängig davon, ob Artikel 36 Abs. 1 2. Halbsatz oder Artikel 36 Abs. 2 CISG zur Anwendung kommt, haftet der Verkäufer für die

---

206 Schlechtriem/Schwenzer-*Schwenzer*, Art. 36, Rn. 4 m.w.N.

207 BGH, Urteil vom 9. Januar 2002, VIII ZR 304/00, CISG-online Nr. 651, NJW 2002, 1651, 1654. Eine abschließende Stellungnahme durch den BGH erfolgte allerdings nicht, da die tatsächliche Frage des Vorliegens eines verdeckten Sachmangels durch Lipasebefall durch das Berufungsgericht nicht rechtsfehlerfrei aufgeklärt worden war. Die Sache wurde vom BGH aus diesem Grund an das OLG Dresden zurückverwiesen.

208 Wie hier wohl auch *Welser*, Vertragsverletzung des Verkäufers, S. 110 f.; Bianca/Bonell-*Bianca*, Art. 36, Anm. 2.3.

209 **A.A.** allerdings MünchKommBGB-*Gruber*, Art. 36 CISG, Rn. 7, der die Auffassung vertritt, dass nur bei Anwendbarkeit des Artikels 36 Abs. 2 CISG eine Entlastung des Verkäufers nach Artikel 79 CISG in Betracht kommt.

Substanzbeeinträchtigung nach Gefahrübergang auch nach den Artikeln 46 Abs. 2 und 3, 49 sowie 50 CISG.

II. Artikel 66 2. Halbsatz CISG

In funktioneller Hinsicht ist Artikel 66 2. Halbsatz CISG mit dem soeben untersuchten Artikel 36 Abs. 2 CISG vergleichbar. Artikel 66 2. Halbsatz CISG ist als Ausnahme zu der allgemeinen Gefahrtragungsregel in Halbsatz 1 konzipiert. Nach Artikel 66 1. Halbsatz CISG wird die Haftung des Verkäufers für Substanzbeeinträchtigungen der Kaufsache durch den Gefahrübergang umfassend in zeitlicher Hinsicht begrenzt. Artikel 66 2. Halbsatz CISG bestimmt, dass dies nicht gilt („*es sei denn*"), wenn

> „*der Untergang oder die Beschädigung auf eine Handlung oder Unterlassung des Verkäufers zurückzuführen ist*"

bzw. in der authentischen englischen Textfassung

> „*unless the loss or damage is due to an act or omission of the seller*"

Diese Regelung ist im Schrifttum, völlig zu Recht, als problematisch bezeichnet worden[210]. Probleme bereitet insbesondere die Tatbestandsseite. Die Bezugnahme auf eine „Handlung oder Unterlassung des Käufers" ist erkennbar zu weit[211]. Über Art und Umfang der Einschränkung konnte im Schrifttum – Rechtsprechung gibt es zu diesem Thema soweit ersichtlich nicht – bislang keine Einigkeit erzielt werden. Auf der Rechtsfolgenseite, also im Hinblick auf die Frage, wie sich die Ausnahmeregelung des Artikels 66 2. Halbsatz CISG auf die einzelnen Rechtsbehelfe des Käufers im Falle der Sachbeeinträchtigung auswirkt, kann im Wesentlichen auf die Ausführungen zu Artikel 36 Abs. 2 CISG verwiesen werden.

1. Der Tatbestand des Artikels 66 2. Halbsatz CISG

Nach dem Gesetzeswortlaut wird dem Verkäufer das Risiko des Untergangs oder der Beschädigung der Ware nach dem in den Artikeln 67 bis 69 CISG

---

210 Bspw. von *Erauw*, Observations on Passing of Risk, S. 315.

211 So explizit MünchKommBGB-*Peter Huber*, Art. 66 CISG, Rn. 13; MünchKomm-HGB-*Wertenbruch*, Art. 66 CISG, Rn. 6; Staudinger-*Magnus*, Art. 66 CISG, Rn. 16 m.w.N; implizit Bianca/Bonell-*Nicholas*, Art. 66, Anm. 2.2.; Enderlein/Maskow/Strohbach-*Maskow*, Art. 66, Anm. 3; *Brunner*[1], UN-Kaufrecht, Art. 66, Rn. 14; *Herber/Czerwenka*, Art. 66, Rn. 6; Witz/Salger/Lorenz-*Witz*, Art. 66, Rn. 8, alle m.w.N.

bezeichneten Zeitpunkt des Gefahrübergangs wie gesagt bereits immer dann aufgebürdet, wenn diese Sachbeeinträchtigung auf sein Tun oder Unterlassen zurückzuführen ist. Der Begriff „zurückzuführen" ist dem unmittelbaren Wortlaut nach als Verursachung im Sinne der (im deutschen Recht so genannten) Äquivalenztheorie[212] zu verstehen. Dass eine solche Auslegung unmöglich gewollt sein kann, zeigt sich an dem Fall, dass der Verkäufer berechtigter Weise sein Anhalterecht nach Artikel 71 Abs. 2 CISG geltend macht, beispielsweise weil er befürchtet, seinen Kaufpreisanspruch wegen eines inzwischen gegen den Käufer eingeleiteten Insolvenzverfahrens zu verlieren bzw. nicht mehr in voller Höhe durchsetzen zu können. Wird die Ware nun während einer Zwischenlagerung durch den Frachtführer nach Gefahrübergang beschädigt oder zerstört, so hat der Verkäufer diesen Umstand ohne weiteres durch die Geltendmachung des Anhalterechts verursacht im Sinne der Äquivalenztheorie. Dennoch wäre es hier erkennbar unbillig, ihn nach Artikel 66 2. Halbsatz CISG weiter mit der Gefahr zu belasten und damit im Ergebnis verschärft haften zu lassen[213].

Im Schrifttum werden drei Ansätze zur Einschränkung des Anwendungsbereichs des Artikels 66 2. Halbsatz CISG vertreten. Die wohl herrschende Meinung ist großzügig und verlangt lediglich, dass die Substanzbeeinträchtigung nach Gefahrübergang durch ein pflichtwidriges Verhalten des Verkäufers verursacht worden sein muss[214]. Eine vermittelnde Ansicht stellt auf das „vertragsbezogen

212 Dazu statt aller Palandt-*Grüneberg*, Vorb v § 249 BGB, Rn. 25.

213 Nach einhelliger Auffassung kann Artikel 66 2. Halbsatz CISG keine Anwendung finden, wenn der Käufer von seinem Anhalterecht nach Artikel 71 Abs. 2 CISG Gebrauch macht: *Lindacher*, Gefahrtragung und Gefahrübergang, S. 174; MünchKommHGB-*Wertenbruch*, Art. 66 CISG, Rn. 6; MünchKommBGB-*Peter Huber*, Art. 66 CISG, Rn. 13; Staudinger-*Magnus*, Art. 66 CISG, Rn. 16; Schlechtriem/Schwenzer-*Hachem* Art. 66, Rn. 26; Enderlein/Maskow/Strohbach-*Maskow*, Art. 66, Anm. 3; *Geist*, WBl. 1988, 349, 355; *Brunner*[1], UN-Kaufrecht, Art. 66, Rn. 15; *Hager*, Gefahrtragung nach UN-Kaufrecht, S. 403 f.; *Karollus*, UN-Kaufrecht, S. 187; Witz/Salger/Lorenz-*Witz*, Art. 66, Rn. 8; *Ulrich Huber*, RabelsZ 43 (1979), 413, 457; *Choi*, Gefahrtragungsregeln, S. 126;; *Achilles*, Art. 66 CISG, Rn. 4.

214 Bianca/Bonell-*Nicholas*, Art. 66, Anm. 2.2; *Geist*, WBl. 1988, 349, 355 f.; *Achilles*, Art. 66 CISG, Rn. 4; Witz/Salger/Lorenz-*Witz*, Art. 66, Rn. 8; Schwimann-*Posch*, Art. 66, Rn. 4; *Karollus*, UN-Kaufrecht, S. 187 f.; Soergel-*Lüderitz/Budzikiewicz*, Art. 66 CISG, Rn. 4; Schlechtriem/Schwenzer[5]-*Hager/Maultzsch*, Art. 66, Rn. 7; Staudinger-*Magnus*, Art. 66 CISG, Rn. 15; *Sevón*, Passing of Risk, S. 197; *Reinhart*, UN-Kaufrecht, Art. 66, Rn. 6; Schlechtriem/Schwenzer-*Hachem*, Art. 66, Rn. 18 und 25; nicht ganz eindeutig *Honnold/Flechtner*, Uniform Law, Rn. 362.

pflichtwidrige" Verkäuferverhalten ab[215]. Am restriktivsten ist der Ansatz, der in Anknüpfung an Artikel 36 Abs. 2 CISG auch im Tatbestand des Artikels 66 2. Halbsatz CISG nur die Verursachung der Sachbeeinträchtigung durch eine Vertragsverletzung des Verkäufers genügen lässt[216].

a) *Pflichtverletzung als Zurechnungskriterium*

Diejenigen Autoren, die das pflichtwidrige Verhalten im Sinne eines allgemein sorgfaltswidrigen Verhaltens des Verkäufers im Kontext des Artikels 66 2. Halbsatz CISG als Zurechnungskriterium ausreichen lassen wollen, können sich im Wesentlichen auf die Entstehungsgeschichte der Vorschrift berufen[217]. Insbesondere im so genannten Sekretariatskommentar – hierbei handelt es sich um die abschließende Stellungnahme des Generalsekretariats der UN-Kommission für internationales Handelsrecht („UNCITRAL") in Vorbereitung der Diplomatischen Konferenz, auf der dann der endgültige Konventionstext erarbeitet und verabschiedet wurde[218] – wird ausgeführt, der Verkäufer solle für eine nach Gefahrübergang herbeigeführte Beeinträchtigung der Ware auch dann haften, wenn er sie durch ein Verhalten herbeigeführt habe, das selbst nicht als Vertragsverletzung zu qualifizieren sei. Als Beispiel wird die, oben bereits erörterte, Fallkonstellation genannt, in der der Verkäufer bei einem Kaufvertrag FOB die Ware im Bestimmungshafen bei Rücknahme seiner Container beschädigt[219]. Dieses Beispiel geht zurück auf die Diskussion der Problematik auf der zehnten Sitzung der UNCITRAL Generalversammlung. Der dort gemachte Vorschlag, den Anwendungsbereich des Artikels 66 2. Halbsatz

---

215 Witz/Salger/Lorenz-*Witz*, Art. 66, Rn. 8; im Ergebnis wohl auch MünchKommBGB-*Peter Huber*, Art. 66 CISG, Rn. 12, der insbesondere ungeschriebene vertragliche Nebenpflichten einbeziehen will.

216 *Herber/Czerwenka*, Art. 66, Rn. 6; *Renck*, Incoterms und UN-Kaufrecht, S. 239; ähnlich auch Brunner[1], UN-Kaufrecht, Art. 66, Rn. 14 f.; Enderlein/Maskow/Strohbach-*Maskow*, Art. 66, Anm. 3.

217 So Bianca/Bonell-*Nicholas*, Art. 66, Anm. 2.2.; *Hager*, Gefahrtragung nach UN-Kaufrecht, S. 403 f.; *Geist*, WBl. 1988, 349, 355; MünchKommBGB-*Peter Huber*, Art. 66 CISG, Rn. 12; Schlechtriem/Schwenzer-*Hachem*, Art. 66, Rn. 17; Soergel-*Lüderitz/Budzikiewicz*, Art. 66 CISG, Rn. 4; Staudinger-*Magnus*, Art. 66 CISG, Rn. 15; Choi, S. 126 f.; *Sevón*, Passing of Risk, S. 196 f.; *Honnold/Flechtner*, Uniform Law, Rn. 362.

218 Vgl. den Überblick zur Entstehungsgeschichte unten Kapitel 4 IV. 1.

219 Sekretariatskommentar, Art. 78, Anm. 6.

CISG auf vertragswidriges Verhalten des Verkäufers zu beschränken, wurde ausdrücklich zurückgewiesen[220].

In der Sache ist die Bezugnahme auf das pflicht- bzw. allgemein sorgfaltswidrige Verkäuferverhalten bedenklich, da sie die Grenze zwischen Vertrags- und Deliktsrecht in unzulässiger Weise verwischt. Nach dem hier vertretenen Ansatz ist die Haftung des Verkäufers nach dem UN-Kaufrecht als verschuldensunabhängige Erfolgshaftung ausgestaltet. Eine Haftung für die Verletzung von (Sorgfalts-) Pflichten, die nicht auch Vertragspflichten sind, müsste im Gegensatz dazu zwangsläufig verschuldensabhängig ausgestaltet sein[221]. Alles andere führte zu einer uferlosen und zeitlich nicht begrenzbaren Verantwortlichkeit, die erkennbar ungerecht ist und von den Gesetzesverfassern in dieser Gestalt nicht gewollt sein kann. Eine Haftung für Pflichtverletzungen, die keine Vertragsverletzungen darstellen, ist aus diesem Grund dem Deliktsrecht zuzuordnen. Eine allgemeine vertragsrechtliche Integritätshaftung kennt das UN-Kaufrecht nicht. Aus diesen Umständen ist bereits abgeleitet worden, dass dem Gefahrtragungsrecht die Funktion zukommt, die Haftung des Verkäufers für die Vertragsmäßigkeit der Ware in zeitlicher Hinsicht umfassend zu begrenzen. Der in den Artikeln 67 bis 69 CISG genauer bezeichnete Zeitpunkt stellt mit anderen Worten die Scheidelinie zwischen vertraglicher und deliktischer Haftung dar[222]. Diese Trennung würde de facto aufgehoben, stellte man im Kontext des Artikels 66 2. Halbsatz CISG auf das pflicht-, sprich sorgfaltswidrige, Verhalten des Verkäufers ab. Eine dahingehende Interpretation der Vorschrift machte die Verkäuferhaftung im CISG im Ergebnis zur Verschuldenshaftung.

Die herrschende Meinung setzt sich ferner in Widerspruch zur nahezu unstreitigen Auslegung des funktionell mit Artikel 66 2. Halbsatz CISG eng verwandten Artikels 36 Abs. 2 CISG. Im Kontext des Artikels 36 Abs. 2 CISG ist anerkannt, dass nur vertragswidriges Verhalten eine Gefahrtragung des Verkäufers nach Gefahrübergang rechtfertigen kann[223]. Artikel 66 2. Halbsatz CISG hat nach der herrschenden Meinung demnach einen weiteren Anwendungsbereich als Artikel 36 Abs. 2 CISG. Im Ergebnis führte dies zu einer Privilegierung der gegenleistungsbezogenen Rechtsbehelfe des Käufers, für die ein sachlicher Grund nicht ersichtlich ist.

---

220 Bericht der UNCITRAL Generalversammlung– zehnte Sitzung, YB VIII, S. 63, Rn. 531 f.

221 Dazu oben Kapitel 1 I. 2. b).

222 Zur Abgrenzung von Vertrags- und Deliktsrecht siehe oben Seite 54 f.

223 Oben I. 1. a).

Die von der h.M. unter Berufung auf die historische Gesetzesauslegung vertretene Ansicht ist aus den genannten Gründen mit dem Haftungssystem des UN-Kaufrechts unvereinbar und folglich abzulehnen.

b) Vertragsbezogene Pflichtverletzung als Zurechnungskriterium

Gelegentlich ist im Schrifttum ausgeführt worden, nicht jedes pflichtwidrige, sondern nur das „vertragsbezogen" pflichtwidrige Verkäuferverhalten falle in den Anwendungsbereich des Artikels 66 2. Halbsatz CISG[224]. Eine solche Interpretation ist erkennbar bemüht, die Gefahr der uferlosen Ausdehnung der Verkäuferhaftung auf ein erträgliches Maß zu reduzieren, ohne sich zu den soeben genannten Stellungnahmen der Gesetzesverfasser in offenen Widerspruch zu setzen.

Dem prinzipiellen Einwand, dass durch die Bezugnahme auf nicht vertragswidriges Verkäuferverhalten das an sich verschuldensunabhängige Haftungssystem des UN-Kaufrechts, gewissermaßen durch die Hintertür der in Artikel 66 2. Halbsatz CISG enthaltenen Ausnahmeregelung, ausgehebelt würde, ist aber auch diese vermittelnde Ansicht ausgesetzt. Des Weiteren vermag das Anknüpfungskriterium des „vertragsbezogen pflichtwidrigen Verkäuferverhaltens" schon aufgrund seiner Unbestimmtheit nicht zu überzeugen. Artikel 66 CISG erfasst ohnehin ausschließlich Fallkonstellationen, in denen sich die Vertrags- bzw. Pflichtverletzung des Käufers mittelbar auf die Substanz des Kaufgegenstandes und damit auf den Vertragsgegenstand bzw. die Vertragsgemäßheit der Ware auswirkt. Vor diesem Hintergrund liegt es dann allerdings nahe, jede denkbar in den Anwendungsbereich des Artikels 66 2. Halbsatz CISG fallende außervertragliche Pflichtverletzung als vertragsbezogen zu bezeichnen. Bezeichnender Weise wird eine Definition des Kriteriums der Vertragsbezogenheit von den Befürwortern dieses Anknüpfungskriteriums nicht einmal versucht. Das Schrifttum behilft sich hier mit dem Hinweis, dass zumindest das im Sekretariatskommentar genannte Beispiel, nämlich die Beschädigung der Ware bei Rücknahme der Container, eine vertragsbezogene Pflichtverletzung zum Gegenstand habe[225]. Aufschlussreicher wäre ein Beispiel für eine außervertragliche Pflichtverletzung gewesen, die das Kriterium der Vertragsbezogenheit nicht erfüllt. Auch der bereits erwähnte Widerspruch zu Artikel 36 Abs. 2 CISG lässt sich

---

224 Witz/Salger/Lorenz-*Witz*, Art. 66, Rn. 8 und wohl auch *Honnold-Flechtner*, Uniform Law, Rn. 362 und 448.

225 Witz/Salger/Lorenz-*Witz*, a.a.O.

durch die Bezugnahme auf eine vertragsbezogene Pflichtverletzung nicht vermeiden. Im Ergebnis ist also auch die vermittelnde Ansicht abzulehnen.

c) Vertragsverletzung als Zurechnungskriterium

Einzig sinnvoll ist es mithin, auch im Tatbestand des Artikels 66 2. Halbsatz CISG zu fordern, dass die Substanzbeeinträchtigung der Kaufsache durch eine anderweitige Vertragsverletzung des Käufers herbeigeführt worden sein muss. Nur so bleibt der verschuldensunabhängige Charakter des Haftungssystems des UN-Kaufrechts gewahrt und ist eine einheitliche Auslegung der funktional eng zusammenhängenden Ausnahmetatbestände in den Artikeln 36 Abs. 2 CISG und 66 2. Halbsatz CISG gewährleistet.

Die so propagierte restriktive Auslegung des Artikels 66 2. Halbsatz CISG verstößt jedoch gegen den erklärten Willen des historischen Gesetzgebers bzw. Gesetzesverfassers. Sie kann im Ergebnis nur aufrechterhalten werden, wenn die historische Auslegung bei der Interpretation des UN-Kaufrechts nicht absolut verbindlich ist. Der Frage, inwieweit sich der Anwender des UN-Kaufrechts über den Willen des historischen Gesetzgebers bzw. Gesetzesverfassers hinwegsetzen kann, soll im Folgenden nachgegangen werden. Die Untersuchung vollzieht sich in vier Schritten. Nach einer kurzen überblicksartigen Einführung in die Methodik der Auslegung internationalen Einheitsrechts wird in einem zweiten Schritt überblicksartig die Bedeutung der historischen Auslegung in einzelnen nationalen Rechtsordnungen dargestellt. In einem dritten Schritt werden die Ergebnisse dieser rechtsvergleichenden Analyse dann auf die Auslegung internationalen Einheitsrechts übertragen. Dies gilt es dann auf die hier eigentlich interessierende konkrete Frage der Auslegung des Artikels 66 2. Halbsatz CISG anzuwenden.

(1) Einleitung

Im Bereich des internationalen Einheitsrechts ist die Methodenlehre eine noch relativ unerforschte Disziplin[226]. Einigkeit besteht darüber, dass eine Auslegung des Einheitsrechts nach den Grundsätzen nationaler Methodik nicht in Betracht kommt[227]. Das folgt aus dem Gedanken der Rechtsvereinheitlichung[228] – die

---

226 Vgl. *Gruber*, Methoden des Internationalen Einheitsrechts, S. 8.

227 Grundlegend *Gruber*, Methoden des Internationalen Einheitsrechts, S. 80 f.; *Melin*, Gesetzesauslegung, S. 366; *Kropholler*, Internationales Einheitsrecht, S. 258.

228 Zum CISG: Bianca/Bonell-*Bonell*, Art. 7, Anm. 2.2.1.; Schlechtriem/Schwenzer-*Ferrari*, Art. 7, Rn. 9; MünchKommHGB-*Ferrari*, Art. 7 CISG, Rn. 27; MünchKommBGB-*Gruber*, Art. 7 CISG, Rn. 6 ff.; *Karollus*, UN-Kaufrecht, S. 11 f.; Staudinger-*Magnus*,

Auslegungsmethodik soll nicht zum Einfallstor für materiellrechtliche Wertungen des jeweiligen nationalen Rechts des Rechtsanwenders werden. Im Grundsatz orientiert sich allerdings auch die Methodik des Einheitsrechts, schon aus Praktikabilitätsgründen, an dem auch aus dem nationalen deutschen Recht bekannten Auslegungskanon[229]. Abweichungen ergeben sich indes in der Gewichtung der einzelnen Auslegungsmethoden[230]. Besondere Bedeutung kommt außerdem der rechtsvergleichenden Auslegung zu[231], die in der nationalen Methodik nur eine sehr untergeordnete Rolle spielt.

(2) Die Bedeutung der historischen Interpretation in der Methodenlehre einzelner nationaler Rechtsordnungen

Um die Bedeutung der historischen Auslegung im Einheitsrecht zu verstehen, ist es hilfreich, einen Blick auf die Methodendiskussion im nationalen Recht der einzelnen Mitgliedsstaaten zu werfen[232]. Dabei gilt es zu allererst zu präzisieren, worum es sich bei historischer Auslegung überhaupt handelt. Es ergeben sich zwei Bedeutungsvarianten. Zum einen kann mit historischer Auslegung die Ermittlung des Willens des historischen Gesetzgebers gemeint sein. Enger ist das Verständnis der historischen Auslegung als Ermittlung der Normbedeutung anhand der den Gesetzgebungsprozess begleitenden Dokumente und Stellungnahmen.

In den Rechtsordnungen des Common Law besteht die Tendenz, dem Willen des historischen Gesetzgebers bzw., genauer, dem im Gesetzeswortlaut manifestierten gesetzgeberischen Willen, den absoluten Primat einzuräumen.

Art. 7 CISG, Rn. 12; Enderlein/Maskow/Strohbach-*Maskow*, Art. 7, Anm. 3; *Burkart*, Interpretatives Zusammenwirken, S. 141 und 211; *Reinhart*, UN-Kaufrecht, Art. 7, Rn. 2; *Piltz*, Internationales Kaufrecht, Rn. 2–184 f.; BeckOKBGB-*Saenger*, Art. 7 CISG, Rn. 2; *van Alstine*, 146 U. Pa. L. Rev. (1998), 686, 732; *Kramer*, öst. JBL 1996, 137, 141.

229 *Melin*, Gesetzesauslegung, S. 367; *Gruber*, Methoden des Internationalen Einheitsrechts, S. 117; *Kropholler*, Internationales Einheitsrecht, S. 260; *Kramer*, öst. JBL 1996, 137, 141; Staudinger-*Magnus*, Art. 7 CISG, Rn. 30 ff.; vgl. auch *Canaris*, JZ 1987, 543, 544 (im Kontext des deutschen Wechselgesetzes, das auf dem 1930 in Genf zustande gekommenen Wechselrechtsabkommen beruht und somit wie das CISG als internationales Einheitsrecht zu qualifizieren ist, vgl. dazu *Baumbach/Hefermehl/Casper*, Einl. WG, Rn. 3).

230 *Kramer*, öst. JBL 1996, 137, 141.

231 Eingehend zur rechtsvergleichenden Auslegung internationalen Einheitsrechts *Kropholler*, Internationales Einheitsrecht, S. 278 ff.; *Melin*, Gesetzesauslegung, S. 368.

232 Es werden wiederum die Rechtsordnungen Deutschlands, Frankreichs, Englands und der USA beispielhaft als Vertreter der großen Rechtskreise herausgegriffen.

Begründet wird diese Sichtweise mit dem verfassungsrechtlichen Prinzip der Gewaltenteilung. Insbesondere in der Auslegungslehre der so genannten *„textualists"* bzw. *„new textualists*[233]", die den gesetzgeberischen Willen mit dem Gesetzeswortlaut gleichsetzen, folgt bereits aus dem gewählten Ansatz die Irrelevanz jeglicher Gesetzesmaterialien für die Norminterpretation. Aber auch außerhalb dieser Schule wird dem Rückgriff auf die *„legislative history"* mit großer Skepsis begegnet[234]. Dies ergibt sich wiederum vornehmlich aus dem Gewaltenteilungsgrundsatz. Die Ausarbeitung von Gesetzesvorhaben obliegt in aller Regel Exekutivorganen oder sogar externen juristischen Expertengremien. Auf den Willen des unmittelbar demokratisch legitimierten Parlamentsgesetzgebers lassen deren Dokumentationen nicht schließen. Gleiches gilt für die Stellungnahmen einzelner Parlamentarier. Gesetzgeber ist ausschließlich das Parlament als Gremium. Dessen Meinung muss nicht notwendiger Weise mit der Meinung einzelner Abgeordneter übereinstimmen[235]. Stark vereinfacht gesprochen spielt die an den Gesetzesmaterialien orientierte Norminterpretation im Common Law eine untergeordnete Bedeutung[236].

Die durch umfassende zivilrechtliche Kodifikationen geprägten Rechtsordnungen Kontinentaleuropas[237] kennen einen dem anglo-amerikanischen Recht vergleichbaren Absolutheitsanspruch des Willens des historischen Gesetzgebers (bzw. des Gesetzestextes) nicht. Einem Gesetzeswerk wird vielmehr ein gewisses normatives Eigenleben zugesprochen[238]. Wie bei jeder anderen

---

233 Einen guten Überblick über die Anhänger dieser Schule und die vorgebrachten Argumente geben *Mammen*, Legislative History, S. 155 ff.; *Popkin*, Statutes in Court, S. 170 ff.; *Melin*, Gesetzesauslegung, S. 133 ff.; ausführlich aus US-amerikanischer Sicht *van Alstine*, 146 U. Pa. L. Rev. (1998), 686, 717 ff.

234 Zum Ganzen *Cross*, Statutory Interpretation, S. 150 ff.; *Röhl*, Allgemeine Rechtslehre, § 76 VII 1, S. 645; *Gruber*, Legislative Intention and the CISG, S. 93 ff., der allerdings eine Tendenz weg von der strengen Wortlautinterpretation im englischen Recht ausmacht.

235 Vgl. *Melin*, Gesetzesauslegung, S. 159 ff.

236 So die einhellige Meinung in der rechtsvergleichenden Literatur; vgl. *Gruber*, Methoden des Internationalen Einheitsrechts, S. 164 ff.; *Burkart*, Interpretatives Zusammenwirken, S. 113 f.; *Melin*, Gesetzesauslegung, S. 306 ff.; *Kropholler*, Internationales Einheitsrecht, S. 275 und Fn. 60.

237 Im Folgenden soll vorwiegend auf die Methodendiskussion des deutschen Rechts eingegangen werden. Zur vergleichbaren Rechtslage in den Rechtsordnungen des romanischen Rechtskreises vgl. *Gruber*, Methoden des Internationalen Einheitsrechts, S. 90 ff.

238 In der deutschen Methodendiskussion entspricht das der so genannten objektiven Theorie, die in ihrer abgeschwächten Form als „Vereinigungslehre" bezeichnet wird;

geistigen Schöpfung auch geht die Bedeutung eines Gesetzes regelmäßig über den ursprünglich intendierten Normeninhalt hinaus[239]. Diese Sichtweise erlaubt es dem Rechtsanwender, auch ältere Gesetzeswerke im Wege der Rechtsfortbildung an sich verändernde tatsächliche Umstände anzupassen. Trotz dieser Relativierung kommt dem Willen des historischen Gesetzgebers für die Gesetzesauslegung eine gesteigerte Bedeutung zu. Ein Abweichen bedarf der besonders sorgfältigen Begründung[240]. Die Heranziehung von Gesetzesmaterialien zur Ermittlung des Willens des historischen Normgebers ist in den Rechtsordnungen Kontinentaleuropas grundsätzlich zulässig[241]. Es gilt indes zwischen Stellungnahmen des eigentlichen Gesetzgebers und solchen des (bloßen) Gesetzesverfassers zu differenzieren. Gesetzgeber ist ausschließlich das unmittelbar demokratisch legitimierte Parlament als maßgebliches Organ der Legislative. Einzelne Parlamentarier, Exekutivvertreter oder gar externe Fachleute können nur Gesetzesverfasser sein[242]. Ihren Stellungsnahmen kommt eine untergeordnete Bedeutung zu. Die Heranziehung von Materialien des Gesetzesverfassers ist nicht aus dem Gewaltenteilungsgrundsatz verfassungsrechtlich geboten[243]. Es handelt sich letztlich um eine gleichberechtigte Auslegungsmethode unter mehreren[244].

Abweichendes ist im germanischen Rechtskreis gelegentlich unter der Überschrift der so genannten Paktentheorie[245] vertreten worden. Demnach machte

---

vgl. z.B. *Radbruch*, Einführung in die Rechtswissenschaft, S. 254 ff.; *Larenz*, Methodenlehre, S. 316 ff.; Staudinger-*Heinrich Honsell*, Einl. zum BGB, Rn. 134 ff.; *Bydlinski*, Juristische Methodenlehre und Rechtsbegriff, S. 428 ff., 436; *Röhl*, Allgemeine Rechtslehre, § 76, VII 2, S. 645 ff.; einen rechtsvergleichenden Überblick unter Einbeziehung insbesondere des romanischen Rechtskreises gibt *Gruber*, Methoden des Internationalen Einheitsrechts, S. 88 ff.

239 *Radbruch*, Einführung in die Rechtswissenschaft, S. 254 f.; *Larenz*, Methodenlehre, S. 317.

240 *Larenz*, Methodenlehre, S. 318 und 328; anders allerdings die so genannte objektive Theorie in ihrer strengen Ausprägung. Hier muss der Wille des historischen Gesetzgebers konsequenter Weise irrelevant sein; vgl. *Radbruch*, Einführung in die Rechtswissenschaft, S. 254; *Röhl*, Allgemeine Rechtslehre, § 76 VII 2, S. 647 ff.

241 Vgl. zum deutschen Recht Staudinger-*Heinrich Honsell*, Einl. zum BGB, Rn. 136.

242 *Larenz*, Methodenlehre, S. 329.

243 Zum Zusammenhang von historischer Auslegung und Gewaltenteilung im deutschen Recht insbesondere *Zippelius*, Juristische Methodenlehre, § 10 II, S. 48 und VI, S. 56.

244 Vgl. Staudinger-*Heinrich Honsell*, Einl. zum BGB, Rn. 136.

245 Zum Begriff *Röhl*, Allgemeine Rechtslehre, § 76 VII 2, S. 646; MünchKommBGB-*Säcker*, Einl., Rn. 129.

sich der parlamentarische Gesetzgeber bei seiner Beratung über ein Gesetz alle vorbereitenden Überlegungen zu Eigen[246]. Auf diesem Wege würde der, relativierte, Absolutheitsanspruch des gesetzgeberischen Willens auf alle Gesetzesmaterialien erstreckt. Die Paktentheorie verdient indes keine Zustimmung. Ihre Prämisse ist reine Fiktion. Im modernen Parlamentsbetrieb wird man nicht ernsthaft vertreten können, dass sich jeder Abgeordnete bis ins kleinste Detail mit einem zu verabschiedenden Gesetzesvorhaben auseinandersetzt[247]. Natürlich ist die Differenzierung zwischen Gesetzgeber und Gesetzesverfasser eine sehr formelle. Das ist meines Erachtens aber unbedenklich. Auch die Bezugnahme auf den Gewaltenteilungsgrundsatz ist streng formeller Natur.

Zusammenfassend lässt sich festhalten, dass sowohl in den Rechtsordnungen des Common Law als auch in Rechtsordnungen, die durch umfassende Kodifikationen geprägt sind, allerhöchstens den unmittelbaren Aussagen des parlamentarischen Gesetzgebers eine übergeordnete Bedeutung bei der Gesetzesauslegung zukommt. Nur wenn die erklärten Ansichten des parlamentarischen Gesetzgebers bei der Gesetzesanwendung und -auslegung durch den Richter übergangen werden, droht eine Verletzung des Gewaltenteilungsgrundsatzes. Die Vorstellungen des Gesetzesverfassers sind in den Methodenlehren des Common Law für die Gesetzesauslegung völlig unbeachtlich. In den Civil Law Rechtsordnungen bilden Stellungnahmen des Gesetzesverfassers eine unverbindliche Interpretationshilfe.

(3) Implikationen für das internationale Einheitsrecht

Während dem nationalen Recht auf innerstaatlicher Ebene ganz unproblematisch der nationale Gesetzgeber gegenübersteht, gilt ein vergleichbarer Zusammenhang im durch völkerrechtliche Verträge geschaffenen Einheitsrecht wie dem CISG nicht. Es findet, anders als z.B. im Europarecht, keine Delegation von Hoheitsgewalt auf eine supranationale Instanz statt[248]. Damit kennt das Einheitsrecht, zumindest auf internationaler Ebene, nur Gesetzesverfasser. Gesetzgeber im oben verwendeten Sinne bleiben die entsprechenden Organe der Unterzeichnerstaaten. Deren Stellungnahme kann aber für die historische Auslegung des

---

246 In diesem Sinne *Engisch*, Einführung in das juristische Denken, S. 122; *Canaris*, JZ 1987, 543, 548; MünchKommBGB-*Säcker*, Einl., Rn. 129, beide m.w.N.; ähnlich *Baden*, Regelungsgehalt von Gesetzgebungsmaterialien, S. 394 und zusammenfassend mit umfassendem historischen Überblick und Nachweisen der Vertreter auf S. 374.

247 *Larenz*, Methodenlehre, S. 329 und auch *Radin*, 43 Harv. L. Rev. (1929/1939), 863, 870.

248 Für das CISG folgt das mittelbar bereits aus Artikel 91 Abs. 2; vgl. auch *Melin*, Gesetzesauslegung, S. 378.

Einheitsrechts aufgrund des Rechtsvereinheitlichungsgedankens nur von untergeordneter Bedeutung sein[249]. Zumindest der Gewaltenteilungsgedanke, aus dem die besondere Bedeutung der historischen Gesetzesauslegung gemeinhin hergeleitet wird, kann eine besondere Relevanz dieser Auslegungsmethode für das internationale Einheitsrecht folglich nicht rechtfertigen[250].

Häufig wird betont, die historische Auslegung habe im internationalen Einheitsrecht besondere Bedeutung, weil sie in besonderem Maße eine einheitliche Gesetzesinterpretation gewährleiste und so dem Rechtsvereinheitlichungsgedanken in besonderem Maße Rechnung trage[251]. Dem ist zuzugestehen, dass die juristische Vorprägung des Rechtsanwenders durch sein Heimatrecht für das Verständnis der Gesetzesmaterialien regelmäßig keine Rolle spielen wird. Dies gilt allerdings in gleichem Maße für die grammatikalische und, ganz besonders, für die systematische Auslegung. Der Rechtsvereinheitlichungsgedanke ist ferner immer dann von geringer Bedeutung, wenn eine uneinheitliche Norminterpretation in einer konkreten Fallkonstellation ohnehin nicht droht. In solch einem Fall ist ein etwaiger Primat der historischen Auslegung internationalen Einheitsrechts keinesfalls zu rechtfertigen[252].

(4) Implikationen für die Auslegung des Artikels 66 2. Halbsatz CISG

Eine von den Gesetzesmaterialien abweichende Auslegung des Artikels 66 2. Halbsatz CISG ist vor diesem Hintergrund somit möglich und im Hinblick auf die oben herausgearbeiteten Unzulänglichkeiten der Bezugnahme auf jegliches pflichtwidriges Verkäuferverhalten aus den folgenden vier Gründen auch geboten.

Erstens: Die im Schrifttum unter Berufung auf die Gesetzesmaterialien vertretene Ansicht, jedes pflichtwidrige oder zumindest jedes „vertragsbezogen pflichtwidrige" Verhalten des Verkäufers löse eine Gefahrtragung des Verkäufers nach Gefahrübergang nach Maßgabe des Artikels 66 2. Halbsatz CISG aus, lässt die für das Haftungssystem des UN-Kaufrechts typische haftungsbegrenzende Funktion des Gefahrtragungsrechts im Ergebnis leer laufen. Insbesondere wird,

---

249 *Melin*, Gesetzesauslegung, S. 384 f.; Witz/Salger/Lorenz-*Witz*, Art. 7, Rn. 22; ähnlich auch *Canaris*, JZ 1987, 543, 548 f.

250 Im Ergebnis übereinstimmend Bianca/Bonell-*Bonell*, Art. 7, Anm. 3.1.3.; *Melin*, Gesetzesauslegung, S. 368.

251 *Kropholler*, Internationales Einheitsrecht, S. 275; *van Alstine*, 146 U. Pa. L. Rev. (1998), 686, 746 f. *Melin*, Gesetzesauslegung, S. 379; *Honnold/Flechtner*, Uniform Law, Rn. 17.

252 Vgl. *Kropholler*, Internationales Einheitsrecht, S. 277.

folgt man dieser Ansicht, die Differenzierung zwischen vertraglicher und außervertraglicher Haftung in unzulässiger Weise verwischt.

Zweitens: Die Bezugnahme auf das pflichtwidrige Verkäuferverhalten in den Gesetzesmaterialien ist für die Auslegung des Artikels 66 2. Halbsatz CISG nicht verbindlich. Es handelt sich insoweit nur um eine Stellungnahme der nicht unmittelbar demokratisch legitimierten Gesetzesverfasser. Solche Stellungnahmen haben bei der Auslegung internationalen Einheitsrechts lediglich Indizcharakter.

Drittens: Der mit dem UN-Kaufrecht verfolgte Zweck der Rechtsvereinheitlichung gebietet es vorliegend nicht, an der Ansicht der Gesetzesverfasser festzuhalten. Auch die systematische Auslegung ist vom juristischen Vorverständnis des Rechtsanwenders unabhängig[253]. Der systematische Vergleich zu Artikel 36 Abs. 2 CISG gebietet es aber gerade, eine Ausnahme von der Grundregel der umfassenden Haftungsbegrenzung durch den Gefahrübergang nur in Fällen zu machen, in denen die Substanzbeeinträchtigung der Kaufsache durch eine Vertragsverletzung des Verkäufers verursacht wurde.

Viertens: Es verhält sich in der hier zu untersuchenden Konstellation vielmehr gerade so, dass eine an den Gesetzesmaterialien orientierte Auslegung des Artikels 66 2. Halbsatz CISG den mit dem UN-Kaufrecht verfolgten Rechtsvereinheitlichungszweck eher gefährdete, als dass sie ihm nützte[254]. Eine Anknüpfung an das pflicht-, sprich sorgfaltswidrige Verhalten des Verkäufers machte eine Definition des Merkmals der Pflichtverletzung erforderlich. Das UN-Kaufrecht enthält eine entsprechende Begriffsbestimmung nicht. Diese wäre somit dem Judiz des konkreten Rechtsanwenders überlassen. Auf rechtsvergleichende Überlegungen wird er sich dabei mangels international vereinheitlichungsfähigen Konsenses nicht stützen können[255]. Gerade die Tatsache, dass die Rechtsordnungen der einzelnen Unterzeichnerstaaten die Abgrenzung von Vertrags- und Deliktsrecht unterschiedlich handhaben[256], birgt die Gefahr einer am Heimatrecht orientierten und damit dem Rechtsvereinheitlichungsgedanken nicht gerecht werdenden Rechtsanwendung. Als symptomatisch kann insoweit gelten, dass selbst die Befürworter eines weiten Verständnisses des Artikels 66 2. Halbsatz CISG im einschlägigen Schrifttum von einer einheitlichen Bestimmung des

253 Vgl. zur systematischen Auslegung des CISG *Melin*, Gesetzesauslegung, S. 374; zum Primat grammatikalischer und systematischer Auslegung *Kramer*, öst. JBL 1996, 137, 144.

254 Ähnlich *Renck*, Incoterms und UN-Kaufrecht, S. 239.

255 Siehe den Rechtsvergleich oben Kapitel 1 I. 2. a).

256 Vgl. *Huber/Mullis*, the CISG, S. 26 f.

Begriffs der Pflichtverletzung weit entfernt sind[257]. Das im Sekretariatskommentar angeführte Fallbeispiel erweist sich vor diesem Hintergrund als kontraproduktiv[258].

d) Ergebnis

Der Tatbestand der Ausnahmeregelung des Artikels 66 2. Halbsatz CISG ist nach der hier vertretenen Ansicht also nur erfüllt, wenn der Verkäufer eine Substanzbeeinträchtigung der Kaufsache nach Gefahrübergang durch eine anderweitige Vertragsverletzung verursacht[259]. Wie in Artikel 36 Abs. 2 CISG kann die betreffende Vertragsverletzung vor oder auch nach Gefahrübergang begangen worden sein. Es kann insoweit auf die Ausführungen zu Artikel 36 Abs. 2 CISG verwiesen werden, die aufgrund der funktionalen Äquivalenz beider Vorschriften auch im vorliegenden Fall uneingeschränkte Gültigkeit haben.

2. Die Rechtsfolge des Artikels 66 2. Halbsatz CISG vor dem Hintergrund der einzelnen Käuferrechte

Auf der Rechtsfolgenseite hat Artikel 66 2. Halbsatz CISG lediglich für den Rechtsbehelf der Minderung nach Artikel 50 CISG in Konstellationen eigenständige Bedeutung, in denen die Ware vollständig zerstört wird. In den Fällen der bloßen Beschädigung der Ware sind Artikel 36 Abs. 2 CISG und Artikel 66 2. Halbsatz CISG kumulativ anwendbar. Beim Vertragsaufhebungsrecht ergibt sich eine Gefahrtragung des Verkäufers nach Gefahrübergang bereits aus dem Verständnis des in Artikel 25 CISG verwendeten

---

257 Staudinger-*Magnus*, Art. 66 CISG, Rn. 15 spricht von „objektiv gebotenen Sorgfaltspflichten"; Witz/Salger/Lorenz-*Witz*, Art. 66, Rn. 8 macht eine Rückausnahme, indem er nur „vertragsbezogenes Verhalten" des Verkäufers maßgeblich sein lassen will; *Achilles*, Art. 66 CISG, Rn. 4 stellt auf die „Verletzung von Leistungstreuepflichten" ab; Soergel-*Lüderitz/Budzikiewicz*, Art. 66 CISG, Rn. 4 verlangen einen „engen zeitlichen und sachlichen Bezug zur Durchführung des Vertrags"; MünchKommHGB-*Wertenbruch*, Art. 66 CISG, Rn. 6 orientiert sich an Artikel 79 CISG; *Geist*, WBl. 1988, 349, 356 stellt auf das „Verhalten einer vernünftigen Person der gleichen Stellung in den gleichen Umständen" ab; Schlechtriem/Schwenzer-*Hachem*, Art. 66, Rn. 25"den Maßstab der Angemessenheit" anlegen.

258 Vgl, Enderlein/Maskow/Strohbach-*Maskow*, Art. 66, Anm. 3.

259 Wie hier *Herber/Czerwenka*, Art. 66, Rn. 6; *Renck*, Incoterms und UN-Kaufrecht, S. 239; ähnlich auch *Brunner*[1], UN-Kaufrecht, Art. 66, Rn. 14 f.; Enderlein/Maskow/Strohbach-*Maskow*, Art. 66, Anm. 3.

Begriffs der wesentlichen Vertragsverletzung nach herrschender Meinung. Die insoweit im Kontext des Artikels 36 Abs. 2 CISG angestellten Überlegungen gelten sinngemäß. Auf die leistungsbezogenen Rechtsbehelfe des Artikels 46, also Lieferung, Ersatzlieferung und Nachbesserung, sowie auf das Recht des Käufers, Schadensersatz nach Artikel 74 CISG zu verlangen, ist schon die Grundregel des Artikels 66 1. Halbsatz CISG nicht anwendbar. Gleiches muss dann konsequenter Weise auch für die Ausnahme zu dieser Regel gelten.

III. Artikel 70 und 82 CISG

Auch Artikel 70 CISG bewirkt im Ergebnis eine Gefahrtragung des Verkäufers nach Gefahrübergang. Wie Artikel 66 2. Halbsatz CISG ist die Vorschrift aus sich heraus, d.h. ohne ergänzende Überlegungen zu Gesetzessystematik und Normzweck, kaum verständlich[260]. Bei genauerem Hinsehen ergibt sich schnell, dass der Wortlaut des Artikels 70 CISG deutlich zu weit formuliert ist und einer Einschränkung im Wege der teleologischen Reduktion bedarf. Artikel 70 CISG ist im Ergebnis lediglich in den hier so genannten Fällen der sukzessiven Sachbeeinträchtigung anwendbar. Diese Konstellation ist neben Artikel 70 CISG noch in Artikel 82 CISG geregelt. Artikel 82 CISG, eine dem Gefahrtragungsrecht im funktionellen Sinne zuzuordnende Vorschrift[261], verdrängt Artikel 70 CISG im Ergebnis so gut wie völlig.

1. Der Tatbestand des Artikels 70 CISG

Artikel 70 CISG hat den folgenden Wortlaut:

> *„Hat der Verkäufer eine wesentliche Vertragsverletzung begangen, so berühren die Artikel 67, 68 und 69 nicht die dem Verkäufer wegen einer solchen Verletzung zustehenden Rechtsbehelfe“*

bzw. in der authentischen englischen Textfassung

> *„If the seller has committed a fundamental breach of contract, articles 67, 68 and 69 do not impair the remedies available to the buyer on account of the breach“.*

260 *Herber/Czerwenka*, Art. 70, Rn. 2; Staudinger-*Magnus*, Art. 70 CISG, Rn. 5; *Goodfriend*, 22 Colum. J. Transnat'l L. [1984], 575, 600; *Geist*, WBl. 1988, 349, 354; Bianca/Bonell-*Nicholas*, Art. 70, Anm. 2.1.

261 Vgl. *Geist*, WBl. 1988, 349.

a) *Das Bestehen eines „rechtsbehelfsbeeinträchtigenden Ereignisses" als ungeschriebenes Tatbestandsmerkmal*

Auch wenn der Wortlaut dies nahe legt, kann Artikel 70 CISG offensichtlich nicht so verstanden werden, dass die Artikel 67 bis 69 CISG keinen Einfluss auf die Haftung des Verkäufers haben, sobald dieser eine wesentliche Vertragsverletzung begeht. Das würde im Ergebnis bedeuten, dass nur die Haftung des Verkäufers für nicht wesentliche Vertragsverletzungen durch den Gefahrübergang in zeitlicher Hinsicht begrenzt wird, die Artikel 36 Abs. 1 CISG und 66 1. Halbsatz CISG auf wesentliche Vertragsverletzungen des Käufers mithin nicht anwendbar wären. Schon die systematische Stellung des Artikels 70 CISG am Ende des Abschnitts über den Gefahrübergang legt nahe, dass der Vorschrift ein derart umfangreicher Anwendungsbereich nicht zugedacht ist. Auch der Wortlaut der Artikel 36 Abs. 1 und 66 1. Halbsatz CISG differenziert nicht zwischen wesentlichen und unwesentlichen Vertragsverletzungen. Dies spricht ebenfalls dafür, dass die haftungsbegrenzende Funktion des Gefahrübergangs umfassend zu verstehen ist, also auch Beeinträchtigungen der Kaufsache umfasst, die nach Artikel 25 CISG als wesentlich zu qualifizieren sind.

Über den mit Artikel 70 CISG verfolgten Zweck ist man sich im Schrifttum dann auch weitestgehend einig: hat der Käufer aufgrund einer wesentlichen Vertragsverletzung des Verkäufers erst einmal einen Rechtsbehelf erlangt, so soll ihm dieses Recht durch ein nachfolgendes Ereignis nicht mehr genommen werden[262]. Im Folgenden soll vor diesem Hintergrund von rechtsbehelfsbegründendem (oder erstem) Ereignis einerseits und von rechtsbehelfsbeeinträchtigendem (oder zweitem) Ereignis andererseits gesprochen werden.

b) *Erforderlicher Zusammenhang zwischen Rechtsbehelf und rechtsbehelfsbeeinträchtigendem Ereignis*

Artikel 70 CISG erfasst nicht alle Konstellationen, in denen ein zweites Ereignis den dem Käufer aufgrund des ersten Ereignisses zustehenden Rechtsbehelf beeinträchtigt. Ausgenommen sind zum einen die – im Folgenden als „faktischer Zusammenhang" bezeichneten – Fälle der Unmöglichkeit, in denen das zweite Ereignis die Geltendmachung des Rechtsbehelfs in rein tatsächlicher Hinsicht vereitelt. Die Auswirkungen der Unmöglichkeit auf das Schuldverhältnis sind im UN-Kaufrecht zwar – anders als beispielsweise im deutschen BGB – nicht

262 Staudinger-*Magnus*, Art. 70 CISG, Rn. 5; MünchKommBGB-*Peter Huber*, Art. 70 CISG, Rn. 5; *Achilles*, Artikel 70 CISG, Rn. 1; kritisch *Honsell*, SJZ 1992, 345, 354.

ausdrücklich geregelt. Man ist sich in der Sache (wenn auch nicht in der Begründung) allerdings einig, dass dem Gläubiger die Geltendmachung eines Anspruchs verwehrt bleiben muss, den der Schuldner unter keinen Umständen erfüllen kann[263]. Vorzugsweise ist diese Rechtsfolge im Anwendungsbereich des CISG aus dem Grundsatz von Treu und Glauben (Artikel 7 Abs. 1 CISG) bzw. den allgemeinen Grundsätzen des Übereinkommens (Artikel 7 Abs. 2 CISG) abzuleiten[264].

Unmöglichkeit ist im vorliegenden Kontext als faktische Unmöglichkeit zu verstehen. Unter teilweiser Vorwegnahme der Ergebnisse des Dritten Teils lässt sich sagen, dass ein faktischer Zusammenhang insbesondere nicht aufgrund der Fiktion der Konkretisierung bei der Gattungsschuld angenommen werden kann. Das soll allerdings nicht heißen, dass das Bestehen eines faktischen Zusammenhangs bei Gattungssachen kategorisch ausgeschlossen ist. Insbesondere der Nachbesserungsanspruch aus Artikel 46 Abs. 3 CISG setzt auch rein faktisch eine Konkretisierung auf die tatsächlich beschädigte Sache voraus. Die Geltendmachung dieses Rechtsbehelfs ist dem Käufer verwehrt, wenn die Ware aufgrund des zweiten Ereignisses untergeht. Dies zeigt beispielhaft, dass das Bestehen bzw. Nichtbestehen eines faktischen Zusammenhangs nicht im Wege einer generalisierenden Betrachtung vorweg entschieden, sondern nur mit Blick auf die einzelnen Rechtsbehelfe des Käufers angemessen beurteilt werden kann. Die gebotene rechtsbehelfsbezogene Betrachtung soll im sich anschließenden Abschnitt 2. vorgenommen werden.

Verallgemeinerungsfähig ist im Gegensatz dazu die Aussage, dass ein faktischer Zusammenhang ganz grundsätzlich nur zwischen den hier so genannten leistungsbezogenen Rechtsbehelfen und dem zweiten Ereignis bestehen kann. Geld hat man auch nach dem UN-Kaufrecht uneingeschränkt zu haben. Die hier so genannten gegenleistungsbezogenen Rechtsbehelfe und der Schadensersatzanspruch können nicht unmöglich werden.

Artikel 70 CISG ist mithin nur anwendbar, wenn der Zusammenhang zwischen dem durch das erste Ereignis begründeten Rechtsbehelf und dem zweiten Ereignis nicht tatsächlicher, sondern rechtlich wertender Natur ist. Diese

---

263 Vgl. den Überblick über den Meinungsstand bei *Bach/Stieber*, IHR 2006, 59, 61 ff.; MünchKommBGB-*Peter Huber*, Art. 46 CISG, Rn. 18.

264 MünchKommBGB-*Peter Huber*, Art. 46 CISG, Rn. 18 m.w.N.; *Ulrich Huber*, Rechtsbehelfe, S. 206 f.; *Zimmermann*, JZ 1995, 477, 482 (allgemein anerkannte Maxime *„impossibilium nulla obligatio"*); Honsell-*Schnyder/Straub*, Art. 46, Rn. 29 f.; *Bach/Stieber*, IHR 2006, 59, 61 ff.; Staudinger-*Magnus*, Art. 46 CISG, Rn. 26; *Karollus*, UN-Kaufrecht, S. 141.

Konstellation soll im Folgenden als Bestehen eines „normativen Zusammenhangs" bezeichnet werden. Es gilt allerdings eine weitere Einschränkung zu machen. Aus dem systematischen Zusammenhang des Gefahrtragungsrechts ergibt sich, dass es eines Rückgriffs auf Artikel 70 CISG nicht bedarf, wenn das zweite Ereignis (wie bereits das erste Ereignis) durch eine Vertragsverletzung des Verkäufers verursacht worden ist. Diese Sachverhaltskonstellationen sind abschließend in den Artikeln 36 Abs. 2 und 66 2. Halbsatz CISG geregelt[265].

Im Folgenden soll untersucht werden, in welchen Konstellationen ein normativer Zusammenhang zwischen Rechtsbehelf und zweitem Ereignis angenommen werden kann. Dies ist abstrakt gesprochen immer dann der Fall, wenn das Recht in wertender Betrachtung anordnet, dass dem Käufer der durch das erste Ereignis begründete Rechtsbehelf im Hinblick auf das zweite Ereignis nicht mehr zustehen soll. Die Aufgabe wird dadurch erschwert, dass dem UN-Kaufrecht eine grundsätzliche Aussage zum normativen Zusammenhang bei sukzessiver Substanzbeeinträchtigung der Kaufsache durch mindestens zwei unterschiedliche Ereignisse nicht entnommen werden kann. In der Tradition der bisherigen Darstellung soll der Frage im Kontext der einzelnen Rechtsbehelfe, die dem Käufer bei einer Vertragsverletzung des Verkäufers zur Verfügung stehen, nachgegangen werden. Besondere Bedeutung kommt dabei den Rechtsbehelfen der Vertragsaufhebung und der Ersatzlieferung zu[266].

2. Artikel 70 CISG auf der Rechtsfolgenseite – Normativer Zusammenhang und Anwendungsbereich bei rechtsbehelfsbezogener Betrachtungsweise

In Anwendung der in Kapitel 1 II entwickelten Methodik soll im Folgenden zwischen gegenleistungsbezogenen Rechtsbehelfen, leistungsbezogenen Rechtsbehelfen und dem Recht des Käufers, Schadensersatz zu verlangen, differenziert werden.

a) Gegenleistungsbezogene Rechtsbehelfe

(1) Vertragsaufhebung

Für den Rechtsbehelf der Vertragsaufhebung ordnet Artikel 82 Abs. 1 CISG einen normativen Zusammenhang zwischen Rechtsbehelfsbegründung und

265 MünchKommBGB-*Peter Huber*, Art. 70 CISG, Rn. 2; *Renck*, Incoterms und UN-Kaufrecht, S. 234.

266 MünchKommBGB-*Peter Huber*, Art. 70 CISG, Rn. 6.

einer nachfolgenden nicht auf eine Vertragsverletzung des Verkäufers zurückzuführenden Beeinträchtigung der Kaufsache an[267]. Das Vertragsaufhebungsrecht des Käufers ist demnach ausgeschlossen, wenn er die Kaufsache nicht mehr in dem Zustand herausgeben kann, in dem er sie vom Verkäufer erhalten hat. Damit statuiert die Vorschrift das aus dem römischen Recht herrührende „Prinzip der unversehrten Rückgabe“[268]. Artikel 82 Abs. 1 CISG setzt eine Substanzbeeinträchtigung der Kaufsache in einem Zeitpunkt nach Übergabe an den Käufer voraus. Es wird sich dabei regelmäßig um eine Substanzbeeinträchtigung nach dem in den Artikeln 67 bis 69 CISG bezeichneten Zeitpunkt des Gefahrübergangs handeln.

Über Artikel 82 Abs. 1 CISG wird der Anwendungsbereich des Artikels 70 CISG im Grundsatz eröffnet. Artikel 82 CISG enthält in Absatz 2 allerdings eine dem Artikel 70 CISG vergleichbare Regelung. Es stellt sich mithin die Frage des Verhältnisses der beiden (Ausnahme) Vorschriften zueinander. Artikel 82 Abs. 2 lit. a) CISG sieht vor, dass das Vertragsaufhebungsrecht des Käufers auch bei Unmöglichkeit der unversehrten Rückgabe ausnahmsweise nicht ausgeschlossen ist,

> *„wenn die Unmöglichkeit, die Ware zurückzugeben oder sie im Wesentlichen in dem Zustand zurückzugeben, in dem der Käufer sie erhalten hat, nicht auf einer Handlung oder Unterlassung des Käufers beruht“.*

Die Parallele zu Artikel 66 2. Halbsatz CISG ist augenscheinlich. Genau wie im Kontext des Artikels 66 2. Halbsatz CISG stellt sich auch im Zusammenhang des Artikels 82 Abs. 2 lit. a) CISG die Frage, wie das Kriterium des „Beruhens“ zu verstehen ist[269].

Im Folgenden soll im Wesentlichen drei Fragen nachgegangen werden. Im Vordergrund steht die Abgrenzung des Anwendungsbereichs des Artikels 82 Abs. 2 lit. a) CISG zu Artikel 70 CISG (dazu unten *b)* und *c)*). Dazu ist es allerdings erforderlich, in einem ersten Schritt den Tatbestand des Artikels 82 Abs. 2 lit. a) CISG näher zu definieren (dazu unten *a)*). Hier stellen sich ähnliche Probleme wie im Kontext des Artikels 66 2. Halbsatz CISG. Abschließend soll noch auf die im Schrifttum diskutierte Problematik der analogen Anwendung des Artikels 70 CISG auf Fälle der Vertragsaufhebung bei versäumter Nachfrist

---

267 Vgl. *Leser*, Vertragsaufhebung, S. 244 und insbes. Fn. 87 und 89.

268 Schlechtriem/Schwenzer-*Fountoulakis*, Art. 82, Rn. 2.

269 Eine ähnliche Diskussion wird auch im Zusammenhang des Artikels 80 CISG geführt; vgl. dazu Schlechtriem/Schwenzer-*Schwenzer*, Art. 80, Rn. 4 ff. einerseits und *Achilles*, Art. 80 CISG, Rn. 2 f. andererseits.

nach Artikel 49 Abs. 1 lit. b) CISG eingegangen werden (dazu unten *d)*). Diese Fragestellung lässt sich ohne weiteres nach den zu Artikel 82 CISG entwickelten Grundsätzen lösen.

(a) Der Begriff des „Beruhens" in Artikel 82 Abs. 2 lit. a) CISG

Vergleichbar Artikel 66 2. Halbsatz CISG stellt Artikel 82 Abs. 2 lit. a) CISG wie gesagt auf das *„Beruhen auf einer Handlung oder Unterlassung"* ab. Wie im Kontext des Artikels 66 2. Halbsatz CISG ist mit der einhelligen Auffassung im Schrifttum davon auszugehen, dass der Begriff des *„Beruhens"* nicht im Sinne einer Verursachung im Sinne der *condicio sine qua non* Formel bzw. der Äquivalenztheorie verstanden werden kann[270]. Anwendungsvoraussetzung des Artikels 82 CISG ist, dass der Käufer die Ware bereits erhalten hat. Befindet sich die Kaufsache aber schon in seinem Herrschaftsbereich, ist kaum ein Fall denkbar, in dem die Beeinträchtigung durch ein zweites Ereignis nicht im Sinne der *condicio sine qua non* Formel auf irgendein Verhalten des Käufers zurückgeführt werden kann[271]. Artikel 82 Abs. 2 lit. a) CISG hätte letztlich keinen Anwendungsbereich. Wie auch schon bei Artikel 66 2. Halbsatz CISG muss der reine Verursachungsbegriff aus diesem Grund um einen – einschränkenden – Zurechnungsmaßstab ergänzt werden.

Einigkeit besteht, zumindest im Prinzip, darin, dass das Verschuldensprinzip zu diesem Zweck nicht herangezogen werden kann[272]. Inkonsequenter Weise wird im Schrifttum gelegentlich vorgeschlagen, dem Käufer die Ausnahme des Artikels 82 Abs. 2 lit. a) CISG zu verwehren, wenn er die Kaufsache nach Erhalt

---

270 *Krebs*, Die Rückabwicklung im UN-Kaufrecht, S. 104; Soergel-*Lüderitz/Dettmeier*, Art. 82 CISG, Rn. 5; **a.A.** wohl aber *Herber/Czerwenka*, Art. 82, Rn. 6, zumindest im Hinblick auf die Verursachung durch aktives Tun.

271 Letztlich ist bereits die Übernahme der Sachherrschaft selbst kausal für eine danach erfolgende Beeinträchtigung, vgl. *Krebs*, Die Rückabwicklung im UN-Kaufrecht, S. 103; *Schlechtriem/Schroeter*, Internationales UN-Kaufrecht, Rn. 768.

272 *Leser*, Vertragsaufhebung, S. 246; *Freiburg*, Vertragsaufhebung, S. 260; Brunner-*Zuber*, UN-Kaufrecht, Art. 82, Rn. 9; *Otte*, IPRax 1999, 352, 355; *Krebs*, Die Rückabwicklung im UN-Kaufrecht, S. 109; *Schlechtriem/Schroeter*, Internationales UN-Kaufrecht, Rn. 768; Staudinger-*Magnus*, Art. 82 CISG, Rn. 18; *Achilles*, Art. 82 CISG, Rn. 8; Soergel-*Lüderitz/Dettmeier*, Art. 82 CISG, Rn. 4; Honsell-*Weber*, Art. 82, Rn. 16; *Herber/Czerwenka*, Art. 82, Rn. 6; vgl. aber OLG Karlsruhe, Urteil vom 19.12.2002, 19 U 8/02, IHR 2003, 125, 126, das fälschlicherweise auf das „Vertretenmüssen" abstellt und Bianca/Bonell-*Tallon*, Art. 82, Anm. 2.2, der die Verursachung durch den Käufer mit dessen Fahrlässigkeit (*„negligence"*) gleichsetzt. Ausführlich zum Verschulden im CISG oben Kapitel 1. I. 2. c).

unsorgfältig behandelt hat[273]. Gegen diese Herangehensweise ist bereits Grundsätzliches einzuwenden, nämlich, dass eine Sorgfaltshaftung klassischer Weise Verschuldenshaftung bedeutet[274] und es auf das Verschulden nach einhelliger Meinung ja gerade nicht ankommen soll. Situationsspezifisch ist zu ergänzen, dass eine Verpflichtung des Käufers auf die Integrität der Kaufsache zu einem so späten Zeitpunkt in der Vertragsabwicklung kaum konstruierbar ist. Nach Erhalt der Ware kann der Käufer in aller Regel frei über diese verfügen. Das schließt streng genommen sogar die Befugnis ein, die Kaufsache vorsätzlich zu zerstören[275]. Solch weitreichende Befugnisse sind mit einer – verschuldensabhängigen – Erhaltungspflicht schlechterdings unvereinbar[276].

Sinnvoller Weise ist zur Einschränkung des Anwendungsbereichs des Artikels 82 Abs. 2 lit. a) CISG der im Einheitskaufrecht häufig verwendete Vertragsverletzungsgedanke[277] heranzuziehen. Das lässt sich – von der gesetzessystematischen Stringenz dieser Herangehensweise[278] einmal abgesehen – am deutlichsten aus einer Analyse der Interessenlage im Anwendungsbereich des Artikels 82 Abs. 2 lit. a) CISG ableiten[279].

Artikel 82 Abs. 2 lit. a) CISG hat die folgende Interessenkollision zum Gegenstand: Der Käufer ist aufgrund des ersten sachbeeinträchtigenden Ereignisses

---

273 In diese Richtung argumentieren Bianca/Bonell-*Tallon*, Art. 82, Anm. 2.2.; *Karollus*, UN-Kaufrecht, S. 150; letztlich auch Schlechtriem/Schwenzer-*Fountoulakis*, Art. 82, Rn. 15 f. und Schlechtriem/Schroeter, Internationales UN-Kaufrecht, Rn. 768, die auf ein gefahrerhöhendes Verhalten des Käufers abstellen. Letztlich haftet eine Partei für gefahrerhöhendes Verhalten aber nur, wenn sie gerade eine Sorgfaltspflicht zur Gefahrvermeidung trifft.

274 Vgl. oben Kapitel 1 I. 2. a) (4).

275 Artikel 82 Abs. 2 lit. c) CISG *e contrario* und dazu *Krebs*, Die Rückabwicklung im UN-Kaufrecht, S. 110.

276 Einem vergleichbaren Problem sieht sich das nationale deutsche Recht im Zusammenhang mit den §§ 323 Abs. 6, 326 Abs. 2 BGB ausgesetzt. Zum Meinungsstand MünchKommBGB-*Ernst*, § 326 BGB, Rn. 52 ff.; einen der hier vertretenen Ansicht vergleichbaren Weg schlägt *Larenz*, Schuldrecht I, § 25 III, S. 400 f. ein. Die dort getroffene Differenzierung erklärt sich meines Erachtens insbesondere aus der Tatsache, dass eine Kompromisslösung unter dem Regime des BGB, das den Verschuldensmaßstab ausdrücklich in § 276 normiert, wesentlich leichter zu konstruieren ist als im vorliegenden Kontext.

277 Explizit z.B. in den Artikeln 25, 49; 64, 70, 74 CISG.

278 Vgl insbesondere die Ausführungen zu Artikel 66 2. Halbsatz CISG und dem dortigen Verständnis des Verursachungsbegriffs oben II. 1. d).

279 Ausführlich *Krebs*, Die Rückabwicklung im UN-Kaufrecht, S. 104 ff.

berechtigt, gegen den Verkäufer, unter anderem, den Rechtsbehelf der Vertragsaufhebung geltend zu machen. Es liegt in seinem Interesse, diesen Rechtsbehelf unabhängig von etwaigen zukünftigen Beeinträchtigungen der Kaufsache ausüben zu können. Das Interesse des Verkäufers besteht im Gegensatz dazu grundsätzlich darin, für Beeinträchtigungen der Kaufsache ab dem Zeitpunkt des Gefahrübergangs nicht mehr haften zu müssen.

Ein Verkäufer, der den gegen ihn gerichteten Rechtsbehelf der Vertragsaufhebung durch nochmaliges vertragswidriges Verhalten[280] verhindert, ist nicht schutzwürdig[281]. Andernfalls würde der Käufer bei der Kumulation einer wesentlichen Vertragsverletzung (vor Gefahrübergang) und einer nachfolgenden, die Wesentlichkeitsschwelle des Artikels 25 CISG nicht überschreitenden, Vertragswidrigkeit (nach Gefahrübergang) schlechter stehen als im Falle einer vereinzelten wesentlichen Vertragsverletzung (vor Gefahrübergang). Auch aus dem Wortsinn des Artikels 82 Abs. 2 lit. a) CISG kann man, jedenfalls vor dem Hintergrund der Inadäquanz des naturwissenschaftlichen Kausalitätsverständnisses, ableiten, dass der Käufer ein durch die Vertragsverletzung des Verkäufers herbeigeführtes rechtsbehelfsbeeinträchtigendes Ereignis bei wertender Betrachtung nicht verursacht haben kann[282].

Der Käufer kann im Gegensatz dazu eine Vertragsverletzung nach Übernahme der Ware nur begehen, wenn ihn diesbezüglich eine – gesetzliche oder vertragliche – Erhaltungspflicht trifft. Das UN-Kaufrecht selbst sieht eine solche Erhaltungspflicht nur in Artikel 86 Abs. 1 CISG vor[283]. Größere Bedeutung haben individualvertragliche Vereinbarungen. Diese sind insbesondere dann üblich, wenn mit der Übergabe der Ware gerade nicht alle rechtlichen Befugnisse auf

---

280 Z.B. in Form der Verletzung von Erhaltungspflichten nach Artikel 85 CISG.

281 Vgl. *Krebs*, Die Rückabwicklung im UN-Kaufrecht, S. 105; ein besonders enger Zusammenhang zwischen Vertragsverletzung und zweitem Ereignis besteht in den Fällen des „weiterfressenden Mangels", vgl. dazu *Krebs*, Die Rückabwicklung im UN-Kaufrecht, S. 104 m.w.N; *Song*, Vertragsaufhebung und Rückabwicklung, S. 231, allerdings mit abweichender Begründung.

282 Stellt das zweite Ereignis sogar eine wesentliche Vertragsverletzung dar, kommt es auf Artikel 82 CISG überhaupt nicht an; der Käufer kann die Vertragsaufhebung in diesem Fall auch ausschließlich auf die zweite Vertragsverletzung des Verkäufers stützen. Die Frage einer nachfolgenden Beeinträchtigung – letztlich die Anwendungsprämisse des Artikels 82 CISG– stellt sich in diesem Fall nicht.

283 Der Maßstab der „Angemessenheit" bestimmt sich wie in der Schwestervorschrift des Artikels 85 CISG (Staudinger-*Magnus*, Art. 86 CISG, Rn. 11). Nach dem oben in Kapitel 1 I. 2. b) (1) zu Artikel 85 CISG Gesagten haftet der Käufer hier ausnahmsweise also verschuldensabhängig.

den Käufer übergehen sollen. Zu nennen sind hier der Kauf unter Eigentumsvorbehalt oder auf Probe, sowie der Kauf bei Vereinbarung einer aufschiebenden Bedingung[284]. Erhaltungspflichten des beschriebenen Inhalts bedingen die in Artikel 82 Abs. 2 lit. a) CISG vorgenommene Risikozuweisung durch eine situationsspezifische Regelung ab. Die Vorschrift muss im Falle der Verursachung der Sachbeeinträchtigung durch eine Vertragsverletzung des Käufers mithin unanwendbar bleiben[285]. Der Käufer trägt hier das wirtschaftliche Risiko.

Schwieriger zu entscheiden ist der skizzierte Interessenkonflikt in den Fällen, in denen weder eine Vertragsverletzung des Käufers noch des Verkäufers für das rechtsbehelfsbeeinträchtigende Ereignis ursächlich geworden ist. Ein Vorrang der Interessen des Verkäufers könnte in dieser, in der Praxis sicherlich am häufigsten anzutreffenden, Fallkonstellation aus dem Sachherrschaftsgedanken abzuleiten sein[286]. Dafür scheint bereits der Wortlaut des Artikels 82 Abs. 2 lit. a) CISG zu sprechen, der den „Erhalt der Ware" durch den Käufer zur Anwendungsvoraussetzung der Rückausnahme erklärt. Ab dem so bezeichneten Zeitpunkt befindet sich die Ware im Herrschaftsbereich des Käufers, so dass es diesem um einiges leichter fällt, sie zu versichern und vor Gefahren zu schützen.

Diesen Erwägungen zum Trotz kann eine Lösung des in Artikel 82 CISG aufgeworfenen Gefahrtragungsproblems unter Berufung auf den Umstand, dass der Käufer im entscheidenden Zeitpunkt die tatsächliche Sachherrschaft innehat, nicht überzeugen. Zwar wird auch für das CISG die grundsätzliche Verknüpfung von Gefahrtragung und Sachherrschaft häufig postuliert[287]. Für den in der Praxis wichtigsten Fall des Versendungskaufs besteht ein derartiger Zusammenhang ausweislich der in Artikel 67 CISG getroffenen Regelung allerdings

---

284 *Krebs*, Die Rückabwicklung im UN-Kaufrecht, S. 108 Fn. 664.

285 Ausführlich *Krebs*, Die Rückabwicklung im UN-Kaufrecht, S. 108 f.; zu weitgehend identischen Ergebnissen kommen diejenigen Autoren, die, ohne mit dem Begriff der Vertragsverletzung zu argumentieren, den Käufer ab Kenntnis der Mangelhaftigkeit der Kaufsache einer verschärften Haftung unterwerfen wollen. So z.B. Honsell-*Weber*, Art. 82, Rn. 20; Schlechtriem/Schwenzer-*Fountoulakis*, Art. 82, Rn. 17; Soergel-*Lüderitz/Dettmeier*, Art. 82 CISG, Rn. 5.

286 So vertreten von Schlechtriem/Schwenzer[4]-*Hornung*, Art. 82, Rn. 20; nicht mehr eindeutig in diesem Sinne die 6. Auflage: Schlechtriem/Schwenzer-*Fountoulakis*, Art. 82, Rn. 15 f.

287 *Hager*, Gefahrtragung nach UN-Kaufrecht, S. 389; Schlechtriem/Schwenzer[5]-*Hager/Maultzsch*, Art. 69, Rn. 1; Schlechtriem/Schwenzer-*Hachem*, Art. 66, Rn. 1; *Bollée*, Theory of Risks, S. 265; Staudinger-*Magnus*, Vorbem. zu Art. 66 ff. CISG, Rn. 2 und Art. 69, Rn. 7; *Bucher*, Gefahrenübergang, S. 213; *Imberg*, Beweislast, S. 68 ff.; vgl. auch Sekretariatskommentar, Art. 81, Anm. 4.

gerade nicht. Daraus muss folgen, dass der Sachherrschaftsgedanke im CISG keine über die Auslegung der einzelnen Tatbestände des besonderen Gefahrtragungsrechts hinausgehende Bedeutung haben und demzufolge auch nicht auf die Bestimmungen des allgemeinen Gefahrtragungsrechts bzw. deren Interpretation ausstrahlen kann. Mit Übergabe der Ware an den Käufer ist der Vertrag im Wesentlichen erfüllt[288]. Der Käufer sollte nunmehr nicht alleine deshalb schlechter gestellt werden, weil ein etwaiger Schaden von seiner Gebäudeversicherung etc. abgedeckt ist. Schließlich wäre es ohne die rechtsbehelfsbegründende Vertragsverletzung des Verkäufers zu dem skizzierten Interessenkonflikt überhaupt nicht gekommen. Der Sachherrschaftsgedanke sollte – in den Grenzen des Artikels 86 CISG – gegenüber dem Verursachungsgedanken in den Hintergrund treten[289]. Der Verkäufer hat gewissermaßen den Stein der Rückabwicklung ins Rollen gebracht und muss aus diesem Grund auch für die Konsequenzen haften. Sachbeeinträchtigungen, die dem Käufer mangels Vertragsverletzung nicht zugerechnet werden können, gehen folglich zu Lasten des Verkäufers[290].

Damit bleibt es bei dem Grundsatz, dass sich der Käufer nur dann nicht zu seinen Gunsten auf die Ausnahmevorschrift des Artikels 82 Abs. 2 lit. a) CISG berufen kann, wenn er die sein Vertragsaufhebungsrecht normativ beeinträchtigende Sacheinwirkung selbst durch eine Verletzung seiner vertraglichen Pflichten herbeigeführt hat.

(b) Artikel 70 CISG im Anwendungsbereich des Artikels 82 Abs. 1 CISG

Artikel 82 Abs. 2 lit. a) CISG trifft nach den obigen Ausführungen eine differenzierte und bei angemessener Auslegung auch interessengerechte Risikoverteilung für die Fallkonstellationen, in denen der Käufer wegen einer wesentlichen Vertragsverletzung des Verkäufers zur Vertragsaufhebung nach Artikel 49 CISG

---

288 Zum Verhältnis von Lieferpflicht und Eigentumsverschaffungspflicht vgl. die Ausführungen oben Seiten 61 ff.

289 In diesem Sinne wohl auch OGH, Urteil vom 29. Juni 1999, 1 Ob 74/99 k, CISG-online Nr. 483; *Hager*, Gefahrtragung nach UN-Kaufrecht, S. 405 hält diese Konsequenz allerdings für rechtpolitisch problematisch.

290 Im Ergebnis weitgehend übereinstimmend *Freiburg*, Vertragsaufhebung, S. 261, die den Käufer allerdings für die Folgen „verkehrsunüblicher Verhaltensweisen" haften lassen will. *Krebs*, Die Rückabwicklung im UN-Kaufrecht, S. 110 f., will die Haftung des Käufers bei „nicht vertragsgemäßem" bzw. „unüblichem" Gebrauch der Sache eintreten lassen. Dabei handelt es sich letztlich um eine Ausnahme aus Billigkeitserwägungen, die nach dem hier vertretenen Gesetzesverständnis eher im Kontext des Artikels 80 CISG zu verorten ist. Im Ergebnis ergibt sich insoweit kein Unterschied.

berechtigt ist, die Ware dann aber durch ein weiteres Ereignis beschädigt oder zerstört wird. Nur in den seltenen Fällen, in denen diese Sachbeeinträchtigung nach Entstehen des Vertragsaufhebungsrechts durch eine Vertragsverletzung des Käufers verursacht worden ist, soll diesem das Rücktrittsrecht verwehrt bleiben.

Artikel 70 CISG ist noch großzügiger. Nach Artikel 70 CISG kann sich der Käufer in Konstellationen, in denen sein Vertragsaufhebungsrecht aufgrund einer wesentlichen Vertragsverletzung des Verkäufers entstanden ist, völlig unabhängig davon vom Vertrag lösen, was mit der Kaufsache später passiert. Mit anderen Worten: Artikel 70 CISG erhält dem Käufer seinem Wortlaut nach das Vertragsaufhebungsrecht selbst in Fällen, in denen die Ware durch dessen eigenes vertragswidriges Verhalten in einem Zeitpunkt beschädigt oder zerstört wird, nachdem er sie vom Verkäufer erhalten hat. Dem Verkäufer bliebe hier lediglich die Möglichkeit, die eingetretene Wertminderung im Wege eines Schadensersatzanspruchs nach Artikel 74 CISG zu liquidieren. Dies mag unter Umständen eine aus rechtspolitischer Perspektive wünschenswerte Konsequenz sein. *De lege lata* ist der offensichtliche Widerspruch zwischen Artikel 70 CISG und Artikel 82 Abs. 2 lit. a) CISG nach dem *lex specialis* Grundsatz zu Gunsten letztgenannter Regelung aufzulösen. Die allgemeine Regelung des Artikels 70 CISG wird mithin durch die spezifisch auf das Vertragsaufhebungsrecht zugeschnittene Vorschrift in Artikel 82 Abs. 2 lit. a) CISG verdrängt[291].

(c) Artikel 70 CISG bei Unanwendbarkeit des Artikels 82 CISG

Wie aber sind die Fallkonstellationen zu beurteilen, in denen Artikel 82 CISG trotz sukzessiver Beeinträchtigung der Kaufsache seinem Wortlaut nach nicht anwendbar ist? Das ist zum einen der Fall, wenn das zweite (sachbeeinträchtigende) Ereignis eintritt, bevor der Käufer die Sachherrschaft über die Ware erlangt hat. Seinem Wortlaut nach nicht einschlägig ist Artikel 82 Abs. 1 CISG ferner dann, wenn die Vertragsaufhebung durch den Käufer bereits vor Eintritt der zweiten Sachbeeinträchtigung erklärt (aber nicht vollständig durchgeführt) wurde. In beiden Konstellationen wäre allenfalls Raum für Artikel 70 CISG, wenn auch Artikel 82 Abs. 1 CISG zumindest entsprechend anwendbar wäre.

---

291 Vgl. Staudinger-*Magnus*, Art. 82 CISG, Rn. 16; MünchKommHGB-*Wertenbruch*, Art. 70 CISG, Rn. 1 spricht von klarstellender Bedeutung; ähnlich Enderlein/Maskow/Strohbach-*Maskow*, Art. 70, Anm. 1; Soergel-*Lüderitz/Dettmeier*, Art. 70 CISG, Rn. 3; **a.A.** MünchKommBGB-*Peter Huber*, Art. 70 CISG, Rn. 6 und Art. 82 CISG, Rn. 11, der Artikel 70 CISG für alleinig anwendbar hält, sobald die Ware durch ein zufälliges zweites Ereignis beeinträchtigt wurde; missverständlich Sekretariatskommentar, Art. 82, Anm. 2.

Damit ist das Ergebnis im Wesentlichen bereits vorgegeben. Ohne Analogie fehlt es an dem für Artikel 70 CISG konstitutiven normativen Zusammenhang zwischen Rechtsbehelf und zweitem – rechtsbehelfsbeeinträchtigenden – Ereignis. Im Falle der Analogie spräche viel dafür, auch Artikel 82 Abs. 2 CISG entsprechend anzuwenden. Artikel 70 CISG müsste nach dem Grundsatz der Spezialität zurücktreten. Letztlich kommt es auf diese zweite Frage allerdings nicht an, da bereits auf der ersten Stufe eine Analogie zu Artikel 82 Abs. 1 CISG ausscheidet.

i) Eintritt des rechtsbehelfsbeeinträchtigenden Ereignisses vor Übergang der tatsächlichen Sachherrschaft

Der Tatbestand des Artikels 82 Abs. 1 CISG setzt voraus, dass dem Käufer die Rückgabe der Ware in dem Zustand in dem er sie im Wesentlichen erhalten hat, unmöglich geworden ist. Eine Rückgabe ist nur denkbar, wo bereits eine Übergabe stattgefunden hat, die Sachherrschaft mithin bereits auf den Käufer übergegangen ist. Tritt das rechtsbehelfsbeeinträchtigende Ereignis vor Übergabe der Ware an den Käufer – aber nach Gefahrübergang – ein, ist Artikel 82 Abs. 1 CISG seinem Wortlaut nach nicht anwendbar. Der Käufer kann demnach bei wortlautgetreuer Gesetzesanwendung ungeachtet der durch das zweite Ereignis verursachten sukzessiven Sachbeeinträchtigung uneingeschränkt vom Kaufvertrag zurücktreten.

Eine analoge Anwendung des Artikels 82 CISG, die den erforderlichen normativen Zusammenhang zwischen Vertragsaufhebungsrecht und zweitem Ereignis herstellen würde, scheitert in dieser Konstellation am Fehlen einer Regelungslücke. Zwar könnte eine Analogie mit der Erwägung begründet werden, dass der dem Artikel 82 Abs. 2 lit. a) CISG zu Grunde liegende Verursachungsgedanke unabhängig davon einschlägig ist, ob die Kaufsache durch ein zweites Ereignis in einem Zeitpunkt vor oder nach Übergang der Sachherrschaft auf den Käufer weitergehend in ihrer Substanz beeinträchtigt wurde. Eine interessengerechte Lösung ist allerdings auch ohne Anwendung des Artikels 82 CISG gewährleistet. Bringt man die Absätze 1 und 2 lit. a) dieser Vorschrift auf einen gemeinsamen Nenner, so ergibt sich, dass dem Käufer das Vertragsaufhebungsrecht in Konstellationen verwehrt bleiben soll, in denen er das zweite Ereignis durch eine Vertragsverletzung seinerseits verursacht hat. In diesem Fall haftet er dem Verkäufer allerdings bereits nach den Artikeln 61 Abs. 1 lit. a), 74 CISG in den Grenzen der Voraussehbarkeit auf Schadensersatz. Er kann mithin den Vertrag ungeachtet seiner eigenen Vertragsverletzung aufheben, Rückzahlung des Kaufpreises aber nur Zug um Zug[292] gegen Schadensersatz an den Verkäufer verlangen. Auch auf

292 Nach zutreffender Ansicht ist das Zug um Zug Prinzip als allgemeiner Rechtsgrundsatz im Geltungsbereich des UN-Kaufrechts anzuerkennen, dazu Schlechtriem/Schwenzer-*Mohs*, Art. 58, Rn. 2 und 23.

diesem Wege kann der Verursachungsbeitrag des Käufers hinreichend berücksichtigt werden. Aus rechtspolitischer Perspektive spricht sogar einiges dafür, dass die Lösung über den Schadensersatzanspruch sinnvoller ist als das starre „Alles oder Nichts“ Prinzip bei Anwendung des Artikels 82 CISG. Eine Analogie scheidet damit im Ergebnis aus. Demzufolge erübrigt sich mangels normativen Zusammenhangs auch die Diskussion um die Anwendbarkeit des Artikels 70 CISG[293].

ii) Rechtsbehelfsbeeinträchtigendes Ereignis nach Erklärung der Vertragsaufhebung

Artikel 82 Abs. 1 CISG erfasst seinem Wortlaut nach auch diejenigen Fälle nicht, in denen das zweite Ereignis eintritt, nachdem der Käufer die Vertragsaufhebung bereits erklärt hat. Auch hier kommt eine analoge Anwendung des Artikels 82 CISG im Ergebnis nicht in Betracht. Die Möglichkeit der Vertragsaufhebung muss dem Käufer aus Gründen der Rechtssicherheit[294] uneingeschränkt zur Verfügung stehen. Ganz wie im deutschen Recht[295] ist auch im CISG das Vertragsaufhebungsrecht als Gestaltungsrecht ausgestaltet[296]. Eine einmal vorgenommene rechtsgestaltende Erklärung soll aber nicht mehr zurückgenommen werden können[297]. Neben rechtsdogmatischen Erwägungen spricht

---

293 **A.A.** insoweit aber Witz/Salger/Lorenz-*Witz*, Art. 70, Rn. 1; *Geist*, WBl. 1988, 349, 354 f., die hier Artikel 70 CISG anwenden wollen, was nach dem hier vertretenen Ansatz zwingend auch die (analoge) Anwendung des Artikels 82 Abs. 1 CISG voraussetzt.

294 So vor allem Schlechtriem/Schwenzer-*Hornung*[4], Art. 82, Rn. 13.

295 Vgl. dazu nur Palandt-*Grüneberg*, § 346 BGB, Rn. 4; MünchKommBGB-*Gaier*, vor § 346 BGB, Rn. 8.

296 Die Terminologie wird zugegebener Maßen fast ausschließlich von Rechtsanwendern des germanischen Rechtkreises verwendet; so z.B. von LG Düsseldorf, Urteil vom 11.10.1995, CISG-online Nr. 180; Handelsgericht St. Gallen, Urteil vom 3.12.2002, CISG-online Nr. 727, *Song*, Vertragsaufhebung und Rückabwicklung, S. 226 f. mit rechtsvergleichendem Überblick; *Leser*, Vertragsaufhebung, S. 233; Soergel-*Lüderitz/Budzikiewicz*, Art. 26 CISG, Rn. 4; MünchKommBGB-*Gruber*, Art. 26 CISG, Rn. 1; Staudinger-*Magnus*, Art. 26 CISG, Rn. 9; *Krebs*, Die Rückabwicklung im UN-Kaufrecht, S. 28; Brunner-*Bodenheimer*, UN-Kaufrecht, Art. 26, Rn. 1 („der Vertrag wird in ein Abwicklungsverhältnis umgewandelt“). In diesem Sinne allerdings auch der Sekretariatskommentar, Art. 66, Anm. 2.

297 *Freiburg*, Vertragsaufhebung, S. 259; Staudinger-*Magnus*, Art. 82 CISG, Rn. 14; *Krebs*, Die Rückabwicklung im UN-Kaufrecht, S. 28; Honsell-*Weber*, Art. 82, Rn. 12; Witz/Salger/Lorenz-*Salger*, Art. 82, Rn. 3. Der Käufer haftet aber auf Schadensersatz, wenn

hierfür insbesondere der Vertrauensschutzgedanke[298]. Mangels eines normativen Zusammenhangs kommt auch eine Anwendung des Artikels 70 CISG in dieser Situation somit nicht in Betracht.

(d) Analoge Anwendung des Artikels 70 CISG bei nicht wesentlicher Vertragsverletzung des Verkäufers

Im Schrifttum wird darüber gestritten, ob es einer entsprechenden Anwendung des Artikels 70 CISG bedarf, wenn der Käufer aufgrund einer nicht wesentlichen Vertragsverletzung des Verkäufers zur Vertragsaufhebung nach Artikel 49 Abs. 1 lit. b) CISG berechtigt ist[299]. Dies ist nach dem hier vertretenen Ansatz zu verneinen. Gegen eine Anwendung des Artikels 70 CISG spricht bereits, dass die Vertragsaufhebung in den Fällen des Artikels 49 Abs. 1 lit. b) CISG letztlich mit dem Verstreichen der Nachfrist und damit mit einem nicht sachbezogenen Element begründet wird[300]. Artikel 70 CISG ist im Gegensatz dazu sowohl systematisch als auch funktionell dem Gefahrtragungsrecht zuzuordnen, das die Verkäuferhaftung nur für sachbezogene Rechtsbehelfe des Käufers in zeitlicher Hinsicht begrenzt. Im Übrigen fehlt es an einer Regelungslücke als Grundvoraussetzung einer Analogie. Artikel 82 CISG regelt das rechtliche Schicksal des Vertragsaufhebungsrechts in den Fällen der sukzessiven Sachbeeinträchtigung vielmehr abschließend[301].

(2) Minderung

Auf das Minderungsrecht des Käufers nach Artikel 50 CISG ist die Ausnahmevorschrift des Artikels 70 CISG grundsätzlich nicht anwendbar. Es fehlt insoweit am normativen Zusammenhang. Eine dem Artikel 82 Abs. 1 CISG vergleichbare Vorschrift findet sich für das Minderungsrecht nicht. Es wäre auch nicht

---

er seine Vertragspflicht aus Artikel 86 I CISG verletzt hat; vgl. auch *Freiburg*, a.a.O.; *Song*, Vertragsaufhebung und Rückabwicklung, S. 250 ff.

298 Wie hier *Leser*, Vertragsaufhebung, S. 253; *Song*, Vertragsaufhebung und Rückabwicklung, S. 250; *Hennecke*, IHR 2003, 268, 269; Enderlein/Maskow/Strohbach-*Maskow*, Art. 82, Anm. 1.3.; differenzierend *Krebs*, Rückabwicklung im UN-Kaufrecht, S. 129.

299 Für eine Analogie sprechen sich aus: *Imberg*, Beweislast, S. 78 f.; MünchKommBGB-*Peter Huber*, Art. 70 CISG, Rn. 12; dagegen sind: Staudinger-*Magnus*, Art. 70 CISG, Rn. 6; *Achilles*, Art. 70 CISG, Rn. 3; Bianca/Bonell-*Nicholas*, Art. 70, Anm. 2.4.; Honsell-*Schönle/Th.Koller*, Art. 70, Rn. 13 f.; Soergel-*Lüderitz/Budzikiewicz*, Art. 70 CISG, Rn. 4; *Honnold/Flechtner*, Uniform Law, Rn. 380.

300 Dazu oben Kapitel 1 II. 1. b).

301 Vgl. schon oben (1) (b).

interessengerecht, das Minderungsrecht des Käufers nachträglich einzuschränken, weil die Sache in einem Zeitpunkt nach Gefahrübergang weitergehend in ihrer Substanz beeinträchtigt wurde. Anders als das Vertragsaufhebungsrecht führt die Minderung nach Artikel 50 CISG keine „Alles oder Nichts" Situation herbei, die aus normativen Gesichtspunkten als nicht hinnehmbar erscheinen könnte. Eine auf das rechtsbehelfsbegründende Ereignis gestützte Minderung kann den Kaufpreis immer nur in dem Umfang herabsetzen, in dem der Wert der Ware gerade durch dieses Ereignis verringert wurde.[302]. Eine weitergehende Sachbeeinträchtigung nach Gefahrübergang, die nicht auf eine Vertragsverletzung des Verkäufers zurückzuführen ist, geht nach den allgemeinen Grundsätzen der Artikel 36 Abs. 1 und 66 1. Halbsatz CISG zu Lasten des Käufers. Anders als bei der Vertragsaufhebung kann der Käufer also den durch das zweite Ereignis entstandenen Schaden im Wege der Minderung nicht nach dem Verursachungsprinzip auf den Verkäufer abwälzen. Damit dürfte das Minderungsrecht in der hier diskutierten Konstellation für den Käufer in aller Regel wenig attraktiv sein[303].

b) Leistungsbezogene Rechtsbehelfe

(1) Allgemeiner Erfüllungsanspruch gerichtet auf Lieferung aus Artikel 46 Abs. 1 CISG i.V.m. Artikel 31 CISG

Der Rechtsbehelf aus Artikel 46 Abs. 1 CISG i.V.m. Artikel 31 CISG nimmt im Kontext der vorliegenden Betrachtung eine Sonderstellung ein. Bereits aus konzeptionellen Gründen kann es hier zu einer Gefahrtragung des Verkäufers nach Gefahrübergang nicht kommen. Artikel 70 CISG bleibt unanwendbar. Dies ergibt sich aus folgender Überlegung:

Ein rechtsbehelfsbeeinträchtigendes Ereignis im Sinne des Artikels 70 CISG kann denknotwendiger Weise nur nach Gefahrübergang eintreten. Da der

---

302 Das zweite Ereignis ist der hier verfolgten Prämisse (siehe oben Seiten 106 ff.) entsprechend zeitlich nach dem Übergang der (Preis-) Gefahr zu verorten. Nach Artikel 66 1. Halbsatz CISG kann diese Sachbeeinträchtigung mithin kein Minderungsrecht des Käufers begründen oder ein aufgrund des ersten Ereignisses bereits bestehendes Minderungsrecht in seinem Umfang verstärken; vgl. hierzu MünchKommHGB-*Wertenbruch*, Art. 70 CISG, Rn. 3; *Roth*, 27 Am. J Comp. L (1979), 291, 302; Brunner-*Klingler/Mauerhofer*, UN-Kaufrecht, Art. 70, Rn. 5; *Karollus*, UN-Kaufrecht, S. 191; *Renck*, Incoterms und UN-Kaufrecht, S. 243.

303 MünchKommBGB-*Peter Huber*, Art. 70 CISG, Rn. 7; *Bollée*, Theory of Risks, S. 285; Schlechtriem/Schwenzer-*Hachem*, Art. 70, Rn. 6.

Verkäufer bis zum Zeitpunkt des Gefahrübergangs unbeschränkt haftet, wirkt sich ein die Sachsubstanz beeinträchtigendes zweites Ereignis vor Gefahrübergang, den hier nicht relevanten Fall der tatsächlichen Unmöglichkeit einmal ausgenommen, lediglich „rechtsbehelfsverstärkend" aus. Da es sich bei dem Erfüllungsanspruch gerichtet auf Lieferung um einen hier so genannten leistungsbezogenen Rechtsbehelf handelt, ist unter Gefahrübergang der Übergang der Leistungsgefahr zu verstehen. Wie die Leistungsgefahr im UN-Kaufrecht übergeht, ist umstritten und soll im eigens dieser Frage gewidmeten 6. Kapitel ausführlich erörtert werden. Im Schrifttum bestehen hierzu zwei Meinungen. Einer Ansicht nach geht die Leistungsgefahr in dem Zeitpunkt über, in dem der Verkäufer seine Lieferpflicht erfüllt. Nach der Gegenmeinung ist der Zeitpunkt des Gefahrübergangs den Artikeln 67 bis 69 CISG in entsprechender Anwendung zu entnehmen. Als kleinster gemeinsamer Nenner der beiden Ansichten kann gelten, dass die Leistungsgefahr frühestens im Zeitpunkt der Lieferung übergeht. Im Zeitpunkt der Lieferung ist der Anspruch aus Artikel 46 Abs. 1 CISG i.V.m Artikel 31 CISG aber bereits erfüllt. Der Käufer kann nach erfolgter Lieferung allenfalls Ersatzlieferung nach Artikel 46 Abs. 2 CISG verlangen.

Vor diesem Hintergrund ist es ausgeschlossen, dass sich ein Ereignis nach Gefahrübergang jemals auf das rechtliche Schicksal des Erfüllungsanspruchs aus den Artikeln 46 Abs. 1, 31 CISG auswirken kann. Das Bestehen eines normativen Zusammenhangs zwischen Erfüllungsanspruch und zweitem Ereignis ist kategorisch ausgeschlossen. Damit ist dann auch kein Raum für eine Anwendung des Artikels 70 CISG.

(2) Ersatzlieferungsanspruch

Ein Ersatzlieferungsanspruch des Käufers kommt ausschließlich beim Gattungskauf in Betracht[304]. Wie die Vertragsaufhebung hat der Ersatzlieferungsanspruch zur Folge, dass die ursprünglich vom Verkäufer gelieferte Sache an diesen zurückzugeben ist. Wird die Ware vor einer solchen Rückgabe durch ein zweites Ereignis nach Gefahrübergang weitergehend beeinträchtigt, eröffnet sich dem Käufer über den Ersatzlieferungsanspruch die Möglichkeit, den durch das zweite Ereignis entstandenen Nachteil auf den Verkäufer abzuwälzen. Die Interessenlage ist dieselbe wie bei der Vertragsaufhebung.

304 *Karollus*, UN-Kaufrecht, S. 137; Schlechtriem/Schwenzer-*Müller-Chen*, Art. 46, Rn. 18; Staub-*Koller*, Vor § 373 HGB, Rn. 683; MünchKommBGB-*Peter Huber*, Art. 46 CISG, Rn. 38; *Reinhart*, UN-Kaufrecht, Art. 46, Rn. 5.

Konsequenter Weise ist Artikel 82 Abs. 1 CISG ausdrücklich auch auf den Rechtsbehelf der Ersatzlieferung anwendbar. Es besteht mithin ein normativer Zusammenhang zwischen erstem und zweitem Ereignis. Artikel 82 Abs. 2 CISG trifft die entsprechenden Rückausnahmen und verdrängt Artikel 70 CISG umfassend. Es gilt insoweit das zum Vertragsaufhebungsrecht Gesagte.

(3) Nachbesserungsanspruch

Anders als der Ersatzlieferungsanspruch aus Artikel 46 Abs. 2 CISG steht das Nachbesserungsrecht dem Käufer sowohl beim Stück- als auch beim Gattungskauf zur Verfügung. Unabhängig davon, ob ein Stück- oder ein Gattungskauf vorliegt, kann die Nachbesserung jedoch immer nur an der ursprünglich gelieferten Kaufsache vorgenommen werden. Geht diese Sache durch ein zweites Ereignis nach Gefahrübergang unter, so besteht ein faktischer Zusammenhang zwischen erstem und zweitem Ereignis im oben genannten Sinne, der eine Anwendbarkeit des Artikels 70 CISG ausschließt.

Auch in den Fällen, in denen die Kaufsache durch das zweite Ereignis lediglich weitergehend beschädigt wird, muss Artikel 70 CISG unanwendbar bleiben. Der leistungsbezogene Rechtsbehelf des Nachbesserungsanspruchs ist funktional mit dem gegenleistungsbezogenen Minderungsrecht vergleichbar. Da sich die zweite Sachbeeinträchtigung nach Gefahrübergang ereignet, geht der so verursachte Minderwert der Ware nach den allgemeinen Grundsätzen der Artikel 36 Abs. 1 CISG und 66 1. Halbsatz CISG zu Lasten des Käufers[305]. Der Verkäufer hat nur in dem Umfang nachzubessern, in dem die Ware bis zum Zeitpunkt des Gefahrübergangs vertragswidrig war. Artikel 82 CISG ist bereits seinem Wortlaut nach auf den Nachbesserungsanspruch nicht anwendbar. Eine entsprechende Anwendung kommt wie beim Minderungsrecht vor dem Hintergrund nicht in Betracht, dass das Nachbesserungsrecht seiner Sache nach teilbar ist und eine Splittung des Risikos der Sachbeeinträchtigung nach Verantwortungsbereichen eine interessengerechte Lösung darstellt. Mangels normativen Zusammenhangs zwischen Rechtsbehelfsbegründung und Rechtsbehelfsbeeinträchtigung bleibt auch Artikel 70 CISG unanwendbar[306].

---

305 Brunner-*Klingler/Mauerhofer*, UN-Kaufrecht, Art. 70, Rn. 5.
306 Vgl. MünchKommHGB-*Wertenbruch*, Art. 70 CISG, Rn. 4.

c) *Schadensersatz*

Im Hinblick auf den Schadensersatzanspruch aus Artikel 74 CISG ist danach zu differenzieren, ob das rechtsbehelfsbeeinträchtigende zweite Ereignis die Kaufsache lediglich weitergehend beschädigt oder aber vollständig zerstört.

(1) Weitergehende Beschädigung der Kaufsache durch das zweite Ereignis

Wird die Kaufsache sukzessive durch zwei Ereignisse beschädigt, stellt sich die Rechtslage wie bei den Rechtsbehelfen der Minderung und des Nachbesserungsanspruchs dar. Das sich nach Gefahrübergang ereignende zweite Ereignis geht zu Lasten des Käufers. Er kann mithin nur den durch das erste Ereignis verursachten Minderwert der Ware als Schadensersatz liquidieren[307]. Es kann auf die Ausführungen zu Minderung und Nachbesserung verwiesen werden.

(2) Vollständige Zerstörung der Kaufsache durch das zweite Ereignis

In den Fällen der vollständigen Zerstörung der Kaufsache durch das zweite sachbeeinträchtigende Ereignis ergibt sich eine Problematik, die im nationalen deutschen Schadensersatzrecht unter dem Schlagwort der „überholenden Kausalität" bekannt ist[308]. Auch im Schadensersatzrecht des CISG gilt der Grundsatz der Totalreparation. Der Käufer wird nach Artikel 74 CISG in der Regel sein positives Interesse liquidieren. Er ist dann so zu stellen, wie er stehen würde, wenn der Kaufvertrag ordnungsgemäß erfüllt worden wäre[309]. Der Differenzhypothese des deutschen Rechts vergleichbar ist die Vermögenslage des Käufers im Zeitpunkt der Geltendmachung des Ersatzanspruchs mit der hypothetischen Vermögenslage, die ohne die Vertragsverletzung des Verkäufers bestanden hätte, zu vergleichen[310]. Im Zeitpunkt der Geltendmachung des Schadensersatzanspruchs hätte der Käufer aber ohnehin keinerlei Gegenwert für den gezahlten bzw. noch zu zahlenden Kaufpreis erhalten. Im Ergebnis wirkt sich die Vertragsverletzung des Verkäufers vor Gefahrübergang auf seine Vermögenslage wegen der Zerstörung der Ware nach Gefahrübergang nicht aus.[311]. Die Tatsache, dass

---

307 *Roth*, 27 Am. J Comp. L (1979), 291, 302; MünchKommBGB-*Peter Huber*, Art. 70 CISG, Rn. 7; Enderlein/Maskow/Strohbach-*Maskow*, Art. 70, Anm. 2; *Herber/Czerwenka*, Art. 70, Rn. 4.

308 Dazu *Lange/Schiemann*, Schadensersatz, § 4, S. 181 ff; *Larenz*, Schuldrecht I, S. 523 ff; Staudinger-*Gottfried Schiemann*, § 249 BGB, Rn. 93 ff, alle mit zahlr. Nachw.

309 MünchKommBGB-*Peter Huber*, Art. 74 CISG, Rn. 17 f.

310 Staudinger-*Magnus*, Art. 74 CISG, Rn. 26.

311 So *Bollée*, Theory of Risks, S. 287.

der Käufer aufgrund der schadensersatzrechtlichen Differenzhypothese einen einmal begründeten Ersatzanspruch verliert, kann durchaus als normativer Zusammenhang zwischen ursprünglichem Rechtsbehelf und der nachfolgenden Sachbeeinträchtigung bezeichnet werden. Dies eröffnet den Anwendungsbereich des Artikels 70 CISG, mit der Folge, dass der Schadensersatzanspruch des Käufers in Fällen, in denen das erste Ereignis eine wesentliche Vertragsverletzung darstellte, in dem Umfang erhalten bleibt, in dem der Wert der Kaufsache durch dieses erste Ereignis bereits vermindert war.

Dieses Ergebnis mutet auf den ersten Blick eigentümlich an. Eine Ausnahme vom Ausschluss der Schadensersatzhaftung bei überholender Kausalität in Fällen der wesentlichen Vertragsverletzung ist international unüblich. Auch wird die Schadensberechnung in solchen Konstellationen in der Praxis häufig problematisch sein, da der durch das erste Ereignis verursachte Minderwert der Ware nach deren Zerstörung oft nur noch schwer ermittelt werden kann. Es drängt sich die Vermutung auf, dass die Verfasser der Konvention den Fall der überholenden Kausalität nicht bedacht haben und eine Anwendung des Artikels 70 CISG auf diese Fälle ursprünglich nicht vorgesehen war. Meines Erachtens ist eine Anwendung des Artikels 70 CISG auf die Konstellationen der überholenden Kausalität aus den folgenden drei Gründen dennoch zu befürworten.

Erstens: Die oben herausgearbeiteten Anwendungsvoraussetzungen des Artikels 70 CISG sind in den Fällen der überholenden Kausalität erkennbar erfüllt. Der Rechtsbehelf des Schadensersatzes ist durch ein erstes Ereignis vor Gefahrübergang begründet worden. Im Hinblick auf ein zweites Ereignis nach Gefahrübergang soll dem Käufer der ursprünglich begründete Rechtsbehelf aus rechtlichen Erwägungen nicht mehr zur Verfügung stehen.

Zweitens: Eine Anwendung des Artikels 70 CISG auf die Fälle der überholenden Kausalität ist nicht unbillig. Der Käufer könnte unter Berufung auf die wesentliche Vertragsverletzung durch das erste Ereignis in den Grenzen des Artikels 82 CISG ohne weiteres die Vertragsaufhebung erklären. Es ist nicht ersichtlich, warum ein Käufer, der „nur" den durch die ursprüngliche Vertragsverletzung verursachten Minderwert liquidieren möchte, ohne den nach Gefahrübergang entstandenen Schaden ebenfalls auf den Verkäufer abzuwälzen, hier schlechter stehen soll.

Drittens: In Anbetracht der Ausführungen zu Vertragsaufhebung und Ersatzlieferung ist die Fallkonstellation des Schadensersatzanspruchs bei überholender Kausalität die einzige Fallgestaltung, in der Artikel 70 CISG ein eigenständiger Anwendungsbereich zukommt.

Im Ergebnis kann der Käufer also in den Fällen der überholenden Kausalität die durch das erste Ereignis verursachte Wertminderung der Ware unter der Voraussetzung im Wege des Schadensersatzanspruchs liquidieren, dass die den Schadensersatzanspruch begründende Vertragsverletzung des Verkäufers die Wesentlichkeitsschwelle des Artikels 25 CISG überschreitet. In der Praxis wird der Käufer in diesen Konstellationen allerdings meist das für ihn günstigere Vertragsaufhebungsrecht wählen, sofern dieses nicht nach Artikel 82 Abs. 1 CISG ausgeschlossen ist. Auf diesem Weg lässt sich wie gesagt auch der durch das zweite Ereignis nach Gefahrübergang eingetretene Minderwert auf den Verkäufer abwälzen.

3. Insbesondere: Gefahrtragung während der Nachbesserung

Auf die in den vorangegangenen Abschnitten herausgearbeiteten Grundsätze lässt sich auch zurückgreifen, um die im Schrifttum gelegentlich als „Gefahrtragung während der Nachbesserung"[312] bezeichnete Problematik interessengerecht zu lösen. Gemeint sind Fallkonstellationen, in denen der Käufer eine nicht vertragsgemäße Ware erhält und insoweit zuerst den Rechtsbehelf der Nachbesserung nach Artikel 46 Abs. 3 CISG geltend macht. Die Ware wird daraufhin, beispielsweise auf dem Rücktransport zum Verkäufer[313], in einem Zeitpunkt nach Gefahrübergang weitergehend beeinträchtigt bzw. (das sind die im Schrifttum gemeinhin diskutierten Konstellationen) vollständig zerstört. Hier ist umstritten, ob der Käufer nunmehr noch weitergehende Rechtsbehelfe, insbesondere die Vertragsaufhebung nach Artikel 49 Abs. 1 lit. a) CISG oder das Recht auf Ersatzlieferung bei der Gattungsschuld nach Artikel 46 Abs. 2 CISG, geltend machen kann.

Die Frage ist auf den ersten Blick nicht ganz einfach zu beantworten und im Schrifttum umstritten. Wie in den bereits diskutierten Fallgestaltungen auch wird die Kaufsache hier durch zwei Ereignisse, einmal vor Gefahrübergang und einmal nach Gefahrübergang in ihrer Substanz beeinträchtigt. Die Beurteilung wird dadurch erschwert, dass nicht nur zwei sachbeeinträchtigende Ereignisse eingetreten, sondern auch zwei sachbezogene Rechtsbehelfe geltend gemacht worden sind. Es ist nach dem vom Käufer zuletzt – also dem Nachbesserungsanspruch zeitlich nachfolgend – geltend gemachten Rechtsbehelf zu differenzieren.

---

312 So wird die Problematik sinngemäß bezeichnet von u.a. *Schulz*, Ersatzlieferungsanspruch, S. 309 f.; Schlechtriem/Schwenzer[5]-*Hager/Maultzsch*, Art. 70, Rn. 7; ähnlich Soergel-*Lüderitz/Budzikiewicz*, Art. 70 CISG, Rn. 3. Als reine Wertungsfrage ohne erkennbaren dogmatischen Ausgangspunkt erscheint das Problem bei MünchKomm-HGB-*Wertenbruch*, Art. 70 CISG, Rn. 4 f.; *Imberg*, Beweislast, S. 75 f.

313 Vgl. OLG Karlsruhe, Urteil vom 19.12.2002, 19 U 8/02, IHR 2003, 125.

a) *Vertragsaufhebung und Ersatzlieferung*

Vertragsaufhebung und Ersatzlieferung sind nach dem oben Gesagten die für den Käufer in den Fällen sukzessiver Sachbeeinträchtigung günstigsten Rechtsbehelfe. Ihr „Alles oder Nichts“ Charakter ermöglicht es ihm, auch das sich nach Gefahrübergang infolge des zweiten Ereignisses realisierte Risiko auf den Verkäufer abzuwälzen. Nach den allgemeinen Grundsätzen muss das Vertragsaufhebungsrecht bzw. der Ersatzlieferungsanspruch bereits in einem Zeitpunkt vor Gefahrübergang begründet gewesen sein. Die Wesentlichkeit der Vertragsverletzung kann also nicht auf den Umstand gestützt werden, dass die Ware durch ein unabhängiges Ereignis nach Geltendmachung des Nachbesserungsverlangens weitergehend beschädigt bzw. zerstört wurde. Die hier diskutierte Problematik stellt sich mit anderen Worten grundsätzlich nur, wenn das erste Ereignis, aufgrund dessen der Käufer den Nachbesserungsanspruch geltend gemacht hat, bereits im Zeitpunkt des Nachbesserungsverlangens auch die Geltendmachung der weitergehenden Rechtsbehelfe aus Artikel 49 Abs. 1 CISG bzw. Artikel 46 Abs. 2 CISG gerechtfertigt hätte.

Etwas anderes gilt natürlich, wenn die weitergehende Beeinträchtigung der Ware nach Geltendmachung des Nachbesserungsanspruchs entweder auf dem ersten (das Nachbesserungsrecht begründenden) Ereignis kausal beruht oder durch eine anderweitige Vertragsverletzung des Verkäufers herbeigeführt worden ist. Hier wird das erste Ereignis entweder bereits aufgrund der insoweit gebotenen *ex post* Betrachtung über die Wesentlichkeitsschwelle des Artikels 25 CISG gehoben (der Käufer wird dann die Vertragsaufhebung nach Artikel 49 Abs. 1 lit. a) CISG bzw. den Ersatzlieferungsanspruch auf das erste Ereignis als die maßgebliche Vertragsverletzung stützen)[314]. In jedem Fall ist aber Artikel 66 2. Halbsatz CISG einschlägig[315].

In allen anderen Fällen ist nach Artikel 82 CISG zu entscheiden. Dem Käufer ist die Geltendmachung von Vertragsaufhebung und Ersatzlieferungsanspruch im Ergebnis also immer dann verwehrt, wenn die durch das zweite Ereignis verursachte weitergehende Beeinträchtigung der Ware auf eine Vertragsverletzung seinerseits zurückzuführen ist, also beispielsweise auf die Verletzung einer

314 Dazu ausführlich oben I. 2. a).

315 Auf Artikel 36 Abs. 2 CISG kann nur zurückgegriffen werden, wenn die Ware auch durch das zweite Ereignis nicht vollständig zerstört worden ist. Bei Zerstörung der Kaufsache ist Artikel 36 aufgrund der dort gewählten Formulierung „Vertragswidrigkeit“ in seiner Gesamtheit unanwendbar, vgl. dazu oben Seiten 57 f.

individuell vereinbarten Pflicht, den Rücktransport zum Verkäufer zu organisieren[316]. Hat der Käufer eine solche Vertragsverletzung nicht begangen, so kann er den nach Gefahrübergang durch das zweite Ereignis verursachten wirtschaftlichen Nachteil in Ausnahme zu der allgemeinen Wertung der Artikel 36 Abs. 2, 66 2. Halbsatz CISG auf den Verkäufer abwälzen.

Der Umstand, dass der Käufer in Gestalt des Nachbesserungsverlangens zuerst einen anderen Rechtsbehelf geltend gemacht hatte, ist unbeachtlich. Artikel 82 Abs. 2 CISG bietet für eine weitergehende Belastung des Käufers bei vorangegangener Geltendmachung des Nachbesserungsanspruchs keine Rechtsgrundlage. Ebenso wenig kann ein etwaiger Ausschluss des Vertragsaufhebungsrechts bzw. des Ersatzlieferungsanspruchs mit einer etwaigen Gestaltungswirkung der einmal ausgeübten Wahl zwischen den in Artikel 45 CISG genannten Rechtsbehelfen des Käufers begründet werden. Selbst wenn man von einer solchen Gestaltungswirkung ausgeht[317], kann diese allenfalls so lange fortwirken, wie dem Verkäufer die Erfüllung des ursprünglich gewählten Rechtsbehelfs tatsächlich möglich ist[318]. Zumindest in den Fällen des vollständigen Untergangs muss mit eingetretener Unmöglichkeit das in Artikel 45 CISG zum Ausdruck gebrachte Wahlrecht wiederaufleben, soll der Käufer nicht rechtsschutzlos gestellt werden. Dem Käufer kann nicht unterstellt werden, dass er sich über den Zeitpunkt einer etwaigen Unmöglichkeit der Nachbesserung auf diesen Rechtsbehelf hat festlegen wollen[319].

Insbesondere wäre aber ein Ausschluss von Vertragsaufhebung und Ersatzlieferungsanspruch im Falle eines nicht auf einer Vertragsverletzung des Käufers beruhenden Scheiterns der Nachbesserung nicht interessengerecht. Es ist nicht einzusehen, weshalb derjenige Käufer, der gewillt ist, am Vertrag festzuhalten,

---

316 Eine Erhaltungspflicht nach Artikel 86 CISG trifft den Käufer, der den Rechtsbehelf nach Artikel 46 Abs. 3 CISG geltend macht, allerdings nicht, vgl. dazu *Jentsch*, Erhaltungspflichten, S. 57; Staudinger-*Magnus*, Art. 86 CISG, Rn. 9; MünchKommHGB-*Mankowski*, Art. 86 CISG, Rn. 4; Witz/Salger/Lorenz-*Lorenz*, Art. 86, Rn. 5.

317 So beispielsweise Staudinger-*Magnus*, Art. 45 CISG, Rn. 17; **a.A.** Schlechtriem/Schwenzer-*Müller-Chen*, Art. 45, Rn. 13 ff., der danach differenziert, ob der Käufer zur Erfüllung des betreffenden Rechtsbehelfs eine Nachfrist gesetzt hat.

318 Vgl. Soergel-*Lüderitz/Schüssler-Langeheine*, At. 46 CISG, Rn. 8; Staudinger-*Magnus*, Art. 46 CISG, Rn. 67; Schlechtriem/Schwenzer-*Müller-Chen*, Art. 46, Rn. 46 f., alle m.w.N.; differenzierend MünchKommBGB-*Peter Huber*, Art. 46 CISG, Rn. 66.

319 So aber MünchKommHGB-*Wertenbruch*, Art. 70 CISG, Rn. 5; *Hager*, Gefahrtragung nach UN-Kaufrecht, S. 406; *Fox*, Das Wiener Kaufrechtsübereinkommen, S. 191; *Imberg*, Beweislast, S. 75.

indem er Nachbesserung verlangt, gegenüber demjenigen benachteiligt werden soll, der ohne weiteres Überlegen sofort vom Kaufvertrag Abstand nimmt[320]. Auch der Verweis auf eine etwaige Sachherrschaft des Käufers im Zeitpunkt des Untergangs der Ware überzeugt nicht[321]. Wie bereits im Kontext des Artikels 82 CISG angedeutet wurde und wie in Kapitel 4 noch ausführlich zu diskutieren sein wird, hat der Sachherrschaftsgedanke für die Gefahrtragung nur untergeordnete Bedeutung. Maßgeblich, das gilt besonders im Zusammenhang der Artikel 70 und 82 CISG, ist vielmehr der Verursachungsgedanke[322]. Damit ist aber eindeutig dem vertragsbrüchigen Verkäufer das wirtschaftliche Risiko zugewiesen[323]. Im Ergebnis ist also mit der im Schrifttum überwiegenden Ansicht das Vertragsaufhebungsrecht bzw. der Ersatzlieferungsanspruch des Käufers durch das vorangegangene Nachbesserungsverlangen nicht ausgeschlossen[324]. Es gilt letztlich die in Artikel 82 CISG getroffene Regelung. Artikel 70 CISG wird nach dem *lex specialis* Grundsatz verdrängt[325].

b) Minderung und Schadensersatz

Für Minderung und Schadensersatz ergeben sich keine Besonderheiten. Die weitergehende Sachbeeinträchtigung nach Gefahrübergang bzw. nach Geltendmachung des Nachbesserungsanspruchs geht zu Lasten des Käufers. Nach Artikel 66 2. Halbsatz CISG ist eine Ausnahme zu Gunsten des Käufers zu machen, wenn das zweite Ereignis bzw. die dadurch bedingte (weitergehende) Sachbeeinträchtigung durch eine Vertragsverletzung des Verkäufers verursacht worden war. Will der Käufer nach Eintritt des zweiten Ereignisses sein Erfüllungsinteresse umfassend als Schadensersatz liquidieren, ist ihm dies nach Maßgabe des Artikels 70 CISG ausnahmsweise möglich, wenn bereits das erste Ereignis als

---

320 Schlechtriem/Schwenzer-*Hachem*, Art. 70, Rn. 11; *Renck*, Incoterms und UN-Kaufrecht, S. 244; *Bollée*, Theory of Risks, S. 286.

321 So aber MünchKommHGB-*Wertenbruch*, Art. 70 CISG, Rn. 6; *Imberg*, Beweislast, S. 75.

322 Dazu oben Seite Seiten 113 f.

323 Vgl. Schlechtriem/Schwenzer-*Hachem*, Art. 70, Rn. 10 f.

324 Honsell-*Schönle/Th. Koller*, Art. 70, Rn. 12; MünchKommBGB-*Peter Huber*, Art. 70 CISG, Rn. 8 f.; *Renck*, Incoterms und UN-Kaufrecht, S. 244; Achilles, Art. 70 CISG, Rn. 3; Enderlein/Maskow/Strohbach-*Maskow*, Art. 70, Anm. 2; Soergel-*Lüderitz/Budzikiewicz*, Art. 70 CISG, Rn. 3; **a.A.** *Hager*, Gefahrtragung nach UN-Kaufrecht, S. 406; differenzierend *Sevón*, Passing of Risk, S. 198.

325 Vgl. OLG Karlsruhe, Urteil vom 19.12.2002, 19 U 8/02, IHR 2003, 125, das eine Auseinandersetzung mit Artikel 70 CISG nicht einmal ansatzweise in Erwägung gezogen hat.

wesentliche Vertragsverletzung im Sinne des Artikels 25 CISG zu qualifizieren ist. Da Minderung und Schadensersatz, den soeben erwähnten Fall des Schadensersatzes statt der ganzen Leistung einmal ausgenommen, keine Abwälzung des nach Gefahrübergang eingetretenen Schadens auf den Verkäufer ermöglichen, sind diese Rechtsbehelfe für den Käufer in allen Fällen der sukzessiven Sachbeeinträchtigung (und damit auch in den Konstellationen der „Gefahrtragung während der Nachbesserung") vergleichsweise unattraktiv.

4. Ergebnis

Der in wesentlichen Aspekten zu knapp geratene Wortlaut des Artikels 70 CISG ist im Wege der teleologischen Reduktion um weitere Anwendungsvoraussetzungen zu ergänzen. Die Vorschrift ist demnach einschlägig, wenn der Verkäufer, erstens, in einem Zeitpunkt vor Gefahrübergang eine sachbezogene wesentliche Vertragsverletzung begeht, die Kaufsache dann, zweitens, in einem Zeitpunkt nach Gefahrübergang weitergehend in ihrer Substanz beeinträchtigt wird und diese weitergehende Beeinträchtigung, drittens, aufgrund normativer juristischer Wertungen zur Konsequenz hat, dass dem Käufer vor Gefahrübergang begründete Rechtsbehelfe grundsätzlich nicht mehr zur Verfügung stehen sollen.

Eigenständige Bedeutung hat die in Artikel 70 CISG zu Gunsten des Käufers getroffene Ausnahmeregelung nur in den Fällen der so genannten überholenden Kausalität. In allen anderen Fällen hat die Vorschrift neben den „allgemeinen Rechtsbehelfen" des Käufers, den Artikeln 66 bis 69. CISG, sowie Artikel 82 CISG nur rein deklaratorische Bedeutung[326]. Gefahrtragung nach den Artikeln 66 ff. CISG bedeutet die Zuweisung des wirtschaftlichen Risikos anhand zeitlicher Kriterien. Dieses System liefert auch für den Fall der sukzessiven Beeinträchtigung der Kaufsache durch mehrere Ereignisse interessengerechte Ergebnisse, solange der vom Käufer gewählte Rechtsbehelf seinem Umfang nach „teilbar" ist. In diesen Fällen kann ohne Probleme zwischen den Sachbeeinträchtigungen vor und nach Gefahrübergang unterschieden werden. Die jeweiligen

326 BeckOKBGB-*Saenger*, Art. 70 CISG, Rn. 1; MünchKommHGB-*Wertenbruch*, Art. 70 CISG, Rn. 1; Staub-Koller, vor § 373 HGB, Rn. 723; *Brunner*[1], UN-Kaufrecht, Art. 70, Rn. 1; *Soergel-Lüderitz/Budzikiewicz*, Art. 70 CISG, Rn. 1; *Reinhart*, UN-Kaufrecht, Art. 70, Rn. 1; *Fox*, Das Wiener Kaufrechtsübereinkommen, S. 190; Staudinger-*Magnus*, Art. 70 CISG, Rn. 1 spricht von „ausdrücklicher Bestätigung"; offen gelassen von Enderlein/Maskow/Strohbach-*Maskow*, Art. 70, Anm. 1.

wirtschaftlichen Nachteile werden nach den Grundgedanken der Artikel 66 ff. CISG zugeordnet. Teilbare Rechtsbehelfe sind die Rechte des Käufers auf Minderung, Nachbesserung und Schadensersatz.

Ein wirklicher Interessenkonflikt entsteht in Situationen, in denen der Käufer mit seinem Rechtsbehelf eine „Alles oder Nichts“ Situation herbeiführen und damit das wirtschaftliche Risiko für nach Gefahrübergang eingetretene Wertminderungen auf den Verkäufer abwälzen kann. Diese Möglichkeit bieten die Rechtsbehelfe „Vertragsaufhebung“ und „Ersatzlieferung“. Artikel 82 CISG löst den Interessenkonflikt weitestgehend zu Lasten des Verkäufers. Gemeinhin wird von einer „Rückübertragung“ bzw. „Rückfall der Gefahr“ auf den Verkäufer gesprochen[327]. Für das Verständnis der Problematik ist diese Begrifflichkeit unglücklich gewählt. Der vom Käufer geltend gemachte Rechtsbehelf stützt sich nach wie vor auf ein Ereignis, dass vor dem Übergang der Gefahr stattgefunden hat. Einer Rückübertragung bedarf es insoweit nicht.

Anzumerken bleibt, dass die im CISG gewählte „Alles oder Nichts“ Lösung nicht unvermeidbar ist. Eine gesetzestechnische Alternative besteht darin, die Vertragsaufhebung und den Ersatzlieferungsanspruch uneingeschränkt zuzulassen und dem Käufer im Falle der Unmöglichkeit der unversehrten Rückgabe des Vertragsgegenstands im Gegenzug eine Ersatzpflicht in Geld aufzuerlegen[328]. Dies ist der Weg, der in Artikel 7.3.6. *UNIDROIT Principles of International Commercial Contracts*, Artikel 9:309 *Principles of European Contract Law* (PECL) und Regel III.-510 *DCFR Model Rules* eingeschlagen wurde[329]. Der Käufer haftet in

327 *Erauw*, Observations on Passing of Risk, S. 317; *Hager*, Gefahrtragung nach UN-Kaufrecht, S. 404; Schlechtriem/Schwenzer-*Hachem*, Art 66, Rn. 10 f.; Schlechtriem/Schwenzer[5]-*Hager/Maultzsch*, Art. 70, Rn. 2a; *Lindacher*, Gefahrtragung und Gefahrübergang, S. 165; Staudinger-*Magnus*, Art. 70 CISG, Rn. 13; *Achilles*, Art. 70 CISG, Rn. 2; Schwimann-*Posch*, Art. 70, Rn. 4; MünchKommBGB-*Peter Huber*, Art. 70 CISG, Rn. 8; Witz/Salger/Lorenz-*Witz*, Art. 70, Rn. 6; MünchKommHGB-*Wertenbruch*, Art. 70 CISG, Rn. 1; BeckOKBGB-*Saenger*, Art. 70 CISG, Rn. 1; *Karollus*, UN-Kaufrecht, S. 191; Choi, S. 128; *Schlechtriem/Schroeter*, Internationales UN-Kaufrecht, Rn. 538; *Roth*, 27 Am. J Comp. L (1979), 291, 302; *Geist*, WBl. 1988, 349, 355 f.; Bianca/Bonell-*Nicholas*, Art. 70, Anm. 2.3.; *Imberg*, Beweislast, S. 73; ähnlich Soergel-*Lüderitz/Budzikiewicz*, Art. 70 CISG, Rn. 3; differenzierend *Goodfriend*, 22 Col. J Transnt'l. Law (1984), S. 601 f.

328 Dazu *Krebs*, Rückabwicklung, S. 92; Staudinger-*Magnus*, Art. 82 CISG, Rn. 4; *Schlechtriem/Schroeter*, Internationales UN-Kaufrecht, Rn. 758.

329 Vgl. auch § 346 Abs. 2 Nr. 1 BGB; zu UNIDROIT Principles und PECL ferner Kröll/Mistelis/Perales Viscasillias-*Michael Bridge*, Art. 82, Rn. 24; zu den DCFR Model Rules *v.Bar/Clive*, DCFR I, Comment B zu III.-3:510, S. 893.

einem solchen System uneingeschränkt für die Folgen des zweiten Ereignisses. Damit ist hinsichtlich der Risikoverteilung ein Gleichlauf aller Rechtsbehelfe des Käufers wegen Vertragsverletzung erreicht. Im CISG wird im Gegensatz dazu dem Verursachungsgedanken oberste Priorität eingeräumt. Das hat dann die bereits erwähnte Folge, dass die Vertragsaufhebung und der Ersatzlieferungsanspruch in den Fällen sukzessiver Sachbeeinträchtigung für den Käufer über die Maßen günstig sind. Letztlich wird dadurch die Rückabwicklung von Leistungen forciert, die nach der Grundkonzeption des CISG – zu Recht – die Ausnahme bleiben sollte[330]. Dies macht die Konzeption des CISG meines Erachtens zu einer rechtspolitisch unerwünschten Lösung[331]. Der Wortlaut der Konvention ist insoweit allerdings eindeutig[332].

IV. Zusammenfassung der Ergebnisse

Der Grundsatz, dass die Haftung des Verkäufers für die Integrität der Kaufsache durch den in den Artikeln 67 bis 69 CISG genauer definierten Zeitpunkt des Gefahrübergangs umfassend begrenzt ist, kann nicht uneingeschränkt gelten. Vor allem in Fallkonstellationen, in denen sich der Verkäufer bereits in einem Zeitpunkt vor Gefahrübergang vertragswidrig verhält und auf diesem Wege eine Integritätsbeeinträchtigung der Kaufsache verursacht, die erst nach Gefahrübergang eintritt, bedarf es einer Ausnahme. Die Artikel 36 Abs. 2 CISG und 66 2. Halbsatz CISG enthalten die entsprechenden Regelungen.

Bemerkenswert ist, dass ein Großteil der Kommentarliteratur den Anwendungsbereich dieser beiden funktionell eng zusammenhängenden Ausnahmevorschriften unterschiedlich weit zieht. Während die Ausnahme nach Artikel 36 Abs. 2 CISG unstreitig nur im Falle der Verursachung der Sachbeeinträchtigung durch eine anderweitige Vertragsverletzung des Verkäufers greift, ist der Ausnahmetatbestand des Artikels 66 2. Halbsatz CISG nach herrschender Meinung

330 Dazu BGH, Urteil vom 3. April 1996, VIII ZR 51/95, BGHZ 132, 290, 298; OLG Köln, Urteil vom 13.9.2001, 2 O 135/01, IHR 2003, 15, 16; *Piltz*, Internationales Kaufrecht, Rn. 5–229; *Honnold/Flechtner*, Uniform Law, Rn. 304; Honsell-*Schnyder/Straub*, Art. 49, Rn. 2; Staudinger/*Magnus*, Art. 49 CISG, Rn. 4; Schlechtriem/Schwenzer-*Müller-Chen*, Art. 49, Rn. 2; *Song*, Vertragsaufhebung und Rückabwicklung, S. 228 und auch schon oben Seite 71.

331 Wie hier Brunner-*Zuber*, UN-Kaufrecht, Art. 82, Rn. 2; *Schlechtriem/Schroeter*, Internationales UN-Kaufrecht, Rn. 758; *Bollée*, Theory of Risks, S. 285; vgl. *Krebs*, Rückabwicklung im UN-Kaufrecht, S. 92 f. mit rechtsvergleichendem und rechtsgeschichtlichem Überblick.

332 Vgl. *Krebs*, Rückabwicklung im UN-Kaufrecht, S. 94.

auch im Falle der Verletzung einer vertragsähnlichen Pflicht des Verkäufers erfüllt. Diese im Großen und Ganzen mit den Gesetzesmaterialien begründete Auffassung würde das Zusammenspiel von Haftungsbegründung und Haftungsbegrenzung nach dem UN-Kaufrecht im Ergebnis aushebeln und ist aus diesem Grund abzulehnen. Nur vertragswidriges Verhalten des Verkäufers kann dessen Gefahrtragung auch nach Gefahrübergang zur Folge haben.

Artikel 36 Abs. 2 CISG und 66 2. Halbsatz CISG erfassen dabei auch Fälle, in denen eine Vertragsverletzung des Verkäufers nach Gefahrübergang eine Substanzbeeinträchtigung der Kaufsache ebenfalls nach Gefahrübergang verursacht hat. In diesem Zusammenhang sind die Artikel 36 Abs. 2 CISG und 66 2. Halbsatz CISG streng genommen nicht als Ausnahmevorschriften zu qualifizieren. Sie begründen vielmehr originär eine Haftung des Verkäufers nach Gefahrübergang. Diese Haftungserweiterung ist indes eng auszulegen. Sie kann nur vertragliche Pflichten des Verkäufers zum Gegenstand haben, die gerade einen Schutz der Integrität der Kaufsache über den Zeitpunkt des Gefahrübergangs hinaus bezwecken. Auf die Erhaltungspflicht des Verkäufers nach Artikel 85 Abs. 1 CISG sind die Artikel 36 Abs. 2 und 66 2. Halbsatz CISG ganz grundsätzlich nicht anwendbar.

Auch Artikel 70 CISG ordnet eine Gefahrtragung des Verkäufers nach Gefahrübergang an. Eigenständige Bedeutung hat die Vorschrift allerdings nur in Fällen der so genannten „überholenden Kausalität". Wird die Kaufsache vor Gefahrübergang beschädigt und stellt diese Beschädigung eine wesentliche Vertragsverletzung nach Artikel 25 CISG dar, so kann der Käufer auch dann noch Schadensersatz verlangen, wenn die Kaufsache in einem Zeitpunkt nach Gefahrübergang vollständig untergeht. Eigentlich hat der Käufer hier keinen Schaden erlitten, da er auch bei Hinwegdenken der ersten Sachbeeinträchtigung aufgrund der zu seinen Lasten gehenden späteren vollständigen Zerstörung nach Gefahrübergang keinen Gegenwert für den gezahlten bzw. zu zahlenden Kaufpreis erhalten hätte. Der Käufer soll hier nicht schlechter stehen, als wenn er die Vertragsaufhebung erklärt oder Ersatzlieferung verlangt hätte.

Vergleichbar Artikel 36 CISG ist auch Artikel 82 Abs. 2 lit. a) CISG trotz seiner systematischen Stellung außerhalb des Kapitels IV. des CISG als Gefahrtragungsvorschrift im funktionellen Sinne zu qualifizieren. Die Vorschrift bewirkt, dass der Käufer ein durch ein Ereignis vor Gefahrübergang einmal begründetes Vertragsaufhebungsrecht bzw. seinen Ersatzlieferungsanspruch nicht dadurch verliert, dass die Kaufsache nach Gefahrübergang erneut beschädigt oder gar zerstört wird. Voraussetzung ist allerdings, dass diese Beschädigung oder Zerstörung nicht durch eine Vertragsverletzung des Käufers selbst verursacht worden ist. In einem solchen Fall ist der Käufer auf die Rechtsbehelfe der Minderung, des Schadensersatz- und des Nachbesserungsanspruchs beschränkt, die ihm dann nur in dem Umfang zur Verfügung stehen, in dem sie bereits vor Gefahrübergang begründet waren. Artikel 82 CISG geht Artikel 70 CISG in seinem Anwendungsbereich als die speziellere Regelung vor.

Die Fälle der so genannten Gefahrtragung während der Nachbesserung sind nach den allgemeinen Grundsätzen zu lösen. Der Käufer ist demnach in Konstellationen, in denen die Kaufsache nach Geltendmachung des Nachbesserungsverlangens untergeht und dies nicht auf eine Vertragsverletzung des Käufers zurückzuführen ist, insbesondere nicht daran gehindert, die Vertragsaufhebung zu erklären oder im Falle der Gattungsschuld Ersatzlieferung zu verlangen und auf diesem Wege auch den nach Gefahrübergang eingetretenen Schaden auf den Verkäufer abzuwälzen.

Sozusagen als Nebenprodukt der vorliegenden Betrachtung hat sich herausgestellt, dass die historische Auslegung für die Interpretation internationalen Einheitsrechts keinen verbindlichen Charakter hat. Ein solcher Verbindlichkeitsanspruch ließe sich allenfalls aus dem verfassungsrechtlichen Gewaltenteilungsprinzip ableiten. Internationale Konventionen werden aber gerade nicht durch einen unmittelbar demokratisch legitimierten parlamentarischen Gesetzgeber beschlossen. Die Erarbeitung erfolgt vielmehr lediglich durch so genannte Gesetzesverfasser. Regelmäßig wird es sich um Vertreter von Exekutivorganen oder sogar um am politischen Willensbildungsprozess gänzlich Unbeteiligte wie beispielsweise Universitätsprofessoren oder andere Rechtsexperten handeln. Auf die Zustimmung der einzelnen nationalen Parlamente und die in diesem Zusammenhang angestellten Überlegungen kann im Hinblick auf das das internationale Einheitsrecht dominierende Prinzip der vom nationalen Recht autonomen Gesetzesauslegung und Rechtsanwendung ebenfalls nicht zurückgegriffen werden. Die Gesetzesmaterialien haben damit für die Auslegung internationalen Einheitsrechts lediglich Indizwirkung.

Zweiter Teil: Besonderes Gefahrtragungsrecht

Das hier so genannte besondere Gefahrtragungsrecht ist in den Artikeln 67 bis 69 CISG geregelt. Die genannten Vorschriften bestimmen den konkreten Zeitpunkt, in dem die Preisgefahr auf den Käufer übergeht[333]. Zum Übergang der Leistungsgefahr treffen die Artikel 67 bis 69 CISG, zumindest in direkter Anwendung, keine Aussage[334]. Die folgenden Kapitel haben den Regelungsgehalt der Artikel 67 bis 69 in unmittelbarer Anwendung und damit den Übergang der Preisgefahr zum Gegenstand. Die Darstellung gliedert sich in drei Teile. Der erste Teil gibt einen umfassenden Überblick über die Regelungen des – großteils durch internationale Übereinkommen vereinheitlichten – Transportrechts. Jeder Kauf im Anwendungsbereich des CISG erfordert, dass die Ware transportiert wird. In der Praxis wird der Transport in aller Regel durch spezialisierte Transportunternehmen durchgeführt. Die Kenntnis der auf den Transportvorgang unmittelbar anwendbaren Rechtsregeln und deren faktischer Hintergründe erleichtert damit das Verständnis der sich beim Gefahrübergang ergebenden Fragestellungen. Ein zweiter Teil hat die Bestimmung des Anwendungsbereichs der einzelnen in den Artikeln 67 bis 69 CISG enthaltenen Gefahrtragungstatbestände sowie die mit dem besonderen Gefahrtragungsrecht allgemein in Verbindung gebrachten Wertungsfragen zum Gegenstand. Im Dritten Teil werden einzelne wichtige Problemkonstellationen innerhalb der jeweiligen Gefahrtragungstatbestände analysiert. Dabei kann in weiten Teilen auf die vorangegangenen Ausführungen und Erkenntnisse, auch zum hier so genannten allgemeinen Gefahrtragungsrecht, zurückgegriffen werden.

---

333 Honsell-*Schönle/Th.Koller*, Vorbem. Art. 66– 70, Rn. 1; MünchKommBGB-*Peter Huber*, Art. 66 CISG, Rn. 1; Witz/Salger/Lorenz-*Witz*, Vor Artt. 66–70, Rn. 1; *Achilles*, Art. 66 CISG, Rn. 1.

334 Staudinger-*Magnus*, Vorbem. zu Art. 66 ff CISG, Rn. 9; MünchKommBGB-*Peter Huber*, Art. 66 CISG, Rn. 15.

Kapitel 3: Das Recht und die Praxis des internationalen Gütertransports als Hintergrund des besonderen Gefahrtragungsrechts

Der enge Zusammenhang des Kaufrechts mit dem Transportrecht liegt auf der Hand. Gerade im Exporthandel ist eine Konstellation, in der die Ausführung des Kaufvertrags eines Transports der Ware nicht bedarf, nicht vorstellbar. Das Transportrecht ist seit jeher eine internationale Disziplin. Seinen Ursprung hat es im Seehandelsrecht, das gewissermaßen einen internationalen Zusammenhang kraft Natur der Sache aufweist. Das Transportrecht bildet sehr häufig den Gegenstand rechtsvereinheitlichender Übereinkommen. Transportrechtliche Bestimmungen sind traditionell ferner verkehrsmittelspezifisch ausgestaltet. Dem ist das internationale Einheitsrecht gefolgt. Das Recht des Warentransports mit spezifischen Verkehrsträgern ist, sukzessive, in verschiedenen voneinander unabhängigen internationalen Abkommen kodifiziert worden. Auch wenn gemeinsame Tendenzen und Grundsätze unverkennbar sind, weichen die einschlägigen Regelungen in Inhalt und Regelungsdichte durchaus voneinander ab. Im Folgenden sollen die (aus europäischer Sicht) wichtigsten Abkommen über den Transport zur See, zur Straße, zur Luft sowie zur Schiene stellvertretend für das internationale Transportrecht in seiner Gesamtheit besprochen werden. Besonderes Augenmerk wird dabei auf die Ausgestaltung der Haftung des Transportunternehmers, die Rechtsstellung des Empfängers der Ware sowie die Funktion der einzelnen transportrechtlichen Dokumente zu richten sein.

I. Seefrachtrecht

Das Seefrachtrecht kann als die Ursprungsform des Transportrechts gemeinhin bezeichnet werden. Bereits das Römische Recht kannte besondere Vorschriften zur, seinerzeit strikten, Haftung des Schiffers für das von ihm transportierte Gut[335]. Internationales Einheitsrecht wurde auf diesem Gebiet erstmals in Form des 1927 in Kraft getretenen „Internationalen Abkommens zur Vereinheitlichung

335 *Basedow*, Transportvertrag, S. 392 m.w.N.

von Regeln über Konnossemente (Haager Regeln, HR[336])" geschaffen. Die Haager Regeln haben in der Folgezeit weltweite Akzeptanz erfahren[337]. So gut wie alle bedeutenden Seehandel treibenden Nationen haben die Haager Regeln ratifiziert[338] oder zumindest dem Inhalt nach in ihr autonomes Handelsrecht übernommen[339]. Die Rechtsvereinheitlichung durch die Haager Regeln ist allerdings nicht umfassend. Als Reaktion auf eine ausufernde Freizeichnungspraxis der Transporteure im ausgehenden 19. Jahrhundert[340] befassen sich die Haager Regeln ausschließlich mit Fragen der Haftung des Frachtführers[341] zur See[342]. Die Haager Regeln sind 1968 durch das so genannte Visby Protokoll[343] ergänzt worden. Das Visby Protokoll nimmt Detailänderungen an der Konvention von 1927 vor[344], ohne allerdings den rein haftungsrechtlichen Charakter der ursprünglichen Haager Regeln in Frage zu stellen. Die durch das Visby Protokoll

---

336 Convention internationale pour l'unification des certaines règles en matière de connaissement et protocole de signature", „Hague Rules", abgedruckt bei *Rabe/Bahnsen*, Seehandelsrecht, Anhang I § 526.

337 *Puttfarken*, Seehandelsrecht, Rn. 295 spricht von *„einem der erfolgreichsten Texte internationalen Einheitsrechts"*.

338 Einen Überblick über den Ratifikationsstand gibt *Rabe/Bahnsen*, Seehandelsrecht, vor § 481, Rn. 31.

339 Dazu *Puttfarken*, Seehandelsrecht, Rn. 296 ff.

340 Generell zur Entstehungsgeschichte der Haager Regeln: *Schmitthoff*, Export Trade, S. 562; *Hill*, Maritime Law, S. 269; *Wilson*, Carriage of Goods by Sea, S. 117 f.; *Puttfarken*, Rn. 134 m.w.N.

341 Die im Seefrachtrecht gebräuchliche Bezeichnung ist eigentlich „Verfrachter" bzw. „carrier". Die Bezeichnung „Frachtführer" hat sich aber im Kontext der anderen transportrechtlichen Abkommen eingebürgert, so dass sie aus Gründen der Übersichtlichkeit auch hier verwendet werden soll. Ausführlich zu der im Seefrachtrecht üblichen Differenzierung zwischen Verfrachter, Befrachter, Ablader und Empfänger *Herber*, Seehandelsrecht, § 27, S. 236 ff.

342 Neben der Beschränkung auf haftungsrechtliche Fragen sind die Haager und Haager-Visby Regeln des Weiteren nur in den Fällen anwendbar, in denen der Frachtführer dem Absender einen Seefrachtbrief (Konnossement; *bill of lading*) bzw., im Anwendungsbereich der Haager-Visby Regeln, ein ähnliches Dokument ausstellt (Art. 1 lit. b) HR/HVR). Die Verwendung eines Transportdokuments ist im Seehandelsrecht absolut üblich. Zur Ausstrahlungswirkung der Haager bzw. Haager-Visby Regeln über ihren direkten sachlichen Anwendungsbereich hinaus siehe *Puttfarken*, Seehandelsrecht, Rn. 139.

343 *Protocol to amend the International Convention for the unification of certain rules relating to bills of lading*, abgedruckt bei *Rabe/Bahnsen*, Seehandelsrecht, Anhang II § 526.

344 Einen kurzen Überblick gibt *Rabe*, Seehandelsrecht, Anhang II § 663b, Rn. 4.

abgeänderten Haager Regeln werden als Haager-Visby Regeln, (HVR)[345] bezeichnet. Auch die Haager-Visby Regeln haben eine breite weltweite Akzeptanz erfahren[346]. Nicht alle Vertragsstaaten der ursprünglichen Haager Regeln haben auch das Visby Protokoll ratifiziert. Die Folge ist ein gewisses Maß an Rechtszersplitterung auch im international vereinheitlichten Seehandelsrecht[347]. Ein Reformversuch in Form der so genannten Hamburger Regeln von 1978 (in Kraft getreten zum 1. November 1992)[348] kann aufgrund der mangelnden Akzeptanz bei den bedeutenden Handelsnationen als gescheitert angesehen werden[349].

Aufgrund der Lückenhaftigkeit der Haager bzw. Haager-Visby Regeln spielt im Seetransportrecht trotz der nahezu weltweiten Verbreitung internationalen Einheitsrechts das unvereinheitlichte nationale Recht nach wie vor eine nicht zu unterschätzende Rolle. Alle nicht als haftungsrechtlich zu qualifizierenden Fragestellungen bestimmen sich nach dem Vertragsstatut. Damit ist auch im vorliegenden Kontext ein Rückgriff auf Regelungen des unvereinheitlichten nationalen Rechts unerlässlich. Entgegen der bislang im Laufe der Untersuchung geübten Praxis soll dabei das Augenmerk unter Verzicht auf einen Rechtsvergleich ausschließlich auf das in der Praxis dominierende englische Seehandelsrecht[350] gerichtet werden.

Die Haager bzw. Haager-Visby Regeln folgen in ihrem Aufbau der Seereise[351]. Der typische Transportvorgang zur See stellt sich ungefähr wie folgt dar: Der Absender[352] liefert das Frachtgut zur vereinbarten Zeit an den vertraglich bzw. nachvertraglich festgelegten Abladeort, wo es der Frachtführer dann in seine Obhut nimmt. Der Verladeort muss dabei nicht zwangsläufig ein Hafen sein.

---

345 Hague-Visby Rules, abgedruckt bei *Rabe/Bahnsen*, Seehandelsrecht, Anhang III § 526.

346 *Puttfarken*, Seehandelsrecht, Rn. 297; einen Überblick über den Ratifikationsstand gibt *Rabe Bahnsen*, Vor § 431, Rn. 34.

347 *Reynolds*, Carriage of Goods by Sea, Rn. 11.68; vgl. z.B. hinsichtlich der Haftungshöchstsummen die Ausführungen bei *Puttfarken*, Seehandelsrecht, Rn. 227 ff.

348 *United Nations Convention on the Carriage of Goods by Sea*, 1978, Hamburg Rules, abgedruckt bei *Rabe/Bahnsen*, Seehandelsrecht, Anhang IV § 526.

349 *Puttfarken*, Seehandelsrecht, Rn. 322 f.; *Herber*, Seehandelsrecht, § 29, S. 269 f.; *Rabe/Bahnsen*, Seehandelsrecht, vor § 481, Rn. 41; *Wilson*, Carriage of Goods by Sea, S. 208.

350 Zur Bedeutung des englischen Seehandelsrechts *Herber*, Seehandelsrecht, § 5, S. 58.

351 *Puttfarken*, Seehandelsrecht, Rn. 140.

352 Im Seefrachtrecht eigentlich „Befrachter" bzw. „Ablader" (zur Unterscheidung *Herber*, Seehandelsrecht, § 27 II. 2. und 3., S. 241 ff.), engl. „*shipper*"; im Folgenden wird zur Wahrung der Übersichtlichkeit die auch im Kontext anderer transportrechtlicher Übereinkommen gebräuchliche Bezeichnung Absender" verwendet, vgl. dazu schon oben Fußnote 341.

Auch eine inländische Verladestation wie zum Beispiel ein Containerterminal ist denkbar. Für einen zeitlich vorgelagerten Landtransport bzw. die Verwahrung des Transportguts im Vorfeld des Verladevorgangs gilt das Haftungsregime der Haager bzw. Haager-Visby Regeln dann allerdings nur dispositiv[353]. Vor dem Verladen auf das Schiff wird das Transportgut (einschließlich seiner Verpackung), meist von den mit der Überwachung des Verladevorgangs beauftragten *„tally clerks"*, auf Stückzahl, Menge, Gewicht und die äußerlich erkennbare Beschaffenheit[354] überprüft[355]. Das Ergebnis wird dem Frachtführer übermittelt, der dieses so genannte *„mate's receipt"* mit den Angaben vergleicht, die er vom Absender in einem Entwurf des Frachtbriefs (im Seehandelsrecht eigentlich „Konnossement"; „Bill of Lading") oder anderer das Frachtgut begleitenden Dokumentation erhalten hat[356]. Stimmen die Überprüfungsergebnisse der *„tally clerks"* mit den Angaben des Absenders überein, stellt der Frachtführer dem Absender nach Abschluss des Verladevorgangs[357] ein so genanntes „reines Konnossement" (*„clean bill of lading"*) in mehreren Ausfertigungen aus[358]. Für den Fall der Nichtübereinstimmung ist er eigentlich angehalten, einen Vorbehalt in das Konnossement einzutragen („unreines Konnossement", *„foul bill of lading"*). Da ein unreines Konnossement nur eingeschränkt verkehrsfähig ist (zur Verkehrsfähigkeit sogleich), stellt der Frachtführer in der Praxis (meist unzulässiger Weise) auch bei der Übernahme mangelhafter Ware ein reines Konnossement aus und lässt sich im Gegenzug vom Absender von etwaigen Ersatzansprüchen des Empfängers freistellen[359]. Neben den Angaben zum Zustand der Ware soll das Konnossement des Weiteren Angaben über Markierungen und

---

353 Artikel 7 HR / HVR; vgl. *Puttfarken*, Seehandelsrecht, Rn. 166; *Wilson*, Carriage of Goods by Sea, S. 179 f.

354 Vgl. Artikel 3 Nr. 3 lit. c) HR / Artikel 3 § 3 lit. c) HVR: *„apparent order and condition of the goods"*; *Schmitthoff*, Export Trade, S. 585; *Richardson*, Hague and Hague-Visby Rules, S. 24.

355 Artikel 3 Nr. 3 HR / Artikel 3 § 3 HVR; vgl. *Schmitthoff*, Export Trade, S. 541.

356 *Schmitthoff*, Export Trade, S. 541 f.

357 Artikel 3 Nr. 3 HR / Artikel 3 § 3 HVR; das ist zumindest der Regelfall der so genannten *„shipped bill of lading"*; wird der Frachtbrief vor diesem Zeitpunkt ausgestellt, spricht man von einer *„received for shipment bill of lading"*, deren Verkehrsfähigkeit wiederum vergleichsweise eingeschränkt ist; dazu *Schmitthoff*, Export Trade, S. 569 f.; *Tetley*, Maritime Transportation, Rn. 4–49, S. 19.

358 *Schmitthoff*, Export Trade, S. 541 f.; Puttfarken, Rn. 80.

359 *Schmitthoff*, Export Trade, S. 586; *Herber*, Seehandelsrecht, § 44 II. 3., S. 443; *Puttfarken*, Seehandelsrecht, Rn. 289 ff.

Zeichen enthalten, die eine eindeutige Identifizierung des Transportguts möglich machen[360]. Mit dem Konnossement erhält der Absender auch eine Quittung, die die Inobhutnahme des Transportguts durch den Frachtführer belegt[361].

Das Frachtgut bleibt auch während des Transports handelbar[362]. Das Konnossement ist Traditionspapier im wertpapierrechtlichen Sinne: bei einer etwaigen Übereignung des Guts steht das Konnossement stellvertretend für die transportierte Ware selbst[363]. Vergleichbares gilt bei Ankunft des Transportguts am Bestimmungsort: nur wer sich durch Vorlage des Konnossements als Berechtigter legitimiert, kann die Ware vom Frachtführer in Empfang nehmen[364]. Für den Geschäftsgang beim Seetransport folgt daraus, dass der Absender das Konnossement nach Erhalt schnellstmöglich an den intendierten Empfänger (soweit dieser im Zeitpunkt der Ausstellung bereits feststeht) übermittelt. In der Regel geschieht dies mittels Luftpost, so dass das Konnossement sozusagen das Transportgut auf dem Weg zum Empfänger überholt[365]. Haben die Kaufvertragsparteien die Finanzierung des Warenkaufs mittels eines Dokumentenakkreditivs[366] vereinbart, so übergibt der Absender die Ausfertigungen des Konnossements an die den Akkreditiv ausstellende Zweitbank[367]. Diese leitet die Dokumente an die eigentliche Akkreditivbank weiter[368].

---

360 Artikel 3 Nr. 3 lit. a) HR / Artikel 3 § 3 lit. a) HVR.

361 Artikel 3 Nr. 4 HR / Artikel 3 § 4 HVR; ausführlich *Wilson*, Carriage of Goods by Sea, S. 120 ff.

362 In der Tat ist das Handeln „reisender Ware“ gerade im Fall des Transports zur See mehr oder weniger üblich; *Puttfarken*, Seehandelsrecht, Rn. 91; *Wilson*, Carriage of Goods by Sea, S. 136.

363 *Hill*, Maritime Law, S. 244 f.; *Schmitthoff*, Export Trade, S. 572 f und 590.; *Wilson*, Carriage of Goods by Sea, S. 136 ff.; zu den wertpapierrechtlichen Aspekten des Seefrachtbriefs aus deutscher Sicht vgl. *Herber*, Seehandelsrecht, § 30 II, S. 307 ff.; *Puttfarken*, Seehandelsrecht, Rn. 103 ff.; *Karsten Schmidt*, Handelsrecht, § 24.

364 Ausführlich *Wilson*, Carriage of Goods by Sea, S. 158 ff.; *Hill*, Maritime Law, S. 246; *Schmitthoff*, Export Trade, S. 591 f.

365 *Schmitthoff*, Export Trade, S. 543; *v.Hoffmann*, Passing of Risk, S. 272.

366 „*Letter of Credit*“; zum Ganzen: *Ehrlich* in: Kronke/Melis/Kuhn, Handbuch Internationales Wirtschaftsrecht, Teil I, Rn. 222 ff.; *Schmitthoff*, Export Trade, S. 400 ff.; *Büter*, Außenhandel, S. 281 ff.

367 Zum Begriff und den Funktionen, in denen die Zweitbank im Akkreditivverkehr tätig werden kann *Ehrlich* in: Kronke/Melis/Kuhn, Handbuch Internationales Wirtschaftsrecht, Teil I, Rn. 235 ff.

368 *Schmitthoff*, Export Trade, S. 544.

Das Konnossement berechtigt den Inhaber des Weiteren, dem Frachtführer während des Transports Weisungen zu erteilen[369]. Im deutschen Schrifttum wird dieses transportvertragliche Weisungsrecht gemeinhin aus dem geschäftsbesorgungsähnlichen Charakter des Beförderungsvertrags abgeleitet[370]. Die anglo-amerikanische Literatur verweist im Kontext des Seehandelsrechts darauf, dass neben den dinglichen auch die vertraglichen Rechte hinsichtlich des Transportguts im Konnossement verkörpert seien[371]. Letztlich folgt das Weisungsrecht einer ökonomischen Notwendigkeit. Auf dem zeitlich gestreckten Transportvorgang muss eine Einflussnahme des dinglich Berechtigten auf das Frachtgut möglich sein. Praktisch bedeutsam sind vor allem die Weisungen auf Stoppung[372] und Umleitung des Transportguts an einen anderen Ort bzw. einen neuen Empfänger. Neben der dinglichen und vertragsrechtlichen Verfügungsberechtigung über das Frachtgut verkörpert das Konnossement schließlich die Befugnis, gegen den Frachtführer wegen der Verletzung seiner Pflichten aus dem Transportvertrag zu klagen[373].

Am Bestimmungsort liefert der Frachtführer die transportierte Ware beim durch das Konnossement legitimierten Empfänger ab. Dieser gleicht, wie auch schon der Frachtführer bei Beginn des Seetransports, den Zustand des Frachtguts mit den Angaben im Konnossement ab. Bei einer Abweichung wird aufgrund der vorerwähnten Beweisfunktion des Konnossements – widerlegbar[374]- vermutet, dass die Ware im Versendungszeitpunkt den Angaben des Konnossements entsprach[375], die Abweichung mithin kausal auf den Transportvorgang zurückzuführen ist. Die Beweisfunktion des Konnossements stellt damit eine haftungsrechtliche Privilegierung des Empfängers dar, der nach den normalen zivilprozessualen Beweisregeln für den ihm günstigen Umstand des Kausalzusammenhangs zwischen Transport und Beeinträchtigung des Transportguts voll

---

369 *Wilson*, Carriage of Goods by Sea, S. 139 f.; *Herber*, Seehandelsrecht, § 28 III. 3., S. 251; *Puttfarken*, Seehandelsrecht, Rn. 106 f.

370 Ausführlich *Basedow*, Transportvertrag, S. 293 ff.

371 Z.B. *Ivamy*, Carriage of Goods by Sea, S. 108 f.

372 Zum Zurückbehaltungsrecht oben S. 63 ff.

373 Vgl. Section 2 (1) Carriage of Goods by Sea Act 1992; *Schmitthoff*, Export Trade, S. 558 f.; *Hill*, Maritime Law, S. 260 ff.; *Wilson*, Carriage of Goods by Sea, S. 139.

374 Nach Artikel 3 § 4 Satz 2 HVR wird die Vermutung der Richtigkeit des Frachtbriefs allerdings unwiderlegbar, sobald das Konnossement an einen gutgläubigen Dritten übertragen wird; vgl. *Tetley*, Maritime Transportation, Rn. 4–58 f., S. 22; *Puttfarken*, Seehandelsrecht, Rn. 141.

375 Artikel 3 Nr. 4 HR / Artikel 3 § 4 Satz 1 HVR.

darlegungs- und beweisbelastet wäre[376]. Es obliegt dem Empfänger, die Untersuchung der Ware unmittelbar nach deren Eintreffen am Bestimmungsort vorzunehmen. Äußerlich erkennbare qualitative oder quantitative Mängel hat er dem Frachtführer unverzüglich anzuzeigen. Im Falle nicht äußerlich erkennbarer Mängel des Frachtguts verliert der Empfänger die frachtrechtliche Beweiserleichterung, sofern er die betreffende Beeinträchtigung nicht innerhalb einer Frist von 3 Tagen ab Erhalt der Ware schriftlich gegenüber dem Frachtführer rügt[377].

Die beweisrechtliche Privilegierung des Empfängers wird nach den Haager und Haager-Visby Regeln durch eine materiellrechtliche (Haftungs-)Privilegierung des Frachtführers in zweierlei Hinsicht kompensiert. Die an sich strikte Haftung des Frachtführers ist, erstens, dem Grunde nach[378] bereits durch eine Vielzahl von Ausschlusstatbeständen eingeschränkt. So erlauben es die Haager bzw. Haager-Visby Regeln dem Frachtführer, sich in den Fällen höherer Gewalt von der Haftung zu entlasten. Einzelne Formen der Warenbeeinträchtigung aufgrund höherer Gewalt werden dabei beispielhaft als eigenständige Ausschlussgründe aufgezählt[379]; auf diesem Wege sollen die Unsicherheiten vermieden werden, die mit der Verwendung des konturlosen Begriffs der höheren Gewalt in vielen anderen Gesetzen verbunden sind[380]. Der Frachtführer kann sich ferner entlasten, wenn er beweist, dass der Transportschaden auf Ursachen zurückzuführen ist, die er oder seine Hilfspersonen nicht verschuldet haben[381]. Schließlich haftet er für die Seetüchtigkeit des Schiffes nur, sofern dieser Umstand auf eine ihm zurechenbare Pflichtverletzung zurückgeführt werden kann[382]. Dogmatisch ist die Haftung des Frachtführers nach den Haager und Haager-Visby

---

376 Die Belastung derjenigen Partei, die sich auf einen ihr günstigen Umstand beruft, mit der Darlegungs- und Beweislast ist ein auch im internationalen Kontext allgemein anerkannter Grundsatz; vgl. zum CISG Schlechtriem/Schwenzer-*Ferrari*, Art. 4, Rn. 49 f. m. zahlr. Nachw.

377 Artikel 3 Nr. 6 HR / Artikel 3 § 6 HVR; Zur konkreten Rechtsfolge bei Versäumnis der rechtzeitigen Mängeluntersuchung und -rüge *Puttfarken*, Seehandelsrecht, Rn. 198.

378 Eine eigene Anspruchsgrundlage enthalten die Haager und Haager-Visby Regeln nicht. Insoweit ist auf die Vertragsverletzungstatbestände des nationalen Rechts zurückzugreifen; vgl. *Puttfarken*, Seehandelsrecht, Rn. 149.

379 Artikel 4 Nr. 2 lit. b, c, e, g, h, j, k HR / Artikel 4 § 2 lit. b, c, e, g, h, j, k HVR.

380 Ungeachtet dessen ist auch der Tatbestand der höheren Gewalt *(„act of god"*, in der, nicht authentischen, deutschen Übersetzung allerdings wiedergegeben als „Naturereignis") in Artikel 4 Nr. 2 lit. d) HR / Artikel 4 § 2 lit. d) HVR ausdrücklich genannt.

381 Artikel 4 Nr. 2 lit. q) HR / Artikel 4 § 2 lit. q) HVR.

382 Artikel 4 Nr. 1 HR / Artikel 4 § 2 HVR.

Regeln im Hinblick auf die beiden letztgenannten Enthaftungstatbestände als Verschuldenshaftung mit umgekehrter Beweislast beziehungsweise als Haftung für vermutetes Verschulden qualifiziert worden[383].

Der Frachtführer haftet, zweitens, in der Summe beschränkt auf einen Betrag in Höhe von 666,67 Sonderziehungsrechten des Internationalen Währungsfonds („IWF“) pro Frachtstück bzw. in Höhe von 2 Sonderziehungsrechten für jedes Kilogramm Gewicht des Frachtguts[384]. Nach unten hin ist diese Haftungssumme – zum Schutz des Ersatzberechtigten – nicht abänderbar[385]. Es bleibt anzumerken, dass die Haftungshöchstsummen der Haager und Haager-Visby Regeln ursprünglich nicht als Höchst-, sondern als Mindestsummen konzipiert waren, mit dem erklärten Ziel, eine volle Haftung des Frachtführers zu gewährleisten[386]. Die Abkehr vom Goldstandard und der inflationsbedingte Wertverfall des Sonderziehungsrechts des IWF haben den ursprünglich angestrebten Grundsatz allerdings mehr oder weniger in sein Gegenteil verkehrt. Die Haftungssummen der Haager und Haager-Visby Regeln decken meist nur einen Bruchteil des tatsächlichen Warenwerts[387]. Zwar ist es grundsätzlich möglich, eine über die genannten Grenzbeträge hinausgehende Haftung des Frachtführers individualvertraglich zu vereinbaren. Aufgrund der Marktmacht der Reedereien bleibt dies allerdings überwiegend Theorie[388]. Die für Absender und Empfänger unbefriedigende Haftungssituation hat dazu geführt, dass jede über See transportierte Ware, oft sogar doppelt, gegen Verlust und Beschädigung versichert ist[389]. In einem Haftungsprozess stehen sich in der Praxis aus diesem

---

383 *Basedow*, Transportvertrag, S. 395; vgl. auch *Schmitthoff*, Export Trade, S. 596 ff.

384 Artikel 4 § 5 HVR in der Fassung des SZR-Protokolls von 1979; vgl. dazu *Puttfarken*, Seehandelsrecht, Rn. 231; *Tetley*, Maritime Transportation, Rn. 4–64, S. 25; Artikel 4 Nr. 5 HR orientiert sich im Gegensatz dazu am– inzwischen kaum noch verwendeten– Goldstandard. Das kann in den einzelnen Unterzeichnerstaaten zu dramatisch abweichenden Haftungssummen führen; vgl. *Puttfarken*, Seehandelsrecht, Rn. 227 f.; *Richardson*, Hague and Hague-Visby Rules, S. 42 f. Allgemein lässt sich sagen, dass das Seehandelsrecht aufgrund der Vielzahl einschlägiger Berechnungsgrundlagen im Rahmen der Haftungsbegrenzung von einem einheitlichen Standard weit entfernt ist. Zum Ganzen *Tetley*, Maritime Transportation, Rn. 4–64, S. 25 und Rn. 82, S. 32; *Puttfarken*, Seehandelsrecht, Rn. 221 ff.

385 Artikel 4 Nr. 5 HR / Artikel 4 § 5 lit. g) HVR.

386 *Puttfarken*, Seehandelsrecht, Rn. 225 f.

387 *Wilson*, Carriage of Goods by Sea, S. 195; *Puttfarken*, Seehandelsrecht, Rn. 224 ff.

388 *Puttfarken*, Seehandelsrecht, Rn. 140; *Wilson*, Carriage of Goods by Sea, S. 194 f.; vgl. auch *Schmitthoff*, Export Trade, S. 562 zur Marktmacht der Reeder allgemein.

389 *Puttfarken*, Seehandelsrecht, Rn. 232.

Grund selten die Parteien des Transportvertrags gegenüber. Vielmehr handelt es sich in aller Regel um Regressstreitigkeiten der betroffenen Versicherungen[390].

II. Straßentransportrecht

Im Gegensatz zum Seehandelsrecht hat eine weltweite Vereinheitlichung des Rechts des Straßengütertransports bislang nicht stattgefunden. Das verwundert nicht, liegt es doch letztlich in der Natur des Straßentransports selbst, dass eine dem Seerecht vergleichbare weltweite Internationalität nur schwer vorstellbar ist. Auf dem europäischen Subkontinent gilt seit dem 2. Juli 1961 das Übereinkommen über den Beförderungsvertrag im internationalen Straßengüterverkehr (*convention relative au Contrat de transport international de marchandises par route*, CMR)[391]. Die vorliegende überblicksartige Darstellung nimmt die Rechtslage nach der CMR zum Ausgangspunkt[392]. Vergleichbar dem Seehandelsrecht enthält die CMR schwerpunktmäßig haftungsrechtliche Bestimmungen. In einigen wichtigen Punkten geht die Konvention allerdings über den Regelungsbereich der Haager bzw. Haager-Visby Regeln hinaus. Das gilt besonders im Hinblick auf Fragen, die die Rechtsstellung des Empfängers der Warensendung betreffen. Die CMR enthält in ihrem gesamten Anwendungsbereich zwingendes Recht[393].

Die CMR setzt in vielen ihrer Bestimmungen das Bestehen eines Frachtbriefs voraus[394]. In der Transportpraxis wird der Frachtbrief meist vom Frachtführer ausgestellt[395], auch wenn es eigentlich in den Pflichtenkreis des Absenders fällt, dem Frachtführer mit dem Transportgut bereits einen vollständig ausgefüllten Vordruck zu übergeben[396]. Die CMR verlangt die Ausstellung des Frachtbriefs in

---

390 Vgl. *Puttfarken*, Seehandelsrecht, Rn. 132.

391 Einen Überblick über den Ratifikationsstand geben *Koller*, Transportrecht, Art. 1 CMR, Rn. 6; Thume-*de la Motte/Temme*, Vor Art. 1, Rn. 7.

392 Im amerikanischen Wirtschaftsraum gilt vergleichbar die Inter American Convention on International Carriage of Goods by Road. Der Konventionstext ist veröffentlicht unter http://www.oas.org/juridico/english/sigs/b-55.html (Stand: 25. August 2019).

393 Artikel 41 CMR.

394 Für das Bestehen des Transportvertrags als Schuldverhältnis an sich ist die Existenz eines Frachtbriefs allerdings nicht konstitutive Voraussetzung, vgl. Artikel 4 Satz 2 CMR; *Herber/Piper*, Internationales Straßentransportrecht, Art. 4 CMR, Rn. 2; *Bürskens* in: Kronke/Melis/Kuhn, Handbuch Internationales Wirtschaftsrecht, Teil E, Rn. 58; Thume-*Teutsch*, Art. 5, Rn. 1.

395 Thume-*Teutsch*, Art. 5, Rn. 6; MünchKommHGB-*Jesser-Huß*, Art. 4 CMR, Rn. 9; anders allerdings *Messent/Glass*, Carriage of Goods by Road, S. 73.

396 MünchKommHGB-*Jesser-Huß*, Art. 4 CMR, Rn. 9.

drei Ausfertigungen[397]. In der Praxis handelt es sich dabei meist um verschiedenfarbige Durchschläge desselben Dokuments[398]. Die erste Ausfertigung erhält der Absender, die dritte Ausfertigung ist für den Frachtführer bestimmt. Die zweite Ausfertigung des Frachtbriefs begleitet das Frachtgut auf dem Transport[399]. Der Frachtführer ist angehalten, das Transportgut bei Erhalt zu zählen, die betreffenden Identifizierungskennzeichen zu ermitteln und den äußerlich erkennbaren Zustand der ihm anvertrauten Ware zu überprüfen[400]. Die Ergebnisse dieser Untersuchung gleicht der Frachtführer mit den bereits im Frachtbrief enthaltenen Angaben des Absenders ab. Abweichungen von den Angaben des Absenders sind im Frachtbrief anzugeben[401]. Ist dem Frachtführer die Untersuchung nicht möglich, z.B. weil die Ware im verplombten Container transportiert wird[402], so hat der Frachtführer einen „unbekannt Vorbehalt[403]" in den Frachtbrief einzutragen[404]. Bei Massen- und Schüttgütern besteht aus Praktikabilitätsgründen keine Untersuchungsobliegenheit[405]. In einem etwaigen Haftungsprozess wird vermutet, dass das Transportgut im Hinblick auf Anzahl, Identifikationsmerkmale und äußerlich erkennbaren Zustand im Zeitpunkt der Inobhutnahme durch den Frachtführer den Angaben des Frachtbriefs entsprach[406]. Die Vermutung kann durch einen Gegenbeweis des Frachtführers widerlegt werden. Der Absender kann vom Frachtführer die Überprüfung weiterer Merkmale des Transportguts, nämlich Rohgewicht und Inhalt[407], gegen Ersatz der entstehenden Kosten verlangen[408]. Haftungsrechtlich wird es dem Absender auf diese Weise ermöglicht, die Vermutungswirkung des Frachtbriefs auf ebendiese Angaben zu erstrecken[409].

---

397 Artikel 5 Abs. 1 CMR.

398 *Koller*, Transportrecht, Art. 5 CMR, Rn. 2; *Messent/Glass*, Carriage of Goods by Road, S. 72; MünchKommHGB-*Jesser-Huß*, Art. 5 CMR, Rn. 3.

399 Artikel 5 Abs. 1 CMR.

400 Artikel 8 Abs. 1 CMR.

401 Das ergibt sich mittelbar aus Artikel 8 Abs. 1 i.V.m. Artikel 9 Abs. 2 CMR; dazu MünchKommHGB-*Jesser-Huß*, Art. 8 CMR, Rn. 16 m.w.N.

402 Vgl. MünchKommHGB-*Jesser-Huß*, Art. 8 CMR, Rn. 15.

403 MünchKommHGB-*Jesser-Huß*, Art. 8 CMR, Rn. 2 und 15.

404 Artikel 8 Abs. 2 CMR.

405 MünchKommHGB-*Jesser-Huß*, Art. 8 CMR, Rn. 27.

406 Artikel 9 Abs. 1, 2 CMR; vgl. dazu *Messent/Glass*, Carriage of Goods by Road, S. 80.

407 Nach Artikel 9 Abs. 2 CMR ist eine Überprüfung von Rohgewicht und Inhalt der Ladung nicht zwingend vorgeschrieben; vgl. MünchKommHGB-*Jesser-Huß*, Art. 8 CMR, Rn. 22 f.

408 Artikel 8 Abs. 3 CMR.

409 Artikel 9 CMR analog; dazu Thume-*Teutsch*, Art. 9, Rn. 14; *Koller*, Transportrecht, Art. 9 CMR, Rn. 4.

Am Ende des Transports sieht die CMR eine Überprüfung des Frachtguts durch Frachtführer und Empfänger gemeinsam, zumindest aber durch den Empfänger alleine vor. Äußerlich erkennbare Beeinträchtigungen des Frachtguts sind sofort zu rügen, äußerlich nicht erkennbare Defekte dem Frachtführer innerhalb einer Frist von sieben Tagen anzuzeigen. Bei Verstreichen der Rügefrist wird, widerlegbar, vermutet, dass das Frachtgut bei Ablieferung den im Frachtbrief angegebenen Zustand hatte[410]. Im Grundsatz richtet sich damit die Haftung des Frachtführers für transportbedingte Beeinträchtigungen des Frachtguts nach den im Frachtbrief enthaltenen Angaben. Der Frachtbrief dient des Weiteren als Quittung des Frachtführers über den Erhalt der Ware[411]. Eine dingliche Wirkung kommt dem Frachtbrief dagegen im Straßengütertransportrecht nicht zu; der CMR-Frachtbrief ist weder Traditions- noch Legitimationspapier im oben ausgeführten Sinne[412].

Die Weisungsbefugnis aus dem Transportvertrag steht ursprünglich dem Absender als dem Vertragspartner des Frachtführers zu[413]. Sie ist abhängig von der Vorlage der ersten Ausfertigung des Frachtbriefs gegenüber dem Frachtführer[414]. In der Regel geht das Weisungsrecht erst im Zeitpunkt der Ankunft des Frachtguts am Bestimmungsort auf den Empfänger über[415]. Ausnahmsweise kann ein zeitlich vorgelagertes Weisungsrecht durch Vermerk des Absenders im Frachtbrief begründet werden[416]. Der Empfänger muss sich in diesem Fall allerdings durch Vorlage der ersten Kopie des Frachtbriefs gegenüber dem Frachtführer als weisungsberechtigt legitimieren[417]. Im Ergebnis bedarf es aus diesem Grund, vergleichbar dem Seehandelsrecht, einer dem Transportgut vorauseilenden Übermittlung des Frachtbriefs an den Empfänger[418].

Die Aktivlegitimation des Empfängers des Transportguts entsteht zeitgleich mit dessen Weisungsrecht[419]. Inhaltlich regelt die CMR, im Bereich der

---

410 Artikel 30 Abs. 1 CMR.

411 Artikel 9 Abs. 1 CMR; vgl. Thume-*Teutsch*, Art. 4, Rn. 24.

412 *Messent/Glass*, Carriage of Goods by Road, S. 69; MünchKommHGB-*Jesser-Huß*, Art. 4 CMR, Rn. 13; *Schmitthoff*, Export Trade, S. 638.

413 Artikel 12 Abs. 1 CMR.

414 Artikel 12 Abs. 5 lit. a) CMR.

415 Artikel 12 Abs. 2 CMR.

416 Artikel 12 Abs. 3 CMR.

417 Artikel 12 Abs. 5 lit. a) CMR.

418 Thume-*Temme*, Art. 12, Rn. 37.

419 Artikel 13 Abs. 1 Satz 2 CMR; dazu *Messent/Glass*, Carriage of Goods by Road, S. 95 f.; Thume-*Thume*, Vor Art. 17, Rn. 8, die die Aktivlegitimation des Empfängers dem Artikel 13 Abs. 1 Satz 2 CMR nur indirekt entnehmen.

Sekundäransprüche, lediglich die Aktivlegitimation für Klagen wegen Lieferungsverspätung und Untergang des Transportguts. Nach allgemeiner Ansicht ist eine Aktivlegitimation für Klagen wegen Beschädigung der transportierten Ware allerdings im Wege der Analogie zu konstruieren[420]. Die Aktivlegitimation des Absenders ist in der CMR ebenfalls nicht ausdrücklich angesprochen. Sie folgt aber aus allgemeinen vertragsrechtlichen Grundsätzen[421]. Anders als im Seefrachtrecht sind Absender und Empfänger nebeneinander aktivlegitimiert[422]. Das führt zu der aus dem nationalen deutschen Zivilrecht bekannten Problematik der Drittschadensliquidation[423].

Die Haftung des Frachtführers ist dem Grundsatz nach strikt[424], wird allerdings durch eine Vielzahl von Ausschlusstatbeständen in nicht unerheblichem Umfang eingeschränkt. Die CMR unterscheidet dabei zwischen bevorrechtigten[425] und nicht bevorrechtigten[426] Ausschlussgründen[427]. Für nicht bevorrechtigte Ausschlussgründe ist der Frachtführer voll beweispflichtig[428]. Kann der Frachtführer nachweisen, dass das schadensstiftende Ereignis möglicherweise auf einen bevorrechtigten Ausschlussgrund zurückzuführen ist, so gilt eine Kausalitätsvermutung zu seinen Gunsten[429]. Für den Zustand des zum Transport verwendeten Fahrzeugs haftet der Frachtführer immer strikt[430]. In allen anderen Fällen kann er sich insbesondere von der Haftung befreien, wenn er beweist, dass die Beeinträchtigung des Frachtguts durch Umstände verursacht worden ist, die er nicht vermeiden und deren Folgen er nicht abwenden konnte[431]. Die

---

420 Thume-*Temme*, Art. 13, Rn. 24 f.; Thume-*Thume*, Vor Art. 17, Rn. 8; *Herber/Piper*, Internationales Straßentransportrecht, Art. 13, Rn. 17, beide mit zahlr. NWen, insbes. aus der, deutschen, Rechtsprechung. Vgl. auch *Messent/Glass*, Carriage of Goods by Road, S. 100; MünchKommHGB-*Jesser-Huß*, Art. 13 CMR, Rn. 15 f.; ähnlich *Koller*, Transportrecht, Art. 13 CMR, Rn. 7.

421 *Herber/Piper*, Internationales Straßentransportrecht, Art. 13, Rn. 30.

422 H.M., vgl. Thume-*Temme*, Art. 13, Rn. 26 ff. mit zahlr. NWen, auch aus der deutschen und österreichischen Rspr.; *Messent/Glass*, Carriage of Goods by Road, S. 96; *Bürskens* in: Kronke/Melis/Kuhn, Handbuch Internationales Wirtschaftsrecht, Teil E, Rn. 79.

423 Thume-*Temme*, Art. 13, Rn. 28 m.w.N.

424 Artikel 17 Abs. 1 CMR.

425 Artikel 17 Abs. 4 CMR.

426 Artikel 17 Abs. 2 CMR.

427 Zur Terminologie beispielsweise *Bürskens* in: Kronke/Melis/Kuhn, Handbuch Internationales Wirtschaftsrecht, Teil E, Rn. 66.

428 Artikel 18 Abs. 1 CMR.

429 Artikel 18 Abs. 2 CMR.

430 Artikel 17 Abs. 3 CMR.

431 Artikel 17 Abs. 2 4. Alt. CMR.

dogmatische Einordnung des Haftungssystems der CMR ist aufgrund dieses Ausschlusstatbestandes insbesondere unter Kommentatoren, deren Heimatrecht dem germanischen Rechtskreis zuzuordnen ist, umstritten[432]. Richtiger Weise wird durch das Kriterium der Vermeidbarkeit bzw. Abwendbarkeit ein Sorgfaltselement in die Haftungsordnung der Konvention eingeführt[433], das in anderem Zusammenhang bereits als charakteristisch für die Verschuldenshaftung identifiziert worden ist[434]. Qualitativ ist die Haftung des Frachtführers allerdings an einem sehr strengen Maßstab zu messen. Um den Anforderungen des Ausschlussgrundes gerecht zu werden, muss der Frachtführer unter Umständen Sonderopfer bis an die Grenze der Unzumutbarkeit erbringen[435]. Mit dem Hinweis auf Einhaltung der verkehrsüblichen Sorgfalt, wie sie dem deutschen Juristen aus § 276 BGB bekannt ist, alleine ist ihm unter keinen Umständen geholfen[436].

Der Höhe nach ist die Haftung des Frachtführers für Verlust oder Beschädigung des Frachtguts auf 8,33 Rechnungseinheiten pro Kilogramm Rohgewicht des Frachtguts begrenzt[437]. Die maßgebliche Rechnungseinheit ist dabei das Sonderziehungsrecht des Internationalen Währungsfonds[438]. Eine Erhöhung des Haftungsbetrags durch Parteivereinbarung ist möglich. Wirksamkeitsvoraussetzung[439] ist insoweit allerdings die Eintragung des betreffenden Haftungsinteresses des Absenders in den Frachtbrief[440].

---

432 Vgl. MünchKommHGB-*Jesser-Huß*, Art. 17 CMR, Rn. 3 f.; *Koller*, Transportrecht, Art. 17 CMR, Rn. 13 ff.; Thume-*Thume*, Art. 17, Rn. 4 ff., alle m.w.N.

433 *Basedow*, Transportvertrag, S. 398 f.; MünchKommHGB-*Jesser-Huß*, Art. 17 CMR, Rn. 40; *Herber/Piper*, Internationales Straßentransportrecht, Art. 17, Rn. 40 f.; die Literatur spricht gemeinhin von Haftung für vermutetes Verschulden; zum Ganzen: Thume-*Thume*, Art. 17, Rn. 4 ff.

434 Oben Kapitel 1 I. 2. a) (4), Seite 37.

435 Vgl. *Silver v. Islander Trucking*, [1985] Lloyd's Rep., 243, 247, zitiert nach *Carr*, International Trade Law, S. 386; *Herber/Piper*, Internationales Straßentransportrecht, Art. 17, Rn. 41; MünchKommHGB-*Jesser-Huß*, Art. 17 CMR, Rn. 40 f., alle m.w.N.

436 *Carr*, International Trade Law, S. 386; *Schmitthoff*, Export Trade, S. 640.

437 Artikel 23 Abs. 3 CMR in der Fassung des Zusatzprotokolls zur CMR vom 5.7.1978. Das gilt auch dann, wenn der Güterschaden auf eine Lieferverspätung zurückzuführen ist (str.). Dazu ausführlich Thume-*Thume*, Art. 23 CMR, Rn. 45 ff.

438 Artikel 23 Abs. 7 CMR in der Fassung des Zusatzprotokolls zur CMR vom 5.7.1978.

439 Vgl. Thume-*Thume*, Art. 24, Rn. 11 f.

440 Artikel 24 CMR.

III. Eisenbahnfrachtrecht

Vergleichbar dem Straßentransportrecht hat auch beim Eisenbahntransportrecht eine weltweite Vereinheitlichung aufgrund der Landgebundenheit des Transportmittels nicht stattgefunden. Im europäischen Raum (mit Ausstrahlungswirkung bis in den Mittleren Osten und Afrika) ist das Eisenbahntransportrecht bereits 1890 (und damit sogar vor dem Seerecht) durch internationale Übereinkommen vereinheitlicht worden. Es folgten zahlreiche Überarbeitungen[441]. Aktuell ist die *„convention relative aux transports internationaux ferroviaries"* („COTIF") in der Fassung des Protokolls vom 3. Juli 1999, die sowohl das international vereinheitlichte Güter- wie auch das Personentransportrecht in zwei Anhängen regelt[442]. Die in Anhang B enthaltenen güterbezogenen *„règles uniformes concernant le contrat de transport international ferroviaire des merchandises"* („CIM")[443] bilden den Gegenstand des vorliegenden Überblicks.

Das Eisenbahntransportrecht weist viele Parallelen zu den international vereinheitlichten Regelungen des Straßengütertransports auf[444]. Eine weitgehende Angleichung an die CMR ist insbesondere durch die letzte Überarbeitung von COTIF und CIM aus dem Jahre 1999 erfolgt[445], die (unter anderem für Deutschland) zum 1. Juli 2006 in Kraft getreten ist[446]. Eine grundlegende Überarbeitung des Eisenbahntransportrechts war nicht zuletzt im Hinblick auf die Liberalisierung des Eisenbahnverkehrs im Laufe der letzten 20 Jahre erforderlich geworden[447]. Zahlreiche Besonderheiten des Eisenbahnfrachtrechts, wie beispielsweise die Annahme eines Realvertrags zwischen Absender und Frachtführer[448] bzw. eines Kontrahierungszwangs des Frachtführers[449], wurden durch die Reform

441 Zur Entstehungsgeschichte vgl. *Koller*, Transportrecht, vor Art. 1 CIM, Rn. 1; MünchKommHGB-*Freise*, Vorbemerkung Eisenbahntransport- Internationales Recht, Rn. 1 ff.; *Carr*, International Trade Law, S. 357.

442 Vgl. *Bürskens* in: Kronke/Melis/Kuhn, Handbuch Internationales Wirtschaftsrecht, Teil E, Rn. 159 ff.; *Carr*, International Trade Law, S. 357.

443 Zum Ratifikationsstand *Koller*, Transportrecht, Art. 1 CIM, Rn. 5.

444 *Bürskens*, in: Kronke/Melis/Kuhn, Handbuch Internationales Wirtschaftsrecht, Teil E, Rn. 159.

445 MünchKommHGB-*Freise*, Vorbemerkung: Ziele der CIM Reform, Rn. 4 f.

446 MünchKommHGB-*Freise*, Vorbemerkung Eisenbahntransport- Internationales Recht, Rn. 4; *Koller*, Transportrecht, vor Art. 1 CIM, Rn. 1; zum aktuellen Ratifikationsstand http://otif.org/en/?page_id=51 (Stand: 25. August 2019).

447 MünchKommHGB-*Freise*, Vorbemerkung Eisenbahntransport- Internationales Recht, Rn. 2.

448 Dazu *Nánássy/Wick*, Eisenbahnfrachtrecht, S. 58.

449 MünchKommHGB-*Freise*, Vorbemerkung: Ziele der CIM Reform, Rn. 2.

abgeschafft. Im Folgenden soll besonderes Augenmerk auf die Aspekte gerichtet werden, in denen die Bestimmungen der CIM nach wie vor von denen der CMR abweichen.

Wie im durch die CMR vereinheitlichten Straßentransportrecht auch ist nach der CIM die Ausstellung eines Frachtbriefs obligatorisch, wobei ein Verstoß gegen diesen Zwang nicht die Unwirksamkeit des Beförderungsvertrags zur Konsequenz hat[450]. In Abweichung zur CMR gestattet die CIM – auch hierbei handelt es sich um eine durch das Protokoll von 1999 bedingte Neuerung – die Verwendung elektronischer Frachtbriefe. Voraussetzung ist die funktionelle Gleichwertigkeit zu einem herkömmlichen Frachtbrief in Papierform, insbesondere im Hinblick auf die Beweiskraft des elektronischen Dokuments[451]. Der Frachtbrief ist in dreifacher Ausfertigung auszustellen, in der Praxis ist allerdings die Verwendung von fünf Ausfertigungen üblich[452]. Der Frachtführer quittiert dem Absender den Erhalt der Ware auf dem so genannten Frachtbriefdoppel, einem Durchschlag des Original-Frachtbriefs[453]. Das Original des Frachtbriefs begleitet das Transportgut, das Frachtbriefdoppel wird meist vorab an den Empfänger übermittelt[454]. Weder das Frachtbriefdoppel noch das Original des Frachtbriefs selbst sind Legitimations- oder Traditionspapier im wertpapierrechtlichen Sinne[455].

Der Frachtbrief muss, unter anderem, Angaben über Namen und Anschrift des Absenders[456], den Übernahme- und den Ablieferungsort[457], die Stückzahl und Masse des Transportguts[458] sowie die Art des Guts und der Verpackung enthalten[459]. Abweichend vom CMR-Frachtrecht ist darüber hinaus eine Benennung des Empfängers im Frachtbrief obligatorisch[460]. Enthält der Frachtbrief eine oder mehrere der zwingend vorausgesetzten Angaben nicht, so führt dies, anders als noch nach der CIM 1980, nicht zum Nichtzustandekommen des

---

450 Artikel 6 § 2 CIM.

451 MünchKommHGB-*Freise*, Art. 6 CIM, Rn. 9.

452 MünchKommHGB-*Freise*, Art. 6 CIM, Rn. 10.

453 *Koller*, Transportrecht, Art. 6 CIM, Rn. 6; MünchKommHGB-*Freise*, Art. 6 CIM, Rn. 7; *Carr*, International Trade Law, S. 362.

454 MünchKommHGB-*Freise*, Art. 6 CIM, Rn. 10; *Carr*, International Trade Law, S. 362.

455 Artikel 6 § 5 CIM; MünchKommHGB-*Freise*, Art. 6 CIM, Rn. 11.

456 Artikel 7 § 1 lit. b) CIM.

457 Artikel 7 § 1 lit. e) und f) CIM.

458 Artikel 7 § 1 lit. i) und m) CIM.

459 Artikel 7 § 1 lit. h) CIM.

460 Artikel 7 § 1 lit. g) CIM.

Vertrags. Welche Rechte der Frachtführer im Falle des Erhalts eines unvollständigen Frachtbriefs hat, ist in der CIM nicht geregelt. Die Lücke ist durch Rückgriff auf das nationale Recht zu schließen. Nach deutschem Recht stünde dem Frachtführer hier beispielsweise ein Leistungsverweigerungsrecht zu[461].

Auch der Eisenbahnfrachtführer untersucht das Transportgut regelmäßig im Zeitpunkt der Inobhutnahme. Wie die CMR unterscheidet die CIM insoweit zwischen einer Untersuchungspflicht und einem inhaltlich weitergehenden Untersuchungsrecht des Frachtführers. Die Untersuchungspflicht wird durch ein entsprechendes Verlangen des Absenders im Zeitpunkt der Verladung begründet. Sie erstreckt sich auf die Angaben im Frachtbrief betreffend die Anzahl der Frachtstücke, ihre Zeichen und Nummern sowie die Bruttomasse oder die anders angegebene Menge des Guts[462]. Eine Pflicht zur Überprüfung auch des Inhalts der betreffenden Frachtstücke besteht nach der CIM in Abweichung zur CMR nicht[463]. Der Frachtführer ist verpflichtet, das Ergebnis der Überprüfung im Frachtbrief einzutragen[464]. Während die Untersuchungspflicht nur bei Transportbeginn besteht, kann der Frachtführer von seinem Untersuchungsrecht jederzeit während der Beförderung Gebrauch machen[465]. Das hat vor allem für die nachfolgenden Frachtführer in einer – beim Eisenbahntransport nicht unüblichen – Beförderung durch mehrere Eisenbahngesellschaften[466] Bedeutung. Inhaltlich geht das Untersuchungsrecht insoweit über die Untersuchungspflicht hinaus, dass der Frachtführer das Gut auf Übereinstimmung mit allen im Frachtbrief gemachten Angaben überprüfen kann, was unter Umständen auch eine Untersuchung des Inhalts der einzelnen Frachtstücke miteinschließt. Ein von den Angaben des Frachtbriefs abweichender Befund ist in den Frachtbrief einzutragen[467].

Auch im Eisenbahnfrachtrecht wird vermutet, dass das Transportgut im Zeitpunkt der Übernahme durch den Frachtführer die im Frachtbrief angegebene Qualität und Quantität hatte[468]. Die vertraglichen Pflichten und damit auch die

---

461 *Koller*, Transportrecht, Art. 7 CIM, Rn. 1.

462 Artikel 11 § 3 CIM.

463 MünchKommHGB-*Freise*, Art. 11 CIM, Rn. 8.

464 Artikel 11 § 3 CIM.

465 Artikel 11 § 1 CIM.

466 Vgl. dazu *Bürskens* in: Kronke/Melis/Kuhn, Handbuch Internationales Wirtschaftsrecht, Teil E, Rn. 159.

467 Artikel 11 § 2 CIM.

468 Artikel 12 § 2 CIM; zur CIM 1980 *Nánássy/Wick*, Eisenbahnfrachtrecht, S. 93; *Carr*, International Trade Law, S. 362.

Haftung des bzw. der Frachtführer enden mit der Annahme des Frachtguts durch den Berechtigten (in der Regeln ist dies der Empfänger)[469]. Schadensersatzansprüche bestehen nur, wenn der Berechtigte vom Frachtführer eine so genannte Tatbestandsaufnahme[470] verlangt. Dieses spezifisch eisenbahnfrachtrechtliche Institut tritt an die Stelle der Schadensanzeige, wie sie üblicherweise in anderen Transportrechtskonventionen vorausgesetzt wird[471]. Die Tatbestandsaufnahme muss nach den gegebenen Umständen unverzüglich, spätestens aber sieben Tag nach Annahme des Guts durchgeführt werden[472]. Bei nicht zufrieden stellendem Ergebnis kann der Berechtigte die Hinzuziehung eines Sachverständigen verlangen[473]. Ungeachtet der Präklusionswirkung der Tatbestandsaufnahme für den Schadensersatzanspruch des Berechtigten entfaltet das Ergebnis der Untersuchung in einem etwaigen Haftungsprozess keine besonderen Beweiswirkungen. Auch bei fehlerhafter Tatbestandsaufnahme bleibt es also bei der freien Beweiswürdigung des Ergebnisses durch das angerufene Gericht[474].

Das transportvertragliche Weisungsrecht gegenüber dem Frachtführer kann nach der CIM immer nur entweder dem Absender oder dem Empfänger zustehen[475]. Die praktischen Umstände verkennend geht das Gesetz von einem Übergang bereits im Zeitpunkt der Ausstellung des Frachtbriefs, also unmittelbar zu Transportbeginn, aus. Der Absender kann einen solchen frühen Verlust des Verfügungsrechts aber durch Vermerk im Frachtbrief verhindern, eine Möglichkeit, von der er regelmäßig Gebrauch machen wird[476]. Sowohl der Absender als auch der Empfänger können ihr Weisungsrecht nur gegen Vorlage des Frachtbriefdoppels ausüben[477]. Inhaltlich ist die Weisungsbefugnis, anders als noch in der CIM 1980, keinen Beschränkungen unterworfen[478]. Die wichtigsten Verfügungen (Stoppung, Ablieferung an einem anderen Ort oder an einen anderen Empfänger) sind im Gesetz zwar aufgezählt, die Aufzählung hat aber rein deklaratorischen Charakter und ist nicht abschließend[479]. Die Aktivlegitimation des

---

469 Artikel 47 § 1 CIM.

470 Artikel 42 CIM.

471 MünchKommHGB-*Freise*, Art. 42 CIM, Rn. 1.

472 Artikel 42 § 1, 47 § 2 lit. b) Nr. 1 CIM.

473 Artikel 42 § 3 CIM.

474 MünchKommHGB-*Freise*, Art. 42 CIM, Rn. 7.

475 Artikel 18 § 1 – 3 CIM; MünchKommHGB-*Freise*, Art. 18 CIM, Rn. 4.

476 MünchKommHGB-*Freise*, Art. 18 CIM, Rn. 4 ff.

477 Artikel 19 § 1 CIM.

478 Vgl. *Koller*, Transportrecht, Art. 18 CIM, Rn. 1.

479 Dies ergibt sich ohne weiteres aus der in Artikel 18 § 1 CIM verwendeten Formulierung „*insbesondere*".

Empfängers entsteht frühestens im Zeitpunkt der Geltendmachung des soeben beschriebenen Weisungsrechts, spätestens aber mit Übernahme bzw. Herausverlangen der Ware[480]. Der Absender ist aktivlegitimiert bis die Klageberechtigung auf den Empfänger übergeht[481]. Eine Doppellegitimation wie im Straßengütertransportrecht kennt das Eisenbahnfrachtrecht mithin nicht[482].

Die Haftung des Frachtführers für Untergang und Beschädigung des Transportguts vollzieht sich in den aus dem CMR-Frachtrecht bekannten Bahnen. Grundsätzlich trifft den Frachtführer eine strikte Erfolgshaftung[483]. Der Frachtführer kann sich indes durch das Darlegen von Ausschlussgründen entlasten, wobei die CIM zwischen bevorrechtigten[484] und nicht bevorrechtigten Ausschlusstatbeständen[485] unterscheidet[486]. Nicht bevorrechtigte Ausschlusstatbestände muss der Frachtführer voll beweisen[487], bei den bevorrechtigten Ausschlussgründen gilt eine Kausalitätsvermutung zu seinen Gunsten[488].

Eine Besonderheit des Eisenbahnfrachtrechts besteht darin, dass der einzelne Eisenbahnfrachtführer in der Regel nur im Hoheitsgebiet eines Unterzeichnerstaates tätig wird. Dadurch ergibt sich bei internationalen Transporten zwangsläufig eine Mehrheit von Frachtführern[489]. Ein Schadensersatzanspruch wegen Untergangs oder Beschädigung des Transportguts kann sowohl gegen die Versende- als auch die Empfangsbahn geltend gemacht werden. Lässt sich der Ort des Schadenseintritts genau lokalisieren, haftet des Weiteren derjenige Frachtführer, auf dessen Transportabschnitt die Beeinträchtigung verursacht wurde[490]. Die in der CIM vorgesehene Haftungshöchstsumme wegen Untergangs oder Beschädigung des Frachtguts beträgt 17 Rechnungseinheiten in Gestalt des

480 Artikel 44 § 1 CIM.

481 Artikel 44 § 2 CIM.

482 Vgl. MünchKommHGB-*Freise*, Art. 44 CIM, Rn. 5.

483 Artikel 23 § 1 CIM; vgl. auch *Bürskens* in: Kronke/Melis/Kuhn, Handbuch Internationales Wirtschaftsrecht, Teil E, Rn. 170.

484 Artikel 23 § 3 CIM.

485 Artikel 23 § 2 CIM.

486 MünchKommHGB-*Freise*, Art. 23 CIM, Rn. 17; *Bürskens* in: Kronke/Melis/Kuhn, Handbuch Internationales Wirtschaftsrecht, Teil E, Rn. 174 ff.; *Carr*, International Trade Law, S. 364 f.

487 Artikel 25 § 1 CIM.

488 Artikel 25 § 2 CIM.

489 Dazu *Bürskens* in: Kronke/Melis/Kuhn, Handbuch Internationales Wirtschaftsrecht, Teil E, Rn. 159.

490 Artikel 45 § 1 CIM.

Sonderziehungsrechts des Internationalen Währungsfonds[491] pro beeinträchtigtem Kilogramm Frachtgut[492]. Im Falle der Verspätungshaftung ist die Haftungssumme auf das Vierfache des Beförderungsentgelts (Fracht) beschränkt[493]. Das gilt auch in einer Konstellation, in der die Verspätung zu einem Substanzschaden am Transportgut, zum Beispiel in der Form des Verderbs, führt[494]. Wird ein bestimmtes Interesse am Transportgut in den Frachtbrief eingetragen, so haftet der Frachtführer auf dieses Interesse[495].

IV. Luftfrachtrecht

Auch auf dem Gebiet des Lufttransports hat die Rechtsvereinheitlichung im Wege internationalen Einheitsrechts eine lange Tradition. Bereits 1929 wurde auf der Zweiten Internationalen Luftprivatrechtskonferenz in Warschau das Abkommen zur Vereinheitlichung von Regeln über die Beförderung im internationalen Luftverkehr („Warschauer Abkommen", „WA") ausgearbeitet, das dann mit Wirkung zum 13. Februar 1933 für insgesamt 23 Unterzeichnerstaaten rechtsverbindlich in Kraft getreten ist[496]. Bis zum heutigen Tag haben sich 150 Staaten weltweit dem Regelungssystem des Warschauer Abkommens unterworfen[497], darunter alle bedeutsamen Handels- und Industrienationen. Das ursprüngliche Abkommen von 1929 ist durch eine Vielzahl von Zusatzprotokollen ergänzt und modifiziert worden. Man spricht insoweit vom Warschauer System[498]. Aufgrund der unterschiedlichen Akzeptanz der einzelnen Ergänzungsprotokolle ist das Warschauer System – vergleichbar dem durch die Haager und Haager-Visby Regeln teilweise vereinheitlichten Seerecht – in seiner Gesamtheit durch ein gewisses Maß an

491 Artikel 9 COTIF.

492 Artikel 30 § 2, 32 § 2 lit. a) CIM.

493 Artikel 33 § 1 CIM.

494 MünchKommHGB-*Freise*, Art. 33 CIM, Rn. 4 *Carr*, International Trade Law, S. 366; anders ist die Rechtslage nach der CMR nach h.M., ausführlich dazu Thume-*Thume*, Art. 23 CMR, Rn. 45 ff. mit zahlr. Nachw.

495 Artikel 35 CIM.

496 Ausführlich zur Entstehungsgeschichte FrankfKomm-*Giemulla*, Einleitung WA, Rn. 1 ff.

497 *Bürskens* in: Kronke/Melis/Kuhn, Handbuch Internationales Wirtschaftsrecht, Teil E, Rn. 201.

498 *Carr*, International Trade Law, S. 325; MünchKommHGB[1]-*Kronke*, Art. 1 WA 1955, Rn. 6.; *Bürskens* in: Kronke/Melis/Kuhn, Handbuch Internationales Wirtschaftsrecht, Teil E, Rn. 201 ff.

Rechtszersplitterung gekennzeichnet[499]. Mit dem 1999 in Montreal erarbeiteten Übereinkommen zur Vereinheitlichung bestimmter Vorschriften über die Beförderung im internationalen Luftverkehr („Montrealer Übereinkommen", „MÜ") wurde erklärter Maßen die Zielsetzung verfolgt, die Regeln des internationalen Lufttransportrechts wieder auf eine für alle beteiligten Staaten einheitliche Rechtsgrundlage zurückzuführen[500]. Das Montrealer Übereinkommen, das in vielerlei Hinsicht Ähnlichkeiten zu den aus dem Warschauer System bekannten Regelungen aufweist und zu einem guten Teil sogar wortlautidentisch mit den Bestimmungen des Warschauer Übereinkommens ist, ist am 4. November 2003 in Kraft getreten und zählt bisher 63 Unterzeichnerstaaten[501]. Nach verbreiteter Auffassung stellt das Montrealer Übereinkommen die Zukunft des Luftfrachtrechts dar[502]. Die vorliegende Darstellung soll vor diesem Hintergrund auf die Rechtslage nach dem Montrealer Übereinkommen beschränkt bleiben. Unerörtert bleiben die im Montrealer Übereinkommen neben dem Luftfrachtrecht im hier verwendeten engeren Sinne ebenfalls geregelte Beförderung von Personen und Reisegepäck.

Der Luftfrachtvertrag ist ein Konsensualvertrag[503]; weder die Übergabe des Transportguts an den Frachtführer noch die Ausstellung eines Frachtbriefs sind für den Vertragsschluss konstitutiv. Dem Frachtbrief kommt im Luftfrachtrecht nach dem Montrealer Übereinkommen vor allem Beweisfunktion zu. Eine dem Seehandelsrecht vergleichbare Legitimations- und Traditionsfunktion ist im Gegensatz dazu nicht vorgesehen[504] und wäre angesichts der kurzen Transportzeiten im Luftverkehr auch nicht sinnvoll. Neben dem Luftfrachtbrief lässt das

---

499 *Carr*, International Trade Law, S. 325; *Bürskens* in: Kronke/Melis/Kuhn, Handbuch Internationales Wirtschaftsrecht, Teil E, 201; MünchKommHGB[1]-*Kronke*, Art. 1 WA 1955, Rn. 6; einen umfassenden Überblick über den Ratifikationsstand der einzelnen Abkommen und Zusatzprotokolle gibt FrankfKomm, Anhang I– 10 WA (Stand: 15. Mai 1998).

500 Ausführlich FrankfKomm-*Giemulla*, Einleitung MÜ, Rn. 17 ff.; *Reuschle*, Montrealer Übereinkommen, Präambel, Rn. 13 f.

501 Zum Ratifikationsstand *Koller*, Transportrecht, Art. 1 MÜ, Rn. 15.

502 *Bürskens* in: Kronke/Melis/Kuhn, Handbuch Internationales Wirtschaftsrecht, Teil E, Rn. 201; *Carr*, International Trade Law, S. 351.

503 *Reuschle*, Montrealer Übereinkommen, Art. 4, Rn. 14; *Bürskens* in: Kronke/Melis/Kuhn, Handbuch Internationales Wirtschaftsrecht, Teil E, Rn. 205.

504 *Reuschle*, Montrealer Übereinkommen, Art. 4, Rn. 3.

Montrealer Übereinkommen auch alternative, vor allem elektronische[505], Transportdokumente zu[506]. Die Wahl des Transportdokuments liegt im Belieben des Frachtführers[507]. In Ergänzung zu einem alternativen Transportdokument kann der Absender vom Frachtführer allerdings immer eine Empfangsbestätigung verlangen[508], ohne die er zum Beispiel sein transportvertragliches Weisungsrecht nicht ausüben könnte[509].

Nach dem Wortlaut des Übereinkommens ist es Pflicht des Absenders, das betreffende Transportdokument auszustellen[510]. In der Praxis stellt allerdings der Frachtführer den entsprechenden Vordruck, den er dann zweckmäßiger Weise auch selbst ausfüllt[511]. Weltweiter Standard ist insoweit ein von der IATA („International Air Transport Association") mit Sitz in Montreal herausgegebenes genormtes Formular[512]. Das Montrealer Übereinkommen sieht die Ausstellung des Frachtbriefs durch den Absender in mindestens drei Ausfertigungen vor[513]. Die erste Ausfertigung erhält der Frachtführer, die zweite Ausfertigung ist für den Empfänger bestimmt und begleitet das Frachtgut auf dem Transport. Das so genannte Luftfrachtbrief Dritt wird dem Absender vom Frachtführer als Quittung für den Erhalt des Transportguts ausgehändigt[514]. Der von Gesetzes wegen vorgeschriebene Inhalt des Transportdokuments beschränkt sich auf Angaben über den Abgangs- sowie Bestimmungsort des Frachtguts und das Gewicht der Sendung[515]. Im Schrifttum wird allerdings darauf hingewiesen, dass auch die Namen und Kontaktinformationen der am Frachtvertrag beteiligten Personen angegeben werden sollten[516] Dies ist zweckmäßig, bedenkt man, dass

505 *Carr*, International Trade Law, S. 351; FrankfKomm-*Müller-Rostin*, Art. 4 MÜ, Rn. 1; *Reuschle*, Montrealer Übereinkommen, Art. 4, Rn. 11; *Koller*, Transportrecht, Art. 4 MÜ, Rn. 3.

506 Artikel 4 II MÜ.

507 FranfKomm-*Müller-Rostin*, Art. 4 MÜ, Rn. 11; *Reuschle*, Montrealer Übereinkommen, Art. 4, Rn. 12.

508 Artikel 4 Abs. 2 Satz 2 MÜ.

509 Artikel 12 Abs. 3 MÜ.

510 Artikel 7 Abs. 1 MÜ.

511 *Reuschle*, Montrealer Übereinkommen, Art. 4, Rn. 3 und Art. 7, Rn. 8.

512 FrankfKomm-*Müller-Rostin*, Art. 7 MÜ, Rn. 1; *Reuschle*, Montrealer Übereinkommen, Art. 7, Rn. 4.

513 In der Praxis sind bis zu 12 Durchschläge üblich, dazu FrankfKomm-*Müller-Rostin*, Art. 7 MÜ, Rn. 4.

514 Artikel 7 I, II MÜ; vgl auch FrankfKomm-*Müller-Rostin*, Art. 7 MÜ, Rn. 6 f.

515 Artikel 5 MÜ.

516 *Reuschle*, Montrealer Übereinkommen, Art. 5, Rn. 7 m.w.N.

der Transport ohne diese Angaben in der Praxis nur schwer abgewickelt werden kann.

Beweiswirkung entfaltet nur der Luftfrachtbrief im klassischen Sinne oder, im Falle der Verwendung eines alternativen Transportdokuments, die schriftliche Empfangsbestätigung[517]. Macht der Absender in diesen Dokumenten Angaben über Gewicht, Maß, Verpackung und den äußerlich erkennbaren Zustand des Transportguts und widerspricht der Frachtführer diesen Angaben bei Erhalt des Transportguts nicht, so wird zu Lasten des Frachtführers widerlegbar die Richtigkeit der betreffenden Angaben vermutet[518]. Angaben über Menge, Rauminhalt und den äußerlich nicht ohne weiteres erkennbaren Zustand des Frachtguts entfalten diese Beweiswirkung nur, wenn sie vom Frachtführer in Anwesenheit des Absenders nachgeprüft wurden und die Überprüfung auf dem Transportdokument bestätigt wurde[519]. Verweigert der Absender die gemeinsame Überprüfung, so entfalten die Angaben über Menge, Rauminhalt und Zustand der Güter keine Beweiswirkung zu seinen Gunsten[520] Es bleibt ihm natürlich unbenommen, einen unabhängigen Sachverständigen mit der Untersuchung zu beauftragen und diesen im Streitfall als Zeugen zu benennen. Stimmen die Angaben im Frachtbrief mit dem Ergebnis der Überprüfung des Frachtguts im oben genannten Sinne nicht überein, obliegt es dem Frachtführer, einen entsprechenden Vorbehalt in das Transportdokument einzutragen[521]. Die Eintragung schließt die Beweiswirkung aus, es sei denn, der Vorbehalt ist nicht berechtigt – ein Umstand, für den wiederum der Absender darlegungs- und beweisbelastet ist[522].

Am Bestimmungsort ist es Aufgabe des Empfängers, die Angaben des Frachtbriefs mit dem tatsächlichen Zustand der transportierten Ware abzugleichen. Erklärt der Empfänger nicht unverzüglich einen Vorbehalt, wird, wiederum widerlegbar, vermutet, dass die Ware auch im Zeitpunkt der Beendigung des Lufttransports den Angaben im Transportdokument entsprach[523]. An den Vorbehalt sind keine qualifizierten Anforderungen zu stellen. Der Empfänger kann ihn bereits erklären, wenn eine Beeinträchtigung des Frachtguts auf dem

---

517 Artikel 11 MÜ.

518 Artikel 11 Abs. 2 1. Variante MÜ.

519 Artikel 11 Abs. 2 2. Variante MÜ.

520 *Reuschle*, Montrealer Übereinkommen, Art. 11, Rn. 30; **a.A.** FrankfKomm-*Müller-Rostin*, Art. 11 MÜ, Rn. 25.

521 *Reuschle*, Montrealer Übereinkommen, Art. 11, Rn. 23.

522 *Reuschle*, Montrealer Übereinkommen, Art. 11, Rn. 23.

523 Artikel 31 Abs. 1 MÜ.

Transport als nicht völlig abwegig erscheint[524]. Er hat in diesem Fall allerdings eine substantiierte Mängelrüge innerhalb einer Frist von vierzehn Tagen nachzureichen[525]. Neben den Eigenschaften der transportierten Ware beweist der Luftfrachtbrief oder die Empfangsbestätigung des Weiteren den Abschluss des Transportvertrags und die geltenden Beförderungsbedingungen[526].

Weisungsberechtigt gegenüber dem Frachtführer ist grundsätzlich der Absender als dessen unmittelbarer Vertragspartner. Das Weisungsrecht entsteht mithin im Zeitpunkt des Vertragsschlusses[527]. Geltend gemacht werden kann es nahe liegender Weise erst ab dem Zeitpunkt, in dem der Frachtführer die Sachherrschaft über das Transportgut erlangt hat[528]. Der Inhalt des Weisungsrechts ist von Gesetzes wegen festgelegt. Es ist dem Absender insbesondere möglich, das Transportgut anzuhalten oder an einen anderen Bestimmungsort[529] bzw. Empfänger umzuleiten[530]. Ausüben kann der Absender das Weisungsrecht nur gegen Vorlage des Luftfrachtbrief Dritts[531]. Das Weisungsrecht des Empfängers entsteht mit Ankunft des Transportguts am Zielflughafen[532], soweit es nicht durch Parteivereinbarung und Eintragung in Frachtbrief oder Empfangsbestätigung auf einen früheren Zeitpunkt vorverlagert worden ist[533]. Eine Überschneidung der Weisungsbefugnisse von Absender und Empfänger ist im Geltungsbereich des Montrealer Übereinkommens nicht vorgesehen[534], was sich wiederum aus der vergleichsweise kurzen Transportdauer beim Lufttransport erklärt.

Die Aktivlegitimation von Absender und Empfänger regelt das Montrealer Übereinkommen verglichen mit den anderen hier untersuchten transportrechtlichen Übereinkommen nur lückenhaft[535]. Erwähnt wird ausschließlich die Klagebefugnis des Empfängers in Konstellationen, in denen das Transportgut

---

524 So explizit zum wortlautidentischen Artikel 26 I WA FrankfKomm-*Ehlers*, Art. 26 WA, Rn. 3; vgl. auch MünchKommHGB[1]-*Kronke*, Art. 26 WA 1955, Rn. 3.

525 Artikel 31 Abs. 2 MÜ.

526 Artikel 11 Abs. 1 MÜ.

527 Vgl. *Reuschle*, Montrealer Übereinkommen, Art. 12, Rn. 8.

528 Artikel 12 Abs. 1 MÜ.

529 Dazu *Reuschle*, Montrealer Übereinkommen, Art. 12, Rn. 19.

530 Artikel 12 Abs. 1 MÜ.

531 Artikel 12 Abs. 3 MÜ.

532 Artikel 13 Abs. 1 MÜ; FrankfKomm-*Müller-Rostin*, Art. 13 MÜ, Rn. 5 ff.

533 Vgl. Artikel 15 Abs. 2 MÜ.

534 Artikel 12 Abs. 4 MÜ; vgl. auch *Reuschle*, Montrealer Übereinkommen, Art. 12, Rn. 8.

535 Insbesondere Artikel 14 MÜ kann keine Aussage über die Aktivlegitimation entnommen werden; vgl. FrankfKomm-*Müller-Rostin*, Vor Art. 12–15 MÜ, Rn. 1; *Reuschle*, Montrealer Übereinkommen, Art. 14, Rn. 1.

vollständig zerstört wird bzw. die Verlustvermutung bei übermäßiger Verspätung greift[536]. Im Falle der bloßen Beschädigung ergibt sich die Aktivlegitimation des Empfängers aus der drittbegünstigenden Natur des Transportvertrags[537]. Die Aktivlegitimation des Absenders folgt bereits selbstverständlich aus allgemeinen vertragsrechtlichen Grundsätzen[538]. Eine dem Recht des Straßengütertransports vergleichbare Doppellegitimation von Absender und Empfänger ist mit der herrschenden Rechtsprechung und der im Schrifttum überwiegenden Auffassung nicht anzunehmen. Die Aktivlegitimation folgt vielmehr der Weisungsberechtigung und kann damit nur entweder dem Absender oder dem Empfänger zustehen[539].

Im Gegensatz zu den Regelungen in CMR und CIM ist die Schadensersatzhaftung des Luftfrachtführers nach dem Montrealer Übereinkommen voll und ganz verschuldensunabhängig[540]. Insbesondere die Vermeidbarkeit des schädigenden Ereignisses spielt im Montrealer Übereinkommen keine Rolle[541]. Die wenigen im Übereinkommen vorgesehenen Ausschlusstatbestände knüpfen inhaltlich an den Gedanken der Haftungsbefreiung in den Fällen höherer Gewalt an. Der Begriff der höheren Gewalt selbst ist allerdings – wie im CISG auch – aufgrund seiner Unbestimmtheit absichtlich nicht verwendet worden. Im Ergebnis bleiben die einzelnen Ausschlusstatbestände ihrem Umfang nach hinter einer generalklauselartigen Entlastung für die Fälle höherer Gewalt zurück, so dass der Luftfrachtführer beispielsweise für Schäden aufgrund unvorhersehbar schweren Wetters oder Beschusses des Flugzeuges, mithin klassischer Fälle der höheren Gewalt, voll haftet[542]. Anders als CMR und CIM kennt das Montrealer Übereinkommen auch keine bevorrechtigten Ausschlussgründe. Der Luftfrachtführer muss den Tatbestand einer für ihn günstigen Haftungsbefreiung also immer voll beweisen. In der Höhe ist die Schadensersatzpflicht des Luftfrachtführers auf 17 Sonderziehungsrechte des internationalen Währungsfonds pro Kilogramm

---

536 Artikel 13 Abs. 3 MÜ.

537 FrankfKomm-*Müller-Rostin*, Art. 18 MÜ, Rn. 123; vgl. auch MünchKommHGB[1]-*Kronke*, Art. 18 WA 1955, Rn. 58 zur identischen Problematik unter dem WA.

538 *Reuschle*, Montrealer Übereinkommen, Art. 18, Rn. 82; FrankfKomm-*Müller-Rostin*, Art. 18 MÜ, Rn. 122.

539 Ausführlich FrankfKomm-*Müller-Rostin*, Art. 18 MÜ, Rn. 125 f. m.w.N.

540 *Basedow*, Transportvertrag, S. 396; *Reuschle*, Montrealer Übereinkommen, Art. 18, Rn. 2; *Koller*, Transportrecht, Art. 18 MÜ, Rn. 1; FrankfKomm-*Müller-Rostin*, Art. 18 MÜ, Rn. 2; *Carr*, International Trade Law, S. 336.

541 Anders noch Artikel 20 WA.

542 FrankfKomm-*Müller-Rostin*, Art. 18 MÜ, Rn. 59.

Gewicht des Frachtguts beschränkt[543]. Durch die Angabe eines höheren Interesses, die nach richtiger Auffassung in dem betreffenden Transportdokument einzutragen ist[544], kann die Haftungshöchstsumme zu Gunsten des Schadensersatzberechtigten heraufgesetzt werden[545]. Eine Vereinbarung zu Lasten des Anspruchsberechtigten ist unzulässig[546].

V. Zusammenfassender Vergleich

Die sich im kaufrechtlichen Kontext aus der Analyse des international vereinheitlichten Transportrechts ergebenden Implikationen lassen sich in den folgenden fünf Punkten zusammenfassen:

Erstens: Kennzeichnend für das Transportrecht ist das Bestehen eines Dreipersonenverhältnisses mit den Beteiligten Frachtführer, Absender und Empfänger. Zwar schreiben die untersuchten Übereinkommen bzw. Bestimmungen des unvereinheitlichten nationalen Rechts mit Ausnahme der CIM das Bestehen eines solchen Dreipersonenverhältnisses nicht zwingend vor. Der Absender kann das Transportgut vielmehr auch an sich selbst adressieren bzw. den Empfänger erst zu einem Zeitpunkt bestimmen, in dem sich die Ware bereits auf dem Transport befindet. Die Festlegung auf einen von dem Absender personenverschiedenen Empfänger im Zeitpunkt des Transportbeginns ist aber in der Praxis, zumindest außerhalb des Seehandelsrechts, die Regel. Im kaufrechtlichen Kontext wird meist der Verkäufer der Absender und der Käufer der Empfänger sein. Häufig sind an einem Warentransport noch weitere Personen wie beispielsweise Hafenarbeiter oder mit der Überprüfung des Zustands des Transportguts beauftragte Sachverständige beteiligt. Diese Personen nehmen allerdings nicht unmittelbar am transportvertraglichen Rechtsverhältnis teil. Sie werden vielmehr in der Einflusssphäre einer der vorgenannten drei Parteien tätig; ihr Verhalten, und gegebenenfalls ihr Wissen, sind dann der betreffenden Partei zuzurechnen[547]. Der drittbegünstigende Charakter des Transportvertrags äußert sich auf zweierlei Weise. Der Empfänger hat zum einen in gewissen Grenzen die Möglichkeit, dem Frachtführer Weisungen zu erteilen (dazu sogleich unter Viertens). Er kann

543 Artikel 22 Abs. 3, 23 MÜ.

544 So zumindest die einhellige Meinung zum Warschauer Abkommen, vgl. Frankfurter Kommentar-*Giemulla*, Art. 22 WA, Rn. 9 m.w.N.

545 Artikel 22 Abs. 3 Satz 2 MÜ.

546 Artikel 26 MÜ.

547 Vgl. *Messent/Class*, Carriage of Goods by Road, S. 64 f.; *Ferrari* in: Ferrari u.a., Internationales Vertragsrecht, Art. 3, CMR, Rn. 2.

bei Beschädigung der Ware auf dem Transport ferner unter Umständen einen eigenen vertraglichen Ersatzanspruch gegen den Beförderer haben und darüber hinaus auch ermächtigt sein, diesen Anspruch in eigenem Namen gerichtlich geltend zu machen (zu beiden Aspekten sogleich unter Fünftens).

Zweitens: Neben dem Element der Drittbezogenheit setzen alle hier untersuchten Übereinkommen voraus, dass über die Beförderung spezifische transportrechtliche Dokumente, im Folgenden Frachtbriefe genannt, ausgestellt werden. Der Frachtbrief hat im international vereinheitlichten Transportrecht zweierlei Bedeutung; ihm kommt sowohl eine Beweis- als auch eine Legitimationswirkung im untechnischen Sinne zu. Die Beweiswirkung umfasst dabei neben dem Umstand des Bestehens des Transportvertrags vor allem gewisse Eigenschaften der Ware im Zeitpunkt der Übernahme durch den Frachtführer (dazu sogleich unter Drittens) und geht damit weit über den Beweiszweck herkömmlicher Formerfordernisse hinaus. Die Legitimationswirkung steht in engem Zusammenhang mit der Drittbezogenheit des Transportvertrags. Nur der im Frachtbrief als solcher bezeichnete Empfänger kann eigene Rechte gegen den Frachtführer geltend machen. Weisungen kann der Empfänger dem Frachtführer ferner nur gegen Vorlage einer Ausfertigung des Frachtbriefs erteilen (dazu sogleich unter Fünftens). Eine Sonderstellung nimmt das seerechtliche Konnossement ein, das darüber hinausgehend sowohl Traditions- als auch Legitimationspapier im technischen wertpapierrechtlichen Sinne[548] ist.

Drittens: Die Beweiswirkung des Frachtbriefs hinsichtlich der Beschaffenheit der Ware erstreckt sich regelmäßig auf die Anzahl, das Gewicht und den äußerlich erkennbaren Zustand des Transportguts. Sie beruht auf zwei widerlegbaren Vermutungen. Der Absender ist – im Wege der gesetzlichen Verpflichtung oder zumindest im Wege einer Obliegenheit – angehalten, entsprechende Angaben vor Transportbeginn in den Frachtbrief einzutragen. Der Frachtführer ist angehalten, diese Angaben zu überprüfen und gegebenenfalls einen Vorbehalt in das Frachtdokument einzufügen. Mit Beginn des Transports wird dann vermutet, dass die beförderte Ware die im Frachtbrief angegebene Beschaffenheit hat. Spiegelbildlich obliegt es dem Empfänger, das Frachtgut innerhalb eines mehr oder weniger kurzen Zeitraums ab Erhalt auf seine Beschaffenheit zu überprüfen

548 Von einem Legitimationspapier im technischen Sinne spricht man im transportrechtlichen Zusammenhang, sobald das Papier selbst einen Herausgabeanspruch gegen den Transporteur verbrieft, es der Bezeichnung dieser Person als Empfänger mithin nicht bedarf; vgl. dazu *Herber*, Seehandelsrecht, § 30 II. 6 und 7., S. 322 ff.; *Basedow*, Transportvertrag, S. 348.

und etwaige Abweichungen von den Angaben des Frachtbriefs dem Frachtführer anzuzeigen. Im Falle solcher Abweichungen wird dann vermutet, dass diese während des Transports eingetreten sind, dass der Frachtführer mithin für die Beeinträchtigung der Ware haftet. Die genannten Vermutungen haben naturgemäß keine Ausstrahlungswirkung auf das Kaufrecht. Der Käufer muss im kaufrechtlichen Kontext auch im Falle des Bestehens eines in den Anwendungsbereich der hier untersuchten Übereinkommen fallenden Transportvertrags eine etwaige Mangelhaftigkeit der Ware in vollem Umfang darlegen und beweisen. Die durch das Transportrecht veranlassten Untersuchungen können sich allerdings in tatsächlicher Hinsicht als durchaus erhebliche Beweiserleichterung auswirken. Da das Kaufrecht eine vergleichbare Überprüfung nicht vorsieht, gilt das in besonderem Maße für das Ergebnis der vom Frachtführer vorzunehmenden Untersuchung im Zeitpunkt des Transportbeginns. Die dem Empfänger bei Erhalt des Transportguts obliegende Untersuchung hat im kaufrechtlichen Kontext hingegen keine eigenständige Bedeutung. Der Käufer ist nach den Artikeln 38 und 39 CISG zu einer weitergehenden Prüfung auch auf äußerlich nicht unmittelbar erkennbare Sachbeeinträchtigungen angehalten. Es wird ihm in den meisten Fällen sogar obliegen, den Zustand der Ware durch Stichproben oder im Wege einer Probeverarbeitung zu überprüfen[549].

Viertens: Alle hier untersuchten Übereinkommen sehen ein Weisungsrecht gegenüber dem Frachtführer vor. Typische Weisungen sind die Stoppung der Ware, wie sie sich im kaufrechtlichen Kontext vor allem in den Fällen des Artikels 71 CISG anbietet, sowie die Umleitung des Transports an einen anderen als den ursprünglich intendierten Empfänger. Das Weisungsrecht ist vertragsrechtlicher Natur. Es steht aus diesem Grund ursprünglich dem Absender als dem Vertragspartner des Frachtführers zu. Eine Übertragung des Weisungsrechts auf den Empfänger ist grundsätzlich möglich. Die Voraussetzungen unterscheiden sich in den einzelnen transportrechtlichen Konventionen allerdings deutlich. Am umfangreichsten sind die Möglichkeiten diesbezüglich im Seefrachtrecht. Aufgrund der in der Regel langen Transportdauer besteht hier ein besonderes praktisches Bedürfnis, die Ware auch während des Transports handelbar zu halten[550]. CMR und CIM erlauben eine Übertragung des Weisungsrechts auf den Empfänger nur unter weiteren einschränkenden Voraussetzungen, die in der Transportpraxis selten erfüllt sind. Im Luftfrachtrecht besteht aufgrund der

549 Statt aller Schlechtriem/Schwenzer-*Schwenzer*, Art. 38, Rn. 12– 14 m.w.N.
550 *Puttfarken*, Seehandelsrecht, Rn. 91.

kurzen Transportdauer regelmäßig kein praktisches Bedürfnis, dem Empfänger ein eigenständiges Weisungsrecht gegenüber dem Frachtführer einzuräumen.

Fünftens: Nach allen hier untersuchten Übereinkommen hat der Empfänger – im kaufrechtlichen Zusammenhang also der Käufer – die Möglichkeit, den Frachtführer im Falle eines Transportschadens in eigenem Namen haftbar zu machen und einen solchen Ersatzanspruch auch vor Gericht durchzusetzen. Aktivlegitimation und Klagebefugnis des Empfängers setzen voraus, dass dieser im Besitz des Frachtbriefs bzw. einer Durchschrift des Frachtbriefs ist. Die Haftung des Frachtführers ist dem Grundsatz nach strikt. Es besteht allerdings eine Vielzahl von Ausschlusstatbeständen, die ihrem Inhalt nach den traditionell in der Transportpraxis verwendeten Freizeichnungsklauseln nachempfunden sind[551]. Abgesehen vom Luftfrachtrecht sehen die hier untersuchten internationalen Übereinkommen durchweg den sehr weitgehenden Ausschlusstatbestand der „Darlegung unvermeidbarer Umstände“ vor. Das macht die Haftung des Frachtführers im Ergebnis zu einer Haftung für vermutetes Verschulden[552]. Das Postulat des Grundsatzes der strikten Haftung bewirkt im Ergebnis also lediglich eine Umkehr der Darlegungs- und Beweislast. In der Höhe ist die Haftung des Frachtführers regelmäßig auf einen Bruchteil des Ladungswerts begrenzt. Die vertragliche Vereinbarung höherer Haftungsgrenzen ist zwar grundsätzlich möglich, in der Praxis aber absolut unüblich[553]. Insbesondere das Seefrachtrecht ist durch eine gravierende Enthaftung des Beförderers gekennzeichnet[554]. Die transportvertraglichen Ersatzansprüche sind hier wirtschaftlich weitestgehend wertlos. Die Ware ist aus diesem Grund in nahezu allen Fällen gegen Transportschäden versichert. Im Ergebnis steht der Ersatzanspruch aus dem Transportvertrag damit weder dem Absender, noch dem Empfänger, sondern der Versicherung zu.

---

551 Vgl. *Basedow*, Transportvertrag, S. 400 m.w.N.

552 *Basedow*, Transportvertrag, S. 425; Frankfurter Kommentar-*Müller-Rostin*, vor Art. 18 MÜ, Rn. 2

553 Zum Seehandelsrecht oben Seite 142 und die Nw. in Fn. 388; zum Straßentransport *Otte* in: Ferrari u.a., Internationales Vertragsrecht, Art. 24 CMR, Rn. 2; Thume-*Thume*, Art. 24, Rn. 2, beide m.w.N.

554 *Puttfarken*, Seehandelsrecht, Rn. 224 ff.; allgemein *Basedow*, Transportvertrag, S. 391.

Kapitel 4: Das System des besonderen Gefahrtragungsrechts und der Anwendungsbereich der Artikel 67 bis 69 CISG

I. Einführung in die Problematik

Das hier so genannte besondere Gefahrtragungsrecht gliedert sich in vier unterschiedliche Grundtatbestände. Nach Artikel 67 Abs. 1 Satz 1 CISG ist in den Fällen, in denen der Vertrag eine Beförderung der Ware erfordert und der Verkäufer nicht verpflichtet ist, diese an einem bestimmten Ort zu übergeben, die Übergabe an die Transportperson für den Zeitpunkt des Gefahrübergangs maßgeblich. Artikel 68 CISG enthält eine Regelung für Fälle, in denen sich die Ware im Zeitpunkt des Vertragsschlusses bereits auf dem Transport befindet. Artikel 69 Abs. 1 CISG bestimmt, dass die Gefahr in Fällen, die nicht von den vorgenannten Vorschriften erfasst sind, mit Übernahme der Ware durch den Käufer bzw. mit dessen An- bzw. Abnahmeverzug übergeht. Nach Artikel 69 Abs. 2 CISG ist diese Regel wiederum nicht anwendbar, wenn der Käufer die Ware an einem anderen Ort als der Niederlassung des Verkäufers zu übernehmen hat.

Grob gesprochen entscheidet die Wahl des einschlägigen Gefahrtragungstatbestands, ob die Gefahr vor Beginn oder nach Beendigung des Transports der Ware auf den Käufer übergeht. Dieser erhebliche Unterschied in der Sache macht es erforderlich, die einzelnen Tatbestände des besonderen Gefahrtragungsrechts eindeutig und systematisch stimmig voneinander abzugrenzen. Im einschlägigen Schrifttum ist dies bislang nur sehr sporadisch versucht worden. Bei genauerem Hinsehen ist die – im Folgenden detailliert vorzunehmende – Abgrenzung nicht unproblematisch, was nicht zuletzt dadurch bedingt ist, dass sich die den einzelnen Gefahrtragungstatbeständen zu Grunde liegenden – theoretischen wie praktischen – Ansätze teilweise erheblich unterscheiden[555].

Probleme bereitet insbesondere Artikel 67 CISG. Die Formulierung, dass der Kaufvertrag *„die Beförderung der Ware erfordert"*, ist offensichtlich auslegungsbedürftig. Eine streng am deutschen Recht orientierte Abgrenzung der vier genannten Gefahrtragungsregelungen danach, ob eine Hol-, Bring- oder

---

555 Vgl. *Erauw*, 25 J.L. & Com. (2005/2006), 203, 211.

Schickschuld vorliegt, kommt nicht in Betracht[556]. Dies wäre alleine schon im Hinblick auf den internationalen Charakter des CISG und den in Artikel 7 CISG normierten Grundsatz der autonomen Auslegung internationalen Einheitsrechts[557] bedenklich. Vor allem aber ist die aus dem deutschen Recht bekannte Differenzierung zwischen Leistungs- und Erfolgsort[558] auf das UN-Kaufrecht schon aus rein konzeptionellen Gründen nicht übertragbar. Unter „Erfolg" ist die endgültige Abwicklung des Kaufvertrags zu verstehen, ein Konzept, das sicherlich auch die Übertragung des Eigentums auf den Käufer miteinschließt. Der Eigentumsübergang ist im CISG aber bewusst nicht geregelt worden[559]. Die großen Unterschiede in den einzelnen nationalen Rechten der an den Beratungen beteiligten Staaten haben insoweit eine Einigung unmöglich gemacht[560]. Das UN-Kaufrecht kennt nur den in den Artikeln 30 und 31 definierten Begriff der Lieferung. Unterstellt man einmal, dass der Anwendungsbereich der Artikel 67 bis 69 CISG ohne Rückgriff auf unvereinheitlichtes nationales Sachenrecht zu bestimmen ist, kann es ein Auseinanderfallen von Leistungs- und Erfolgsort im CISG nicht geben. Der in Artikel 67 CISG geregelte Versendungskauf kann also nicht mit der Schickschuld nach deutschem Rechtsverständnis gleichgesetzt werden.

Häufig ist als Abgrenzungskriterium der Inhalt der Lieferpflicht des Verkäufers herangezogen worden[561]. Begründet wird der so hergestellte Zusammenhang zwischen Gefahrtragung und Lieferung regelmäßig damit, dass der Verkäufer mit Erfüllung der Lieferpflicht „alles seinerseits zur Abwicklung des Kaufvertrags Erforderliche" getan habe und aus diesem Grund von der Preisgefahr

---

556 So aber Honsell-*Schönle/Th.Koller*, Art. 67, Rn. 3 ff., 8 ff.; Art. 69, Rn. 1, Rn. 5 ff. und *Brunner*[1], UN-Kaufrecht, Art. 67, Rn. 5, die die Abgrenzung des Artikels 67 zu Artikel 69 CISG davon abhängig machen, ob es sich bei dem mit dem Transport betrauten Beförderer um eine Hilfsperson des Käufers oder des Verkäufers handelt.

557 Ausführlich zum Gebot der autonomen Auslegung internationalen Einheitsrechts und dessen Bedeutung *Gruber*, Methoden des internationalen Einheitsrechts, S. 80 m.w.N.

558 Dazu *Larenz*, Schuldrecht I, § 14 IV a, S. 193; im kaufrechtlichen Kontext *Larenz*, Schuldrecht II 1, § 42 II c, S. 100 f.; Staudinger-*Roland Michael Beckmann*, § 447 BGB, Rn. 11.

559 So explizit Artikel 4 lit. b) CISG.

560 So schon der Sekretariatskommentar, Art. 4, Anm. 4; vgl. auch Staudinger-*Magnus*, Art. 4 CISG, Rn. 32 m.w.N.

561 *Karollus*, UN-Kaufrecht, S. 195; Brunner-*Klingler/Mauerhofer*, UN-Kaufrecht, Art. 67, Rn. 2; Staudinger-*Magnus*, Art. 67 CISG, Rn. 9; MünchKommBGB-*Peter Huber*, Art. 67 CISG, Rn. 5; *Herber/Czerwenka*, Art. 67, Rn. 3, ähnlich *Bridge*, Transfer of Risk, S. 77.

entlastet werden solle[562]. Die Argumentation mutet bereits vor dem Hintergrund der soeben angestellten Überlegungen zum Konzept des „Erfolgs“ bzw. der „Erfüllung“ bedenklich an. Auch im Übrigen ist die Bezugnahme auf die Lieferpflicht im Gefahrtragungskontext nicht unproblematisch. Die Gesetzgebungsgeschichte liefert ein erstes – wenn auch widerlegbares[563] – Indiz für die Irrelevanz der Lieferpflicht bzw. deren Erfüllung im Kontext des Gefahrtragungsrechts. Eine pauschale Bezugnahme auf die Verpflichtung des Verkäufers zur Lieferung der Ware ermöglicht wegen der weitgehenden Wortlautidentität des Artikels 31 CISG mit den Artikeln 67 und 69 CISG aber vor allem noch keine Abgrenzung. Auch Artikel 31 CISG gibt insbesondere keine Antwort auf die Frage, wann ein Kaufvertrag *„die Beförderung der Ware erfordert“* und somit von einem Versendungskauf auszugehen ist. Der zur Lösung dieses Problems überwiegend verfolgte Ansatz ist bereits im Kontext des Artikels 31 CISG unbefriedigend und muss es erst recht im Falle der Übertragung auf das Gefahrtragungsrecht sein. Nach der herrschenden Meinung soll aufgrund ergänzender Vertragsauslegung davon auszugehen sein, dass die Parteien im Zweifel einen Versendungskauf im Sinne des Artikels 31 lit. a) CISG gewollt haben[564]. Das lässt allerdings für die gesetzlich vorgesehene Auffangregel des Artikels 31 lit. c) CISG keinen Raum. An Stelle des gesetzlich vorgesehenen Auffangtatbestands tritt der aus dem mutmaßlichen Parteiwillen abgeleitete Auffangtatbestand des „im Zweifel vereinbarten Versendungskaufs“. Dieses Missverhältnis setzte sich, verknüpft man Gefahrtragung und Lieferpflicht, im Gefahrtragungsrecht fort. Auch wenn der Versendungskauf in der Praxis des internationalen Handels sicherlich den häufigsten Fall darstellt, geht das Gesetz ausweislich des Artikels 69 Abs. 1 CISG im Zweifel gerade nicht von dieser Fallgestaltung aus.

Weniger dramatisch sind die Widersprüche in Konstellationen, in denen die Parteien tatsächlich eine Vereinbarung zur Lieferpflicht getroffen haben. Des Rückgriffs auf die problematische Auslegungsregel, dass im Zweifel ein Versendungskauf vereinbart worden ist, bedarf es dann nicht. Die Frage, ob ein Zusammenhang zwischen Lieferpflicht und Gefahrtragung besteht, stellt aber

---

562 *Lookofsky*, Understanding the CISG, § 5.1., S. 100; Schlechtriem/Schwenzer-*Widmer Lüchinger*, Art. 31, Rn. 11; *Hager*, Gefahrtragung nach UN-Kaufrecht, S. 389.

563 Dazu oben Kapitel 2 II. 1. c) (2).

564 So die allgemeine Meinung im Schrifttum, vgl. *Saenger* in: Ferrari u.a., Internationales Vertragsrecht, Art. 31 CISG, Rn. 1 und 27; Schlechtriem/Schwenzer-*Widmer Lüchinger*, Art. 31, Rn. 18; MünchKommHGB-*Benicke*, Art. 31 CISG, Rn. 4; ausdrücklich im Kontext des Gefahrübergangs *v.Hoffmann*, Passing of Risk, S. 284 f; anders aber LG Aachen, Urteil vom 14. Mai 1993, 43 O 136/92, CISG-online Nr. 86.

auch in dieser Konstellation eine zentrale Weichenstellung im Hinblick auf das Gefahrtragungsrecht dar. Wer nämlich einen solchen Zusammenhang schon für die gesetzlichen Regelungen annimmt, muss fast schon zwangsläufig davon ausgehen, dass eine Parteivereinbarung über die Lieferpflicht auf das (dispositive) Gefahrtragungsrecht ausstrahlt. Interessanter Weise ist diese Konsequenz dann aber, insbesondere in der Rechtsprechung, nicht immer gegangen worden.

Die angedeuteten Schwierigkeiten könnten durch die Wahl eines objektiven faktischen, also vom rechtlichen Konzept der Lieferpflicht und einer Parteivereinbarung diesbezüglich unabhängigen, Abgrenzungskriteriums vermieden werden. Im Zusammenhang des Artikels 67 CISG wird regelmäßig formuliert, ein Versendungskauf im Sinne dieser Vorschrift liege nur dann vor, wenn der Transport durch einen von den Vertragsparteien unabhängigen Frachtführer vorgenommen wird[565]. Dies könnte dahingehend verallgemeinert werden, dass bei einem Transport durch einen Frachtführer immer Artikel 67 CISG anzuwenden ist. Eine weitere Möglichkeit besteht darin, – alternativ oder kumulativ – auf die Vereinbarung des Transports durch einen selbständigen Frachtführer abzustellen.

Dass diese verschiedenen Ansätze in der Praxis durchaus zu unterschiedlichen Ergebnissen führen können, zeigt der folgende der Rechtsprechung entnommene Beispielsfall:

Der Vertrag zwischen einem französischen Verkäufer und einem deutschen Käufer sieht die Lieferung von 1.800 grillfertigen Hähnchen „frei Haus" vor. Der Verkäufer übergibt die Ware dem mit dem Transport beauftragten Beförderer. Der Käufer verweigert die Kaufpreiszahlung mit der Argumentation, die Hähnchen hätten ihren Bestimmungsort am Sitz des Käufers nicht erreicht. Zwar enthält der Lieferschein des Beförderers den Wareneingangsstempel des Käufers. Nach ständiger Geschäftspraxis des Käufers wird der Wareneingangsstempel indes erteilt, sobald das betreffende Transportgut auf das Gelände des Käufers gelangt. Nach Überprüfung der Ware wird der Eingangsvermerk handschriftlich bestätigt. Eine solche Bestätigung durch Angestellte des Käufers ist allerdings nicht erfolgt.

Das Landgericht Baden-Baden[566] hat hier Artikel 67 Abs. 1 CISG angewendet und die Gefahr folglich mit der Übergabe an den Frachtführer übergehen lassen. Bei der Klausel „Lieferung frei Haus" handele es sich lediglich um eine Vereinbarung über die Transportkosten. Auf den Umstand, ob sich die Parteien tatsächlich

---

565 In diesem Sinne wohl *Erauw*, Observations on Passing of Risk, S. 300; *de Vries*, 17 Eur. Transp. L (1982), 495, 503; ferner *Chicago Prime Packers, Inc. v. Northam Food Trading Co.*, US Court of Appeals (7th Cir.), Urteil vom 23 Mai 2005, Lexis 9355, CISG-online Nr. 1026.

566 LG Baden-Baden, Urteil vom 13. Januar 1992, 4 O 63/91, CISG-online Nr. 167.

auf die Beförderung der Ware durch einen unabhängigen Frachtführer geeinigt hatten, kam es dem Landgericht nicht an. Es ließ vielmehr maßgeblich sein, dass der Transport faktisch von solch einem Frachtführer durchgeführt wurde. Das OLG Karlsruhe[567] war anderer Ansicht. Die Vertragsklausel „Lieferung frei Haus" beinhalte, entgegen der Auffassung des Landgerichts, ganz unmittelbar eine Regelung über den Gefahrübergang. Dies ergebe sich zum einen daraus, dass in der konkret zu entscheidenden Konstellation der Verkäufer die Transportversicherung abgeschlossen hatte. Außerdem hätten die Parteien in ständiger Geschäftsbeziehung gestanden und der Verkäufer habe in der Vergangenheit bestimmte Waren regelmäßig mit eigenen Fahrzeugen an den Käufer geliefert. Schließlich will das OLG auch einen allgemeinen Grundsatz der Gestalt ausmachen, dass die Klausel „Lieferung frei Haus" in der Regel eine unmittelbare Aussage zum Zeitpunkt des Gefahrübergangs beinhalte. Zu dieser Schlussfolgerung kommt das Gericht allerdings, durchaus angreifbar, unter unmittelbarer Bezugnahme auf den Meinungsstand im Schrifttum zum BGB[568].

Im Folgenden soll eine Bestimmung des Anwendungsbereichs der Gefahrtragungstatbestände des besonderen Gefahrtragungsrechts im Wege der Auslegung, also unter Heranziehung des um die rechtsvergleichende Auslegung ergänzten klassischen Kanons der Methoden der Gesetzesauslegung, erarbeitet werden. Dabei gilt es im Einzelnen den Besonderheiten Rechnung zu tragen, die sich daraus ergeben, dass es sich bei dem CISG um internationales Einheitsrecht handelt.

II. Grammatikalische und systematische Auslegung der Artikel 67 bis 69 CISG

Das Verständnis von Gesetzeswortlaut und -systematik ist vergleichsweise unabhängig von dem durch das Heimatrecht des jeweiligen Rechtsanwenders geprägten Vorverständnis. Es wird aus diesem Grund oft betont, dass der grammatikalischen und systematischen Interpretation gerade bei der Auslegung internationalen Einheitsrechts große Bedeutung zukommt[569]. Die nun folgenden

---

567 OLG Karlsruhe, Urteil vom 20. November 1992, 15 U 29/92, CISG-online Nr. 54, NJW-RR 1993, S. 1316 f.

568 OLG Karlsruhe, a.a.O., S. 1317.

569 *Kropholler*, Internationales Einheitsrecht, S. 264 f. m.w.N.; spezifisch zum CISG *Saenger* in: Ferrari u.a., Internationales Vertragsrecht, Art. 7 CISG, Rn. 2; *Magnus*, RabelsZ 53 (1989), 116, 123; Schlechtriem/Schwenzer-*Ferrari*, Art. 7 Rn. 30 und 37; *Karollus*, UN-Kaufrecht, S. 13; Witz/Salger/Lorenz-*Witz*, Art. 7, Rn. 20 f.; Brunner-*Wagner*, UN-Kaufrecht, Art. 7, Rn. 5, alle m.w.N.

Erörterungen gehen vom englisch- und hilfsweise vom französischsprachigen Text des UN-Kaufrechts aus. Die deutsche Textfassung muss unberücksichtigt bleiben, da es sich insoweit lediglich um eine nicht authentische Übersetzung handelt[570]. Die systematische Auslegung orientiert sich primär an dem Verhältnis der einzelnen Bestimmungen des besonderen Gefahrtragungsrechts zueinander. Vor dem Hintergrund der im Schrifttum vertretenen Ansicht, dass der Zeitpunkt des Gefahrübergangs aus dem Inhalt der Lieferpflicht abzuleiten sei, soll darüber hinaus aber auch die in Artikel 31 CISG getroffene Regelung in die Betrachtung miteinbezogen werden.

1. Artikel 67 Abs. 1 CISG

Artikel 67 Abs. 1 CISG hat in der englischen Textfassung den folgenden Wortlaut:

> „*If the contract of sale involves carriage of the goods and the seller is not bound to hand them over at a particular place, the risk passes to the buyer when the goods are handed over to the first carrier for transmission to the buyer in accordance with the contract of sale. If the seller is bound to hand the goods over to a carrier at a particular place, the risk does not pass to the buyer until the goods are handed over to the carrier at that place. The fact that the seller is authorized to retain documents controlling the disposition of the goods does not affect the passage of the risk*".

Die Vorschrift enthält in den Sätzen 1 und 2 eigenständige Gefahrtragungsregeln mit unterschiedlichen Rechtsfolgen. Bei Artikel 67 Abs. 1 Satz 2 CISG handelt es sich um die speziellere Vorschrift. Es gelten alle Voraussetzungen des Satzes 1 zuzüglich einer weiteren, nämlich, dass der Verkäufer die Ware an einem bestimmten Ort an den Beförderer zu übergeben hat.

Beide Varianten des Artikels 67 CISG setzen voraus, dass der Transport der Ware durch einen von den Parteien unabhängigen Frachtführer erfolgt[571]. Dies ergibt sich deutlich aus dem Wortlaut zumindest der englischsprachigen Textfassung[572]. Dort ist von „*carriage of goods*" und „*carrier*" die Rede, Begrifflichkeiten mithin, die in der englischen Rechtssprache dem Transportrecht vorbehalten sind[573]. Das Transportrecht regelt aber gerade die sich aus dem Transportvertrag

---

570 Statt aller Schlechtriem/Schwenzer-*Ferrari*, Vor Artt. 1– 6, Rn. 27 und Art. 7, Rn. 31 m.w.N.

571 So im Ergebnis auch die wohl einhellige Meinung in Rspr. und Schrifttum; statt aller Schlechtriem/Schwenzer-*Hachem*, Art. 67, Rn. 12 f. m. zahlr. Nachw.

572 So explizit Bianca/Bonell-*Nicholas*, Art. 67, Anm. 2.2.

573 Vgl. *Hay*, Words and phrases legally defined, „*carrier*", S. 333; *Dietl/Lorenz*, Wörterbuch für Recht, Wirtschaft und Politik „*carrier*", S. 101.

ergebenden Rechte und Pflichten des Frachtführers als einer von Absender und Empfänger des Frachtguts unabhängigen Rechtspersönlichkeit.

Artikel 67 CISG setzt seinem Wortlaut nach ferner voraus, dass die Parteien eine Vereinbarung über die Beförderung der Ware getroffen haben[574]. Nach Artikel 67 Abs. 1 Satz 1 CISG ist die Vorschrift in ihrer Gesamtheit nur anwendbar, wenn der Kaufvertrag eine Beförderung der Ware erfordert („*the contract of sale involves carriage of the goods*"). Am Ende des Satzes 1 heißt es dann, dass die Ware dem Beförderer gemäß dem Kaufvertrag („*in accordance with the contract*") zu übergeben ist. Käme es ausschließlich darauf an, dass die Ware tatsächlich durch einen Frachtführer befördert wird, hätte im Gegensatz dazu eine Formulierung wie „*wird die Ware befördert*" nahe gelegen. Die Formulierung „*in accordance with the contract*" macht ferner deutlich, dass eine vertragswidrige Versendung – also insbesondere der Fall, dass der Verkäufer den Transport entgegen der Parteiabrede durch einen selbständigen Frachtführer durchführt – nicht in den Anwendungsbereich des Artikels 67 CISG fällt.

Etwas schwieriger zu beantworten ist die Frage, ob Artikel 67 CISG auch in den – in der Praxis sicherlich nur ausnahmsweise vorkommenden – Konstellationen Anwendung findet, in denen die Parteien dem Verkäufer ein Wahlrecht hinsichtlich der Methode des Transports eingeräumt haben. Artikel 67 CISG erfasst dem Wortlaut nach auch diese Möglichkeit. Dies ergibt sich im Umkehrschluss aus den in den authentischen englisch- und französischsprachigen Textfassungen verwendeten Formulierungen „*involves*" bzw. „*implique*". Das Bestehen einer Verpflichtung wäre demgegenüber mit Begriffen wie „*requires*" bzw. „*demande*" zum Ausdruck gebracht worden. Wenn die deutsche Übersetzung hier von „*erfordert*" spricht, ist dies zumindest irreführend. Die Parteien müssen im Anwendungsbereich des Artikels 67 CISG damit zwar zwingend eine Vereinbarung über die Beförderung der Ware getroffen haben. Ungeachtet des Umstandes, dass der Transport letztlich durch einen selbständigen Frachtführer zu erfolgen hat, bedarf es einer vergleichbaren Festlegung in der korrespondierenden Parteivereinbarung jedoch nicht. Diese Verschränkung von tatsächlichem und vertraglichem Element hat zur Konsequenz, dass der Verkäufer bei Bestehen eines Wahlrechts mit dessen Ausübung mittelbar auch über die Anwendbarkeit des Artikels 67 CISG und damit im Ergebnis darüber entscheidet, ob die Preisgefahr zu Beginn oder erst nach Beendigung des Transportvorgangs auf den Käufer übergeht.

---

574 Bianca/Bonell-*Nicholas*, Art. 67, Anm. 2.2.

Artikel 67 Abs. 1 CISG setzt weiter voraus, dass die Ware dem Frachtführer *„zur Übermittlung an den Käufer"* übergeben wird. Das ist nicht so zu verstehen, dass der Käufer in den betreffenden Transportdokumenten als der Empfänger des Transportguts bezeichnet sein muss. Eine solche Auslegung wäre in systematischer Hinsicht mit der in Artikel 67 Abs. 2 CISG vorausgesetzten Möglichkeit der nachträglichen Individualisierung der Kaufsache beim Gattungskauf unvereinbar. Sie führte in der Transportpraxis auch zu dem wenig sinnvollen Ergebnis, dass Artikel 67 CISG auf viele Fälle des Seetransports keine Anwendung fände. Wegen der Traditionswirkung des Konnossements ist es nämlich im Überseehandel durchaus üblich, den Empfänger der Ware nicht explizit zu benennen, sondern dessen Legitimation gegenüber dem Frachtführer durch eine vorzeitige Übermittlung der Transportdokumente herbeizuführen[575]. Im Ergebnis entscheidet also alleine die, notfalls ergänzende, Vertragsauslegung darüber, ob eine bestimmte Ware dem Frachtführer „zur Übermittlung an den Käufer" übergeben wurde[576]. Im Hinblick auf die in Artikel 67 Abs. 2 CISG getroffene Regelung ist hier ein großzügiger Maßstab anzulegen.

Abs. 1 Satz 1 nimmt Fallkonstellationen vom Anwendungsbereich des Artikels 67 CISG aus, in denen der Verkäufer verpflichtet ist, *„die Ware an einem bestimmten Ort zu übergeben"* (*„the seller is bound to hand the goods over at a particular place"*). Das Wort *„verpflichtet"* weist eindeutig darauf hin, dass es insoweit wiederum auf die Parteivereinbarung als das maßgebliche Anknüpfungskriterium ankommt. Aus dem systematischen Vergleich zu Absatz 1 Satz 2 ergibt sich, dass mit *„Übergabe"* die Übergabe an den Käufer gemeint ist. Artikel 67 Abs. 1 Satz 2 CISG ist bis auf den Zusatz *„to a carrier"* mit dem Vorbehalt in Absatz 1 Satz 1 wortlautidentisch. Dem kann im Umkehrschluss entnommen werden, dass in Absatz 1 Satz 1 gerade nicht die Übergabe an den Frachtführer gemeint ist. Es bleibt mithin nur die Übergabe an den Käufer. Der Vorbehalt hat damit eine Situation zum Gegenstand, in der die Parteien sich zwar auf die Durchführung des Transports durch einen Frachtführer geeinigt haben, zusätzlich aber auch eine Vereinbarung über den Ort getroffen wurde, an dem der Frachtführer die Ware an den Käufer zu übergeben hat. Das führt zu dem folgenden Auslegungsproblem: In rein tatsächlicher Hinsicht kann ein vom Verkäufer veranlasster Transport nicht durchgeführt werden, ohne dass dem Verkäufer die Lieferadresse bekannt ist. Zumindest implizit enthält damit so gut wie jeder

---

575 Oben Seite 140.

576 So wohl auch Staudinger-*Magnus*, Art. 67 CISG, Rn. 16; **a.A.** Enderlein/Maskow/Strohbach-*Maskow*, Art. 67, Anm. 4.1.

Kaufvertrag, der eine Beförderung der Ware erfordert, auch eine Vereinbarung über den Ablieferungsort. Der Vorbehalt, der nach der systematischen Konzeption des Artikels 67 Abs. 1 Satz 1 CISG offenkundig die Ausnahme bleiben soll, stellt bei einer wortlautgerechten Interpretation somit den Regelfall dar. Dieses unerwünschte Ergebnis lässt sich nur durch eine einschränkende Auslegung des Vorbehalts unter Zugrundelegung eines qualifizierten Übergabebegriffs vermeiden. Hierbei ist auf das Ergebnis der Gesetzesauslegung nach den noch ausstehenden Interpretationsmethoden zurückzugreifen.

Artikel 67 Abs. 1 Satz 2 CISG enthält eine eigene Gefahrtragungsregel für den Fall, dass der Verkäufer dem Frachtführer die Ware an einem bestimmten Ort zu übergeben hat („*the seller is bound to hand the goods over to a carrier at a particular place*"). Unter der in der Vorschrift tatbestandlich vorausgesetzten „*Übergabe*" ist nach dem allgemeinen Sprachgebrauch die Übertragung der tatsächlichen Sachherrschaft zu verstehen. Die Formulierung „*is bound*" stellt klar, dass auch im Kontext des Artikels 67 Abs. 1 Satz 2 CISG die Parteivereinbarung der maßgebliche Anknüpfungspunkt ist. Anders als Satz 1 geht Satz 2 allerdings ausdrücklich von einer vertraglichen Verpflichtung des Verkäufers, die Ware einem Frachtführer zu übergeben, aus. Die Fälle eines dem Verkäufer hinsichtlich der Art und Weise der Durchführung des Transports eingeräumten Wahlrechts sind vom Tatbestand des Satzes 2 also nicht erfasst. Unabhängig von einer etwaigen Parteiabrede über den Übergabeort ist in diesen Konstellationen immer die Grundregel des Artikels 67 Abs. 1 Satz 1 CISG einschlägig.

Artikel 31 lit. a) CISG hat in der englischen Textfassung den folgenden Wortlaut:

> „*If the seller is not bound to deliver the goods at any other particular place, his obligation to deliver consists:*
> *(a) if the contract of sale involves carriage of the goods – in handing the goods over to the first carrier for transmission to the buyer*".

Beim Vergleich mit Artikel 67 CISG fällt in erster Linie die weitgehende Wortlautidentität auf. Eine dem Artikel 67 Abs. 1 Satz 2 CISG entsprechende Regelung fehlt in Artikel 31 allerdings völlig. Auch ist die Bezugnahme auf eine etwaige Parteivereinbarung in Artikel 31 CISG weniger deutlich als in Artikel 67. Zwar leiten beide Vorschriften mit der Formulierung „*if the contract of sale involves carriage of the goods*" ein. Der in Artikel 67 CISG verwendete Zusatz "*in accordance with the contract*" findet sich in Artikel 31 CISG aber nicht. Dieser Unterschied spricht dafür, dass die betreffende Formulierung im Gefahrtragungsrecht in erster Linie die Fälle abredewidriger Versendung vom Anwendungsbereich des Artikels 67 CISG ausnehmen soll. Dass die Lieferpflicht bei abredewidrigem

Verhalten nicht erfüllt sein kann, versteht sich im Gegensatz dazu von selbst und bedarf keiner weiteren Klarstellung.

2. Artikel 68 CISG

Artikel 68 CISG regelt den so genannten Verkauf reisender Ware. Die Vorschrift hat in der englischen Textfassung den folgenden Wortlaut:

> *„The risk in respect of goods sold in transit passes to the buyer from the time of the conclusion of the contract. However, if the circumstances so indicate, the risk is assumed by the buyer from the time the goods were handed over to the carrier who issued the documents embodying the contract of carriage. […]".*

Der Gefahrübergang richtet sich nach Artikel 68 CISG, wenn zwei Voraussetzungen erfüllt sind. Die Ware muss sich zum einen bereits auf dem Transport befinden. Der Transport muss darüber hinaus durch einen Frachtführer im transportrechtlichen Sinne durchgeführt werden[577]. Letzteres ergibt sich schon aus dem praktischen Hintergrund der Regelung. Artikel 68 CISG ist erkennbar auf den Seetransport zugeschnitten, mithin eine Art der Beförderung, die in der Praxis des Exporthandels nahezu ausschließlich durch spezialisierte Transportunternehmen durchgeführt wird[578]. Artikel 68 Satz 2 CISG erwähnt das Erfordernis der Beförderung durch einen Frachtführer („*carrier*") ferner explizit.

Die systematische Stellung des Artikels 68 CISG nach dem Gefahrtragungstatbestand des Versendungskaufs und vor dem Auffangtatbestand des Artikels 69 CISG indiziert, dass es sich bei Artikel 68 CISG dem Grundsatz nach um einen Spezialtatbestand des Versendungskaufs handelt[579]. Der Verkauf reisender Ware bedarf einer gesonderten Regelung, weil die Kaufsache in diesen Fallkonstellationen dem Frachtführer, anders als von Artikel 67 CISG vorausgesetzt, nicht zur Übermittlung an den Käufer übergeben wird[580]. Für die Auslegung des Artikels 68 CISG hat das Zusammenspiel mit Artikel 67 CISG zwei Konsequenzen. Die Gesetzessystematik bestätigt, erstens, dass Artikel 68 CISG, wie Artikel 67 CISG auch, den Transport der Ware durch einen Frachtführer voraussetzt. Anders als bei Artikel 67 CISG ist allerdings, zweitens, maßgeblich auf das Faktum des Transports der Kaufsache durch einen solchen Beförderer abzustellen und nicht auf eine dahingehende vertragliche Vereinbarung. Der Parteiabrede kann schon aus dem ganz praktischen Grund keine Bedeutung zukommen, dass

577 Vgl. MünchKommBGB-*Peter Huber*, Art. 68 CISG, Rn. 3.
578 Dazu *Hager*, Gefahrtragung beim Kauf, S. 142.
579 Vgl. Witz/Salger/Lorenz-*Witz*, Art. 68, Rn. 4.
580 Bianca/Bonell-*Nicholas*, Art. 68, Anm. 2.1.; *Honnold/Flechtner*, Uniform Law, Rn. 372.

die Beförderung im Zeitpunkt des Vertragsschlusses zwischen Verkäufer und Käufer bereits veranlasst ist bzw. in einem Zeitpunkt veranlasst wurde, in dem der Käufer noch nicht feststand und aus diesem Grund auch keinen Einfluss auf die Beförderungsmodalitäten nehmen konnte. Konsequenter Weise fehlen in Artikel 68 CISG dann auch die auf die Parteivereinbarung Bezug nehmenden Formulierungen *„if the contract of sale involves carriage"* und *„in accordance with the contract"*.

Artikel 68 Satz 2 CISG enthält eine Ausnahme von der Grundregel des Satzes 1, nach der die Gefahr beim Verkauf reisender Ware prinzipiell im Zeitpunkt des Vertragsschlusses übergeht. Neben den Anforderungen an das Vorliegen eines Verkaufs reisender Ware allgemein wird hier auf der Tatbestandebene vorausgesetzt, dass der Frachtführer Dokumente über den Beförderungsvertrag ausgestellt hat und die *„Umstände"* der zu entscheidenden Fallkonstellation einen rückwirkenden Gefahrübergang nahelegen. Auffällig ist die Unbestimmtheit der letztgenannten Formulierung. In der Sache handelt es sich um einen reinen Billigkeitsvorbehalt. Im systematischen Vergleich zu Artikel 68 Satz 1 CISG fällt auf, dass Satz 1 die Existenz von Transportdokumenten gerade nicht voraussetzt. Das mag vor dem Hintergrund überraschen, dass Transportdokumente in der Praxis gerade beim Verkauf reisender Ware absolut üblich sind[581]. Erst die Existenz dieser Dokumente, die in aller Regel den Zustand der Ware im Zeitpunkt des Transportbeginns beschreiben[582], ermöglicht es dem Absender, die Ware zu verkaufen, nachdem sie seinen Herrschaftsbereich verlassen hat.

Der Vergleich mit Artikel 31 CISG zeigt schließlich, dass der Inhalt der Lieferpflicht beim Verkauf reisender Ware im UN-Kaufrecht nicht geregelt ist.

3. Artikel 69 CISG

Artikel 69 CISG hat den folgenden Wortlaut:

> *„(1) In cases not within articles 67 and 68, the risk passes to the buyer when he takes over the goods or, if he does not do so in due time, from the time when the goods are placed at his disposal and he commits a breach of contract by failing to take delivery.*

581 Auf diesen Umstand wurde in den Beratungen zu der Vorschrift auf der Wiener Konferenz wiederholt hingewiesen, vgl. z.B. Summary Record of the 31st meeting of the First Committee, Stellungnahme des schwedischen Delegierten, O.R. S. 403 f.; Rn. 5; ausführlich zu den Beratungen zu Artikel 68 CISG unten Seiten 203 f. und 209 ff.

582 Dazu oben Seiten 160 f.

(2) However, if the buyer is bound to take over the goods at a place other than a place of business of the seller, the risk passes when delivery is due and the buyer is aware of the fact that the goods are placed at his disposal at that place".

Artikel 69 Abs. 1 CISG normiert einen allgemeinen Auffangtatbestand. Demnach soll die Gefahr im Zweifel mit Übernahme der Ware durch den Käufer übergehen. Vom Gesetzesaufbau her etwas unglücklich enthält Artikel 69 Abs. 2 CISG eine weitere Ausnahme, die funktional neben, bzw. hinter[583], die in den Artikeln 67 und 68 getroffenen Regelungen tritt[584].

Im Vergleich zu Artikel 67 CISG fällt auf, dass Artikel 69 CISG in beiden Absätzen an die Übernahme der Kaufsache durch den Käufer anknüpft, während Artikel 67 CISG insoweit die Übergabe an den Käufer bzw. den mit dem Transport beauftragten Frachtführer maßgeblich sein lässt. Artikel 67 CISG betrachtet den Gefahrübergang damit aus Sicht des Verkäufers, wohingegen Artikel 69 CISG die Perspektive des Käufers einnimmt[585]. Im Gegensatz zur Übergabe aus der Sicht des Verkäufers handelt es sich bei der Übernahme im Sinne des Artikels 69 CISG um eine Handlung, die der Mitwirkung des Käufers bedarf[586]. Dies ergibt sich aus dem Wortsinn des Begriffs der Übernahme nach dem allgemeinen Sprachgebrauch sowie den folgenden zwei ergänzenden Erwägungen. Artikel 69 Abs. 1 Satz 2 CISG enthält, erstens, einen Sondertatbestand für die Fälle des Annahmeverzugs des Käufers. In Verzug kann nur kommen, wer zur Vornahme einer bestimmten Handlung verpflichtet ist. Artikel 69 Abs. 1 Satz 2 CISG setzt die Mitwirkungsbedürftigkeit bzw. -pflichtigkeit der Übernahme folglich zumindest mittelbar voraus. Artikel 69 Abs. 2 CISG geht, zweitens, sogar explizit vom Bestehen einer entsprechenden vertraglichen Verpflichtung des Käufers zur Entgegennahme der Ware aus („*if the buyer is bound to take over the goods*"). Im Ergebnis wirkt sich die Unterscheidung zwischen Übergabe einerseits und Übernahme andererseits weniger auf die Auslegung des Artikels 69 CISG selbst, sondern vielmehr auf die Interpretation der in Artikel 67 Abs. 1 CISG enthaltenen Gefahrtragungsregel aus. Einer Mitwirkung des Käufers bedarf der dort

583 Artikel 69 Abs. 2 ist aufgrund seiner systematischen Stellung subsidiär gegenüber den in den Artikeln 67 und 68 CISG getroffenen Regelungen; dazu *Erauw*, Delivery Terms and the Passing of Risk, S. 406; *Mankowski* in: Ferrari u.a., Internationales Vertragsrecht, Art. 69 CISG, Rn. 17; MünchKommBGB-*Peter Huber*, Art. 69 CISG, Rn. 8; Brunner-*Klingler/Mauerhofer*, UN-Kaufrecht, Art. 69, Rn. 1.

584 Vgl. MünchKommBGB-*Peter Huber*, Art. 69 CISG, Rn. 8.

585 Enderlein/Maskow/Strohbach-*Maskow*, Art. 69, Anm. 2.2.

586 Ähnlich *Huber/Mullis*, the CISG, S. 111, allerdings im Kontext des Artikels 31 lit. a) CISG.

geregelte Versendungskauf nämlich nur dann nicht, wenn der Verkäufer nach der vertraglichen Vereinbarung den Transport zu organisieren und den Frachtführer zu beauftragen hat. Der vom Käufer zu organisierende Transport fällt mithin in den Anwendungsbereich des Artikels 69 CISG.

Der in Artikel 69 Absätze 1 und 2 CISG verwendete Begriff der Übernahme kann vor diesem Hintergrund nicht im Sinne einer Übernahme der tatsächlichen Sachherrschaft durch den Käufer verstanden werden. Beim Transport der Ware durch einen vom Käufer beauftragten Frachtführer übt nämlich während des Transports alleine der Frachtführer die tatsächliche Sachherrschaft aus. Eine mit diesem Befund übereinstimmende Definition des Übernahmebegriffs ist auf zwei unterschiedliche Weisen denkbar. Zum einen besteht die Möglichkeit, von einer Zurechenbarkeit der tatsächlichen Sachherrschaft des Frachtführers auszugehen, die Sachherrschaft mithin nicht in einem tatsächlichen, sondern vielmehr in einem normativen Sinne zu begreifen. Die tatsächliche Sachherrschaft des Frachtführers wäre nach diesem Ansatz als Konsequenz einer rechtlichen Wertung der tatsächlichen Sachherrschaft des Käufers gleichzusetzen. Über den Inhalt der heranzuziehenden wertenden Kriterien können der Gesetzeswortlaut und die Gesetzessystematik naturgemäß keinen Aufschluss geben. Es bietet sich vielmehr ein Rückgriff auf objektiv teleologische Gesichtspunkte an. Als zweite Möglichkeit ist es in Betracht zu ziehen, den Übernahmebegriff völlig vom Konzept der Sachherrschaft zu lösen und stattdessen ausschließlich auf die für die Übernahme konstitutive Erfüllung der Mitwirkungspflicht des Käufers abzustellen. Nach Artikel 60 lit. a) CISG besteht die Mitwirkungspflicht des Käufers im Einzelnen darin, die ihm zur Ermöglichung der Lieferung durch den Verkäufer zumutbaren Handlungen vorzunehmen. Zumindest mittelbar bestimmte sich der Gefahrübergang nach Artikel 69 CISG, ginge man diesen zweiten Weg, konsequenter Weise nach dem Inhalt der Lieferpflicht.

Das Verhältnis zwischen Artikel 69 Abs. 1 und Abs. 2 CISG ist dem Wortlaut nach klar geregelt. Vergleichbar Artikel 67 CISG knüpft auch Artikel 69 CISG hier an die Parteiabrede an. Beinhaltet diese eine Verpflichtung des Käufers, die Ware an einem anderen Ort als der Niederlassung des Verkäufers zu übernehmen, so findet Artikel 69 Abs. 2 CISG Anwendung. In allen anderen Fällen, also bei Vereinbarung einer Übernahme am Sitz des Käufers oder bei Fehlen einer Vereinbarung zum Übernahmeort, ist Artikel 69 Abs. 1 CISG anzuwenden.

Die mit dem Auffangtatbestand des Artikels 69 Abs. 1 CISG korrespondierende Regelung in Artikel 31 CISG hat den folgenden Wortlaut:

„If the seller is not bound to deliver the goods at any other particular place, his obligation to deliver consists: […]

(c) in other cases – in placing the goods at the buyer's disposal at the place where the seller had his place of business at the time of the conclusion of the contract".

Es fällt auf, dass die Lieferpflicht nach Artikel 31 lit. c) CISG gerade nicht an eine Mitwirkungshandlung des Käufers anknüpft[587]. Der Gefahrübergang nach Artikel 69 CISG erfolgt also unter strengeren Voraussetzungen. Gefahrtragung und Lieferpflicht sind insoweit nicht deckungsgleich. Artikel 31 CISG enthält des Weiteren keine dem Artikel 69 Abs. 2 CISG entsprechende Regelung. Artikel 69 Abs. 2 CISG ist insbesondere nicht deckungsgleich mit Artikel 31 lit. b) CISG. Wie Artikel 31 lit. c) CISG setzt auch lit. b) tatbestandlich zum einen keine Mitwirkungshandlung des Käufers voraus. Anders als Artikel 69 Abs. 2 CISG knüpft Artikel 31 lit. b) CISG den Inhalt der Lieferpflicht ferner an den Standort der Ware im Zeitpunkt des Vertragsschlusses. Hierbei handelt es sich um ein objektives Kriterium unabhängig von der Parteiabrede.

4. Zwischenergebnis

Ein Versendungskauf im Sinne des Artikels 67 CISG liegt nach Gesetzeswortlaut und -systematik vor, wenn sich die Parteien auf die Beförderung der Kaufsache durch einen Frachtführer geeinigt haben und die Organisation einer solchen Beförderung keiner wesentlichen Mitwirkungshandlung des Käufers bedarf[588]. Gleichsam setzt Artikel 67 CISG voraus, dass der Transport auch tatsächlich durch einen Frachtführer durchgeführt wird. Relevant wird dieses Erfordernis, wenn der Kaufvertrag dem Verkäufer ein Wahlrecht hinsichtlich der Art und Weise der Beförderung einräumt. Einigen sich die Parteien über die Verpflichtung des Verkäufers hinaus auch auf den konkreten Ort, an dem die Übergabe an den Frachtführer zu erfolgen hat, bestimmt sich der Gefahrübergang nach dem Spezialtatbestand des Artikels 67 Abs. 1 Satz 2 CISG.

Beim in Artikel 68 CISG geregelten Verkauf reisender Ware handelt es sich um eine spezielle Ausprägung des Versendungskaufs. Im Gegensatz zu Artikel 67 CISG setzt die Vorschrift im Tatbestand ausschließlich voraus, dass die Beförderung der Ware tatsächlich durch einen Transportunternehmer durchgeführt wird. Der Grundtatbestand der Gefahrtragung beim Verkauf reisender Ware ist, vergleichbar Artikel 67 CISG aber anders als der Ausnahmetatbestand des rückwirkenden Gefahrübergangs nach Artikel 68 Satz 2 CISG, unabhängig

---

587 So auch MünchKommHGB-*Benicke*, Art. 31 CISG, Rn. 24; Schlechtriem/Schwenzer-*Widmer Lüchinger*, Art. 31, Rn. 4.; MünchKommBGB-Gruber, Art. 31 CISG, Rn. 7.

588 **A.A.** im Hinblick auf die grammatikalische Auslegung aber wohl *de Vries*, 17 Eur. Transp. L (1982), 495, 500.

davon anwendbar, ob der Frachtführer dem Absender Transportdokumente ausgestellt hat. Artikel 68 CISG ist auf eine äußerst spezifische und im Wortlaut der Vorschrift eindeutig definierte Fallkonstellation zugeschnitten. Für die systematische Auslegung der anderen Gefahrtragungstatbestände ist die Norm aus diesem Grund von nur untergeordneter Bedeutung.

Artikel 69 Abs. 2 CISG ist seinem Wortlaut nach anwendbar, wenn der Käufer die Ware nach der Parteiabrede an einem anderen Ort als der Niederlassung des Verkäufers zu übernehmen hat. Der Begriff der „Übernahme" setzt dabei eine Mitwirkung des Käufers voraus. Er kann nicht im Sinne der Übernahme der tatsächlichen Sachherrschaft verstanden werden. Das Konzept der Sachherrschaft ist entweder um eine normative Komponente zu erweitern oder aber aufzugeben und durch die Erfüllung der vom Verkäufer geschuldeten Mitwirkungshandlung im Sinne des Artikels 60 CISG zu ersetzen. Bei Artikel 69 Abs. 1 CISG handelt es sich um einen Auffangtatbestand. Zum Inhalt des Übernahmebegriffs gilt das soeben zu Absatz 2 Gesagte.

Der im Schrifttum gelegentlich postulierte Zusammenhang zwischen Gefahrübergang und Lieferpflicht lässt sich aus Gesetzeswortlaut und -systematik nicht, bzw. zumindest nicht widerspruchsfrei, belegen.

III. Rechtsvergleichende Auslegung

Die rechtsvergleichende Auslegung hat sowohl für die Interpretation des nationalen Rechts als auch für die Auslegung internationalen Einheitsrechts Bedeutung[589]. Im Kontext des nationalen Rechts wird unter rechtsvergleichender Auslegung der Blick auf die Lösung eines bestimmten Problems in anderen Rechtsordnungen (oder auch im internationalen Einheitsrecht) verstanden[590]. Die Auslegung des nationalen Rechts wird sich dabei in den allerwenigsten Fällen direkt am Auslandsrecht orientieren, der rechtsvergleichenden Auslegung kommt in aller Regel vielmehr lediglich rechtspolitische Bedeutung zu[591]. Rechtsvergleichende Überlegungen haben in jüngerer Zeit beispielsweise in den

589 Gelegentlich ist die rechtsvergleichende Auslegung als „Hilfsmethode" der anderen Auslegungsmethoden bezeichnet worden, im Kontext des CISG beispielsweise von Witz/Salger/Lorenz-*Witz*, Art. 7, Rn. 24 (im spezifischen Zusammenhang der UNIDROIT Principles; großzügiger *Gruber*, Methoden des internationalen Einheitsrechts, S. 200.

590 *Mansel*, JZ 1991, 529.

591 *Mansel*, JZ 1991, 529.

Beratungen der deutschen Schuldrechtskommission eine nicht unerhebliche Rolle gespielt[592].

Auch im internationalen Einheitsrecht kann mit rechtsvergleichender Auslegung der Blick auf die Lösungen einzelner nationaler Rechte gemeint sein[593]. Dies ist vor dem Hintergrund des Gebots der autonomen Auslegung internationalen Einheitsrechts[594] nicht unproblematisch. Die Notwendigkeit der Berücksichtigung der Lösungen einzelner ausgewählter nationaler Rechtsordnungen ergibt sich letztlich aber daraus, dass das internationale Einheitsrecht selbst in aller Regel auf rechtsvergleichenden Vorarbeiten beruht[595]. Damit verschwimmt freilich die Trennlinie zur – subjektiv und objektiv – teleologischen Interpretation[596]. Mit rechtsvergleichender Auslegung kann ferner die Berücksichtigung ausländischer Gerichtsentscheidungen zu den auszulegenden Bestimmungen des internationalen Einheitsrechts selbst gemeint sein[597].

Vorliegend wird der Begriff im erstgenannten Sinne verstanden, es werden mithin die Ansätze zur Zuweisung der Preisgefahr in ausgewählten unvereinheitlichten nationalen Rechtsordnungen analysiert. Untersuchungsgegenstand sind das schweizerische, das französische, das englische, das deutsche und das US-amerikanische Recht. Die sich anschließende Darstellung ist insoweit atypisch, als dass die genannten Rechtsordnungen nicht als Stellvertreter ihrer jeweiligen Rechtskreise analysiert werden. Es wird vielmehr zu zeigen sein, dass sich die Zuweisung der Preisgefahr an einigen wenigen – genauer genommen drei[598] – dogmatischen Prämissen orientiert, die teilweise bis auf das römische Recht zurückgehen. Die Wahl des einen oder des anderen Ansatzes durch die eine oder die andere Rechtsordnung ist dabei nicht rechtskreisspezifisch. So folgen beispielsweise das schweizerische und das deutsche Recht, beides Stellvertreter des germanischen Rechtskreises, zwei völlig unterschiedlichen Ansätzen,

---

592 Dazu ausführlicher unten Seiten 183 f.

593 In diesem Sinne *Gruber*, Methoden des internationalen Einheitsrechts, S. 189; siehe ferner *Kropholler*, Internationales Einheitsrecht, S. 279 f.

594 Dazu ausführlich *Ferrari*, Autonomous Interpretation, S. 139 ff. m.w.N.

595 Darauf weist im Kontext des CISG Staudinger-*Magnus*, Art. 7 CISG, Rn. 37 hin.

596 *Kropholler*, Internationales Einheitsrecht, S. 278 bezeichnet die rechtsvergleichende Auslegung ganz grundsätzlich als Unterkategorie der teleologischen Auslegung.

597 *Mansel*, JZ 1991, 529, 531; *Kropholler*, Internationales Einheitsrecht, S. 280 ff.; dezidiert gegen eine Berücksichtigung ausländischer Gerichtsentscheidungen bei der Auslegung des– ebenfalls auf internationalem Einheitsrecht beruhenden WechselG (vgl. oben Fußnote 229)–, *Canaris*, JZ 1987, 543, 550.

598 *Schmitthoff*, Risk of Loss in Transit, S. 169; *v.Hoffmann*, Passing of Risk, S. 267 f.

während das englische und das französische Recht, beides Leitrechtsordnungen ihrer jeweiligen Rechtskreise, dasselbe Dogma zum Ausgangspunkt ihres Gefahrtragungsrechts nehmen. Die sich anschließende Darstellung orientiert sich an den in den genannten Rechtsordnungen verwendeten dogmatischen Ansätzen[599]. Auf das Für und Wider der einzelnen Dogmen wird dann im Rahmen der teleologischen Auslegung einzugehen sein[600].

1. *„periculum est emptoris“* im schweizerischen Obligationenrecht

Im schweizerischen Recht hat sich, zumindest dem Grundsatz nach, bis heute der römischrechtliche Grundsatz *„periculum est emptoris“*[601] gehalten[602]. Nach Artikel 185 Abs. 1 OR geht die Preisgefahr bei der Stückschuld mit Vertragsschluss auf den Käufer über, *„sofern nicht besondere Verhältnisse oder Verabredungen eine Ausnahme begründen“*. Für den Gattungskauf ist nach Artikel 185 Abs. 2 OR allerdings zusätzlich zu fordern, dass die *„veräußerte Sache [...] ausgeschieden, und, wenn sie versendet werden soll, zur Versendung abgegeben“* worden ist.

Der Vertragsschluss ist damit im Ergebnis alleine für die Gefahrtragung beim Stückkauf maßgeblich. Auch in diesem Zusammenhang wird die Verknüpfung von Vertragsschluss und Gefahrübergang allerdings als nicht interessengerecht kritisiert, da der Käufer mit der Gefahr belastet werde, bevor sich die Ware in seinem Herrschaftsbereich befindet. Der genaue Zeitpunkt des Vertragsschlusses sei weiterhin oft nicht genau feststellbar, was zu Umsetzungsproblemen in der Praxis führe[603]. Die in Artikel 185 Abs. 1 OR enthaltenen Ausnahmen werden aus diesen Gründen in Rechtsprechung und Schrifttum denkbar weit ausgelegt[604]. Eine *„besondere Verabredung“* wird insbesondere immer schon angenommen, wenn die Parteien einen Fernkauf, also den Transport der Ware durch Leute des Verkäufers, vereinbart haben[605]. Die Gefahr geht dann in dem

599 Vgl. auch den rechtsvergleichenden (Kurz-) Überblick bei *v.Bar/Clive*, DCFR II, Notes 1– 3 zu IV.A.–5:102, S. 1375 f.

600 Unten V. 2.

601 Dazu *Hager*, Gefahrtragung beim Kauf, S. 38; *v.Hoffmann*, Passing of Risk, S. 268, beide m.w.N.

602 Basler Kommentar-*Alfred Koller*, Art. 185, Rn. 1; *Huguenin*, OR BT, Rn. 142 m.w.N.; auch das Gefahrtragungsrecht einiger süd- und mittelamerikanischer Staaten sowie Japans, Spaniens und der Türkei orientiert sich am Grundsatz *„periculum est emptoris“*, dazu *Rabl*, Gefahrtragung beim Kauf, S. 30, Fn. 84 m.w.N.

603 *Huguenin*, OR BT, Rn. 143; *Imberg*, Beweislast, S. 67, beide m.w.N.

604 *Huguenin*, OR BT, Rn. 144.

605 *Huguenin*, OR BT, Rn. 154 f. m.w.N.

Zeitpunkt über, in dem der Verkäufer dem Käufer die Ware an dessen Niederlassung oder an einem anderen vereinbarten Ort zur Verfügung stellt und der Käufer Kenntnis hiervon hat[606]. Beim Versendungskauf wenden Rechtsprechung und die herrschende Meinung im Schrifttum Artikel 185 Abs. 2 OR – eine Vorschrift, die ihrem Wortlaut nach nur auf die Fälle des Gattungskaufs Anwendung findet – auch auf den Stückkauf an[607]. Die Übergabe an den Frachtführer ersetzt hier mithin den Vertragsschluss als den maßgeblichen Anknüpfungszeitpunkt für den Gefahrübergang.

Der Begriff des Versendungskaufs in Artikel 185 Abs. 2 OR ist synonym mit dem Begriff der Schickschuld[608]. Vom Vorliegen einer Schickschuld ist bei Auseinanderfallen von Leistungs- und Erfolgsort auszugehen[609], wobei der Transport durch einen Frachtführer oder Spediteur durchgeführt werden muss[610]. Vergleichbar Artikel 67 CISG ist zusätzlich zu fordern, dass die Ware dem Transporteur *„zur Übermittlung an den Käufer"* ausgehändigt wird[611]. Das ist insbesondere nicht der Fall, wenn der Verkäufer sich im Frachtbrief selbst als Empfänger einträgt[612]. Umgekehrt kann auch beim Transport durch eine selbständige Transportperson ein Fernkauf vorliegen, bei dem die Gefahr nach dem soeben Gesagten erst am Ende des Transportvorgangs übergeht, wenn der Verkäufer nach dem Vertrag verpflichtet ist, dem Käufer die Sache zu überbringen[613]. Bei Annahme eines Versendungskaufs geht die Gefahr mit Übergabe an den Beförderer, also regelmäßig zu Transportbeginn, auf den Käufer über. Im Falle einer Haftung des Frachtführers für Transportschäden aus dem Transportvertrag stellt sich dann regelmäßig das Problem der Drittschadensliquidation[614].

Beim Gattungskauf ist der Zusammenhang zwischen Vertragsschluss und Gefahrübergang im Übrigen bereits dadurch aufgehoben, dass nach Artikel 185 Abs. 2 OR eine Ausscheidung der Kaufsache zu erfolgen hat. Darunter ist die Aussonderung der für den Käufer bestimmten Ware aus der betreffenden

---

606 Basler Kommentar-*Alfred Koller*, Art. 185, Rn. 26; *Huguenin*, OR BT, Rn. 154; andere wollen hier auf die Übergabe abstellen, so insbesondere *Honsell*, OR BT, S. 57.

607 *Honsell*, OR BT, S. 58; *Huguenin*, OR BT, Rn. 155; Basler Kommentar-*Alfred Koller*, Art. 185, Rn. 2 und 15; *Rabl*, Gefahrtragung beim Kauf, S. 30.

608 Vgl. *Rabl*, Gefahrtragung beim Kauf, S. 30.

609 Basler Kommentar-*Alfred Koller*, Art. 185, Rn. 13 m.w.N.

610 Basler Kommentar-*Alfred Koller*, Art. 185, Rn. 16; *Honsell*, OR BT, S. 58.

611 Basler Kommentar-*Alfred Koller*, Art. 185, Rn. 25.

612 Basler Kommentar- *Alfred Koller*, Art. 185, Rn. 18.

613 Basler Kommentar- *Alfred Koller*, Art. 185, Rn. 25.

614 *Honsell*, OR BT, S. 58.

Gattung durch von außen erkennbare Handlungen wie beispielsweise „*Messen, Zählen und Wägen*" zu verstehen[615]. Eine Bezeichnung im Vertrag genügt also nicht, woraus sich wiederum ergibt, dass der Gefahrübergang beim Gattungskauf nach schweizerischem Recht nahezu zwangsläufig erst in einem Zeitpunkt nach Abschluss des Kaufvertrags erfolgt.

2. „*res perit domino*" im französischen und englischen Recht

Zu sehr ähnlichen Resultaten kommen das französische und das englische Recht[616]. In der Theorie ist der Ausgangspunkt indes ein anderer. Beide Rechtsordnungen lassen die Gefahr mit dem Eigentum übergehen („*res perit domino*"). Die Übereinstimmung mit dem schweizerischen Recht rührt daher, dass der Eigentumserwerb sowohl im französischen als auch im englischen Recht im Grundsatz mit dem Vertragsschluss erfolgt. Im Ergebnis hat der Vertragsschluss damit also auch den Gefahrübergang zur Folge[617].

Das französische Recht normiert den Zusammenhang zwischen Gefahrübergang und Eigentum in den Artikeln 1624 und 1138 Code Civil, den Zusammenhang zwischen Eigentum und Vertragsschluss in Artikel 1583 Code Civil. Bei Letzterem handelt es sich, zumindest aus Sicht des deutschen rechtsvergleichenden Schrifttums, um eines der stilbildenden Merkmale des französischen Rechts sowie der Rechtsordnungen des romanischen Rechtskreises generell[618]. Bei der Gattungsschuld macht das französische Recht, ganz wie das schweizerische Obligationenrecht, eine Ausnahme von der grundsätzlichen Verknüpfung von Vertragsschluss und Eigentum. Es muss hinzukommen, dass die Ware hinreichend individualisiert ist[619]. Im Falle der Versendung der Ware erfolgt die Individualisierung mit Übergabe der Kaufsache an den Transporteur[620]

Im englischen Recht folgt der Zusammenhang von Gefahrübergang und Eigentumsübertragung aus Section 20 des Sale of Goods Act 1979 („*SOGA 1979*"). In dieser Vorschrift wird auch explizit klargestellt, dass der Gefahrübergang von der Erfüllung der Lieferpflicht des Verkäufers unabhängig ist. Was den

615 *Huguenin*, OR BT, Rn. 159.

616 *Schmitthoff*, Risk of Loss in Transit, S. 169; *v.Hoffmann*, Passing of Risk, S. 268.

617 *v.Hoffmann*, Passing of Risk, S. 268.

618 *Ferid/Sonnenberger*, Das französische Zivilrecht II, Rn. 2 G 204, S. 55; *Sonnenberger/Dammann*, Französisches Handels- und Wirtschaftsrecht, VI 37.

619 Dazu *Hager*, Gefahrtragung beim Kauf, S. 44 ff.

620 *Ferid/Sonnenberger*, Das französische Zivilrecht II, Rn. 2 G 234., S. 60; *Hager*, Gefahrtragung beim Kauf, S. 46 mit zahlr. Nachw. aus der französ. Rspr. in Fn. 43.

Zeitpunkt des Eigentumsübergangs anbelangt, verweist Section 17 SOGA 1979 vorrangig auf die Parteivereinbarung. Section 18 stellt dann einige Auslegungsregeln bereit. Nach Section 18 Rule 1 geht das Eigentum beim Stückkauf in der Regel mit dem Vertragsschluss über. Bei der Gattungsschuld bedarf es nach Section 18 Rule 5 der Individualisierung („appropriation"), die im englischen Recht rechtsgeschäftlichen Charakter hat[621]. Beim Versendungskauf erfolgt die Individualisierung mit Übergabe der Ware an die Transportperson. Aus dem Gesetzeswortlaut ergibt sich ohne weiteres, dass ein Versendungskauf nur im Falle des Transports durch einen Frachtführer vorliegt[622]. Wie Artikel 67 CISG verwendet der Sale of Goods Act 1979 die eindeutige Terminologie *„carrier"* bzw. *„contract of carriage"*. Es bleibt allerdings offen, ob Section 18 Rule 5 SOGA 1979 an die faktische Durchführung des Transports durch einen Frachtführer oder an eine Parteivereinbarung dieses Inhalts anknüpft. Es heißt hier mehrdeutig *„in pursuance of the contract"*.

3. Das Traditionsprinzip im deutschen Recht

Das deutsche Recht folgt dem so genannten Traditionsprinzip. Das Traditionsprinzip hat seinen Ursprung im preußischen Allgemeinen Landrecht aus dem Jahr 1794[623]. Es handelt sich somit um einen vergleichsweise jungen Rechtsgrundsatz. Nach dem Traditionsprinzip folgt die Gefahr der Sachherrschaft. Dies rechtfertigt sich daraus, dass der Inhaber der tatsächlichen Herrschaft über die Kaufsache diese zum einen unmittelbar nutzen und darüber hinaus auch am effektivsten vor Gefahren schützen kann[624]. Im BGB ist der Zusammenhang zwischen Sachherrschaft und Gefahrübergang in § 446 normiert. Einer besonderen Regelung zur Konkretisierung bei der Gattungsschuld bedarf es in diesem Zusammenhang nicht, da durch die Übergabe immer auch die geforderte eindeutige Zuordnung der Ware zu dem konkreten Kaufvertrag bewirkt wird. In § 447 BGB macht das deutsche Recht eine bedeutende Ausnahme vom Traditionsgrundsatz. In den gemeinhin mit „Versendungskauf" bezeichneten Fallkonstellationen, in denen, so der Gesetzeswortlaut, *„der Verkäufer die Ware auf*

621 Vgl. *Hager*, Gefahrtragung beim Kauf, S. 61.

622 Vgl. *Hager*, Gefahrtragung beim Kauf, S. 85; *Ewert*, Die Gefahrtragung beim Kaufvertrag, S. 40.

623 *Hager*, Gefahrtragung beim Kauf, S. 41 und 53.

624 Soergel[12]-*Ulrich Huber*, Vor § 446 BGB, Rn. 17; *Larenz*, Schuldrecht II 1, § 42 II a, S. 97; Staudinger-*Roland Michael Beckmann*, § 446 BGB, Rn. 9 m.w.N.; kritisch *Reinhardt*, Gefahrtragungsregeln beim Kauf, S. 136 ff.

Verlangen des Käufers versendet" geht die Preisgefahr bereits im Zeitpunkt der Übergabe der Ware an die erste Transportperson auf den Käufer über. Nach ständiger Rechtsprechung der deutschen Gerichte hat § 447 BGB einen weiten Anwendungsbereich. Insbesondere ist auch der Transport durch Leute des Verkäufers von dieser Bestimmung erfasst[625]. Nicht anwendbar ist § 447 BGB allerdings, wenn die Beförderung von Leuten des Käufers oder einem vom Käufer beauftragten selbständigen Transporteur durchgeführt wird. Begründet wird die Gefahrtragungsregel in § 447 BGB damit, dass der Transport der Ware die Gefahr einer Sachbeeinträchtigung erhöhe. Dies rechtfertige es, den Verkäufer in Situationen, in denen der Käufer die Versendung der Ware verlange, bereits vor Übertragung der tatsächlichen Sachherrschaft zu entlasten[626].

Der frühe Gefahrübergang beim Versendungskauf ist nicht unumstritten. Insbesondere *Ulrich Huber* hat sich in seinem die Schuldrechtsmodernisierung im Bereich des Kaufrechts vorbereitenden Gutachten insoweit kritisch geäußert[627]. Im ersten Diskussionsentwurf zum Schuldrechtsmodernisierungsgesetz war § 447 BGB nicht mehr vorgesehen[628]. Dennoch hat sich die Schuldrechtskommission letztlich für eine Beibehaltung der Gefahrtragungsregel zumindest im Handelsrecht ausgesprochen. Diese Entscheidung wurde allerdings ausschließlich mit der Üblichkeit des frühen Gefahrübergangs beim Versendungskauf in der internationalen Rechtssetzungs- und Kautelarpraxis begründet[629]. Beim Kaufvertrag unter Beteiligung eines Verbrauchers haben sich dagegen die von *Huber* und anderen geäußerten Bedenken durchgesetzt. § 447 BGB gilt hier nicht[630]. Regelmäßig, so die Begründung, entscheide der Verkäufer über Art und Weg der Beförderung sowie über die Person des Beförderers. Damit sei er aber auch eher in der Lage, Vorsorge für eine sorgfältige Beförderung zu treffen und Schaden von der Kaufsache abzuwenden. Aufgrund seiner Vertragsbeziehung zum Beförderer könne der Verkäufer die Ware weiterhin noch während des

---

625 Statt aller MüncchKommBGB-*H. P. Westermann*, § 447 BGB, Rn. 16 ff. m.w.N.

626 *Wertenbruch*, JuS 2003, 625, 626; Palandt-*Weidenkaff*, § 447 BGB, Rn. 2; MünchKommBGB-*H.P. Westermann*, § 447 BGB, Rn. 2; *Larenz*, Schuldrecht II 1, § 42 II c, S. 101; *Raab*, Austauschverträge mit Drittbeteiligung, S. 336.

627 *Ulrich Huber*, Kaufvertrag, S. 919 f.

628 Staudinger-*Roland Michael Beckmann*, § 447 BGB, Rn. 1.

629 Kommission zur Überarbeitung des Schuldrechts, Abschlußbericht, S. 234 unter expliziter Bezugnahme auf Artikel 67 CISG; zur Orientierung der Schuldrechtsmodernisierung am CISG generell vgl. Deutscher Bundestag, Entwurf eines Gesetzes zur Modernisierung des Schuldrechts, BT-Drucks. 14/6040, 14.05.2001, S. 86.

630 So nunmehr § 474 Abs. 2 BGB.

Beförderungsvorgangs umdisponieren. Schließlich sei der Verkäufer besser in der Lage, die Ware zu versichern[631].

4. Die einzelfallbezogene Regelung im US-amerikanischen Uniform Commercial Code

Das US-amerikanische Gefahrtragungsrecht ist mit Erlass des Uniform Commercial Code im Jahre 1956[632] grundlegend reformiert worden[633]. Ursprünglich war das amerikanische Recht noch ganz vom Recht der ehemaligen Kolonialmacht England geprägt. Es galt der Grundsatz „*res perit domino*"[634]. Die Verfasser des Uniform Commercial Code haben sich dann aber explizit gegen eine Verknüpfung von Gefahrübergang und Eigentum ausgesprochen[635]. An Stelle dessen ist ein pragmatischer, einzelfallbezogener Ansatz getreten, der sich in erster Linie an der Realität des modernen Wirtschaftsverkehrs orientiert[636]. Dies äußert sich in zweierlei Weise. Zum einen enthält der UCC in §§ 2–319 – 2–322 Auslegungsregeln für einzelne im Handelsverkehr häufig verwendete standardisierte Vertragsklauseln wie beispielsweise FOB, CIF, C&F. Wo sich die Parteien nicht auf eine Standardklausel geeinigt haben, greift die allgemeine Vorschrift des § 2–509 UCC. Diese knüpft, zweitens, ihrer Systematik nach nicht an ein allgemeines dogmatisches Prinzip an, nach dem die Preisgefahr grundsätzlich zuzuordnen ist. Es werden vielmehr vorrangig Regelungen für die zwei in der Handelspraxis bedeutsamsten Fallkonstellationen, nämlich den Versendungskauf und den Kauf eingelagerter Ware, aufgestellt. Subsidiär wird dann in § 2–509 (3) UCC auf das Traditionsprinzip als allgemeinen Auffangtatbestand zurückgegriffen[637]. Die

631 Kommission zur Überarbeitung des Schuldrechts, Abschlußbericht, S. 234 f.; vgl. auch *Ulrich Huber*, Kaufrecht, S. 920, der sich für eine Verpflichtung des Verkäufers zum Abschluss einer Transportversicherung kraft Gesetzes ausspricht.

632 Ausführlich zur Entstehungsgeschichte *van Zelst*, Politics of European Sales Law, S. 38 ff.; vgl. auch *Ruprecht*, RabelsZ 19 (1954), 427 ff.

633 Weitere Revisionen des UCC erfolgten 1972 und 2003. Diese hatten aber keine Auswirkungen auf das Gefahrtragungsrecht.

634 Ausführlich zur Rechtslage vor Inkrafttreten des UCC *Choi*, Gefahrtragungsregeln, S. 35 f.; vgl. auch *Howard*, 15 UCC L.J. [1983], S. 334, 335 m.w.N.

635 *Anderson*, Uniform Commercial Code, § 2–509:1, Rn. 1, S: 672; *Danne*, 66 ALR 3d (1975), 145, 149 und 157; *Hager*, Gefahrtragung beim Kauf, S. 61 f.

636 *Howard*, 15 UCC L.J. [1983], S. 334, 335; *Ruprecht*, RabelsZ 19 (1954), 427, 438 f.; *Hager*, Gefahrtragung beim Kauf, S. 62.

637 *Hager*, Gefahrtragung beim Kauf, S. 62; eine abweichende Regelung gilt für den Fall, dass der Verkäufer kein Kaufmann („*merchant*") ist– eine Konstellation, die im

im vorliegenden Kontext besonders relevante Bestimmung zum Versendungskauf findet sich in § 2–509 (1) UCC. Ein Versendungskauf liegt ausschließlich vor, wenn die Versendung der Ware durch den Verkäufer erfolgt, er sich dazu eines unabhängigen Transporteurs bedient und nicht vertraglich verpflichtet war, den Transport durch eigene Leute durchzuführen[638]. Haben die Parteien keine expliziten Vereinbarungen über die Transportmodalitäten getroffen, so hat der Verkäufer nach § 2–311 (2) UCC insoweit ein Wahlrecht. Beim Versendungskauf ist dann weiter nach dem Inhalt der Lieferpflicht zu differenzieren. Ist der Verkäufer nach dem Vertrag verpflichtet, die Ware an einen bestimmten Ort zu liefern, so geht die Gefahr nach § 2–509 (1) (b) UCC über, sobald die Transportperson dem Käufer die Ware am vereinbarten Ort anbietet. Andernfalls ist nach § 2–509 (1) (a) die Übergabe der Ware an die Transportperson maßgeblich. § 2–509 (2) UCC regelt den Verkauf eingelagerter Ware und weitergehend alle Fälle, in denen die Lieferung der Kaufsache bewirkt werden kann, ohne dass es dazu eines Transports bedarf. Die Regelung knüpft in diesen Situationen vorrangig an die Übergabe von Lagerscheinen oder über die Ware ausgestellten Traditionspapieren an, mit denen regelmäßig auch die Verfügungsbefugnis über die Ware auf den Käufer übergeht[639].

5. Zwischenergebnis

Begreift man das zeitliche Aufeinanderfolgen der in den einzelnen nationalen Rechten entwickelten Lösungen zum Gefahrübergang als evolutionären Prozess, so hat sich das Gefahrtragungsrecht weg von einer eher dogmatischen Ausrichtung (also den eingangs erwähnten drei Dogmen zur Zuweisung der Preisgefahr) hin zu einer kasuistisch geprägten Betrachtungsweise entwickelt. Richtungweisend ist insoweit das US-amerikanische Recht mit seiner expliziten Abkehr vom Grundsatz „*res perit domino*". Das Gefahrtragungsrecht des CISG stellt sich vor diesem Hintergrund als Rückschritt dar. Obwohl mehr als 30 Jahre jünger als der UCC, greift es dessen einzelfallorientierte Betrachtungsweise nur in Ansätzen auf. Es fehlen insbesondere Auslegungsregeln zu den wichtigsten Handelsklauseln, wie sie in den §§ 2–319 bis 2–322 UCC enthalten sind.

Rahmen der vorliegenden Untersuchung vernachlässigt werden kann. Ausführlich zur Rechtslage unter Nichtkaufleuten *Howard*, 15 UCC L.J. [1983], S. 334, 351 f.

638 Ausführlich *Danne*, 66 ALR 3d (1975), 145, 154 unter Verweis auf den insoweit eindeutigen Gesetzeswortlaut.

639 Vgl. *Howard*, 15 UCC L.J. [1983], S. 334, 346 ff.

Alle untersuchten Rechtsordnungen stimmen darin überein, dass die Gefahr spätestens mit der Übertragung der tatsächlichen Sachherrschaft auf den Käufer übergeht. Nach englischem, französischem und schweizerischem Recht geht die Gefahr grundsätzlich allerdings bereits in einem früheren Zeitpunkt über und der Gefahrübergang mit Übertragung der Sachherrschaft bildet – zumindest aus dogmatischer Sicht – die Ausnahme.

Die untersuchten Rechtsordnungen treffen allesamt eine Regelung zum Versendungskauf. Trotz signifikanter Unterschiede lässt sich aus den Lösungen der einzelnen nationalen Rechte ein „kleinster gemeinsamer Nenner" bilden. Diese Schnittmenge soll im Folgenden als *„Versendungskauf im engeren Sinne"* bezeichnet werden. Die Gefahr geht demnach zumindest dann mit Übergabe an die mit dem Transport beauftragte Person über, wenn vier Voraussetzungen kumulativ erfüllt sind. Es muss, erstens, eine Gattungsschuld vorliegen. Der Verkäufer muss sich, zweitens, im Kaufvertrag verpflichtet haben, die Kaufsache mittels eines Frachtführers an den Käufer zu versenden. Der Transport muss dann, drittens, auch rein faktisch durch einen solchen Frachtführer durchgeführt werden. Schließlich und viertens darf der Verkäufer hinsichtlich der Lieferung der Ware keine weitergehenden Pflichten übernommen haben. Ein *„Versendungskauf im engeren Sinne"* scheidet insbesondere aus, wenn der Verkäufer die Ware nach der Parteivereinbarung dem Käufer an dessen Niederlassung zu übergeben hat.

Jenseits dieses kleinsten gemeinsamen Nenners unterscheiden sich die Gefahrtragungsregeln beim Versendungskauf in den einzelnen nationalen Rechtsordnungen dann aber deutlich. Zwar begreifen alle nationalen Rechte den Gefahrübergang mit Übergabe der Ware an den Transporteur als eine Ausnahme. Abhängig von dem gewählten dogmatischen Anknüpfungspunkt für den Gefahrübergang zielt diese Ausnahme allerdings in unterschiedliche Richtungen[640]. Nach englischem, französischem und schweizerischem Recht geht die Gefahr effektiv im Regelfall bereits mit Vertragsschluss und damit vor dem Zeitpunkt der Übergabe der Kaufsache an die Transportperson über. Im Ergebnis verzögert sich damit beim Versendungskauf der Gefahrübergang[641]. Die Regel begünstigt den Käufer. Genau umgekehrt verhält es sich im deutschen und US-amerikanischen Recht. Hier geht die Gefahr nach der allgemeinen Regel spät, nämlich mit Übertragung der tatsächlichen Sachherrschaft auf den Käufer, über. Die Ausnahme im Fall des Versendungskaufs ist somit günstig für den Verkäufer.

---

640 Vgl. *Raab*, Austauschverträge mit Drittbeteiligung, S. 334.

641 So explizit zum französischen Recht *Sonnenberger/Dammann*, Französisches Handels- und Wirtschaftsrecht, VI 46.

Vor diesem Hintergrund ist es nicht verwunderlich, dass die Begründungen für die Ausnahme in den einzelnen Rechtsordnungen erheblich voneinander abweichen.

Ausschließlich das deutsche Recht sieht auch in dem Transport durch eigene Leute des Verkäufers einen Versendungskauf. Aus Sicht des deutschen Rechts ist diese Ausweitung des Anwendungsbereichs der Gefahrtragungsregel konsequent, geht es doch davon aus, dass der Grund für die Vorverlagerung der Gefahrtragung im Versendungsverlangen des Käufers liegt. Artikel 67 CISG lässt den Transport durch eigene Leute seinem eindeutigen Wortlaut nach nicht genügen. Das muss dann aber auch bedeuten, dass die Argumentation mit dem Versendungsverlangen des Käufers in diesem Kontext nicht überzeugt.

Nur der US-amerikanische UCC regelt explizit den Gefahrübergang beim Verkauf eingelagerter Ware. Dass eine entsprechende Regelung im englischen, französischen und schweizerischen Recht fehlt, verwundert aufgrund des in diesen Rechtsordnungen als Regelfall vorgesehenen frühen Gefahrübergangs nicht weiter. Schwerer erschließt sich die Rechtslage nach deutschem Recht. Da ein Versendungskauf nicht vorliegt, bestimmt sich der Gefahrübergang nach § 446 BGB. Eine Übergabe im Sinne der Übertragung der tatsächlichen Sachherrschaft findet aber beim Verkauf eingelagerter Ware häufig nicht statt. Oft wird der Lagerhalter lediglich angewiesen, die Kaufsache an einen Dritten auszuhändigen, an den der Käufer die Ware weiterverkauft hat[642]. Das Schrifttum behilft sich hier gelegentlich mit einer analogen Anwendung des § 446 BGB[643]. Dogmatisch konsequenter ist es, den Kaufvertrag mit der Übergabe des Lagerscheins nach §§ 929, 931 BGB als erfüllt anzusehen[644]. Für das Gefahrtragungsrecht bleibt ab diesem Zeitpunkt kein Raum mehr[645]. Funktional ist der Verkauf eingelagerter Ware im deutschen Recht also in den sachenrechtlichen Bestimmungen der §§ 929, 931 BGB geregelt. Wichtig für die vorliegende Betrachtung ist vor allem, dass der Gefahrübergang beim Verkauf eingelagerter Ware nicht mit dem Traditionsprinzip, also der Verknüpfung von Gefahrübergang und tatsächlicher Sachherrschaft, erklärt werden kann. Die durch den Lagerschein vermittelte Möglichkeit, über die eingelagerte Sache zu disponieren, kann mit der

---

642 Vgl. *Hager*, Gefahrtragung beim Kauf, S. 147 und 152.

643 So Soergel[12]-*Ulrich Huber*, § 446 BGB, Rn. 19.

644 So MünchKommBGB-*H.P. Westermann*, § 446 BGB, Rn. 7; Soergel-*Henssler*, § 931 BGB, Rn. 13; zur Abtretungswirkung der Übergabe des Lagerscheins vgl. auch Palandt-*Grüneberg*, § 405 BGB, Rn. 2 f. m.w.N.

645 So MünchKommBGB-*H.P. Westermann*, § 446 BGB, Rn. 7.

tatsächlichen Sachherrschaft nicht gleichgesetzt werden[646]. Die Sachherrschaft hat uneingeschränkt der Lagerhalter inne. Nur er kann die Ware effektiv vor Gefahren schützen und gegebenenfalls versichern[647].

IV. Historische Auslegung

Nach der an anderer Stelle bereits geäußerten Ansicht des Verfassers ist der sich aus den Gesetzesmaterialien ergebende Wille des historischen Gesetzesverfassers[648] für die Auslegung internationalen Einheitsrechts nicht verbindlich[649]. Die Gesetzesmaterialien sind aber, nicht zuletzt vor dem Hintergrund des Gebots der autonomen Auslegung der Konvention, zumindest eine bedeutende Interpretationshilfe[650]. Gerade im Schrifttum ist bei der Auslegung der Artikel 67 bis 69 CISG gerne und häufig auf die Gesetzesmaterialien zurückgegriffen worden[651]. Oft wird dabei allerdings nicht hinreichend berücksichtigt, dass die herangezogenen Quellen von unterschiedlichen Institutionen stammen und dass ihre Verbindlichkeit für den Prozess der Normentstehung aus diesem Grund ebenso unterschiedlich bewertet werden muss. Exemplarisch seien die Stellungnahmen des Generalsekretariats von UNCITRAL einerseits und die tatsächlichen Beschlüsse der Delegierten auf der diplomatischen Konferenz andererseits einander gegenübergestellt. Die sich anschließende Darstellung folgt, nach einem kurzen Überblick über den Entstehungsprozess des CISG und den daran beteiligten Institutionen, den Beratungen und Beschlüssen der am Normsetzungsverfahren beteiligten Institutionen in chronologischer Reihenfolge.

1. Überblick über den Entstehungsprozess des CISG

Das CISG ist aus dem Haager Kaufrecht (einheitliches Gesetz über den internationalen Kauf beweglicher Sachen, „EKG“)[652] von 1964 hervorgegangen. Das

---

646 Vgl. *Howard*, 15 UCC L.J. [1983], S. 334, 336.

647 Dazu unten V. 2. a) und b).

648 Der Begriff ist in Abgrenzung zum „Gesetzgeber“ im eigentlichen Sinne zu verstehen. Einen solchen Gesetzgeber kann es bei internationalem Einheitsrecht kraft Natur der Sache nicht geben, dazu oben Kapitel 2 II. 1. c) (2).

649 Oben Kapitel 2 II. 1. c) (2).

650 Schlechtriem/Schwenzer-*Ferrari*, Art. 7, Rn. 36; *Magnus*, RabelsZ 53 (1989), 116, 124; *Gruber*, Legislative Intention and the CISG, S. 102 f.

651 Exemplarisch insoweit die Ausführungen bei Bianca/Bonell-*Nicholas*, Art. 67, Anm. 1.1– 1.5; Art. 68, Anm. 1.1.– 1.3. und Art. 69, Anm. 1; Schlechtriem/Schwenzer[5]-*Hager/Maultzsch*, Art. 67, Rn. 1; Art. 68 Rn. 1 und Art. 69, Rn. 1.

652 Engl. Uniform Law on the International Sale of Goods, ULIS.

Haager Kaufrecht baute seinerseits auf den rechtsvergleichenden Vorarbeiten von UNIDROIT (Institut international pour l'unification du droit) auf, die bereits vor Beginn des zweiten Weltkrieges begonnen worden waren[653]. Dem Haager Kaufrecht war in der Praxis kein Erfolg beschieden. Die Konvention wurde von lediglich neun Staaten, darunter Deutschland, ratifiziert[654]. Wichtige Industrienationen, wie die USA und Japan, traten dem Übereinkommen nicht bei. Darüber hinaus stieß das EKG in den Entwicklungsländern sowie den Staaten des sozialistischen Ostblocks aufgrund der Tatsache auf Ablehnung, dass diese Staaten an den Beratungen in Den Haag nicht beteiligt gewesen waren und ihre Interessen aus diesem Grund nicht hinreichend gewahrt sahen[655]. Die mangelnde Akzeptanz des Haager Kaufrechts war schon vor dessen Inkrafttreten im Jahr 1972 absehbar. Bereits 1968 holte die UN-Kommission für internationales Handelsrecht (UNCITRAL) im Hinblick auf eine etwaige Neufassung Stellungnahmen der Mitgliedsstaaten der Vereinten Nationen sowie ausgewählter internationaler Organisationen wie beispielsweise der Internationalen Handelskammer (ICC) ein. In Reaktion auf die eingegangenen Stellungnahmen setzte UNCITRAL eine Arbeitsgruppe zur Überarbeitung des einheitlichen Kaufrechts ein, in der anfangs 14, später 15 Mitgliedsstaaten der Vereinten Nationen vertreten waren[656]. Unterstützt von mehreren gutachterlichen Stellungnahmen des UNCITRAL Generalsekretariats erarbeitete die Arbeitsgruppe auf ihrer siebten Sitzung eine grundlegend revidierte und ausführlich kommentierte Version des Haager Kaufrechts. Dieser so genannte „Genfer Entwurf" wurde wiederum den Mitgliedsstaaten zur Stellungnahme übersandt. Auf Grundlage des Entwurfs und der eingegangenen Stellungnahmen verabschiedete die Generalversammlung von UNCITRAL auf ihrer zehnten Sitzung 1977 den so genannten „Wiener

---

653 Dazu *Schlechtriem*, Geschichte des Einheitskaufrechts, S. 28 ff.; *van Zelst*, Politics of European Sales Law, S. 87 ff.; zur Entstehungsgeschichte des EKG: Historical Introduction to the draft Convention on Contracts for the International Sale of Goods, prepared by the Secretariat, O.R., S. 3 f., Rn. 1 ff.

654 *Schlechtriem*, Geschichte des Einheitskaufrechts, S. 30; *van Zelst*, Politics of European Sales Law, S. 90.

655 *Ulrich Huber*, RabelsZ 43 (1979), 413, 414; *Herber*, RIW 1974, 577, 578 f.; *Schlechtriem*, Geschichte des Einheitskaufrechts, S. 31.

656 Vgl. Historical Introduction to the draft Convention on Contracts for the International Sale of Goods, prepared by the Secretariat, O.R., S. 4., Rn. 8 ff.; Deutschland ist seit 1973 Mitglied der Vereinten Nationen und hatte in der Arbeitsgruppe zur Vereinheitlichung des Kaufrechts zunächst nur Beobachterstatus, dazu *Schlechtriem*, Geschichte des Einheitskaufrechts, S. 31.

Entwurf“. Der Wiener Entwurf wurde auf der elften Sitzung der Generalversammlung in New York mit den Regeln zum Vertragsschluss zusammengeführt, die bisher nicht Gegenstand der Beratungen gewesen waren. Die zusammengeführten Entwurfstexte bildeten als so genannter „New Yorker Entwurf“ die Grundlage für die Beratungen der Diplomatischen Konferenz im Frühjahr 1980 in Wien[657]. Begleitet wurde der New Yorker Entwurf von einer ausführlichen Kommentierung des Entwurfstextes durch das UNCITRAL Generalsekretariat (im Schrifttum wird die Kommentierung aufgrund dieses Umstandes meist als „*Sekretariatskommentar*“ bezeichnet und zitiert). Mit Hinterlegung der zehnten Ratifikationsurkunde trat das CISG, der Regelung des Artikels 99 Abs. 1 entsprechend, zum 1. Januar 1988 in Kraft[658].

2. Vom EKG zum Genfer Entwurf

a) Die Regelung des Gefahrübergangs im EKG

Der Gefahrübergang war im Haager Kaufrecht in den Artikeln 97 bis 101 geregelt. Die im vorliegenden Zusammenhang maßgeblichen Vorschriften des EKG lauten wie folgt:

Article 97

1. *The risk shall pass to the buyer when delivery of the goods is effected in accordance with the provisions of the contract and the present law.*
2. *In the case of the handing over of goods which are not in conformity with the contract, the risk shall pass to the buyer from the moment when the handing over has, apart from the lack of conformity, been effected in accordance with the provisions of the contract and of the present Law, where the buyer has neither declared the contract avoided nor required goods in replacement.*

Article 99

1. *Where the sale is of goods in transit by sea, the risk shall be borne by the buyer as from the time at which the goods were handed over to the carrier.*
2. *Where the seller, at the time of the conclusion of the contract, knew or ought to have known that the goods had been lost or had deteriorated, the risk shall remain with him until the time of the conclusion of the contract.*

Article 19

1. *Delivery consists in the handing over of goods which conform with the contract.*

---

657 Vgl. *Ulrich Huber*, RabelsZ 43 (1979), 413, 415 f.

658 *Schlechtriem*, Geschichte des Einheitskaufrechts, S. 32.

2. *Where the contract of sale involves carriage of the goods and no other place for delivery has been agreed upon, delivery shall be effected by handing over the goods to the carrier for transmission to the buyer.*

Article 23

1. *Where the contract of sale does not involve carriage of the goods, the seller shall deliver the goods at the place where he carried on business at the time of the conclusion of the contract, or, in the absence of a place of business, at his habitual residence.*
2. *If the sale relates to specific goods and the parties knew that the goods were at a certain place at the time of the conclusion of the contract, the seller shall deliver the goods at that place. The same rule shall apply if the goods sold are unascertained goods to be taken from a specified stock or if they are to be manufactured or produced at a place known to the parties at the time of the conclusion of the contract.*

b) Das Gutachten des UNCITRAL Generalsekretariats zur Lieferpflicht

In den Stellungnahmen der USA und des Vertreters der ICC zu Artikel 97 Abs. 1 EKG wurde die Verknüpfung des Gefahrübergangs mit der Lieferpflicht des Verkäufers als nicht zweckmäßig kritisiert[659]. Die Arbeitsgruppe gab daraufhin bereits in ihrer ersten Sitzung ein Gutachten des UNCITRAL Generalsekretariats zum Begriff der „Lieferung" im EKG in Auftrag[660]. Das zehnseitige Gutachten stellte einleitend fest, dass der Lieferbegriff im EKG schon alleine deshalb problematisch sei, weil er in den beiden authentischen Sprachfassungen des Abkommens, der englischen und der französischen[661], nicht einheitlich verwendet werde. So finde sich der englische Begriff „*delivery*" im Abkommen in 33 Vorschriften, der korrespondierende französische Begriff „*déliverance*" werde dagegen nur 26 mal verwendet. In den verbleibenden 7 Vorschriften spreche die französische Fassung von „*livraison*" bzw. „*execution*"[662]. In der Sache habe der Begriff der „Lieferung" im EKG zwei unterschiedliche Konnotationen. Einerseits, dies sei die zahlenmäßig weitaus häufigere Variante, beschreibe „Lieferung" den

659 Vgl. Analysis of replies and comments by governments on the Hague Convention of 1964: report of the Secretary General, YB I, S. 175, Rn. 141 f.

660 Report of the Working Group on international sale of goods, first session, 5–16 January 1970, YB I, S. 186, Rn. 116 f.

661 Das CISG kennt im Gegensatz dazu 6 authentische Vertragssprachen, nämlich Arabisch, Chinesisch, Englisch, Französisch, Russisch und Spanisch; dazu Schlechtriem/Schwenzer-*Ferrari*, Art. 7, Rn. 31.

662 „Delivery" in the Uniform Law on the International Sale of Goods (ULIS): report of the Secretary-General (A/CN.9/WG.2/WP.8), YB III, S. 32, Rn. 3.

Inhalt der Leistungspflicht des Verkäufers, mithin also diejenigen Handlungen, die der Verkäufer vornehmen müsse, um den Vertrag zu erfüllen. Andererseits werde der Terminus „Lieferung“ aber auch zur Beschreibung des tatsächlichen Akts der Übertragung der Sachherrschaft bzw. der Kontrolle an der Kaufsache verwendet[663]. Diese letztgenannte Bedeutung komme dem Lieferbegriff insbesondere im Zusammenhang mit dem Gefahrübergang zu. Der physische Standort der Kaufsache sei im Zusammenhang mit dem Gefahrübergang bedeutend, weil diejenige Vertragspartei, die die tatsächliche Sachherrschaft über die Ware ausübe, diese leichter vor Gefahren schützen und gegen Schaden versichern könne[664].

Das Gutachten empfahl, die Gefahrtragungsregeln unabhängig vom Lieferbegriff zu formulieren. Inhaltlich folgt dies letztlich schon aus den Ausführungen zur abweichenden Bedeutung des Lieferbegriffs im Gefahrtragungskontext. Weitergehend wurden zwei Fallgruppen gebildet, in denen die Verweisungstechnik des Artikels 97 Abs. 1 EKG zu unbefriedigenden Ergebnissen führe. Dies seien zum einen Situationen, in denen der Käufer mangelhafte Ware als erfüllungstauglich annehme. Da nach Artikel 19 Abs. 1 EKG das Andienen mangelhafter Ware keine Lieferung darstelle, ginge in diesen Konstellationen dem Grundsatz nach auch die Gefahr nicht auf den Käufer über. Um dieses offensichtlich unbillige Ergebnis zu vermeiden, müsse das Gesetz in Artikel 97 Abs. 2 EKG eine komplizierte Ausnahmeregelung treffen. Das Gefahrtragungsrecht wird nach Ansicht des Generalsekretariats durch diese Gesetzessystematik unnötig verkompliziert[665]. Zweitens setzte sich das Gutachten mit den in der Praxis häufig anzutreffenden Fällen auseinander, in denen der Verkäufer die Ware durch einen Transportunternehmer befördern lässt und die Parteien vereinbaren, dass der Verkäufer den Frachtbrief erst Zug um Zug gegen Zahlung des Kaufpreises an den Käufer zu übergeben hat. Da es sich bei dem Frachtbrief in der internationalen Handelspraxis regelmäßig um ein Traditionspapier (*„negotiable bill of lading“*) handele, behalte der Verkäufer damit die Kontrolle über die Kaufsache

663 „Delivery“ in the Uniform Law on the International Sale of Goods (ULIS): report of the Secretary-General (A/CN.9/WG.2/WP.8), YB III, S. 38 f., Rn. 55 ff.

664 „Delivery“ in the Uniform Law on the International Sale of Goods (ULIS): report of the Secretary-General (A/CN.9/WG.2/WP.8), YB III, S. 39,Rn. 60.

665 „Delivery“ in the Uniform Law on the International Sale of Goods (ULIS): report of the Secretary-General (A/CN.9/WG.2/WP.8), YB III, S. 33, Rn. 13 ff.; vgl. auch die Stellungnahme in Report of the Secretary-General: issues presented by chapters IV to VI of the Uniform Law on the International Sale of Goods (A/CN.9/87, annex IV), YB V, S. 93, Rn. 91 ff.

bis zum Zeitpunkt der Zahlung des Kaufpreises. In dieser Konstellation entspreche es aber der internationalen Handelspraxis, die Gefahr bereits mit Übergabe der Ware an den Frachtführer übergehen zu lassen[666]. Im Anwendungsbereich des EKG werde dieses Ergebnis durch die Verweisung des Artikels 97 Abs. 1 EKG in Frage gestellt. Bei Einschaltung eines Frachtführers bestehe die Lieferpflicht nach Artikel 19 Abs. 2 EKG grundsätzlich in der Übergabe der Ware an den Transporteur. Artikel 19 Abs. 2 EKG lasse allerdings eine abweichende Vereinbarung über die Lieferpflicht ausdrücklich zu. Da die Lieferung durch die Übertragung sowohl der tatsächlichen Sachherrschaft als auch der Kontrollmöglichkeit über die Kaufsache bewirkt werden könne, sei eine Vereinbarung über die Zurückbehaltung des Frachtbriefs regelmäßig als Vereinbarung über die Lieferung zu werten. Dies führe dann zu dem unerwünschten Ergebnis, dass eine solche Vereinbarung im Zweifel auch Auswirkungen auf den Gefahrübergang habe[667].

Das Generalsekretariat betonte ausdrücklich, dass sein Arbeitsauftrag darauf beschränkt gewesen sei, die Eignung des Konzepts der „Lieferung" zur Umsetzung der gesetzgeberischen Ziele zu untersuchen. Eine Bewertung dieser gesetzgeberischen Ziele selbst sei im Gegensatz dazu nicht vorgesehen gewesen[668]. Vor diesem Hintergrund folgerichtig schlug das Gutachten dann vor, die in Artikel 19 Abs. 1 und 2 EKG enthaltenen Bestimmungen in den Wortlaut des Artikels 97 EKG zu integrieren. Die Gefahr solle demnach grundsätzlich mit der Übergabe („*handing over*") der Ware an den Käufer, beim Versendungskauf („*where the contract of sale involves carriage of the goods*") mit der Übergabe an den Transporteur übergehen[669]. Missverständlich ist hingegen die ebenfalls getroffene Aussage, der Gefahrübergang sei nicht an die Lieferpflicht, sondern vielmehr an einzelne typische Sachverhaltskonstellationen im internationalen Handel („*commercial events*") anzuknüpfen[670]. Zum einen handelt es sich insoweit nämlich

---

666 „Delivery" in the Uniform Law on the International Sale of Goods (ULIS): report of the Secretary-General (A/CN.9/WG.2/WP.8), YB III, S. 34, Rn. 21 ff. unter Verweis auf die INCOTERMS 1953 und die Regelungen des amerikanischen UCC in FN. 15.

667 „Delivery" in the Uniform Law on the International Sale of Goods (ULIS): report of the Secretary-General (A/CN.9/WG.2/WP.8), YB III, S. 34 f., Rn. 21 ff.

668 „Delivery" in the Uniform Law on the International Sale of Goods (ULIS): report of the Secretary-General (A/CN.9/WG.2/WP.8), YB III, S. 32, Rn. 6 und S. 36, Rn. 35.

669 „Delivery" in the Uniform Law on the International Sale of Goods (ULIS): report of the Secretary-General (A/CN.9/WG.2/WP.8), YB III, S. 35 f., Rn. 30 ff.

670 So „Delivery" in the Uniform Law on the International Sale of Goods (ULIS): report of the Secretary-General (A/CN.9/WG.2/WP.8), YB III, S. 35, Rn. 30.

durchaus um einen auch den Inhalt der Gefahrtragungsvorschriften betreffenden Verbesserungsvorschlag. Darüber hinaus wird die vorgeschlagene Anknüpfung in der propagierten Neuformulierung der Gefahrtragungsregeln dann gerade doch nicht realisiert.

Indem die Konstellationen, in denen Lieferung nach dem oben Gesagten die tatsächliche Übertragung der Sachherrschaft bezeichnet, aus dem Anwendungsbereich des Artikels 19 EKG ausgeschieden werden, beschränkt sich das Konzept der Lieferung in der Stellungnahme des Generalsekretariats eindeutig auf den Erfüllungszusammenhang. „Lieferung" ist demnach gleichbedeutend mit „Lieferpflicht". Folgerichtig empfahl das Gutachten – in Anknüpfung an einen älteren Entwurf zum EKG – dann auch, den in Artikel 19 EKG verwendeten Begriff der Übergabe („*handing over*") durch den Terminus des „zur Verfügung Stellens" („*placing the goods at the disposal of the buyer*") zu ersetzen[671].

c) Die Diskussion des Konzepts der Lieferung auf der Dritten und Vierten Sitzung der Arbeitsgruppe

Unter Bezugnahme auf das Gutachten des Generalsekretariats beschloss die Arbeitsgruppe auf ihrer dritten Sitzung, den Gefahrübergang unabhängig vom Konzept der „Lieferung" zu regeln[672]. Die Diskussion über eine Definition des Lieferbegriffs verlief kontrovers. Während manche Delegierte den Formulierungsvorschlag des Generalsekretariats befürworteten, sprachen sich andere für ein Festhalten an der alten Formulierung „*handing over the goods*" aus[673]. Es wurde ein Arbeitsentwurf mit folgendem Wortlaut erstellt[674]:

> ***Article 19***
> *Delivery consists in the seller's doing all such acts as are necessary in order to enable the buyer to take over the goods.*

---

671 „Delivery" in the Uniform Law on the International Sale of Goods (ULIS): report of the Secretary-General (A/CN.9/WG.2/WP.8), YB III, S. 39, Rn. 62.

672 Progress report of the Working Group on the International Sale of Goods on the work of its third session, held in Geneva from 17 to 28 January 1972 (A/CN.9/62, Add. 1 and Add. 2), Annex II, YB III, S. 84, Rn. 17.

673 Progress report of the Working Group on the International Sale of Goods on the work of its third session, held in Geneva from 17 to 28 January 1972 (A/CN.9/62, Add. 1 and Add. 2), Annex II, YB III, S. 84, Rn. 20.

674 Progress report of the Working Group on the International Sale of Goods on the work of its third session, held in Geneva from 17 to 28 January 1972 (A/CN.9/62, Add. 1 and Add. 2), Annex II, YB III, S. 84, Rn. 24.

Article 20

1. *Delivery shall be effected:*

(a) *Where the contract of sale involves carriage of goods and no place for delivery has been agreed upon, by handing the goods over to the carrier for transmission to the buyer;*
(b) *Where, in cases not within the preceding paragraph, the contract relates to specific goods or to unascertained goods to be drawn from a specific stock [...], by placing the goods at the buyer's disposal.*
(c) *In all other cases by placing the goods at the buyer's disposal at the place where the seller carried on business at the time of the conclusion of the contract or, in absence of a place of business, at his habitual residence.*

Auf der vierten Sitzung entschieden sich die Delegierten der Arbeitsgruppe dann, die allgemeine Definition von „Lieferung" in Artikel 19 des Entwurfs zu streichen[675], da der Inhalt der Lieferpflicht durch die situationsspezifischen Regeln des Artikels 20 bereits hinreichend bestimmt sei[676]. Artikel 20 wurde im Wortlaut des Entwurftexts verabschiedet[677]. Die Vorschrift ist dann ohne weitere Veränderungen als Artikel 31 in das CISG eingegangen.

d) Die Analyse des Generalsekretariats zu den Kapiteln IV bis VI EKG und die fünfte Sitzung der Arbeitsgruppe

Die fünfte Sitzung der Arbeitsgruppe beschäftigte sich thematisch mit den in den Kapiteln IV bis VI EKG enthaltenen Regelungen und damit auch mit dem Gefahrübergang. In Vorbereitung der Sitzung erarbeitete das Generalsekretariat eine weitere gutachterliche Stellungnahme, die bereits konkrete Formulierungsvorschläge für die einzelnen Rechtsnormen vorsah. Nicht überraschend wurde in dieser Stellungnahme auf das Gutachten zur Lieferpflicht verwiesen und eine Loslösung der Gefahrtragungsvorschriften von den Regelungen zur Lieferpflicht empfohlen[678]. Im Hinblick auf die neu zu formulierende Gefahrtragungsregel

675 Progress report of the Working Group on the International Sale of Goods on the work of its fourth session (New York, 22 January-2 February 1973) (A/CN.9/75), Annex II, YB IV, S. 63, Rn. 21.

676 Progress report of the Working Group on the International Sale of Goods on the work of its fourth session (New York, 22 January-2 February 1973) (A/CN.9/75), Annex II, YB IV, S. 62 f., Rn. 17 f.

677 Progress report of the Working Group on the International Sale of Goods on the work of its fourth session (New York, 22 January-2 February 1973) (A/CN.9/75), Annex II, YB IV, S. 63, Rn. 29.

678 Report of the Secretary-General: issues presented by chapters IV to VI of the Uniform Law on the International Sale of Goods (A/CN.9/87, annex IV), YB V, S. 91, Rn. 75

beim Versendungskauf war das Generalsekretariat der Ansicht, dass der in Artikel 19 Abs. 2 EKG – und nunmehr in Artikel 20 des ersten Entwurfs der Arbeitsgruppe – enthaltene Zusatz *„and no other place for delivery has been agreed upon“* nicht in das Gefahrtragungsrecht übernommen werden sollte. Der Zusatz solle den Vorrang einer expliziten Parteivereinbarung über den Gefahrübergang, wie sie beispielsweise in der Einigung auf die Handelsklausel *„ex ship“* zu sehen sei, vor der allgemeinen Gefahrtragungsregel beim Versendungskauf gewährleisten. Der Vorrang der Parteivereinbarung folge aber bereits hinreichend deutlich aus Artikel 8 des Arbeitsentwurfs[679]. Den Anwendungsbereich des neu formulierten Grundtatbestands der Gefahrtragung in Fällen, in denen kein Versendungskauf vorliegt, definierte das Generalsekretariat wie folgt:

> *"Article 97 of the draft states in paragraph 1 a general rule on passage of risk which is applicable to the minority of cases where the contract does not involve carriage of the goods – i.e., where the buyer is obliged to come and send for the goods, as in a contract ex works"*[680].

Die Arbeitsgruppe folgte dem Generalsekretariat im Hinblick auf die Loslösung des Gefahrtragungsrechts von den Regeln über die Lieferpflicht. Die Gefahr sollte demnach grundsätzlich in dem Zeitpunkt übergehen, in dem die tatsächliche Sachherrschaft auf den Käufer bzw., beim Versendungskauf, auf den Transporteur, übertragen wird[681]. Um klarer herauszuarbeiten, dass es sich bei der Übertragung der Sachherrschaft – im Gegensatz zur Vertragserfüllung – um einen mitwirkungsbedürftigen Akt handelt, wurde das Erfordernis der Übergabe an den Käufer durch das Tatbestandsmerkmal der Übernahme durch den Käufer ersetzt[682]. Bei der Gefahrtragungsregel für den Versendungskauf nahm

679 Report of the Secretary-General: issues presented by chapters IV to VI of the Uniform Law on the International Sale of Goods (A/CN.9/87, annex IV), YB V, S. 92, Rn. 80 und insbes. Fn. 50; im Zusammenhang mit Artikel 20 des Entwurfs äußerte das Generalsekretariat einen vergleichbaren Vorbehalt allerdings nicht, vgl. Report of the Secretary-General: obligations of the seller in an international sale of goods; consolidation of work done by the Working Group on the International Sale of Goods and suggested solutions for unresolved problems (A/CN.9/WG.2/WP.16), YB IV, S. 38, Rn. 15 f.

680 Report of the Secretary-General: issues presented by chapters IV to VI of the Uniform Law on the International Sale of Goods (A/CN.9/87, annex IV), YB V, S. 92, Rn. 78.

681 *„[T]ransfer of possession in which the buyer or carrier took over the goods“*, Progress report of the Working Group on the International Sale of Goods on the work of its fifth session (Geneva, 21 January-1 February 1974) (A/CN.9/87), YB V, S. 48, Rn. 216.

682 Vgl. Progress report of the Working Group on the International Sale of Goods on the work of its fifth session (Geneva, 21 January-1 February 1974) (A/CN.9/87), YB

die Arbeitsgruppe eine entsprechende Änderung allerdings nicht vor. Es blieb bei der aus dem EKG bekannten Formulierung, dass die Gefahr mit Übergabe der Ware an die Transportperson übergeht[683]. Die Reihenfolge der speziellen Gefahrtragungsvorschriften wurde dahingehend geändert, dass die Sonderregelung für den Versendungskauf nunmehr in Artikel 97 des Entwurfs geregelt war und damit systematisch vor der in Artikel 98 formulierten Grundregel stand.

Auf die Erwägungen des Generalsekretariats zur Übernahme bzw. Nicht-Übernahme des in Artikel 19 Absatz 2 EKG enthaltenen Zusatzes *„and no other place for delivery has been agreed upon"*, ging die Arbeitsgruppe nicht ein. Da sich eine vergleichbare Formulierung in dem im Anschluss an die Sitzung erstellten Entwurfstext nicht findet, kann jedoch davon ausgegangen werden, dass dem Vorschlag des Generalsekretariats stillschweigend gefolgt wurde.

Die Arbeitsgruppe setzte sich andererseits mit einer vergleichbaren Problematik auseinander, die ihrerseits im Gutachten des Generalsekretariats nicht erwähnt worden war. So stellen die Delegierten fest, dass die Gefahrtragungsregel beim Versendungskauf unvereinbar mit Handelsklauseln wie insbesondere der CIF Klausel der INCOTERMS[684] sei. Aufgrund der Bedeutung der Handelsklauseln in der Praxis wurde erwogen, das Gefahrtragungsrecht insoweit um eine weitere Ausnahme zu ergänzen. Dieser Ansatz wurde dann jedoch im Hinblick auf den uneingeschränkt dispositiven Charakter des Einheitskaufrechts verworfen[685]. Zum besseren Verständnis soll noch einmal betont werden, dass es sich bei den beiden hier angesprochenen Fragestellungen, trotz der mehr oder weniger identischen Argumentation, um unterschiedliche Probleme handelt. Dies ergibt sich aus dem Inhalt der Handelsklauseln, auf die in den jeweiligen Beratungen Bezug genommen wurde. Das Gutachten des Generalsekretariats erwog die Übernahme des Artikels 19 Absatz 2 EKG ins Gefahrtragungsrecht, um Standardklauseln wie *„ex ship"* gerecht zu werden. Solche Handelsklauseln sehen vor, dass die Gefahr bei Ankunft der Ware im Abladehafen, mithin nach

V, S. 48, Rn. 216 und S. 49, Rn. 224 sowie Artikel 98 Abs. 1 des Entwurfstextes, YB V, S. 60.

683 Artikel 97 des Entwurfstextes, YB V, S. 60.

684 Einen Überblick über die Parteipflichten bei einem Kauf CIF geben *Ramberg*, ICC Guide to INCOTERMS 2010, S. 199 ff.; *Wertenbruch*, ZGS 2005, 136, 140 f.; MünchKommHGB-*Karsten Schmidt*, § 346 HGB, Rn. 129, S. 128 ff.

685 Vgl. Progress report of the Working Group on the International Sale of Goods on the work of its fifth session (Geneva, 21 January-1 February 1974) (A/CN.9/87), YB V, S. 48, Rn. 219 f.

Abschluss der Verschiffung, übergeht[686]. Die Arbeitsgruppe hatte sich im Gegensatz dazu mit der Vereinbarkeit des Gefahrtragungsrechts mit Klauseln wie CIF auseinandergesetzt. Bei Vereinbarung eines Kaufs CIF erfolgt der Gefahrübergang aber bereits während des Verladevorgangs und damit zu Beginn der Verschiffung[687]. Diese Unterscheidung ist im Hinblick auf die weitere Diskussion der betreffenden Ausnahmeregelungen im Gesetzgebungsverfahren sowie zum Verständnis der dann tatsächlich in Artikel 67 Abs. 1 Sätze 1 und 2 CISG getroffenen Regelungen von Bedeutung[688].

e) *Die Stellungnahme Norwegens und deren Bewertung durch das Generalsekretariat*

Der im Anschluss an die fünfte Sitzung der Arbeitsgruppe formulierte Gesetzesentwurf wurde wiederum den einzelnen Mitgliedsstaaten zur Stellungnahme übersandt. Lediglich der Vertreter Norwegens äußerte sich zum Gefahrübergang. Um der Praxis im internationalen Handel gerecht zu werden, sollte Artikel 97 Absatz 1 des Entwurfs seiner Stellungnahme nach um folgenden Satz 2 ergänzt werden[689]:

> „*If, however, the seller is required to deliver the goods at a particular destination, the risk shall not pass to the buyer until the goods either are taken over by him or are placed at his disposal at such place when time for delivery has come*".

Der Vorschlag Norwegens verwies ausdrücklich auf § 2–509 des US-amerikanischen Uniform Commercial Code, der in Abs. 1 lit. b eine vergleichbare Regelung enthält. Der Sache nach handelt es sich um die vom Generalsekretariat bereits erörterte Frage, ob der Regelungsgehalt des Artikels 19 Abs. 2 EKG in das neue Gefahrtragungsrecht aufzunehmen ist. Konsequenter Weise ist das Generalsekretariat dem Vorschlag Norwegens entgegengetreten. Erneut findet sich das Argument mit der dispositiven Natur des Einheitsrechts. Die Unterscheidung zwischen Lieferpflicht und Gefahrübergang wird erneut klar herausgearbeitet[690].

---

686 Vgl. insbes. Ziff. A5 und B5 der DAP Klausel der INCOTERMS 2010, abgedruckt u.a. bei Schlechtriem/Schwenzer-*Schwenzer*, Anh. IV, S. 1283 ff.

687 A5 und B5 der CIF Klausel der INCOTERMS 2010, a.a.O.

688 Vgl. insbesondere unten Seiten 215 ff. und VI. 2., Seiten 251 f.

689 Text of comments and proposals of representatives on the revised text of a uniform law on the international sale of goods as approved or deferred for further consideration by the Working Group at its first five sessions (A/CN.9/100, annex II), YB VI, S. 83, Comment Article 97.

690 Report of the Secretary-General: pending questions with respect to the revised text of a uniform law on the international sale of goods (A/CN.9/100, annex III), YB VI,

Der vorgeschlagene Zusatz ist nach Ansicht des Generalsekretariats sogar missverständlich. Da der Verkäufer in der Handelspraxis regelmäßig den Transport der Ware zu organisieren habe, enthalte der Vertrag – schon alleine um dessen Durchführbarkeit zu gewährleisten – eine Vereinbarung über den Bestimmungsort der Lieferung. Damit sei aber nicht per se eine Vereinbarung über die Gefahrtragung getroffen – ein Ergebnis, dass die von Norwegen vorgeschlagene Version des Artikels 97 Absatz 1 nahe lege[691].

3. Vom Genfer Entwurf zum New Yorker Entwurf

a) Der Genfer Entwurf

Auf die Stellungnahmen der Mitgliedsstaaten und des Generalsekretariats folgten noch einmal Beratungen der Arbeitsgruppe. Diese hatten ausweislich des Sitzungsprotokolls auch den Gefahrübergang zum Inhalt. Das Protokoll gibt allerdings keinen Aufschluss über den konkreten Inhalt der Beratungen[692]. Die Arbeit der Arbeitsgruppe fand ihren Abschluss im so genannten „Genfer Entwurf"[693], in dem die Gefahrtragung in den Artikeln 64 bis 67 geregelt ist. Die im vorliegenden Zusammenhang relevanten Bestimmungen haben den folgenden Wortlaut:

Article 65

(1) If the contract of sale involves carriage of the goods and the seller is not required to hand them over at a particular destination, the risk passes to the buyer when the goods are handed over to the first carrier for transmission to the buyer.
(2) If at the time of the conclusion of the contract the goods are already in transit, the risk passes as from the time the goods were handed over to the first carrier. However, the risk of loss of goods sold in transit does not pass to the buyer if, at the time of the conclusion of

---

S. 109, Rn. 209: „*Presumably the contractual requirement „to deliver" at a particular destination should be given effect in the present article only in cases where such a requirement is expressed in a manner (like „ex ship") which implies that transit risk remains on the seller*".

691 Report of the Secretary-General: pending questions with respect to the revised text of a uniform law on the international sale of goods (A/CN.9/100, annex III), YB VI, S. 109, Rn. 209.

692 Report of the Working Group on the International Sale of Goods on the work of its seventh session (Geneva, 5–16 January 1976) YB VII, S. 88, Rn. 8.

693 Draft Convention on the International Sale of Goods (A/CN.9/116, annex I), YB VII, S. 89 ff.

the contract, the seller ought to have known that the goods had been lost or damaged, unless the seller had disclosed such fact to the buyer.

Article 66

(1) In cases not covered by article 65 the risk passes to the buyer as from the time when the goods were placed at his disposal and taken over by him.

(2) If the goods have been placed at the disposal of the buyer but they have not been taken over by him or have been taken over belatedly by him and this fact constitutes a breach of contract, the risk passes to the buyer at the last moment he could have taken over the goods without committing a breach of the contract. […].

Auffällig ist, dass Artikel 65 Abs. 1 des Genfer Entwurfs mit der Formulierung „*and the seller is not required to hand them over at a particular destination*" nunmehr einen Zusatz enthielt, der nahezu wortlautidentisch dem oben erwähnten – und vom Generalsekretariat verworfenen – Änderungsvorschlag Norwegens entspricht. Auch die von der Arbeitsgruppe im Anschluss an den Entwurfstext veröffentlichte Kommentierung griff die Argumentation des norwegischen Delegierten auf. So heißt es dort, der Zusatz solle gewährleisten, dass bei einem Kauf „*ex ship*" die Gefahr nach der Grundregel des Artikels 66 Abs. 1, also mit Übernahme der Ware durch den Käufer, übergehe[694]. Zwei weitere in der Kommentierung getroffene Aussagen sind im vorliegenden Kontext erwähnenswert. Die Arbeitsgruppe definierte, erstens, den Anwendungsbereich des Artikels 65 Absatz 1. Der Kaufvertrag erfordere demnach immer dann eine Beförderung der Ware, wenn der Verkäufer nach dem Vertrag verpflichtet oder zumindest ermächtigt sei, die Ware zu verschiffen[695]. Hierbei handelt es sich erkennbar um eine am US-amerikanischen UCC orientierte Formulierung[696]. In der Kommentierung des Artikels 66 Absatz 1 wurde, zweitens, darauf hingewiesen, dass auch der so genannte Verkauf eingelagerter Ware von dieser Vorschrift erfasst werde. Befinde sich die Ware im Besitz eines Dritten, so sei von einer Übernahme durch den Käufer auszugehen, sobald der Dritte entweder dem Käufer gegenüber für die Ware verantwortlich sei oder aber anerkenne, die Ware für den Käufer in seiner Obhut zu haben. Ein Wechsel der Verantwortlichkeit des Dritten werde

694 Commentary on the draft Convention on the International Sale of Goods (A/CN.9/116, annex II), YB VII, S. 140, Artikel 65, Rn. 3.

695 Commentary on the draft Convention on the International Sale of Goods (A/CN.9/116, annex II), YB VII, S. 140, Artikel 65, Rn. 2.

696 Vgl. § 2–509 (1) UCC und dazu oben III. 4.

regelmäßig durch die Übergabe eines Traditionspapiers, beispielsweise eines Lagerscheins, bewirkt[697].

Wie das Haager Kaufrecht beinhaltete nunmehr auch der Genfer Entwurf eine Gefahrtragungsregel für den Verkauf reisender Ware. Die Regelung, die soweit ersichtlich im Vorfeld des Entwurfs von den Delegierten bzw. dem Generalsekretariat nicht weiter diskutiert worden war, stimmte weitgehend mit Artikel 99 EKG überein. Lediglich die Beschränkung auf den Seetransport wurde nicht aus dem Haager Kaufrecht übernommen. In systematischer Hinsicht wurde der eigenständige Artikel des EKG im Genfer Entwurf als Absatz 2 in den Gefahrtragungstatbestand des Versendungskaufs integriert.

b) *Die Stellungnahmen Deutschlands und Norwegens zum Genfer Entwurf*

Bevor der Genfer Entwurf zur Beratung an die Generalversammlung von UNCITRAL übergeben wurde, erhielten die Mitgliedsstaaten erneut die Möglichkeit zur Stellungnahme. Hinsichtlich des Gefahrübergangs machten Deutschland und Norwegen von dieser Gelegenheit Gebrauch. Der Vertreter der Bundesrepublik Deutschland schlug vor, Artikel 65 Absatz 1 des Entwurfs um einen Satz 2 mit folgendem Wortlaut zu ergänzen:

> *„However, if the seller is required to hand the goods over to the carrier at a particular place, the risk does not pass to the buyer before the goods are handed over to the carrier at that place"*

Damit solle Konstellationen Rechnung getragen werden, in denen sich der Verkäufer verpflichte, die Verschiffung der Ware ab einem bestimmten Seehafen zu besorgen. In diesen Fällen sei es sachgerecht, dass der Verkäufer auf dem Inlandstransport zum Verschiffungshafen weiterhin mit der Gefahr belastet sei. Der Gefahrübergang solle erst mit Beginn des Seetransports erfolgen[698]. Der Sache nach ist damit der Inhalt der CIF Klausel umschrieben. Die Arbeitsgruppe hatte sich im Hinblick auf die CIF Klausel gegen die Aufnahme einer Klarstellung in den Gesetzestext ausgesprochen. Ohne auf die Erwägungen der

---

697 Commentary on the draft Convention on the International Sale of Goods (A/CN.9/116, annex II), YB VII, S. 141, Artikel 66, Rn. 2.

698 Comments by Governments and international organizations on the draft convention on the international sale of goods (A/CN.9/125 and A/CN.9/125/Add. 1 to 3), YB VIII, S. 118, Rn. 31.

Arbeitsgruppe[699] einzugehen, kam die deutsche Delegation freilich zum genau entgegengesetzten Ergebnis.

Der Vertreter Norwegens sprach sich dafür aus, Artikel 66 des Entwurfs um einen neuen Absatz 2 zu ergänzen:

> *(2) If, however, the buyer is required to take over the goods at a place other than any place of the seller, the risk passes when time for delivery has come and the buyer is aware, or has received notice, of the fact that the goods are placed at his disposal at such place.*

Diesem Vorschlag lagen zwei Erwägungen zu Grunde. Erstens sollte der neue Absatz 2 eine Konsolidierung des Übernahmebegriffs bewirken. Nach dem Verständnis des Vertreters Norwegens sollte unter „Übernahme" einzig die Übertragung der tatsächlichen Sachherrschaft auf den Käufer zu verstehen sein[700]. Der insoweit vorgeschlagene Übernahmebegriff war damit enger als derjenige, den die Arbeitsgruppe in der Kommentierung des Genfer Entwurfs verwendet hatte. Nach dem Verständnis der Arbeitsgruppe konnte die Übernahme auch dadurch bewirkt werden, dass ein Dritter die Obhut über die Ware ab einem bestimmten Zeitpunkt nicht mehr für den Verkäufer, sondern für den Käufer ausübt. Diese Fälle wurden nach dem Vorschlag Norwegens aus dem Übernahmebegriff ausgegliedert und in einem neuen Absatz 2 geregelt. Der Vorschlag ging jedoch, zweitens, über diese begriffliche Klarstellung hinaus. Während die Arbeitsgruppe ihren weiten Übernahmebegriff primär im Hinblick auf die Fallkonstellation des Verkaufs eingelagerter Ware entwickelt hatte, sollte der von Norwegen vorgeschlagene Absatz 2 auf alle Sachverhalte anzuwenden sein, in denen sich der vereinbarte Ort der „Entgegennahme" (die Stellungnahme verwendet hier interessanter Weise die Begriffe *„collection"* und *„delivery"* anstelle der ansonsten gebräuchlichen Formulierung *„taking over of the goods"*) bei einem Dritten oder beim Käufer befindet. In diesen Fällen sei es sachgerecht, die Gefahr auf den Käufer übergehen zu lassen, sobald er an dem betreffenden Ort (entweder in eigener Person oder durch Anweisung des Dritten) über die Ware verfügen könne. Anders verhalte es sich in Konstellationen, in denen die „Entgegennahme" beim Verkäufer erfolgen solle. Hier sei es, nicht zuletzt aus Gründen des Versicherungsschutzes, geboten, die Gefahr frühestens in dem Zeitpunkt

---

699 Dazu oben Seiten 197 f.

700 Comments by Governments and international organizations on the draft convention on the international sale of goods (A/CN.9/125 and A/CN.9/125/Add. 1 to 3), YB VIII, S. 126, Rn. 59: *„[T]he proposed paragraph 2 is based on the assumption that the concept of „taken over" is limited to taking of physical possession"*.

übergehen zu lassen, in dem der Käufer durch eine verspätete Annahme eine Vertragsverletzung begehe[701].

c) *Die Überarbeitung durch die UNCITRAL Generalversammlung und der New Yorker Entwurf*

Die UNCITRAL Generalversammlung übernahm auf ihrer zehnten Sitzung die Änderungsvorschläge sowohl der Bundesrepublik Deutschlands als auch Norwegens. Im Hinblick auf den Vorschlag Norwegens ist bemerkenswert, dass der Änderungsvorschlag nur im Zusammenhang mit dem Verkauf eingelagerter Ware diskutiert wurde. Die Generalversammlung stellte insoweit fest, dass die nationalen Rechtsordnungen der Mitgliedsstaaten im Hinblick auf Wirkung und Funktion von Lagerscheinen oder vergleichbaren Dokumenten deutliche Unterschiede aufwiesen. Die Anknüpfung des Gefahrübergangs alleine an die tatsächliche Kontrollmöglichkeit über die Ware („*placing the goods at the buyer's disposal*") diene insoweit der Rechtssicherheit und -klarheit[702]. Auf die Aussage des norwegischen Regierungsvertreters, der vorgeschlagene neue Absatz solle in allen Fällen Anwendung finden, in denen sich die Kaufsache nicht beim Verkäufer befinde, gingen die Delegierten nicht weiter ein.

Auf der zehnten Sitzung der Generalversammlung wurde des Weiteren zum ersten Mal eine vertiefte Diskussion der Gefahrtragungsregel beim Verkauf reisender Ware geführt. Die philippinische Delegation hatte insoweit angeregt, die Gefahr nicht rückwirkend mit Übergabe an den ersten Beförderer wie im EKG und im Genfer Entwurf vorgesehen, sondern vielmehr im Zeitpunkt des Vertragsschlusses übergehen zu lassen[703]. Dem wurde, insbesondere von der finnischen Delegation, entgegengehalten, die Anknüpfung des Gefahrübergangs an die Übergabe an den ersten Frachtführer rechtfertige sich aus rein praktischen Erwägungen. Der Zustand der Kaufsache im Zeitpunkt des während des Transports erfolgenden Vertragsschlusses sei beim Verkauf reisender Ware in aller Regel nicht feststellbar[704]. Die Versammlung folgte dem zumindest implizit.

---

701 Comments by Governments and international organizations on the draft convention on the international sale of goods (A/CN.9/125 and A/CN.9/125/Add. 1 to 3), YB VIII, S. 126, Rn 58.

702 Report of the United Nations Commission on International Trade Law on the work of its tenth session (Vienna, 23 May-17 June 1977) (A/32/17), YB VIII, S. 64, Rn. 551.

703 Report of the United Nations Commission on International Trade Law on the work of its tenth session (Vienna, 23 May-17 June 1977) (A/32/17), YB VIII, S. 63, Rn. 542.

704 Report of the United Nations Commission on International Trade Law on the work of its tenth session (Vienna, 23 May-17 June 1977) (A/32/17), YB VIII, S. 63, Rn. 543.

Ohne dass der philippinische Vorschlag ausdrücklich verworfen wurde, fand er sich nicht im Text des im Anschluss an die elfte Sitzung der Generalversammlung veröffentlichten so genannten New Yorker Entwurfs[705] wieder.

Im New Yorker Entwurf wurde der Gefahrübergang in den Artikeln 78 bis 82 geregelt. Die im vorliegenden Zusammenhang maßgeblichen Bestimmungen haben den folgenden Wortlaut:

> ***Article 79***
>
> *(1) If the contract of sale involves carriage of the goods and the seller is not required to hand them over at a particular destination, the risk passes to the buyer when the goods are handed over to the first carrier for transmission to the buyer. If the seller is required to hand the goods over to a carrier at a particular place other than the destination, the risk does not pass to the buyer until the goods are handed over to the carrier at that place. The fact that the seller is authorized to retain documents controlling the disposition of the goods does not affect the passage of risk.*
>
> ***Article 80***
>
> *The risk in respect of goods sold in transit is assumed by the buyer from the time the goods were handed over to the carrier who issued the documents controlling their disposition. However, if at the time of the conclusion of the contract the seller knew or ought to have known that the goods had been lost or damaged and he has not disclosed such fact to the buyer, such loss or damage is at the risk of the seller.*
>
> ***Article 81***
>
> *(1) In cases not covered by articles 79 and 80 the risk passes to the buyer when the goods are taken over by him or, if he does not do so in due time, from the time when the goods are placed at his disposal and he commits a breach of contract by failing to take delivery.*
> *(2) If, however, the buyer is required to take over the goods at a place other than any place of business of the seller, the risk passes when delivery is due and the buyer is aware of the fact that the goods are placed at his disposal at that place.*

Der New Yorker Entwurf wurde begleitet vom Sekretariatskommentar[706]. Der Kommentierung kommt im Wesentlichen die Aufgabe zu, die Stellungnahmen der Vertreter der Mitgliedsstaaten sowie der Delegierten der Generalversammlung für die bevorstehenden Beratungen der diplomatischen Konferenz abschließend zusammenzufassen[707]. Für den vorliegenden Untersuchungsgegenstand

705 YB IX, 1978, S. 14 ff.

706 Commentary on the draft Convention on Contracts for the International Sale of Goods, prepared by the Secretariat, OR, S. 14 ff.; dazu schon oben Seite 190.

707 *Honnold*, Documentary History, S. 404.

sind sechs Aspekte von Bedeutung. Der Sekretariatskommentar definierte, erstens, erstmalig den Anwendungsbereich der Artikel 79 und 81 des Entwurfstextes. Der in Artikel 79 geregelte Versendungskauf war bereits von der Arbeitsgruppe als eine Konstellation bezeichnet worden, in der der Verkäufer nach dem Vertrag verpflichtet oder ermächtigt sei, die Ware zu verschiffen[708]. Der Sekretariatskommentar ergänzte diesen Definitionsansatz. Es heißt nun:

> *"The contract of sale involves carriage of the goods if the seller is required to ship the goods or is authorized to ship the goods and in fact does so. It does not involve carriage of the goods if the buyer takes delivery of the goods at the seller's place of business, even though they may need to be shipped by public carrier from that place, or if the buyer makes the arrangements for the goods to be shipped"*[709].

Zum Anwendungsbereich von Artikel 81 des Entwurftexts wurde ausgeführt:

> *"In the cases governed by article 81 it is anticipated that the buyer will take possession of the goods and arrange for any necessary transport himself, either in his own vehicles or in public carriers"*[710].

Beide Passagen zeigen, dass es den Kommentatoren entscheidend darauf ankam, ob die Ware durch Leute des Käufers bzw. des Verkäufers oder aber durch ein von den Vertragsparteien unabhängiges Transportunternehmen befördert wird. Bemerkenswert ist aber, zweitens, dass die Konstellation des Transports der Ware durch eigene Leute des Verkäufers von keiner der beiden genannten Definitionen erfasst wird. Auch im Übrigen wird auf diese Fallgestaltung nicht eingegangen. Es bleibt also offen, ob der Transport durch eigene Leute des Verkäufers - etwa aufgrund zu vernachlässigender Relevanz in der Transportpraxis - absichtlich unberücksichtigt geblieben ist, oder ob es sich insoweit - wohl wahrscheinlicher - um ein Redaktionsversehen handelt.

Der Sekretariatskommentar griff, drittens, die Bezugnahme auf Handelsklauseln auf, wie sie sich aus den Beratungen der Arbeitsgruppe und insbesondere den Stellungnahmen der Delegierten Deutschlands und Norwegens ergeben hatte. So solle die Gefahrtragungsregel in Artikel 79 Abs. 1 Satz 2 des Entwurfs einen Gleichlauf der gesetzlichen Regelung mit Handelsklauseln gewährleisten, die die Preisgefahr mit Beginn eines bestimmten Transportabschnitts übergehen lassen. Eine solche Differenzierung nach Transportabschnitten entspreche insbesondere in Konstellationen, in denen die Ware über See transportiert wird,

---

708 Oben Seite 200.

709 Sekretariatskommentar, Art. 79, Anm. 2.

710 Sekretariatskommentar, Art. 81, Anm. 1.

der gängigen Handelspraxis. Der Sekretariatskommentar nannte beispielhaft die CIF Klausel, bei deren Vereinbarung der Gefahrübergang zu Beginn der Verschiffung erfolgt[711]. Auch den in Artikel 79 Abs. 1 Satz 1 CISG enthaltenen Vorbehalt („*and the seller is not required to hand [the goods] over at a particular destination*") verstand der Sekretariatskommentar in engem Zusammenhang mit einer Handelsklausel, in diesem Fall der „*ex ship*" Klausel[712]. Insoweit entsprachen die Ausführungen denen der norwegischen Delegation, auf deren Vorschlag der Vorbehalt eingefügt worden war[713]. Der Vorbehalt hatte zur Konsequenz, dass die Gefahrtragungsregel zum Versendungskauf in diesen Konstellationen nicht mehr einschlägig war.

Während die Nichtanwendung des Artikels 79 Abs. 1 in Konstellationen, in denen die Parteien einen Kauf „*ex ship*" vereinbart haben, also ganz im Sinne des norwegischen Vorschlags war, wich der Sekretariatskommentar dann allerdings, viertens, insoweit von der Stellungnahme der norwegischen Delegation ab, als dass in diesen Fällen nach der Kommentierung Artikel 81 Abs. 1 CISG anwendbar sein sollte[714]. Sowohl nach dem Wortlaut der von Norwegen vorgeschlagenen Ergänzung – die im Übrigen mehr oder weniger unverändert in den Text des New Yorker Entwurfs eingegangen ist – als auch nach den Rechtsausführungen der norwegischen Delegation, hätte in der Konstellation eines Kaufs „*ex ship*" hingegen vielmehr die Anwendung des Artikels 81 Abs. 2 nahe gelegen. Bei einem Kauf „*ex ship*" hat der Käufer die Ware im Abladehafen zu übernehmen[715]. Es bedarf dann in aller Regel eines Anschlusstransports, der entweder durch Leute des Käufers oder aber – dies ist die wahrscheinlichere Variante – durch ein vom Käufer beauftragtes Transportunternehmen durchgeführt wird. Gerade in letztgenannter Konstellation erlangt der Käufer im Bestimmungshafen noch

---

711 Sekretariatskommentar, Art. 79, Anm. 6 f.

712 Sekretariatskommentar, Art. 79, Anm. 8.

713 Oben 2. e).

714 Sekretariatskommentar, Art. 79, Anm. 8. Zur Vermeidung von Missverständnissen sei noch einmal darauf hingewiesen, dass der Vorbehalt in Artikel 79 und die Ergänzung des Artikels 81 um einen neuen Absatz 2 auf zwei unterschiedliche Initiativen Norwegens zu zwei unterschiedlichen Zeitpunkten im Normsetzungsverfahren zurückgehen, siehe oben 2. e) zur Ergänzung des Artikels 79 einerseits und 3. b) zur Ergänzung des Artikels 81 andererseits.

715 Vgl. insbes. Nr. A 4 der DES Klausel der INCOTERMS 2000, die in den neuen INCOTERMS 2010 durch die allgemeiner formulierte DAP Klausel ersetzt wurde, dazu Ramberg, ICC Guide to INCOTERMS 2010, S. 9 *Graf von Bernsdorf*, RIW 2010, 672, 676.

keine tatsächliche Sachherrschaft. Nach der Rechtsansicht der norwegischen Delegation bezweckte die Ergänzung der in Artikel 81 enthaltenen Gefahrtragungsregel um einen neuen Absatz 2 aber gerade, den Übernahmebegriff durch klare Trennung von tatsächlicher Sachherrschaft des Käufers und zugerechneter bzw. zurechenbarer Sachherrschaft eines Dritten zu konsolidieren[716]. Dass das Generalsekretariat diese Auffassung nicht teilte, zeigte sich dann auch an einer weiteren Stelle. Im Kontext des Artikels 81 stellte der Sekretariatskommentar klar, dass der typische Anwendungsfall des Artikels 81 Abs. 2 der Verkauf eingelagerter Ware sei[717]. Dies war vor dem Hintergrund der Ausführungen zu Artikel 79 konsequent, blieb aber wie gesagt deutlich hinter der Rechtsauffassung der norwegischen Delegation zurück.

Die an den Handelsklauseln orientierten Ausführungen im Sekretariatskommentar waren, fünftens, allerdings auch in sich selbst nicht widerspruchsfrei. Neben den soeben erwähnten Bezugnahmen auf Handelsklauseln in der Kommentierung der Artikel 79 und 81 fand sich im Kommentar zu Artikel 82 die Aussage, ein Kauf FOB falle der Sache nach unter die Gefahrtragungsregel des Artikels 79 Abs. 1[718]. Charakteristisch für einen Kauf FOB ist aber gerade, dass der Käufer die Beförderung zu organisieren und den Transportvertrag abzuschließen hat[719]. Nach der im Sekretariatskommentar selbst gegebenen Definition[720] müsste in einer solchen Konstellation aber Artikel 81 einschlägig sein. Diese Diskrepanz lässt sich allenfalls damit erklären, dass die Autoren des Sekretariatskommentars von einem Inhalt der FOB Klausel ausgegangen sind, die von dem – insbesondere durch die INCOTERMS konkretisierten – gängigen Verständnis abweicht[721].

Die Gefahrtragungsregel beim Verkauf reisender Ware erklärte der Sekretariatskommentar, sechstens, vergleichbar den Ausführungen des finnischen Delegierten auf der zehnten Sitzung der UNCITRAL Generalversammlung[722],

716 Comments by Governments and international organizations on the draft convention on the international sale of goods (A/CN.9/125 and A/CN.9/125/Add. 1 to 3), YB VIII, S. 126, Rn. 57 ff. und oben b).

717 Sekretariatskommentar, Art. 81, Anm. 4 ff.

718 Sekretariatskommentar, Art. 82, Anm. 3 Example 82 E.

719 Vgl. Buchstabe B 3 lit. a) FOB INCOTERMS 2010 und dazu *Ramberg*, ICC Guide to INCOTERMS 2010, S. 177.

720 Sekretariatskommentar, Artikel 79, Anm. 2 und oben Seite 205.

721 Vgl. *de Vries*, 17 Eur. Transp. L (1982), 495, 499, der darauf hinweist, dass die FOB Klausel gelegentlich auch so verstanden wird, dass der Verkäufer zur Organisation des Transports verpflichtet ist.

722 Oben Seite 203.

mit der Erwägung, dass nur im Zeitpunkt der Inobhutnahme der Ware durch den Transporteur, nicht aber im Zeitpunkt des Vertragsschlusses, der Zustand der Kaufsache tatsächlich feststellbar sei. Ergänzend verwies die Kommentierung darauf, dass der Käufer im Zeitpunkt der Schadensfeststellung die tatsächliche Sachherrschaft ausübe und dass es ihm aus diesem Grund leichter falle als dem Verkäufer, im Falle eines Transportschadens Ansprüche gegen den Frachtführer und / oder die Transportversicherung geltend zu machen[723]. Weder der Sekretariatskommentar noch die übrigen veröffentlichten Gesetzesmaterialien erklären, aus welchem Grund Artikel 80 des New Yorker Entwurfs nur noch in Konstellationen Anwendung finden soll, in denen der Frachtführer dem Absender Transportdokumente ausgestellt hat. Auch die Generalversammlung hatte sich allerdings – ebenfalls ohne Begründung – bereits auf diesen Standpunkt gestellt.

4. Vom New Yorker Entwurf zur endgültigen Fassung des CISG: die Beratungen auf der Diplomatischen Konferenz

Der New Yorker Entwurf bildete nunmehr die Grundlage der Beratungen der Diplomatischen Konferenz, die vom 10. März bis zum 11. April 1980 in Wien stattfand. Über die einzelnen Artikel wurde im Laufe der Konferenz in zwei Durchgängen beraten. Einleitend setzte sich das so genannte *„First Committee“* mit den Regelungen auseinander und erstellte einen „abstimmungsfähigen Entwurfstext“. Dieser wurde dann an die so genannte *„Plenary Conference“* übermittelt und dort erneut beraten[724]. Die *Plenary Conference* stimmte anschließend verbindlich über die einzelnen Artikel ab. Das *First Committee* beriet über die Gefahrtragungsvorschriften in seiner 31. und 32. Sitzung, die *Plenary Conference* in ihrer achten und neunten Sitzung.

Die Artikel 79 und 81 des New Yorker Entwurfs wurden, von einigen wenigen redaktionellen Änderungen abgesehen[725], unverändert in Form der Artikel 67 und 69 CISG verabschiedet. Erwähnenswert ist in diesem Zusammenhang lediglich der Vorschlag des australischen Delegierten auf der 31. Sitzung des *First Committee*. Die australische Delegation sprach sich dafür aus, die Gefahr beim Versendungskauf frühestens in dem Zeitpunkt übergehen zu lassen, in

723 Sekretariatskommentar, Art. 80, Anm. 1.

724 Vgl. Report of the First Committee, 7 April 1980, OR, S. 82, Rn. 1 f.

725 Siehe dazu summary record of the 31st meeting of the First Committee, 1 April 1980, OR, S. 402, Rn. 40 ff.; summary record of the 8th plenary meeting, 9 April 1980, OR, S. 212 f., Rn. 56 ff.

dem der Käufer die Möglichkeit habe, die Kaufsache zu versichern. Durch eine entsprechende Regelung solle dem Zusammenhang zwischen Gefahrübergang und Versicherung Rechnung getragen werden[726]. Der Vorschlag wurde dann aber mangels Zuspruchs anderer Delegierter verworfen und nicht an die *Plenary Conference* übermittelt[727].

Schwerpunktmäßig befassten sich die Beratungen auf der Wiener Konferenz mit dem in Artikel 80 des New Yorker Entwurfs geregelten Verkauf reisender Ware. Die pakistanische Delegation griff auf der 32. Sitzung des *First Committee* den Einwand, den der philippinische Delegierte erfolglos auf der zehnten Sitzung der UNCITRAL Generalversammlung geäußert hatte[728], wieder auf und kritisierte, dass ein rückwirkender Gefahrübergang auf einen Zeitpunkt vor Vertragsschluss, wie im New Yorker Entwurf vorgesehen, unlogisch sei und den Käufer unangemessen benachteilige[729]. Die Diskussion wurde nunmehr allerdings durch eine politische Komponente angereichert. Der Vertreter Pakistans ließ, nachdem sein Vorstoß erfolglos geblieben war, einen Vorbehalt ins Protokoll aufnehmen, in dem er sinngemäß erklärte, die Regelung des New Yorker Entwurfs benachteilige in besonderer Weise die Entwicklungsländer. Der Verkauf reisender Ware komme in der Praxis insbesondere bei in Sammelladungen transportierten Rohstoffen („*bulk shipments of commodities*") vor. Hier seien Parteien aus Entwicklungsländern überdurchschnittlich häufig Importeure, also Käufer. Sie treffe der rückwirkende Gefahrübergang mithin besonders hart[730].

---

726 Summary record of the 31st meeting of the First Committee, 1 April 1980, OR, S. 402, Rn. 58.

727 Summary record of the 31st meeting of the First Committee, 1 April 1980, OR, S. 403, Rn. 59- 63.

728 Oben 3. c).

729 Summary record of the 32nd meeting of the First Committee, 1 April 1980, OR S. 403, Rn. 1.

730 Summary record of the 32nd meeting of the First Committee, 1 April 1980, OR S. 406, Rn. 43 f. Die Stellungnahme Pakistans wird in den Official Records fälschlicherweise so wiedergegeben, dass die Entwicklungsländer in der Regel Verkäufer von *commodities* seien und aus diesem Grund durch einen rückwirkenden Gefahrübergang benachteiligt würden. Aus dem Zusammenhang (Bezugnahme auf den Käufer in Rn. 43, auf den Verkäufer in Rn. 44) ergibt sich jedoch, dass der pakistanische Delegierte auf die Rechtsposition des Käufers abstellt. Nur diese Aussage ist auch logisch, da der Verkäufer durch den rückwirkenden Gefahrübergang nicht benachteiligt, sondern vielmehr begünstigt wird. Die Aussage wird in der Kommentarliteratur auch einhellig so verstanden, dass insoweit auf den Käufer Bezug genommen wird, vgl. Schlechtriem/Schwenzer-*Hachem*, Art. 68, Rn. 3; Staudinger-*Magnus*, Art. 68 CISG, Rn. 4. Das Protokoll enthält an dieser Stelle mithin einen Tippfehler.

Die überwiegende Anzahl der Delegierten sprach sich wie gehabt aus Praktikabilitätserwägungen für den Ansatz des New Yorker Entwurfs aus[731]. Besonders die schwedische Delegation wies darauf hin, dass in der Praxis eine unangemessene Benachteiligung der Käufer nicht zu befürchten sei. Der häufigste Anwendungsfall der Gefahrtragungsregel sei in der Tat der Verkauf von bereits auf dem Transport befindlichen Rohstoffen bzw. Massengütern („*commodities*"), die in einer Sammelladung transportiert würden. In dieser Konstellation sei es aber absolut üblich, dass der Frachtführer Transportdokumente ausstelle und dass gerade diese Dokumente es dem Käufer ermöglichten, die Ware auch rückwirkend auf den Zeitpunkt des Beförderungsbeginns zu versichern[732]. Letzteres wurde von dem ghanaischen Delegierten in Frage gestellt, der insoweit ausführte, dass eine rückwirkende Versicherung nicht nach allen Rechtsordnungen möglich sei. Es könne unter anderem am versicherbaren Interesse fehlen[733].

Auf Vorschlag der US Delegation wurde auf der 32. Sitzung des *First Committee* beschlossen, die Formulierung „*documents controlling the disposition of the goods*" durch „*the documents embodying the contract of carriage*" zu ersetzen. Damit sei sichergestellt, dass Artikel 80 des Entwurfs nicht dahin missverstanden werde, dass nur Konstellationen, in denen der Frachtführer dem Empfänger Traditionspapiere oder Papiere mit vergleichbarer Wirkung („*negotiable document*") ausstelle, vom Tatbestand der Gefahrtragungsregel erfasst seien. „*embodying*" sei dabei im Sinne von „*containing*" – zu verstehen[734]. Dies ist die Formulierung, die letztlich Eingang in die finale Fassung des CISG gefunden hat.

Auf der achten Sitzung der *Plenary Conference* wurde dann die Problematik des rückwirkenden Gefahrübergangs von der pakistanischen Delegation erneut zur Diskussion gestellt[735]. Die Mehrheitsverhältnisse hatten sich in der Zwischenzeit allerdings geändert. Selbst die schwedische Delegation räumte ein, dass sich in der Praxis viele Versicherungen weigerten, Ware rückwirkend auf

---

731 Summary record of the 32nd meeting of the First Committee, 1 April 1980, OR S. 403 f., Rn. 5 ff.

732 Summary record of the 32nd meeting of the First Committee, 1 April 1980, OR S. 403 f.; Rn. 5.

733 Summary record of the 32nd meeting of the First Committee, 1 April 1980, OR S. 404, Rn. 10.

734 Summary record of the 32nd meeting of the First Committee, 1 April 1980, OR S. 404, Rn. 13 ff.

735 Summary record of the 8th plenary meeting, 9 April 1980, S. 213, Rn. 70; der Vorschlag wurde ferner explizit unterstützt von Argentinien, Ägypten, Pakistan, Südkorea und der Türkei.

einen Zeitpunkt vor Vertragsschluss zu versichern[736]. In der sich anschließenden Abstimmung kam es zu einer Pattsituation, in der weder für die ursprüngliche Fassung noch für die von Pakistan vorgeschlagene Anknüpfung des Gefahrübergangs an den Zeitpunkt des Vertragsschlusses die erforderliche Zweidrittelmehrheit erzielt werden konnte[737]. Der Vorschlag, Artikel 80 völlig zu streichen, fand unter den Delegierten keine Mehrheit. Man war der Auffassung, dass der Verkauf reisender Ware von keinem der anderen Gefahrtragungstatbestände erfasst sei und eine derartige Regelungslücke nicht hingenommen werden könne[738].

Der dann tatsächlich verabschiedete – und nunmehr in Artikel 68 CISG enthaltene – Text geht auf einen Kompromissvorschlag zurück, der den Delegierten auf der neunten Sitzung der *Plenary Conference* unterbreitet wurde. Federführend war insoweit wiederum Pakistan gewesen[739], es hatten sich aber auch Delegierte beteiligt, die sich zuvor vehement für einen rückwirkenden Gefahrübergang ausgesprochen hatten[740]. Nach der Kompromisslösung geht die Gefahr im Regelfall mit dem Vertragsschluss über. An den Zeitpunkt der Übergabe der Ware an den Frachtführer wird nur ausnahmsweise angeknüpft, sofern der Beförderer Dokumente über den Beförderungsvertrag ausgestellt hat und die Umstände einen rückwirkenden Gefahrübergang nahe legen. Mit dieser Formulierung sollte in erster Linie sichergestellt werden, dass die Gefahr zumindest in Konstellationen rückwirkend übergeht, in denen der Käufer die Kaufsache auch auf diesen Zeitpunkt versichert hat[741]. Die beiden Vertreter der ICC hoben zum Ende der Sitzung noch einmal hervor, dass der nunmehr als Regelfall vorgesehene Gefahrübergang im Zeitpunkt des Vertragsschlusses mit der Praxis im internationalen Exporthandel nicht vereinbar sei und eine Benachteiligung des Käufers ganz grundsätzlich nicht zu befürchten stehe[742].

5. Zwischenergebnis

Aus der Entstehungsgeschichte des UN-Kaufrechts können eine Reihe von für den Fortgang der vorliegenden Betrachtung bedeutsamen Schlussfolgerungen

---

736 Summary record of the 8th plenary meeting, 9 April 1980, OR S. 213, Rn. 74.

737 Summary record of the 8th plenary meeting, 9 April 1980, OR S. 214, Rn. 83 ff.

738 Summary record of the 8th plenary meeting, 9 April 1980, OR S. 214 f.; Rn. 96 ff.

739 Summary record of the 9th plenary meeting, 9 April 1980, OR, S. 215, Rn. 1.

740 So insbesondere Schweden, vgl. summary record of the 9th plenary meeting, 9 April 1980, OR, S. 215, Rn. 3.

741 Darauf weist die schwedische Delegation ausdrücklich hin, summary record of the 9th plenary meeting, 9 April 1980, OR, S. 215, Rn. 3.

742 Summary record of the 9th plenary meeting, 9 April 1980, OR, S. 215, Rn. 8 f.

gezogen werden. Die Auslegungsergebnisse werden im Folgenden der Übersichtlichkeit halber in zwei Kategorien unterteilt. Ein erster Abschnitt befasst sich mit den Implikationen, die der Entstehungsprozess des CISG für das Konzept des besonderen Gefahrtragungsrechts generell hat. In einem zweiten Abschnitt werden die Ergebnisse der historischen Auslegung im Hinblick auf die konkrete Auslegung der einzelnen Gefahrtragungstatbestände herausgearbeitet.

a) Ergebnisse der historischen Auslegung im Hinblick auf das Konzept des besonderen Gefahrtragungsrechts in seiner Gesamtheit

Das Gesetzgebungsverfahren hat zu einer Ausdifferenzierung des besonderen Gefahrtragungsrechts geführt. Die ersten Entwürfe des Generalsekretariats und der Arbeitsgruppe sahen drei Gefahrtragungsregeln vor. Geregelt waren die Sonderkonstellationen des Versendungskaufs und des Verkaufs reisender Ware einerseits sowie der nunmehr in Artikel 69 Abs. 1 CISG enthaltene Auffangtatbestand andererseits. Im Laufe der Beratungen sind drei weitere Regelungen hinzugekommen. Dies sind die primär auf den Verkauf eingelagerter Ware zugeschnittene und nunmehr in Artikel 69 Abs. 2 CISG enthaltene Gefahrtragungsregel und die an der Parteivereinbarung bzw. dem Inhalt typischer Handelsklauseln orientierten Vorbehalte in Artikel 67 Abs. 1 CISG. Alle diese Erweiterungen sind auf Initiativen von Delegierten der einzelnen an den Beratungen beteiligten Staaten zurückzuführen. Eine herausragende Rolle bei der weitergehenden Ausdifferenzierung des Gefahrtragungsrechts hat Norwegen gespielt. Bei Norwegen handelt es sich um einen Staat, für den der Seehandel traditionell eine bedeutende Rolle spielt.

Gleich zu Beginn der Beratungen haben sich das Generalsekretariat und ihm folgend die Arbeitsgruppe in einer grundlegenden Entscheidung gegen die Verknüpfung von Gefahrübergang und Lieferung ausgesprochen. Sowohl das Generalsekretariat als auch die Arbeitsgruppe waren der Auffassung, dass Lieferung im Sinne von Erfüllung zu verstehen sei und somit einseitig das Pflichtenprogramm des Verkäufers beschreibe. Von der Lieferung der Ware ist damit bereits auszugehen, wenn der Verkäufer „alles seinerseits Erforderliche getan hat“. Der Gefahrübergang knüpft im Gegensatz dazu primär an die Übertragung der tatsächlichen Sachherrschaft an. Diese kann regelmäßig nicht einseitig durch den Verkäufer herbeigeführt werden.

Die Trennung von Lieferung und Gefahrtragung ist zwar bis zur Erstellung der endgültigen Textfassung des CISG im Grundsatz nicht mehr in Frage gestellt worden. Die Delegierten der an den Beratungen teilnehmenden Staaten haben diesem Dogma jedoch erkennbar eine geringere Bedeutung beigemessen als insbesondere das Generalsekretariat. Dieser Gegensatz zeigt sich besonders deutlich an dem am Inhalt der Lieferpflicht orientierten Vorbehalt in Artikel 67 Abs. 1 Satz 1 CISG, der auf Vorschlag der norwegischen Delegation – und unter expliziter Bezugnahme auf das Konzept der Lieferung sowie § 2–509 (1) UCC in der Begründung – Eingang in die Konvention gefunden hat. Das Generalsekretariat ist dem norwegischen Vorschlag konsequenter Weise entgegen getreten, konnte sich im Ergebnis aber nicht durchsetzen. Anders als in § 2–509 UCC haben die Autoren des CISG allerdings eine unmittelbare Verwendung des Wortes *„Lieferung"* vermieden und stattdessen auf die *„Verpflichtung zur Übergabe der Ware"* abgestellt. In der Sache besteht hier jedoch kein Unterschied. In Artikel 69 Abs. 2 CISG, der ebenfalls auf Vorschlag der norwegischen Delegation nachträglich in den Entwurfstext eingefügt wurde, findet sich sogar eine direkte Erwähnung des Begriffs der *„Lieferung"* auf der Rechtsfolgenseite.

In einer Grundsatzentscheidung haben sich die Verfasser des UN-Kaufrechts gegen eine unmittelbare Kodifizierung von typischen im Exporthandel verwendeten Standardklauseln ausgesprochen[743]. Diese Entscheidung erklärt sich vor dem Hintergrund, dass solche Klauseln bei identischem Wortlaut branchenspezifische Bedeutungsunterschiede aufweisen bzw. auch unabhängig hiervon in einzelnen Jurisdiktionen unterschiedlich ausgelegt werden[744]. Handelsklauseln können aus diesem Grund keine verlässliche Grundlage für die erstrebte Rechtsvereinheitlichung sein. Dieses nach Ansicht des Verfassers zutreffende grundlegende Prinzip ist dann allerdings nicht mit letzter Konsequenz umgesetzt worden. Wie sich in den zahlreichen Bezugnahmen während der Beratungen zeigt, haben sich die Gesetzesverfasser nämlich zumindest indirekt oft vom Inhalt typischer im Exporthandel verwendeter Handelsklauseln wie beispielsweise *„ex ship"*, CIF und FOB leiten lassen.

Die Ausführungen des Generalsekretariats und der Arbeitsgruppe zum Zusammenhang von Gefahrübergang und Sachherrschaft sind widersprüchlich. Beide Institutionen waren der Auffassung, dass sowohl die tatsächliche Sachherrschaft als auch die Kontrollmöglichkeit über die Ware die Belastung der insoweit begünstigten Partei mit der Preisgefahr rechtfertige. Beim Versendungskauf wird dann allerdings an die Übertragung der Sachherrschaft auf den

---

743 Dazu *de Vries*, 17 Eur. Transp. L (1982), 495, 496; *Ramberg*, CISG and INCOTERMS 2000, S. 399 f.; *v.Hoffmann*, Passing of Risk, S. 296.

744 Dazu *Baasch Andersen*, The Interrelation of the CISG and Other Uniform Sources, S. 250; Bianca/Bonell-*Bonell*, Art. 9, Anm. 3.5; Baumbach/Hopt-*Hopt*, Incoterms und andere Handelsklauseln, Einl, Rn. 2; *Benicke* in: Kronke/Melis/Kuhn, Handbuch Internationales Wirtschaftsrecht, Teil B, Rn. 391 und oben Seiten 22 f.

Transporteur angeknüpft. Das ist in zweierlei Hinsicht inkonsequent. Zum einen begründet der Verlust der tatsächlichen Sachherrschaft des Verkäufers an den Transporteur noch nicht die Sachherrschaft des Käufers. Warum hier einseitig auf die Perspektive des Verkäufers abzustellen ist, erklären Generalsekretariat und Arbeitsgruppe nicht. Der Verkäufer behält, zweitens, die Kontrollmöglichkeit über das Transportgut bis zu dessen Aushändigung an den Käufer als den Empfänger. Nach dem Ergebnis der grammatikalischen und systematischen Auslegung ist von einem Versendungskauf nämlich nur auszugehen, wenn der Verkäufer den Transport organisiert, es mithin der Verkäufer ist, der den Frachtführer beauftragt[745]. In dieser Fallkonstellation steht dem Verkäufer aber bis zur Beendigung des Transportvorgangs ein Weisungsrecht gegenüber dem Frachtführer zu. Er hat insbesondere die Möglichkeit, die Ware auf dem Transport anzuhalten oder an einen anderen Empfänger umzuleiten[746]. Vor diesem Hintergrund wäre es folgerichtig gewesen, den Gefahrübergang beim Versendungskauf nicht mit dem Verlust der Sachherrschaft auf Seiten des Verkäufers, sondern mit der Erlangung der Sachherrschaft auf Seiten des Käufers zu begründen. Dies hätte dann allerdings einen späten Gefahrübergang zur Folge gehabt.

b) Ergebnisse der historischen Auslegung im Hinblick auf die Auslegung der einzelnen Gefahrtragungstatbestände

Im Hinblick auf die in Artikel 67 Abs. 1 Satz 1 CISG enthaltene Grundregel zum Gefahrübergang beim Versendungskauf bestätigt der Blick auf die Gesetzgebungsgeschichte das Ergebnis der grammatikalischen und systematischen Auslegung. Der Anwendungsbereich der Gefahrtragungsregel wird im Sekretariatskommentar ausführlich definiert. Da auf der diplomatischen Konferenz über diesen Punkt nicht weiter beraten wurde, kann unterstellt werden, dass sich die Delegierten die Ausführungen im Sekretariatskommentar insoweit zu Eigen gemacht haben. Ein Versendungskauf liegt nach dem Sekretariatskommentar vor, wenn der Verkäufer einerseits vertraglich verpflichtet oder zumindest ermächtigt ist, die Ware durch einen Frachtführer zu befördern und der Transport dann andererseits auch tatsächlich durch einen solchen Frachtführer durchgeführt wird. Bereits die Arbeitsgruppe hatte herausgearbeitet, dass nur die vom Verkäufer eigenständig, das heißt ohne das Erfordernis einer Mitwirkungshandlung des Käufers, durchzuführende Beförderung als ein Versendungskauf im Rechtssinne zu qualifizieren ist. Folgerichtig schließt der Sekretariatskommentar den

745 Oben II. 4.

746 Oben Seite 161.

vom Käufer zu organisierenden Transport explizit vom Anwendungsbereich des jetzigen Artikels 67 Abs. 1 CISG aus.

Im Hinblick auf den Vorbehalt in Artikel 67 Abs. 1 Satz 1 CISG liefert die Gesetzgebungsgeschichte ein widersprüchliches Bild. Der Vorbehalt wurde – ohne dass eine eigentliche inhaltliche Diskussion stattgefunden hätte – der Gefahrtragungsregel beim Versendungskauf hinzugefügt, um Konstellationen wie den Kauf *„ex ship"* abzubilden. Dieser Intention wird die letztlich in das UN-Kaufrecht eingegangene Fassung des Vorbehalts allerdings nicht gerecht. Artikel 67 Abs. 1 Satz 1 CISG knüpft – mehr oder weniger direkt – an eine Vereinbarung der Parteien zur Lieferpflicht an: die Gefahrtragungsregel beim Versendungskauf soll nicht gelten, *„wenn der Verkäufer verpflichtet ist, [die Ware] an einem bestimmten Ort zu übergeben"*. Diese Bezugnahme verkennt, dass die Vereinbarung einer bestimmten Lieferpflicht etwas anderes ist als die Vereinbarung einer Handelsklausel. Die im Exporthandel verwendeten Handelsklauseln können als ein Überbegriff verstanden werden, unter dem eine Vielzahl von Parteivereinbarungen, beispielsweise über Lieferpflicht, Versicherungspflicht, Pflicht zur Erledigung der Zollformalitäten und eben auch über den Gefahrübergang, gleichgeordnet zusammengefasst werden[747]. Die Bezugnahme der Parteien auf die Handelsklausel bedeutet gerade, dass eine Einigung über alle in der Klausel enthaltenen Regelungen erzielt wurde. Insbesondere hat eine Übereinkunft alleine über die Lieferpflicht nicht automatisch die Anwendbarkeit der gesamten insoweit korrespondierenden Handelsklausel mit all ihren Rechtsfolgen zur Konsequenz. Mit anderen Worten: vereinbaren die Parteien eine bestimmte Lieferpflicht des Verkäufers, so sollte dies nach der wiederholt zum Ausdruck gebrachten Intention der Gesetzesverfasser keine Auswirkung auf den Gefahrübergang nach dem UN-Kaufrecht haben. Haben sich die Parteien hingegen auf eine konkrete Handelsklausel, und damit zumindest implizit auch auf den Zeitpunkt des Gefahrübergangs, geeinigt, ist das besondere Gefahrtragungsrecht ohnehin in seiner Gesamtheit abbedungen. Eines Vorbehalts wie dem in Artikel 67 Abs. 1 Satz 1 CISG zum Ausdruck gebrachten bedarf es dann überhaupt nicht mehr. Aus alldem folgt letztlich, dass eine Verallgemeinerung des Inhalts von Handelsklauseln im Rahmen des dispositiven Rechts nicht möglich ist. Die Autoren des US-amerikanischen UCC haben dies erkannt und konkreten Handelsklauseln ebenso konkrete gesetzliche Auslegungsregeln gegenübergestellt. Die Verfasser des CISG haben dies verkannt und in Artikel 67 Abs. 1 Satz 1 CISG

747 MünchKommHGB-*Karsten Schmidt*, § 346 HGB, Rn. 111; *Al-Deb'i*, Überseekauf und Abladegeschäft, S. 190; *Lögering*, CISG und internationale Handelsklauseln, S. 31.

einen widersprüchlichen Hybrid aus allgemeingültiger Regel und nicht verallgemeinerungsfähigem Sachverhalt geschaffen. Wie an späterer Stelle herausgearbeitet werden soll, kann diese Schieflage nur im Wege der einschränkenden Auslegung bzw. der teleologischen Reduktion korrigiert werden[748]. Im Übrigen bestätigt die Entstehungsgeschichte des Vorbehalts in Artikel 67 Abs. 1 Satz 1 CISG das (eigentlich selbstverständliche) Ergebnis der systematischen Auslegung: Bei einem Kauf „*ex ship*" lässt der Käufer die Ware auf seine Kosten und auf seine Gefahr im Bestimmungshafen abholen. Er wird sich dabei zumeist seiner Leute oder – insbesondere bei längeren Transporten – eines von ihm beauftragten Frachtführers bedienen. Daraus folgt, dass der im Vorbehalt verwendete Begriff der „Übergabe" als Übergabe an den Käufer im hier so genannten normativen Sinn[749] zu verstehen ist. Der Vorbehalt ist mithin einschlägig, wenn die Übernahme am Entladeort durch den Käufer selbst, seine Leute oder einen von ihm beauftragten Frachtführer durchgeführt wird.

Die in Artikel 67 Abs. 1 Satz 2 CISG enthaltene Gefahrtragungsregel soll nach den im Laufe des Gesetzgebungsverfahrens gegebenen Begründungen vor allem die Fallkonstellation des Kaufs CIF erfassen. Dies wirkt sich auf die Auslegung der Vorschrift in zweierlei Hinsicht aus. Erstens setzt der Kauf CIF – im Folgenden soll auf die CIF Klausel der INCOTERMS 2010 Bezug genommen werden – einen mehraktigen multimodalen Transportvorgang voraus[750]. Die Gefahr geht dabei zu einem Zeitpunkt zwischen den einzelnen Transportabschnitten über. Für die Auslegung des Artikels 67 Abs. 1 Satz 2 CISG folgt daraus, dass die explizite Vereinbarung der Übergabe der Ware an den Frachtführer an der Niederlassung des Verkäufers nicht in den Anwendungsbereich der Vorschrift fällt. Die historische Interpretation steht hier im Widerspruch zu Gesetzeswortlaut und -systematik[751]. Es gilt, zweitens, das soeben im Hinblick auf den Vorbehalt in Artikel 67 Abs. 1 Satz 1 CISG zum Verhältnis von Gefahrtragung und Lieferpflicht Gesagte. Die wiederholte Bezugnahme auf die CIF Klausel in den Gesetzesmaterialien spricht für eine einschränkende Auslegung auch des Artikels 67 Abs. 1 Satz 2 CISG. Der bloße Umstand, dass der Kaufvertrag eine Vereinbarung über den Ort enthält, an dem der Verkäufer die Kaufsache dem Frachtführer zu übergeben hat, kann den vom Grundtatbestand des Artikels 67 Abs. 1 Satz 1 CISG abweichenden Zeitpunkt des Gefahrübergangs nach dieser

748 Unten Seite 251.

749 Vgl. oben Seite 175.

750 Vgl. *Ramberg*, ICC Guide to INCOTERMS 2010, S. 199.

751 Dazu oben II. 4.

Vorschrift noch nicht rechtfertigen. Darüber hinaus ist vielmehr zu verlangen, dass sich die Parteien konkret Gedanken über den Gefahrübergang (und nicht nur über den Inhalt der Lieferpflicht) gemacht haben. Dies ist der Fall, wenn, zumindest sinngemäß, eine dem Kauf CIF entsprechende Handelsklausel vereinbart wurde. Charakteristisch für den Kauf CIF ist insoweit die Aufteilung des Transportvorgangs in mehrere Teilakte wobei der Verkäufer zumindest auf dem ersten Transportabschnitt noch mit der Gefahr belastet ist. Neben der CIF Klauseln erfüllen auch die anderen C-Klauseln der INCOTERMS 2010 (CFR, CPT, CIP)[752] dieses Kriterium.

Dem Übernahmebegriff messen die Gesetzesverfasser in den Absätzen 1 und 2 des Artikels 69 CISG unterschiedliche Bedeutungen zu. Im Rahmen des Absatzes 1 tritt der Begriff der Übernahme ausschließlich auf der Rechtsfolgenseite auf. Die Gefahr geht hier nach dem Willen der Gesetzesverfasser mit der Übertragung der Sachherrschaft auf den Käufer über. In Absatz 2 ist die vertragliche Verpflichtung des Käufers zur Übernahme der Ware an einem bestimmten Ort im Gegensatz dazu lediglich Tatbestandsvoraussetzung[753]. Die Rechtsfolge des Gefahrübergangs wird in diesen Fällen dann nicht an die Übernahme selbst, sondern an die Übertragung der Kontrollmöglichkeit über die Ware, geknüpft. Artikel 69 Abs. 2 CISG ist hauptsächlich in den Gesetzestext eingefügt worden, um die Begrifflichkeiten der Sachherrschaft einerseits und der Kontrollmöglichkeit andererseits klar voneinander trennen zu können.

Dieses Ziel der Gesetzesverfasser wird jedoch durch die in Artikel 69 CISG getroffenen Regelungen nicht erreicht. Der Begriff der Sachherrschaft in Artikel 69 Abs. 1 CISG kann lediglich in einem normativen Sinne verstanden werden. Die Gesetzesverfasser gehen erkennbar davon aus, dass auch diejenigen Fälle, in denen der Käufer die Ware durch einen von ihm beauftragten Frachtführer oder seine eigenen Leute von der Niederlassung des Käufers abholen lässt, in den Anwendungsbereich des Artikels 69 Abs. 1 CISG fallen. Von einer Übernahme durch den Käufer kann mithin nur die Rede sein, wenn diesem die tatsächliche Sachherrschaft des Beförderers, ähnlich dem Konzept des Besitzes im deutschen

752 Einen Überblick über Charakteristika und Inhalt der einzelnen Klauseln geben *Graf von Bernsdorf*, RIW 2010, 672, 677 ff.; *Ramberg*, ICC Guide to INCOTERMS 2010, S. 52 ff.; *Wertenbruch*, ZGS 2005, 136, 139 f.; *MünchKommHGB-Karsten Schmidt*, § 346 HGB, Rn. 116 ff., S. 91 ff.

753 Womit die Regelung wiederum im Widerspruch zu der Intention der Gesetzesverfasser steht, Gefahrtragung und Inhalt der Lieferpflicht im UN-Kaufrecht- anders als noch im EKG- zu trennen.

Recht[754], zugerechnet wird. Vor diesem Hintergrund stellt sich die Frage, wie die Übernahme einer im normativen Sinne zu verstehenden Sachherrschaft in Absatz 1 von dem ebenfalls normativ geprägten Kriterium der Übernahme der Kontrollmöglichkeit in Absatz 2 abzugrenzen ist.

Eine sinnvolle Abgrenzung ist im Ergebnis nur möglich, wenn der Anwendungsbereich des Artikels 69 Abs. 2 CISG auf die Fälle des Verkaufs eingelagerter Ware beschränkt wird. Der Verkauf eingelagerter Ware ist dadurch gekennzeichnet, dass die Ware in einem bestimmten Lagerhaus bzw. Lagerplatz verbleibt und nur die Berechtigung gegenüber dem Lagerhalter vom Verkäufer auf den Käufer übergeht. Während beim Transport durch einen vom Käufer beauftragten Frachtführer oder durch Leute des Käufers mithin zumindest eine Übertragung der tatsächlichen Sachherrschaft auf ebendiese Transportperson erfolgt, findet beim Verkauf eingelagerter Ware überhaupt keine Übertragung der Sachherrschaft statt. Deren Inhaber ist und bleibt der Lagerhalter. Mit einer solchen Abgrenzung wird zwar die vom Gesetzesverfasser intendierte Trennung von tatsächlicher und normativer Sachherrschaft nicht erreicht. Dieses Ziel ist allerdings ohnehin unrealistisch – das heißt mit der Realität des Exporthandels, nach der der Käufer die Ware in den allerwenigsten Fällen höchstpersönlich abholen wird – nicht vereinbar, und sollte bereits aus diesem Grund aufgegeben werden. Es bleibt das Unterscheidungskriterium des Personenwechsels. Die Vorverlagerung des Gefahrübergangs beim Verkauf eingelagerter Ware rechtfertigt sich daraus, dass sich der Sachherrschaftswechsel in diesen Fällen rein abstrakt in der Person des Lagerhalters vollzieht. Hier ist es konsequent, dann auch für den Gefahrübergang nicht an einen physischen Akt wie den der Übergabe bzw. den Abnahmeverzug als dessen Substitut anzuknüpfen. Diese Interpretation lässt sich zumindest andeutungsweise auch auf die Gesetzesmaterialien stützen. Insbesondere im Sekretariatskommentar ist die nunmehr in Artikel 69 Abs. 2 CISG getroffene Regelung ausschließlich im Zusammenhang mit dem Verkauf eingelagerter Ware diskutiert worden.

Die Entstehungsgeschichte bestätigt, dass es sich bei Artikel 68 CISG um einen Spezialtatbestand des Versendungskaufs handelt. Der Genfer Entwurf brachte dies bereits dadurch zum Ausdruck, dass dort beide Konstellationen als Absätze 1 und 2 desselben Artikels formuliert wurden. Dass der Verkauf reisender Ware schließlich wieder aus dem Grundtatbestand des Versendungskaufs

754 Eine Zurechenbarkeit des Besitzes erfolgt im deutschen Recht insbesondere über die Rechtsfigur des Besitzdieners; dazu Soergel-*Stadler*, § 855 BGB, Rn. 1; MünchKommBGB-*Joost*, § 855 BGB, Rn. 1 m.w.N.

ausgegliedert wurde, ist schätzungsweise der erhöhten Komplexität geschuldet, die die Gefahrtragungsregel beim Versendungskauf durch Einfügen der nunmehr in Artikeln 67 Abs. 1 Satz 1 und 67 Abs. 1 Satz 2 CISG geregelten Vorbehalte und Ausnahmetatbestände erfahren hatte. Eine wesentliche Änderung des New Yorker Entwurfs gegenüber dem Genfer Entwurf – deren Motive sich aus den Gesetzesmaterialien nicht erschließen – war, dass die auf den Verkauf reisender Ware zugeschnittene Gefahrtragungsregel nunmehr im Tatbestand die Existenz von Transportdokumenten voraussetzte. Dabei wäre es geblieben, wäre der Regeltatbestand nicht auf Initiative Pakistans in letzter Minute zur Ausnahme gemacht worden. Die auf diese Weise entstandene Regelung, die in der Ausnahme, nicht aber im Regeltatbestand, voraussetzt, dass der Frachtführer dem Absender Transportdokumente ausgestellt hat, ist zwar auf den ersten Blick ungewöhnlich, entspricht aber dem erklärten Willen des Gesetzesverfassers. Nur so ist gewährleistet, dass alle Fälle des Verkaufs reisender Ware von Artikel 68 CISG erfasst werden: Ein Rückgriff auf Artikel 67 CISG scheidet aus, da der Verkäufer dem Frachtführer auch in Fällen, in denen dieser keine Transportdokumente ausstellt, die Ware nicht zur Übermittlung an den Käufer übergibt[755]. Das gesetzgeberische Ziel, mit Artikel 68 CISG alle Fälle zu erfassen, in denen ein Versendungskauf nach Artikel 67 CISG mangels Übergabe der Ware an den Frachtführer zur Übermittlung an den Käufer ausscheidet, legt ferner nahe, Artikel 68 CISG immer dann anzuwenden, wenn der Verkäufer die Ware vor Abschluss des Kaufvertrags in die Obhut des Frachtführers übergibt. In all diesen Fallkonstellationen kann nicht von einer „Übergabe der Ware an den Frachtführer zur Übermittlung an den Käufer" gesprochen werden, so dass Artikel 67 CISG unanwendbar bleibt. Diese Lücke ist durch Artikel 68 CISG zu schließen. Die Vorschrift ist mit anderen Worten unabhängig davon einschlägig, ob der tatsächliche Transportvorgang im Zeitpunkt des Vertragsschlusses bereits begonnen hat.

Im Hinblick auf den nunmehr in Artikel 68 Satz 2 CISG enthaltenen Ausnahmetatbestand haben die Delegierten auf der diplomatischen Konferenz wiederholt darauf hingewiesen, dass ein rückwirkender Gefahrübergang in erster Linie von der rückwirkenden Versicherbarkeit der Ware abhängen soll. Zu einer ausdrücklichen Bezugnahme auf versicherungsrechtliche Aspekte konnte man sich allerdings, wie bei Artikel 67 CISG auch, nicht durchringen.

---

755 Vgl. Bianca/Bonell-*Nicholas*, Art. 68, Anm. 2.1; auch ein später Gefahrübergang nach Artikel 69 Abs. 1 CISG war von den Gesetzesverfassern in diesen Konstellationen ganz offensichtlich nicht gewollt.

Der Zusammenhang zwischen Gefahrtragung und Versicherbarkeit erklärt aber die Bezugnahme auf die Existenz von Transportdokumenten im Tatbestand des Artikel 68 Satz 2 CISG. Aus den Gesetzesmaterialien ergibt sich ferner, dass der Begriff des Transportdokuments nach Ansicht der Gesetzesverfasser weit auszulegen ist. Es ist insbesondere nicht zu fordern, dass solchen Dokumenten traditions- oder vergleichbare Wirkung zukommt.

V. Der mit den Vorschriften des besonderen Gefahrtragungsrechts verfolgte Zweck

Die – objektiv – teleologische Auslegung orientiert sich am Gesetzeszweck als dem nach außen erkennbaren Grundgedanken einer Rechtsnorm[756]. Der Sache nach handelt es sich hierbei um die bedeutendste der klassischen Auslegungsmethoden[757]. Bei der Interpretation internationalen Einheitsrechts gilt es wiederum das Gebot der autonomen Auslegung zu berücksichtigen. Gerade auf der objektiv teleologischen Ebene besteht die Gefahr, dass der der auszulegenden Norm zu Grunde liegende Zweck je nach Vorprägung des Auslegenden durch dessen Heimatrecht unterschiedlich bewertet wird[758]. Diesem Umstand ist mit einer verstärkten Berücksichtigung der Rechtsvergleichung im Allgemeinen und der Stellungnahmen in der ausländischen Rechtsprechung und im ausländischen Schrifttum im Besonderen Rechnung zu tragen[759].

1. Überblick über die im besonderen Gefahrtragungsrecht relevanten Zweckerwägungen

Einzelne im Kontext des besonderen Gefahrtragungsrechts besonders häufig angestellte Zweckerwägungen sind bereits im Rahmen der rechtsvergleichenden und der historischen Auslegung angesprochen worden.

Dies ist zum einen der Zusammenhang zwischen Gefahrübergang und Sachherrschaft bzw. Kontrollmöglichkeit über die Ware. Dass eine gewisse Beziehung zwischen – tatsächlicher – Sachherrschaft und Gefahrübergang besteht, wird grundsätzlich in allen im Rahmen der rechtsvergleichenden Auslegung

---

756 *Larenz*, Methodenlehre, S. 332; *Gruber*, Methoden des internationalen Einheitsrechts, S. 186 f.; *Köhler*, Haftung nach UN Kaufrecht, S. 40.

757 *Kropholler*, Internationales Einheitsrecht, S. 276 f.

758 Staudinger-*Magnus*, Art. 7 CISG, Rn. 36; *ders.*, RabelsZ 53 (1989), 116, 125; *Köhler*, Haftung nach UN Kaufrecht, S. 40 f.; Honsell-*Melis*, Art. 7, Rn. 11; Brunner-*Wagner*, UN-Kaufrecht, Art. 7, Rn. 5.

759 Witz/Salger/Lorenz-*Witz*, Art. 7, Rn. 23.

untersuchten Rechtsordnungen anerkannt[760]. Bereits aus der verwendeten Terminologie ergibt sich, dass dem Aspekt der Sachherrschaft vor allem in den Rechtsordnungen besondere Bedeutung zukommt, die das hier so genannte Traditionsprinzip in ihr nationales Recht implementiert haben. Viele der insoweit zum unvereinheitlichten nationalen Recht geäußerten Argumente finden sich dann auch in den Erwägungen der Verfasser des CISG wieder, ein Umstand, der in der Kommentarliteratur gerne dahingehend interpretiert wird, dass das CISG ganz grundsätzlich dem aus dem deutschen BGB bekannten Traditionsprinzip folge[761].

Bei genauerer Betrachtung handelt es sich bei dem Aspekt der Sachherrschaft allerdings noch nicht um eine Zweckerwägung im eigentlichen Sinne. Die Aussage, der Inhaber der Sachherrschaft habe die Gefahr zu tragen, ist in letzter Konsequenz ohne ergänzende Erklärungen nicht nachvollziehbar. So heißt es im Schrifttum (aber auch schon in den Gesetzesmaterialien), der Inhaber der Sachherrschaft habe die Gefahr zu tragen, weil er die Ware besser vor Schaden schützen und leichter versichern könne[762]. Mit der Sachherrschaft gehe des Weiteren die Möglichkeit einher, die Ware wirtschaftlich zu nutzen. Wer den ökonomischen Vorteil aus einer Sache ziehe, habe aber auch die Gefahr zu tragen. Diese Erklärungen stellen die eigentlichen teleologischen Argumente bzw. Zweckerwägungen dar, die es in den folgenden Abschnitten zu untersuchen gilt.

Sowohl im nationalen Recht wie auch im CISG spielt des Weiteren die Eigenschaft der mit dem Warentransport beauftragten Person eine bedeutende Rolle. Das gilt vor allem für den Versendungskauf, dessen Vorliegen gemeinhin nur unter der Voraussetzung angenommen wird, dass der Transport der Ware durch einen von den Parteien unabhängigen Frachtführer erfolgt. Auch diese Erwägung stellt nicht unmittelbar ein teleologisches Argument dar – aus dem Umstand der rechtlichen Selbständigkeit der Transportperson alleine lassen sich noch keine Rückschlüsse auf den Gefahrübergang ziehen. Die

760 Oben III. 5., insbesondere Seiten 185 ff.

761 Vgl. *Hager*, Gefahrtragung nach UN-Kaufrecht, S. 389; *Choi*, Gefahrtragungsregeln, S. 104 f.; *Ewert*, Gefahrtragung beim Kaufvertrag, S. 12; *Imberg*, Beweislast, S. 68 ff; Staudinger-*Magnus*, Vorbem. zu Art. 66 ff CISG, Rn. 2.

762 Beispielhaft für das Schrifttum Schlechtriem/Schwenzer-*Hachem*, Art. 69, Rn. 1; in den Gesetzesmaterialien z.B.: „Delivery" in the Uniform Law on the International Sale of Goods (ULIS): report of the Secretary-General (A/CN.9/WG.2/WP.8), YB III, S. 39, Rn. 60; progress report of the Working Group on the International Sale of Goods on the work of its fifth session (Geneva, 21 January- 1 February 1974) (A/CN.9/87), YB V, S. 48, Rn. 216; Sekretariatskommentar, Art. 81, Anm. 4.

grundlegenden Wertungen ergeben sich vielmehr erst bei Berücksichtigung transportrechtlicher Besonderheiten. Mit dem selbständigen Frachtführer wird zwangsläufig ein Transportvertrag geschlossen[763], der ebenso zwangsläufig zur Anwendbarkeit transportrechtlicher Bestimmungen führt. Die Analyse rechtsvereinheitlichender transportrechtlicher Übereinkommen hat gezeigt, dass insoweit charakteristische Rechte und Pflichten des Verkäufers (bzw. Absenders) bzw. des Frachtführers bestehen, die Rückschlüsse auch auf den Gefahrübergang zulassen. So gilt es zu berücksichtigen, dass der Frachtführer im Falle eines Transportschadens, unter Umständen sogar verschuldensunabhängig, auf Schadensersatz haftet und dass der im Transportvertrag bezeichnete Empfänger zur Geltendmachung eines etwaigen Ersatzanspruchs in eigenem Namen berechtigt ist. Ferner bestehen im international vereinheitlichten Transportrecht Weisungsrechte des Absenders und gegebenenfalls des Empfängers gegenüber dem Frachtführer. Schließlich ist der Frachtführer kraft Gesetzes verpflichtet, die Ware bei Inobhutnahme einer, wenn auch nur oberflächlichen, Eingangskontrolle zu unterziehen[764]. Diese Gesichtspunkte gilt es im Kontext der teleologischen Interpretation auf ihre Relevanz für das besondere Gefahrtragungsrecht zu untersuchen.

In den Vorarbeiten zum UN-Kaufrecht nicht aufgegriffen wurde der Gesichtspunkt der Streitvermeidung. Gerade in den Rechtsordnungen des anglo-amerikanischen Rechtskreises, in denen sich die Lehre von der ökonomischen Analyse des Rechts weitaus größerer Beliebtheit erfreut als beispielsweise im deutschen Recht, wird jedoch häufig mit dieser zweckorientierten Erwägung argumentiert[765]. Nicht zuletzt das Gebot der Ausrichtung der teleologischen Interpretation an der Rechtsvergleichung legt eine Auseinandersetzung mit dem Streitvermeidungsgedanken auch im vorliegenden Zusammenhang nahe.

Auch bei der schon mehrfach diskutierten Verknüpfung von Lieferpflicht und Gefahrübergang handelt es sich der Sache nach um ein teleologisches Argument. Hinter dem Liefergedanken steht die Wertung, dass der Verkäufer von der Gefahr entlastet werden soll, sobald er das „seinerseits Erforderliche" getan hat. Häufig wird auch mit der hier so genannten „Effektivität der Schadensabwicklung" des Käufers argumentiert. Eine Gefahrbelastung des Käufers rechtfertigt sich demnach daraus, dass dieser als Empfänger der Ware meist besser

---

763 *Hager*, Gefahrtragung nach UN-Kaufrecht, S. 392.

764 Dazu oben Seite 160.

765 Zur Geschichte der ökonomischen Analyse des Rechts: *Posner*, Economic Analysis of Law, Chapter 2, S. 23 ff.; *Cooter/Rubinfeldt*, 27 J. Econ. Lit. (1989), 1067 f.

in der Lage ist, sich im Schadensfall einerseits mit dem Schädiger und der Versicherung auseinanderzusetzen sowie andererseits gegebenenfalls unbrauchbar gewordene Ware zu entsorgen.

Die soeben angesprochenen Erwägungen lassen sich systematisch unter sieben Überbegriffen zusammenfassen und sollen im Folgenden einer eingehenden Untersuchung unterzogen werden.

2. Die für den Gefahrübergang relevanten Zweckerwägungen im Einzelnen

a) Schutz der Kaufsache vor Schaden

Die Anknüpfung des Gefahrübergangs an die Möglichkeit der Vertragsparteien, die Kaufsache vor Schaden zu schützen, ist eines der tragenden teleologischen Argumente für die Anwendung des Traditionsprinzips im besonderen Gefahrtragungsrecht[766]. In der Entstehungsgeschichte des CISG ist bereits im einleitenden Gutachten des Generalsekretariats zum Inhalt der Lieferpflicht und deren Bedeutung für den Gefahrübergang auf den Aspekt der Schadensvermeidung Bezug genommen worden[767]. Bei genauer Betrachtung beinhaltet das Argument eine normative Komponente. Die Verknüpfung von Gefahrübergang und Schadensvermeidung ist sinnvoll, weil die zur Schadensvermeidung am besten geeignete Partei durch die Gefahrbelastung zur Sorgfalt angehalten wird[768]. Dadurch wird die Wahrscheinlichkeit eines Schadenseintritts verringert. Dies hat zur Folge, dass das von den Vertragsparteien mit dem Vertragsschluss angestrebte wirtschaftliche Ziel in einer größeren Anzahl von Fällen erreicht wird. Ferner verringern sich auch die zur Durchführung des Vertrags anfallenden Kosten. Die Partei, die die Kaufsache besser vor Gefahren schützen kann wird in aller Regel auch in der Lage sein, dies vergleichsweise kostengünstig zu tun.

Mit dem Gedanken der Schadensvermeidung kann in erster Linie die Gefahrbelastung des Inhabers der tatsächlichen Sachherrschaft erklärt werden. Wer die Kaufsache in seinem unmittelbaren Besitz hat, ist offensichtlich am besten in der Lage, effektiv Maßnahmen zur Gefahrvermeidung zu treffen. Vor diesem

---

766 *V.Hoffmann*, Passing of Risk, S. 269; Soergel[12]-*Ulrich Huber*, Vor § 446 BGB, Rn. 17; *Hager*, Gefahrtragung beim Kauf, S. 54; *Lindacher*, Gefahrtragung und Gefahrübergang, S. 166; ferner *Veljanowski*, Economic Principles of Law, S. 126 aus der Sicht der Lehre von der ökonomischen Analyse des Rechts.

767 „Delivery" in the Uniform Law on the International Sale of Goods (ULIS): report of the Secretary-General (A/CN.9/WG.2/WP.8), YB III, S. 39, Rn. 60 und oben Seite 192.

768 Vgl. Enderlein/Maskow/Strohbach-*Maskow*, Vorbem. Art. 66 ff., Anm. 3.

Hintergrund erschließt sich der Auffangtatbestand des Artikels 69 Abs. 1 CISG[769] ebenso wie die im Schrifttum gelegentlich getroffene Aussage, die Gefahrbelastung des Verkäufers müsse spätestens im Zeitpunkt der Annahme der Kaufsache durch den Käufer enden[770]. Die Zweckerwägung der Schadensvermeidung greift auch in Konstellationen, in denen die Ware durch eigene Leute der Vertragsparteien transportiert wird. In diesem Zusammenhang kommt es maßgeblich auf die soeben erwähnte normative Komponente an. Durch die Gefahrbelastung ist der Versendende angehalten, die Auswahl der mit der Versendung betrauten Angestellten sorgfältig vorzunehmen.

Der Gedanke der Schadensvermeidung stößt an seine Grenzen, sobald sich die Ware im Herrschaftsbereich eines Dritten befindet. Das gilt ganz besonders für die Fälle des Verkaufs eingelagerter Ware. In rein tatsächlicher Hinsicht hat hier alleine der Lagerhalter die Möglichkeit, die Ware vor Schäden zu schützen. Ein vertragliches Weisungsrecht des Verkäufers wird sich in aller Regel nicht auf die Art und Weise der Lagerung, sondern nur auf die Umstände der Herausgabe der Ware beziehen. Es ist aus diesem Grund im Kontext der Schadensvermeidung ohne Bedeutung. Auch in normativer Hinsicht lassen sich aus dem Gefahrvermeidungsgedanken für den Verkauf eingelagerter Ware keine relevanten Schlussfolgerungen ziehen. Es ginge zu weit, dem Verkäufer die Preisgefahr aufzubürden, um ihn auf diesem Wege zur Auswahl eines sorgfältigen Lagerhalters anzuhalten. Die Einlagerung der Ware spielt sich zeitlich im Vorfeld des Kaufvertrags ab. Den Verkäufer hier über den Gefahrübergang mittelbar bereits auf das Interesse eines noch nicht bekannten Vertragspartners zu verpflichten, wäre sicherlich nicht interessengerecht.

Auch in Fällen, in denen die Kaufsache zum Zweck des Transports in die Obhut eines von den Parteien unabhängigen Frachtführers übergeben wird, besteht in tatsächlicher Hinsicht kein Einfluss der Vertragsparteien auf das Schicksal der Ware. Eine normative Betrachtungsweise legt es allerdings nahe, diejenige Partei mit der Preisgefahr zu belasten, die den Transport zu organisieren hat. So kann eine sorgfältige Auswahl des Frachtführers gewährleistet werden. Im Gegensatz zum Verkauf eingelagerter Ware ist auch ein hinreichender Bezug des Transportvorgangs zu dem konkreten Kaufvertrag ohne weiteres zu bejahen. Die Gefahrzuweisung nach normativen Gesichtspunkten erscheint somit nicht unbillig. Sie steht aber in augenscheinlichem Widerspruch zu der in Artikel 67 CISG getroffenen Regelung, die im Großen und Ganzen auch die Rechtslage in den hier

769 *V.Hoffmann*, Passing of Risk, S. 269; Witz/Salger/Lorenz-*Witz*, Art. 69, Rn. 1.
770 So z.B. Staudinger-*Magnus*, Art. 69 CISG, Rn. 7 f.

untersuchten nationalen Rechtsordnungen widerspiegelt[771]. Gleiches muss für den Verkauf reisender Ware gelten. In dieser Konstellation kommt hinzu, dass der Verkäufer im Zeitpunkt der Auswahl des Frachtführers den Käufer noch nicht kennt. Die Sorgfalt, zu der er durch den Gefahrübergang angehalten werden könnte, kann also allenfalls eine Sorgfalt in eigenen Angelegenheiten sein.

b) Versicherung

Die Versicherung der Ware gegen Lager- und Transportschäden ist im Exportgeschäft von herausragender Bedeutung[772]. Nicht zuletzt aufgrund der Beschränkung der Haftung des Frachtführers in der Summe durch so gut wie weltweit akzeptiertes internationales Einheitsrecht ist nahezu jeder grenzüberschreitende Warentransport versichert[773]. Dieser versicherungspraktische Hintergrund des Exporthandels hat für das besondere Gefahrtragungsrecht zwei Implikationen[774], die zu teilweise widersprüchlichen Ergebnissen führen. In diesem Abschnitt soll ausschließlich der Frage nachgegangen werden, wie sich vertragsökonomische Erwägungen im Vorfeld eines Schadensfalls auf die Auslegung der Artikel 67 bis 69 CISG auswirken. Es geht mit anderen Worten darum, welche Vertragspartei sich am effektivsten um Versicherungsschutz bemühen kann und welche Bedeutung dieser Umstand für das besondere Gefahrtragungsrecht hat[775]. Im Schadensfall ist im Gegensatz dazu vor allem von Bedeutung, wer am schnellsten und einfachsten Ansprüche gegen den Versicherer geltend machen kann. Dieser Gesichtspunkt soll zusammen mit anderen vergleichbaren Aspekten in einem der nachfolgenden Abschnitte unter der Überschrift der „Schadensabwicklung" behandelt werden.

Das UN-Kaufrecht verpflichtet, anders als beispielsweise die meisten Klauseln der INCOTERMS, keine der Vertragsparteien kraft Gesetzes zur Inanspruchnahme von Versicherungsschutz. Eine solche Verpflichtung folgt insbesondere nicht aus Artikel 32 Abs. 3 CISG, der – dies ergibt sich unmittelbar aus dem Gesetzeswortlaut – vielmehr die individualvertragliche Vereinbarung einer Versicherungsverpflichtung tatbestandlich voraussetzt[776]. Fehlt es an einer

---

771 Dazu oben Seiten 186 f.

772 Dazu *Enge*, Transportversicherung, S. 24.

773 Sekretariatskommentar, Art. 78, Anm. 2; *Sevón*, Passing of Risk, S. 193; *Schmitthoff*, Export Trade, S. 488; *Basedow*, Transportvertrag, S. 474 sowie oben Seite 162.

774 Instruktiv Enderlein/Maskow/Strohbach-*Maskow*, Vorbem. Art. 66 ff., Anm. 3.

775 Vgl. zu diesem Gesichtspunkt *Veljanowski*, Economic Principles of Law, S. 126.

776 Bianca/Bonell-*Lando*, Art. 32, Anm. 2.4; *Erauw*, Delivery Terms and the Passing of Risk, S. 398; MünchKommBGB-*Gruber*, Art. 32 CISG, Rn. 14; Witz/Salger/Lorenz-*Witz*,

entsprechenden Vereinbarung, so ist diejenige Partei zur Versicherung der Ware angehalten, zu deren Lasten andernfalls ein etwaiger Schaden ginge. Dem Zeitpunkt des Gefahrübergangs kommt vor diesem Hintergrund entscheidende Bedeutung zu. Sieht man die Versicherungsobliegenheit in diesem Zusammenhang als Ursache und den Gefahrübergang als Wirkung an, so ist die Gefahr der Vertragspartei zuzuweisen, die die Ware am effektivsten gegen Schäden versichern kann.

Die Effektivität der Inanspruchnahme von Versicherungsschutz ist als Gesetzeszweck im Rahmen der teleologischen Auslegung anerkennenswert. Eine Gefahrzuweisung nach diesem Grundsatz senkt die mit dem Vertrag verbundenen Transaktionskosten und erhöht damit dessen Nutzen sowohl für die Beteiligten als auch für die Volkswirtschaft allgemein. Die Berücksichtigung versicherungstechnischer Aspekte steht auch nicht im Widerspruch zum erkennbaren Willen des Gesetzesverfassers. Zwar lässt sich den Materialien entnehmen, dass der Vorschlag der australischen Delegation, die Gefahrbelastung des Käufers beim Versendungskauf von dessen Möglichkeit, die Ware zu versichern, abhängig zu machen, auf der diplomatischen Konferenz auf Ablehnung gestoßen ist[777]. Die Gründe für die ablehnende Entscheidung sind in den Protokollen nicht veröffentlicht worden. Es kann allerdings unterstellt werden, dass ein genereller Ausschluss versicherungstechnischer Aspekte von den Gesetzesverfassern nicht intendiert war. Dafür spricht zum einen bereits, dass der Zusammenhang von Gefahrtragung und Versicherung in den Beratungen zu Artikel 68 CISG ausführlich diskutiert wurde[778]. Ferner haben sich sowohl *Honnold* als auch *Nicholas* – beides selbst Vertreter ihrer Staaten auf der diplomatischen Konferenz – in ihren Kommentierungen des Konventionstexts ausführlich mit der Bedeutung der Versicherung für das besondere Gefahrtragungsrecht auch außerhalb der Spezialkonstellation des Verkaufs reisender Ware auseinandergesetzt[779]. Während beide Kommentare an anderer

---

Art. 32, Rn. 11; Staudinger-*Magnus*, Art. 32 CISG, Rn. 22; Brunner-*Lautenburg*, UN-Kaufrecht, Art. 32, Rn. 5; *Reinhart*, UN-Kaufrecht, Art. 32, Rn. 4; Soergel-*Lüderitz/Schüßler-Langeheine*, Art. 32 CISG, Rn. 10; MünchKommHGB-*Benicke*, Art. 32 CISG, Rn. 13; jetzt auch Schlechtriem/Schwenzer-*Widmer Lüchinger*, Art. 32, Rn. 26 in Abweichung zur 4. Auflage; **a.A.** wohl *Herber/Czerwenka*, Art. 32, Rn. 8.

777 Summary Record of the 31st meeting of the First Committee, 1 April 1980, OR S. 402 f., Rn. 58 ff. und oben Seiten 209 f.

778 Dazu oben Seiten 209 f.

779 *Honnold/Flechtner*, Uniform Law, Rn. 358, 369.1, 375 ff.; Bianca/Bonell-*Nicholas*, Art. 69, Anm. 2.1.

Stelle erschöpfend auf Meinungsverschiedenheiten der Delegierten zu objektiv teleologischen Erwägungen eingehen[780], fehlt ein entsprechender Hinweis im Zusammenhang mit dem Aspekt des Versicherungsschutzes gänzlich. Auch im sonstigen Schrifttum zum Gefahrtragungsrecht, sei es nun im Kontext des UN-Kaufrechts[781] oder nationaler Rechtsordnungen[782], wird die Bedeutung der Versicherung für den Gefahrübergang ganz grundsätzlich anerkannt. Gleiches gilt für den Sekretariatskommentar, der extra in Vorbereitung auf die diplomatische Konferenz erstellt worden war[783]. Es kann nicht davon ausgegangen werden, dass die Verfasser des CISG von einem Grundkonsens dieses Ausmaßes bewusst abweichen wollten.

Das Ergebnis einer auf dem Gedanken der möglichst effektiven Versicherung der Ware beruhenden Auslegung stimmt in groben Zügen mit den aus dem Zweck der Schadensvermeidung folgenden Implikationen überein. Die Berücksichtigung versicherungstechnischer Aspekte führt besonders in Konstellationen, in denen eine der Vertragsparteien die tatsächliche Herrschaft über die Kaufsache ausübt, zu überzeugenden Ergebnissen. Die beim Verkäufer oder beim Käufer eingelagerte Ware wird regelmäßig bereits von der Gebäudeversicherung des Warenlagers der betreffenden Partei mit erfasst sein, so dass es eines zusätzlichen Vertragsschlusses, und damit zusätzlicher Kosten, nicht bedarf[784]. Sollte doch einmal eine gesonderte Versicherung der Kaufsache erforderlich werden, kennt der Inhaber der Sachherrschaft alleine die zum Abschluss des Versicherungsvertrags erforderlichen Spezifika[785]. Ihm fällt es mithin vergleichsweise leichter, den Versicherungsschutz tatsächlich zu beschaffen. Beim Transport der Sache durch eigene Leute schließt zweckmäßiger Weise der Eigner des Transportmittels die Transportversicherung ab. Ohne Kenntnis der Einzelheiten über Art und Beschaffenheit des Transportmittels wird nämlich die Versicherung der zu transportierenden Ware nicht möglich sein[786]. Auch die Zweckerwägung der

780 So z.B. im Kontext des Artikels 68 CISG; *Honnold/Flechtner*, Uniform Law, Rn. 372.1; Bianca/Bonell-*Nicholas*, Art. 68, Anm. 1.

781 Neben den bereits Zitierten z.B. Schlechtriem/Schwenzer-*Hachem*, Art. 69, Rn. 19; *Bridge*, Transfer of Risk, S. 93; *v.Hoffmann*, Passing of Risk, S. 269.

782 Z.B. *Guest* in: Benjamin's Sale of Goods, Rn. 6–012; Soergel[12]-*Ulrich Huber*, vor § 446 BGB, Rn. 51 ff. m.w.N.

783 Sekretariatskommentar, Art. 81, Anm. 1 und 4.

784 Bianca/Bonell-*Nicholas*, Art. 69, Anm. 2.1.; *Roth*, 27 Am. J. Comp. L. (1979), 291, 299; *Honnold/Flechtner*, Uniform Law, Rn. 375.

785 *Honnold/Flechtner*, Uniform Law, Rn. 375; *v.Hoffmann*, Passing of Risk, S. 269.

786 Enderlein/Maskow/Strohbach-*Maskow*, Art. 67, Anm. 3.1.; *Honnold/Flechtner*, Uniform Law, Rn. 369.1.

effektiven Inanspruchnahme von Versicherungsschutz legt es somit nahe, dass einerseits der Inhaber der tatsächlichen Sachherrschaft die Gefahr tragen sollte und dass andererseits der Transport durch eigene Leute immer auf Gefahr der den Transport durchführenden Vertragspartei erfolgt.

In den Fällen des Verkaufs eingelagerter Ware lässt der versicherungstechnische Hintergrund des Kaufvertrags keine Rückschlüsse auf die Gefahrtragung im alleine maßgeblichen Zeitraum der Obhut des Lagerhalters über die Kaufsache zu. In besagtem Zeitraum ist die Ware über die Gebäudeversicherung des Lagerhalters mitversichert. Weder der Verkäufer noch der Käufer sind mithin aus ökonomischen Gründen angehalten, sich um zusätzlichen Versicherungsschutz zu bemühen. Konsequenter Weise kann es für den Gefahrübergang auch keine Rolle spielen, wer solchen zusätzlichen Versicherungsschutz am effektivsten beschaffen könnte[787].

Beim Transport der Kaufsache durch einen Frachtführer liegt es vor dem Hintergrund der effektiven Versicherung der Ware eigentlich nahe, den Verkäufer mit der Gefahr zu belasten. Nur er kennt die Eigenschaften der zu befördernden Ware, und ist damit rein faktisch in einer besseren Position, den Versicherungsvertrag abzuschließen. Eine Gefahrbelastung des Verkäufers beim Versendungskauf steht aber offensichtlich nicht im Einklang mit der in Artikel 67 Abs. 1 CISG getroffenen gesetzlichen Regelung. Gleiches gilt für den Regelfall des Gefahrübergangs beim Verkauf reisender Ware. Ganz anders verhält es sich bei der einzelfallbezogenen Ausnahme nach Artikel 68 Abs. 2 CISG. Die Umstände legen einen rückwirkenden Gefahrübergang insbesondere in Konstellationen nahe, in denen der Käufer im Einzelfall tatsächlich rückwirkenden Versicherungsschutz in Anspruch genommen hat[788]. Hier ist der Zusammenhang zwischen der

787 Ähnlich *Honnold/Flechtner*, Uniform Law, Rn. 377: *"the practical considerations involving insurance practices [...] do not apply fully"*.

788 So insbesondere der erklärte Wille der Gesetzesverfasser, dazu oben Seiten 209 ff; vgl. auch die Stellungnahmen im Schrifttum: Bianca/Bonell-*Nicholas*, Art. 68, Anm. 2.2; *Sevón*, Passing of Risk, S. 203; *v.Hoffmann*, Passing of Risk, S. 294; *Honnold*, Uniform Law, Rn. 372.2; *Bucher*, Gefahrübergang, S. 216; *Erauw*, Observations on Passing of Risk, S. 310; Witz/Salger/Lorenz-*Witz*, Art. 68, Rn. 6 f.; *Schlechtriem/Schroeter*, Internationales UN-Kaufrecht, Rn. 548; Staudinger-*Magnus*, Art. 68 CISG, Rn. 11; Soergel-*Lüderitz/Budzikiewicz*, Art. 68 CISG, Rn. 3; MünchKommHGB-*Wertenbruch*, Art. 68 CISG, Rn. 5; Brunner-*Klingler/Mauerhofer*, UN-Kaufrecht, Art. 68, Rn. 3; *Karollus*, UN-Kaufrecht, S. 199; Schlechtriem/Schwenzer-*Hachem*, Art. 68, Rn. 9; *Herber/Czerwenka*, Art. 68, Rn. 3; BeckOKBGB-*Saenger*, Art. 68 CISG, Rn. 3.

Versicherung als Ursache und dem Gefahrübergang als Wirkung mithin besonders stark ausgeprägt.

c) *Schadensabwicklung*

Bei der Effektivität der Schadensabwicklung handelt es sich um das wohl am häufigsten verwendete teleologische Argument im Kontext des besonderen Gefahrtragungsrechts. Es soll demnach diejenige Partei mit der Gefahr belastet werden, die im Schadensfall am effektivsten Ansprüche gegenüber dem Frachtführer, der Versicherung und gegebenenfalls einem deliktischen Schädiger geltend machen kann und die am besten in der Lage ist, die beschädigte Ware zu verwenden oder – im Falle des wirtschaftlichen Totalverlustes – zu entsorgen[789]. Auch diese Argumentation ist erkennbar am Gesichtspunkt der Vertragsökonomie ausgerichtet. Sie unterscheidet sich indes von den vorgenannten Zweckerwägungen dadurch, dass nunmehr eine *ex post* Perspektive eingenommen wird. Maßgeblich ist nicht mehr, wie am effektivsten Vorkehrungen für bzw. zur Vermeidung eines Schadensfalles getroffen werden können. Das vertragliche Äquivalenzverhältnis ist vielmehr bereits gestört und es stellt sich nur noch die – nachrangige – Frage der Schadensminimierung.

Zur effektivsten Schadensabwicklung ist grundsätzlich die Vertragspartei in der Lage, in deren Einflusssphäre sich die Kaufsache im Zeitpunkt des Offenbarwerdens des Schadens befindet. Wer die beschädigte Sache in seinem Gewahrsam hat, kann Art und Umfang des eingetretenen Schadens gegenüber einem möglichen Anspruchsgegner leicht beweisen. Durch die Gefahrbelastung des Gewahrsamsinhabers entfällt das Problem, dass dieser unter Umständen mangels eines eigenen Schadens bzw. eines versicherbaren Interesses aus rechtlichen Gründen an der Geltendmachung eines Ersatzanspruchs gehindert ist[790]. Die Verwertung bzw. Entsorgung der Ware kann ferner vorgenommen werden, ohne dass es eines (Rück-)Transports in die Gewahrsamssphäre der anderen Vertragspartei bedarf[791]. Für das besondere Gefahrtragungsrecht hat dies die folgenden Implikationen:

---

789 *Roth*, 27 Am. J. Comp. L. (1979), 291, 296; *Bridge*, Transfer of Risk, S. 86; Bianca/Bonell-*Nicholas*, Art. 67, Anm. 3.1.; Schlechtriem/Schwenzer-*Hachem*, Art. 67, Rn. 5; MünchKommHGB-*Wertenbruch*, Art. 67 CISG, Rn. 2; MünchKommBGB-*Peter Huber*, Art. 67 CISG, Rn. 1; Witz/Salger/Lorenz-*Witz*, Art. 67, Rn. 1.

790 Ausführlich zum Begriff des versicherbaren Interesses nach deutschem und englischem Recht *Enge*, Transportversicherung, S. 43 ff.

791 *Honnold/Flechtner*, Uniform Law, Rn. 367.

Sobald ein Transport der Kaufsache tatsächlich stattgefunden hat, ist es vor dem Hintergrund der effektiven Schadensabwicklung zweckmäßig, den Käufer mit der Gefahr zu belasten[792]. Eine auf dem Transport eingetretene Beeinträchtigung der Kaufsache wird regelmäßig bei Entladung der Ware am Bestimmungsort, spätestens aber bei Vornahme der dem Käufer nach Artikel 38 CISG obliegenden Untersuchung der Kaufsache zu Tage treten. Damit hat der Käufer im maßgeblichen Zeitpunkt die Sachherrschaft. Eine Gefahrbelastung des Käufers ist in diesem Zusammenhang unabhängig davon sinnvoll, ob der Transport durch einen Frachtführer oder etwa durch Leute des Verkäufers erfolgt ist. Auch in letzterem Fall erforderte eine Schadensabwicklung durch den Verkäufer nämlich – unter Umständen kostspielige – Nachforschungen am Bestimmungsort und unter Umständen sogar den Rücktransport der Ware[793].

Wird die Ware bereits vor Transportbeginn im Lager des Verkäufers beeinträchtigt, hat dieser auch vor dem Hintergrund der effektiven Schadensabwicklung die Gefahr zu tragen[794]. Für die Gefahrtragung beim Verkauf eingelagerter Ware ergeben sich wiederum keine relevanten Schlussfolgerungen. Die Ware befindet sich im maßgeblichen Zeitpunkt in der Obhut eines Dritten. Damit müssten sowohl der Verkäufer als auch der Käufer zur Durchführung einer Schadensabwicklung die soeben dargestellten Erschwernisse auf sich nehmen.

d) Streitvermeidung bzw. Vermeidung von Beweisaufnahmen

Die Gefahrtragungsregeln sollen ferner so beschaffen sein, dass sie den Vertragsparteien im Fall der Gefahrverwirklichung einen möglichst geringen Anreiz bieten, einen Rechtsstreit um Haftungsfragen zu führen[795]. Dies ergibt sich wiederum aus dem Gebot der Effektivität. Ein Rechtsstreit bindet Ressourcen der Parteien, die diese andernfalls in wirtschaftlich sinnvoller Weise, beispielsweise

792 *Cenini/Parisi*, An Economic Analysis of the CISG; S. 165; Schlechtriem/Schwenzer-*Hachem*, Art. 67, Rn. 9; Bianca/Bonell-*Nicholas*, Art. 67, Anm. 3.1.; Witz/Salger/Lorenz-*Witz*, Art. 67, Rn. 1; *Roth*, 27 Am. J. Comp. L. (1979), 291, 296; *Lookofsky*, Understanding the CISG, § 5.2., S. 102; MünchKommBGB-Peter Huber, § 67 CISG, Rn. 1.; *Grewal*, 14 Loy. L.A. Int'l & Comp. L.J. (1991), 93, 97.

793 In den Fällen des Versendungskaufs wird die Schadensabwicklung durch den Käufer in der Exportpraxis ferner dadurch erleichtert, dass dieser bei Eintreffen der Ware alle maßgeblichen Dokumente, insbesondere die Versicherungspolice und den Frachtbrief bzw. das Konnossement, in seinen Händen hält, vgl. *Honnold*, Risk of Loss, 8–5; Witz/Salger/Lorenz-*Witz*, Art. 67, Rn. 1.

794 Witz/Salger/Lorenz-*Witz*, Art. 69, Rn. 1.

795 Vgl. *Cooter/Rubinfeldt*, 27 J. Econ. Lit. (1989), S. 1067, 1087.

zum Abschluss weiterer Exportgeschäfte, einsetzen könnten. Als streitfördernd erweisen sich vor allem Ungewissheiten über tatsächliche Begebenheiten, die es im Prozess im Wege der Beweisaufnahme auszuräumen gilt. Das Ergebnis der Beweisaufnahme hängt oft von im Vorhinein schwer absehbaren Faktoren, wie beispielsweise der Glaubwürdigkeit eines Zeugen ab. Streit über Tatsachen ermutigt die Parteien aus diesem Grund, das mit einem Rechtsstreit verbundene Kostenrisiko in der Hoffnung auf eine für sie günstige Beweisaufnahme einzugehen[796]. In den Fällen, in denen es tatsächlich zu einem Rechtsstreit kommt, erhöht das Erfordernis einer Beweisaufnahme ferner die anfallenden Prozesskosten. Häufig gilt es Zeugen aus dem Ausland für ihre Aufwendungen zu entschädigen sowie kostspielige Sachverständigengutachten in Auftrag zu geben. Die beeinträchtigte Kaufsache kann zu Beweiszwecken über einen längeren Zeitraum aufzubewahren sein. Damit ist sie der Nutzung durch den Käufer entzogen. Im Falle der Unverwertbarkeit fallen wirtschaftlich unnötige Lager- und gegebenenfalls Erhaltungskosten an.

Ein Zusammenhang zwischen dem Zeitpunkt des Gefahrübergangs und der Wahrscheinlichkeit von Rechtsstreitigkeiten (unter Einschluss von Beweisaufnahmen) im Fall der Gefahrverwirklichung besteht in zweierlei Hinsicht. Es gilt, erstens, zu berücksichtigen, dass für den gefahrbelasteten Käufer ein starker Anreiz besteht, den Verkäufer wegen schuldhafter Beeinträchtigung der Kaufsache außervertraglich (d.h. unter Berufung auf das nach dem internationalen Privatrecht des Forumsstaates anwendbaren Deliktsrecht) auf Schadensersatz in Anspruch zu nehmen[797]. Ferner kann es, zweitens, zum Rechtsstreit über den genauen Zeitpunkt der Beeinträchtigung der Kaufsache kommen.

(1) Vermeidung außervertraglicher Haftungsprozesse

Das besondere Gefahrtragungsrecht kann einen Beitrag dazu leisten, auf außervertragliche, sprich deliktsrechtliche, Anspruchsgrundlagen gestützte Haftungsprozesse zu vermeiden. Deliktsrechtliche Ansprüche sind vom sachlichen Anwendungsbereich des UN-Kaufrechts nicht erfasst und damit nach nationalem Recht zu beurteilen[798]. In aller Regel hängt die außervertragliche Haftung

---

796 In der Theorie von der ökonomischen Analyse des Rechts spricht man von *„differing perceptions"*, dazu *Miceli*, The Economic Approach to Law, S. 245 ff.

797 Zur Konkurrenz zwischen UN-Kaufrecht und unvereinheitlichtem nationalem Deliktsrecht vgl. oben Seiten 54 f.

798 Zum Konkurrenzverhältnis zwischen dem Haftungsrecht des CISG und dem durch das IPR des Forumsstaates berufenen nationalen Deliktsrecht oben Seiten 54 f.

des Verkäufers von dessen Verschulden ab[799], einem Umstand, der im Prozess klassischer Weise erst nach Durchführung einer Beweisaufnahme bewiesen bzw. widerlegt werden kann und sich nach dem eben Gesagten somit in der Regel streitfördernd auswirkt. Dem Gefahrtragungsrecht kommt in diesem Zusammenhang sozusagen die Funktion einer Trennlinie zwischen vertraglicher und außervertraglicher Haftung zu. Nach der hier vertretenen Ansicht begrenzen die Artikel 67 bis 69 CISG die Haftung des Verkäufers für sachbezogene Beeinträchtigungen der Kaufsache zeitlich in einem umfassenden Sinne[800]. Daraus folgt, dass auch eine etwaige Sperrwirkung der Vorschriften des CISG gegenüber außervertraglichen Ansprüchen – grundsätzlich[801] – spätestens im Zeitpunkt des Gefahrübergangs endet[802]. Inwieweit außervertragliche Ansprüche, die an ein Fehlverhalten des Verkäufers zu einem Zeitpunkt vor Gefahrübergang anknüpfen, durch die vertragsrechtlichen Rechtsbehelfe des CISG gesperrt sind, ist im Schrifttum zwar umstritten[803]. Unstreitig kann für den Käufer in diesen Fällen, die Konstellation der versäumten Mängeluntersuchung bzw. -rüge einmal ausgenommen[804], aber vernünftiger Weise kein Interesse an der Geltendmachung eines deliktischen Anspruchs bestehen. Die verschuldensunabhängigen Ansprüche aus den Artikeln 45 ff. CISG sind für ihn in aller Regel vorteilhafter.

Die Zweckerwägung der Streitvermeidung legt es vor diesem Hintergrund nahe, die Preisgefahr – erst – in einem Zeitpunkt auf den Käufer übergehen zu lassen, in dem der Untergang oder die Beschädigung der Kaufsache einen außervertraglichen Ersatzanspruch des Käufers nicht mehr begründen können. Das bestätigt zum einen die bereits gefundene Regel[805], dass der Verkäufer zumindest

---

799 Überblicksartig *Zweigert/Kötz*, Einführung in die Rechtsvergleichung, § 40, S. 597 ff., insbes. S. 627 f.

800 Oben Seite 77.

801 Etwas anderes kann sich aus dem über das Deliktsstatut berufenen nationalen Recht ergeben, dazu *Bridge*, Draft Digest, S. 246; *Ferrari*, RabelsZ 71 (2007), 52, 76; vgl. auch *Achilles*, Art. 5 CISG, Rn. 1; Soergel-*Lüderitz/Fenge*, Art. 5 CISG, Rn. 4.

802 Im Ergebnis wie hier: Staudinger-*Magnus*, Art. 5 CISG, Rn. 14; *Saenger* in: Ferrari u.a., Internationales Vertragsrecht, Art. 5 CISG, Rn. 8; *Bridge*, Draft Digest, S. 246; *Czerwenka*, Rechtsanwendungsprobleme, S. 168; *Huber/Mullis*, the CISG, S. 26 ff.; Schlechtriem/Schwenzer-*Ferrari*, Art. 5, Rn. 11 ff.; MünchKommHGB-*Mankowski*, Art. 5 CISG, Rn. 9; *Achilles*, Art. 5 CISG, Rn. 1; Soergel-*Lüderitz/Fenge*, Art. 5, Rn. 4. Siehe auch schon oben Seite 77.

803 Zum Streitstand Schlechtriem/Schwenzer-*Ferrari*, Art. 5, Rn. 11 f. mit zahlr. Nachw.

804 Dazu Staudinger-*Magnus*, Art. 5 CISG, Rn. 11; Schlechtriem/Schwenzer-*Ferrari*, Art. 5, Rn. 11 m.w.N.

805 So insbesondere das Ergebnis der rechtsvergleichenden Betrachtung oben Seite 186.

so lange die Preisgefahr tragen sollte, wie er die tatsächliche Sachherrschaft über die Kaufsache inne hat[806]. Es ist ferner sinnvoll, den Verkäufer auch beim Eigentransport durch seine Leute – für deren Handlungen bzw. Unterlassen er nach den Regeln des nationalen (Delikts-)Rechts regelmäßig einzustehen hat[807] – mit der Gefahr zu belasten[808]. Auch hier sähe sich ein Käufer bei Annahme eines Gefahrübergangs vor diesem Zeitpunkt typischer Weise veranlasst, ein etwaig sorgfaltswidriges Verhalten dieser Hilfspersonen in einem auf außervertragliche Anspruchsgrundlagen gestützten Haftungsprozess einzuwenden. Schließlich ist auch die Annahme eins frühen Gefahrübergangs bei Transportbeginn in den Fällen des Transports der Ware durch ein vom Verkäufer beauftragtes Transportunternehmen aus Sicht des Gebots der Vermeidung außervertraglicher Haftungsprozesse nicht zu beanstanden. Eine Haftung des Auftraggebers für in seinem Pflichtenkreis tätig werdende selbständige Unternehmer kennt das Deliktsrecht, zumindest in den Rechtsordnungen des germanischen, romanischen und anglo-amerikanischen Rechtskreises, nicht[809]. Der Käufer hat mithin in den allermeisten Fällen keine Möglichkeit, den Verkäufer in Anspruch zu nehmen, wenn der Transportunternehmer bzw. seine Leute die Ware auf dem Transport schuldhaft beschädigen oder zerstören. Der Regress ist alleine gegen den Frachtführer gerichtet; seine Voraussetzungen bestimmen sich nach dem anwendbaren Transportrecht[810]. Hier macht es aus vertragsökonomischen

---

806 *Roth*, 27 Am. J. Comp. L. (1979), 291, 299; *Honnold/Flechtner*, Uniform Law, Rn. 375; Enderlein/Maskow/Strohbach-*Maskow*, Vorbem. Art. 66 ff, Anm. 3.; ähnlich Schlechtriem/Schwenzer[5]-*Hager/Maultzsch*, Art. 69, Rn. 1, die entgegen der hier vertretenen Ansicht aber erkennbar vom Bestehen vertraglicher Ersatzansprüche auch für den Zeitraum nach Gefahrübergang ausgehen.

807 Vgl. den Überblick bei *Zweigert/Kötz*, Einführung in die Rechtsvergleichung, § 41, S. 632 ff.

808 *Bridge*, Transfer of Risk, S. 87; Bianca/Bonell-*Nicholas*, Art. 67, Anm. 2.2.; *Honnold/Flechtner*, Uniform Law, Rn. 369.1; *v.Hoffmann*, Passing of Risk, S. 269; Enderlein/Mas-kow/Strohbach-*Maskow*, Art. 67, Anm. 3.1.

809 *Zweigert/Kötz*, Einführung in die Rechtsvergleichung, S. 647 ff.; das muss ganz besonders in der Spezialkonstellation des Verkaufs reisender Ware gelten. Der Frachtführer kann hier schon alleine deshalb nicht als Erfüllungsgehilfe oder vergleichbare Hilfsperson qualifiziert werden, weil im Zeitpunkt des Abschlusses des Frachtvertrags noch keine Rechtsbeziehung zum Käufer bestand.

810 Im Transportrecht ist die Haftung des Frachtführers aus vergleichbaren Erwägungen – anders als nach Deliktsrecht– meist als (verschärfte) Haftung für vermutetes Verschulden oder sogar gänzlich verschuldensunabhängig ausgestaltet, dazu oben Seite 162.

Gesichtspunkten keinen Unterschied, ob das Transportunternehmen vom Käufer, vom Verkäufer oder von der Transportversicherung in Anspruch genommen wird. Beim Verkauf eingelagerter Ware kommt der Verkäufer in aller Regel überhaupt nicht mit der Kaufsache in Berührung. Das Konzept der Streitvermeidung hat für den Gefahrübergang in dieser Fallkonstellation mithin keine Bedeutung. Beim Transport der Ware durch Leute des Käufers steht eine Inanspruchnahme des Verkäufers wegen einer auf dem Transport eingetretenen Sachbeeinträchtigung nicht zu befürchten. Ein früher Gefahrübergang bei Transportbeginn steht in diesen Konstellationen mithin im Einklang mit der Zweckerwägung der Vermeidung außervertraglicher Haftungsprozesse.

(2) Vermeidung von Beweisaufnahmen über den Zeitpunkt des Schadenseintritts

Beweisprobleme können sich ferner im Hinblick auf den genauen Zeitpunkt der Beeinträchtigung der Kaufsache ergeben. Erreicht die Ware den Käufer in einem schadhaften Zustand, so kann er die sachbezogenen Rechtsbehelfe nach den Artikeln 45 ff. CISG gegen den Verkäufer geltend machen, solange letzterer nicht beweist, dass die Beeinträchtigung in einem Zeitpunkt nach Gefahrübergang eingetreten ist[811]. Prozessträchtig sind damit Situationen, in denen der eingetretene Schaden nicht eindeutig einem Ereignis vor bzw. nach Gefahrübergang zugeordnet werden kann. Der Gedanke der Streitvermeidung legt es in diesem Kontext nahe, die Preisgefahr entweder zu Beginn oder nach Beendigung des Transportvorgangs auf den Käufer übergehen zu lassen.

Die Gefahrbelastung des Verkäufers bis zum Abschluss des Transports ist in diesem Zusammenhang aus der Perspektive der Streitvermeidung am günstigsten. Die Obliegenheit des Käufers, die Ware unverzüglich nach Erhalt auf Sachmängel zu untersuchen (Artikel 38 CISG), gewährleistet hier, dass der Zustand der Ware nach beendetem Transport gerichtsfest festgestellt wird. Jeder im Zuge einer Untersuchung nach Artikel 38 CISG zu Tage tretende Mangel ginge zu Lasten des Verkäufers. Ein auf den Gefahrübergang gestützter Entlastungsbeweis wäre von vornherein aussichtslos. Aber auch wenn die Gefahr zu Beginn des Transportvorgangs übergehen soll, stellen sich in der Regel keine schwierigen Beweisprobleme. Im Sinne der Streitvermeidung kommt es hier maßgeblich auf

811 Zur Beweislast OLG Hamm, Urteil vom 23 Juni 1998, 19 U 127/97, CISG-online Nr. 434; *Mankowski* in: Ferrari u.a., Internationales Vertragsrecht, Art. 66 CISG, Rn. 32; Staudinger-*Magnus*, Art. 66 CISG, Rn. 20; MünchKommBGB-Peter Huber, Art 66 CISG, Rn. 16; MünchKommHGB-*Wertenbruch*, Art. 66 CISG, Rn. 11.

eine einfache Abgrenzung von Transportschäden zu bereits zu einem früheren Zeitpunkt vorhandenen Beeinträchtigungen der Kaufsache an. Dies ist in der Praxis meist aus zwei Gründen gewährleistet. Zum einen wird sich oft schon aus der Art der Sachbeeinträchtigung ergeben, ob ein Transportschaden oder eine sonstige Beeinträchtigung vorliegt. Charakteristische Beispiele für äußerlich leicht als solche zu erkennende Transportschäden sind unter anderem das Eindringen von Seewasser und die Beschädigung des Transportguts durch Ladegeschirr oder Ähnliches. Wird der Transport, wie meist, durch einen Frachtführer durchgeführt, kommt, zweitens, hinzu, dass mit dem Übernahmeprotokoll bzw. dem Vermerk im Frachtbrief oder Konnossement ein Beweismittel für den Zustand der Ware im Zeitpunkt der Inobhutnahme durch den Transporteur vorliegt[812].

Beweisschwierigkeiten ergeben sich im Gegensatz dazu immer dann, wenn der Zustand der Kaufsache im Zeitpunkt des Gefahrübergangs nicht protokolliert bzw. nicht eindeutig feststellbar ist. Im Schrifttum ist häufig darauf hingewiesen worden, dass insbesondere ein Übergang der Gefahr während des Transportvorgangs aus diesem Grund nicht wünschenswert sei[813]. Das Gefahrtragungsrecht des CISG folgt diesem in der Sache unbestreitbar zutreffenden Gedanken allerdings nicht konsequent. Eine Abweichung ergibt sich insbesondere beim Verkauf reisender Ware. Hier wurden von den Gesetzesverfassern auf der diplomatischen Konferenz in der Praxis möglicherweise auftretende Beweisschwierigkeiten im Interesse einer Kompromisslösung bewusst in Kauf genommen – ein Umstand, der im Schrifttum auf einhellige Kritik stößt[814]. Auch in

---

812 Oben Seiten 160 f.; Zwar ist der Frachtführer nach den einschlägigen transportrechtlichen Bestimmungen nur zu einer oberflächlichen Untersuchung des Transportguts auf ohne weiteres erkennbare Mängel angehalten. Da aber Transportschäden naturgemäß genau in diese Kategorie von Sachbeeinträchtigungen fallen, stellt sich ein Abgrenzungsproblem bei schwerer zu entdeckenden „versteckten" Mängeln überhaupt nicht. Hier kann regelmäßig vermutet werden, dass kein Transportschaden, sondern ein „klassischer" Sachmangel vorliegt.

813 Witz/Salger/Lorenz-*Witz*, Art. 67, Rn. 17; Schlechtriem/Schwenzer-*Hachem*, Art. 67, Rn. 5; Bianca/Bonell-*Nicholas*, Art. 67, Anm. 3.1.; *Erauw*, Delivery Terms and the Passing of Risk, S. 401; *v.Hoffmann*, Passing of Risk, S. 291 f.; *Bridge*, Transfer of Risk, S. 93; Honsell-*Schönle/Th.Koller*, Art. 67, Rn. 23.

814 So explizit Schlechtriem/Schwenzer[5]-*Hager/Maultzsch*, Art. 68, Rn. 3 („*die streitfördernde Wirkung einer solchen Regelung liegt auf der Hand*"); Schlechtriem/Schwenzer-*Hachem*, Art. 68, Rn. 6 („*mit Recht ist auf die streitfördernde Wirkung dieser Vorschrift hingewiesen worden*"); *Sevón*, Passing of Risk, S. 203 („*the rule may therefore give rise to litigation*"); *v.Hoffmann*, Passing of Risk, S. 293.

Konstellationen, in denen der Vertrag entweder die Übergabe der Ware an einen selbständigen Frachtführer an einem von der Niederlassung des Verkäufers verschiedenen Ort vorsieht oder die Kaufsache in einem Container transportiert wird, so dass eine Eingangskontrolle des Frachtführers im Zeitpunkt der Übergabe aus tatsächlichen Gründen – der Container wird in aller Regel bereits verplombt sein – nicht mehr möglich ist[815], stellt sich das Problem, dass die Gefahr unter Umständen zu einem Zeitpunkt während des Transports übergeht, zu dem der Zustand der Ware nicht festgestellt werden kann. Die Motivation der Gesetzesverfasser kann hier wie gesagt in einer – aus dogmatischer wie aus praktischer Sicht verfehlten – Orientierung am Inhalt einzelner häufig verwendeter Handelsklauseln gesehen werden[816].

Vergleichbar dem Verkauf reisender Ware ist auch die Gefahrtragungsregel beim Kauf eingelagerter Ware nach Artikel 69 Abs. 2 CISG vor dem Hintergrund des Streitvermeidungsgedankens rechtspolitisch bedenklich. Zwar findet beim Verkauf eingelagerter Ware gerade kein Transport der Kaufsache statt. Es stellt sich aber die ebenso streitträchtige Frage, ob ein etwaiger Lagerschaden eingetreten ist, bevor oder nachdem die Ware dem Verkäufer zur Verfügung gestellt worden ist.

e) *Ersatzansprüche gegen den Frachtführer*

Im Schrifttum wird der frühe Gefahrübergang beim Versendungskauf gelegentlich mit der den Käufer begünstigenden Haftung des Frachtführers begründet[817]. In der Tat können die Bestimmungen des international vereinheitlichten Transportrechts zur Haftung des Frachtführers dahin verallgemeinert werden, dass der Frachtführer in den Grenzen mehr oder weniger eng umrissener Ausnahmetatbestände einerseits im Wege der Haftung für vermutetes Verschulden auf die Integrität des von ihm in Empfang genommenen Transportguts haftet und dass der im Frachtbrief bezeichnete Empfänger einen solchen Ersatzanspruch andererseits in eigenem Namen gegen den Frachtführer geltend machen kann[818]. Im

---

815 *Mankowski* in: Ferrari u.a., Internationales Vertragsrecht, Art. 67 CISG, Rn. 21; Bianca/Bonell-*Nicholas*, Art. 67, Anm. 3.1.; Honsell-*Schönle/Th.Koller*, Art. 67, Rn. 23; Schlechtriem/Schwenzer-*Hachem*, Art. 67, Rn. 16; Staudinger-*Magnus*, Art. 67 CISG, Rn. 17, der insoweit allerdings maßgeblich auf die Möglichkeit der Versicherung abstellt; ausführlich *Finke*, Die Bedeutung der internationalen Handelsklauseln für den Gefahrübergang, S. 206 ff.

816 Vgl. dazu oben Seite 213.

817 *Sevón*, Passing of Risk, S. 200; *de Vries*, 17 Eur. Transp. L (1982), 495, 512 ff.

818 Oben Seite 162.

Gegensatz zu den bereits erörterten teleologischen Gesichtspunkten handelt es sich bei der Berücksichtigung möglicher Ersatzansprüche gegen den Frachtführer um eine an Billigkeitserwägungen orientierte Zuweisung der Preisgefahr. Der Käufer soll beim Versendungskauf die Gefahr tragen, weil er anderweitig, nämlich in Gestalt der Ersatzansprüche gegen den Frachtführer, kompensiert wird.

Im Ergebnis kann die Haftung des Frachtführers für den Gefahrübergang beim Versendungskauf nur eingeschränkte Bedeutung haben. Dies ergibt sich aus einer bedeutenden praktischen und einer weniger bedeutenden rechtsdogmatischen Erwägung. In praktischer Hinsicht gilt es zu berücksichtigen, dass die einschlägigen Transportrechtskonventionen die Haftung des Frachtführers - oft drastisch - in der Summe begrenzen[819]. In der Praxis des Exporthandels sind die Parteien nicht zuletzt aufgrund dieser Tatsache angehalten, sich gegen den mit einer Beeinträchtigung der Ware auf dem Transport verbundenen wirtschaftlichen Verlust zusätzlich durch Abschluss einer Transportversicherung abzusichern[820]. Im Schadensfall wird die gefahrbelastete Partei dann vorzugsweise den Anspruch auf Ersatz des vollen Ausfallbetrags aus der Versicherungspolice geltend machen. Der Anspruch gegen den Frachtführer geht in Folge dessen, entweder kraft Gesetzes oder zumindest im Wege der rechtsgeschäftlichen Abtretung, auf die Versicherung über[821]. Die Haftung des Frachtführers kompensiert folglich nicht die Beeinträchtigung des kaufvertraglichen Äquivalenzinteresses, sondern trägt allenfalls zu einer Senkung der für die Versicherung anfallenden Prämie bei. In rechtsdogmatischer Hinsicht droht ein Widerspruch zum Rechtsgedanken des Artikels 67 Abs. 1 Satz 3 CISG. Der Vorschrift wird gemeinhin der allgemeine Grundsatz entnommen, dass die Übertragung der zur Verfügung über die Kaufsache berechtigenden Dokumente für den Gefahrübergang keine

---

819 Oben Seite 162.

820 Soergel[12]-*Ulrich Huber*, vor § 446 BGB, Rn. 59; *Puttfarken*, Seehandelsrecht, Rn. 232; ausführlich *Basedow*, Transportvertrag, S. 474 ff.

821 Im deutschen Recht folgt der Forderungsübergang nunmehr aus § 86 VVG, der– mit Ausnahme der Seeversicherung– auch für die Transportversicherung gilt, dazu Rüffer/Halbach/Schimikowski-*Muschner*, § 86 VVG, Rn. 2. Im Seeversicherungsrecht findet eine *cessio legis* nicht statt. Die allgemeinen Geschäftsbedingungen des Versicherers enthalten aber regelmäßig eine entsprechende Übergangsklausel, dazu Rüffer/Halbach/Schimikowski-*Harms*, Vorbem §§ 130– 141 VVG, Rn. 3. Zur Rechtslage nach § 67 VVG a.F. Soergel[12]-*Ulrich Huber*, vor § 446 BGB, Rn. 54, Fn. 13. Im in der Praxis des Exporthandels häufig anzuwendenden englischen Versicherungsrecht ergibt sich die Regressmöglichkeit des Versicherers aus dem Grundsatz der *„subrogation"*, dazu *Birds*, Modern Insurance Law, S. 305 ff und insbesondere S. 315 ff.; speziell zur Seeversicherung *Schmitthoff*, Export Trade, S. 531 f., beide m.w.N.

Bedeutung haben soll[822]. Im Gegensatz dazu kann der Empfänger des Transportguts eigene Ansprüche gegen den Frachtführer aber erst ab dem Zeitpunkt geltend machen, in dem er die Frachtdokumente in seinen Händen hält[823]. Käme es für den Gefahrübergang beim Versendungskauf maßgeblich auf den Regress des Käufers gegen den Frachtführer an, müsste die Preisgefahr somit konsequenter Weise auch im Zeitpunkt der Übertragung der Frachtpapiere übergehen.

f) wirtschaftlicher Nutzen

Eine an der Billigkeit orientierte Betrachtung legt es ferner nahe, den Gefahrübergang an die Möglichkeit der Vertragsparteien zu koppeln, den in der Kaufsache verkörperten wirtschaftlichen Wert für sich zu nutzen. Der in diesem Kontext verwendete Begriff der wirtschaftlichen Nutzung bedarf in zweierlei Hinsicht der Konkretisierung. Die Kaufsache kann, erstens, unmittelbar in Form des Ge- bzw. Verbrauchs oder aber mittelbar in Form der Weiterveräußerung genutzt werden. Die Nutzung kann, zweitens, entweder durch den Käufer oder durch den Verkäufer vorgenommen werden. Nimmt man die Verkäuferperspektive ein, hat die für den Verkäufer bedeutsamste Nutzung, nämlich die Erzielung des Kaufpreises[824], bei der Zuweisung der Preisgefahr außer Betracht zu bleiben. Dies ergibt sich daraus, dass der Anspruch des Verkäufers auf den Kaufpreis bereits im Zeitpunkt des Vertragsschlusses, und damit vor dem Entstehen jedweder Gefahrtragungsprobleme, begründet wird. An einer Gefahrbelastung des Verkäufers zu diesem Zeitpunkt kann, von dem Sonderfall des Verkaufs reisender Ware einmal abgesehen, kein Zweifel bestehen. Für den vertragstreuen Verkäufer – und nur um ihn kann es im Kontext einer auf Billigkeit beruhenden teleologischen Erwägung gehen – ist damit entscheidend, ob der Kaufvertrag über ein Einzelstück oder, was im Exporthandel weitaus häufiger der Fall sein wird, über eine nur ihrer Gattung nach bestimmte Sache geschlossen wurde. Bei

---

822 *Mankowski* in: Ferrari u.a., Internationales Vertragsrecht, § 67 CISG, Rn. 24; Brunner-*Klingler/Mauerhofer*, UN-Kaufrecht, Art. 67, Rn. 7; Staudinger-*Magnus*, Art. 67 CISG, Rn. 23; MünchKommBGB-*Peter Huber*, Art. 67 CISG, Rn. 16; *Honnold/Flechtner*, Uniform Law, Rn. 370; Honsell-*Schönle/Th.Koller*, Art. 67, Rn. 33 f.; *Herber/Czerwenka*, Art. 67, Rn. 8; vgl. auch *v.Hoffmann*, Passing of Risk, S. 277.

823 Oben Seite 162.

824 Der hier verwendete Nutzungsbegriff ist erkennbar nicht gleichbedeutend mit dem technischen Verständnis nach § 100 BGB. Der *Terminus* Nutzung wird hier viel allgemeiner im Sinne von „Möglichkeit, den wirtschaftlichen Nutzen aus der Ware zu ziehen" verwendet. Dies geht dem Umfang nach weit über die Möglichkeit der Fruchtziehung und das Erlangen der Gebrauchsvorteile hinaus.

der Stückschuld ist der Verkäufer durch seine vertragliche Verpflichtung gegenüber dem Käufer gehindert, die Kaufsache zu verbrauchen oder an einen Dritten zu veräußern. Bei der Gattungsschuld besteht diese Möglichkeit, sofern sich der Verkäufer auf dem Markt rechtzeitig mit einem Substitut eindecken kann. Der Verkäufer wird ein solches Verhalten in Betracht ziehen, sobald er auf sinkende Marktpreise spekuliert[825]. Der im vorliegenden Kontext als Nutzung zu berücksichtigende wirtschaftliche Vorteil besteht in diesem Fall also in der Spekulationsmöglichkeit bzw. dem erzielbaren Spekulationsgewinn.

Der angedeutete Zusammenhang zwischen wirtschaftlichem Nutzen an der Kaufsache und Gefahrtragung legt es nahe, den Inhaber der tatsächlichen Sachherrschaft mit der Preisgefahr zu belasten. Der Inhaber der tatsächlichen Sachherrschaft kann, von den sich für den Verkäufer in den Fällen des Stückkaufs ergebenden Einschränkungen einmal abgesehen, die Sache sowohl unmittelbar durch Ge- bzw. Verbrauch als auch mittelbar durch Veräußerung nutzen. Befindet sich die Sache bei einem Dritten, kommt hingegen nur die mittelbare Nutzung in Form der Weiterveräußerung in Betracht. Beim Verkauf eingelagerter Ware erlangt der Käufer insoweit die Nutzungsmöglichkeit in dem Zeitpunkt, in dem er den Lagerhalter rechtswirksam zur Aushändigung der Kaufsache an einen Dritten anweisen kann. Beim Gattungskauf endet die Nutzungsmöglichkeit des Verkäufers spiegelbildlich in ebenjenem Zeitpunkt. Einschränkungen ergeben sich beim Stückkauf. Zwar erlangt der Käufer auch dort die Nutzungsmöglichkeit mit dem Entstehen eines eigenen Weisungsrechts gegenüber dem Lagerhalter. Die Dispositionsbefugnis des Verkäufers allerdings endet bereits viel früher im Zeitpunkt des Vertragsschlusses. Es existiert mithin ein Zeitraum, in dem die Ware von keiner der Parteien genutzt werden kann.

Vergleichbar ist die Interessenlage bei einer Versendung der Kaufsache durch Leute des Verkäufers. Beim Gattungskauf kann der Verkäufer hier die Sendung bis zu deren Eintreffen beim Käufer durch Weisung gegenüber seinen Angestellten umleiten. Auf diese Weise ist es ihm möglich, noch während des Transports auf steigende Preise zu spekulieren. Bei der Stückschuld besteht diese Option nicht. Der Verlust der Nutzungsmöglichkeit auf Verkäuferseite deckt sich zeitlich nicht mit der Erlangung der Nutzungsmöglichkeit auf Käuferseite. Die Implikationen des Nutzungsgedankens für den Gefahrübergang sind aus diesem Grund weniger stark. Beim Transport durch Leute des Käufers oder durch einen vom Käufer beauftragten Frachtführer kann der Käufer ab Transportbeginn uneingeschränkt über das Transportgut verfügen. Daraus folgt dann auch

825 *Rabel*, Recht des Warenkaufs II, S. 335.

seine Gefahrbelastung unabhängig davon, ob es sich um einen Stück- oder einen Gattungskauf handelt.

Bei der Versendung der Ware durch einen vom Verkäufer beauftragten Frachtführer kommt es schließlich maßgeblich darauf an, ob der Verkäufer auch als Empfänger im Frachtbrief eingetragen ist. Ist dies der Fall, so besteht das transportrechtliche Weisungsrecht des Verkäufers gegenüber dem Frachtführer in der Regel bis zum Abschluss des Transportvorgangs. Für den Gefahrübergang gilt das zum Transport durch eigene Leute des Verkäufers Gesagte. Ist der Käufer im Frachtbrief als Empfänger ausgewiesen oder – beim Verkauf reisender Ware – kein Empfänger eingetragen, erlangt der Käufer die Weisungsbefugnis gegenüber dem Frachtführer, sobald er eine Ausfertigung der Frachtdokumente in seinen Händen hält[826]. Relevant wird dies vor allem in den Fällen, in denen die Kaufsache über See transportiert wird, da dort die Papiere regelmäßig schneller reisen als die Ware selbst. Der Käufer kann dann das Transportgut weiterveräußern, noch bevor es den Bestimmungshafen erreicht hat.

Die Annahme des Gefahrübergangs im Zeitpunkt der Übermittlung der Transportdokumente steht allerdings im Widerspruch zu dem aus Artikel 67 Abs. 1 Satz 3 CISG abzuleitenden allgemeinen Rechtsgedanken, dass die Übertragung von Frachtdokumenten bzw. Traditionspapieren keine Auswirkungen auf den Gefahrübergang haben soll[827].

g) Erfüllung

Auch bei der Anknüpfung des Gefahrübergangs an die Erfüllung der Lieferpflicht durch den Verkäufer handelt es sich der Sache nach um ein auf Billigkeitserwägungen aufbauendes teleologisches Argument. Der Verkäufer soll demnach von der Gefahr entlastet werden, sobald er

> *das getan hat, was zur Leistung seinerseits erforderlich ist*[828].

Die Anknüpfung des Gefahrübergangs an die Erfüllung der Lieferpflicht als dem Zeitpunkt, in dem der Verkäufer alles „*seinerseits Erforderliche*" getan hat, überzeugt in zweierlei Hinsicht nicht. Es ist, erstens, nicht nachvollziehbar, warum für die Zuweisung der Preisgefahr einseitig auf die Perspektive des Verkäufers

826 *v.Hoffmann*, Passing of Risk, S. 277.

827 Dazu bereits im vorangegangenen Abschnitt auf Seite 237 mit Nachw. zum Schrifttum.

828 Schlechtriem/Schwenzer-*Widmer Lüchinger*, Art. 31, Rn. 11; *Hager*, Gefahrtragung nach UN-Kaufrecht, S. 389; vgl. auch *Lookofsky*, Understanding the CISG, § 5.1., S. 100.

abzustellen ist. Genauso denkbar wäre es, den Käufer erst dann mit der Gefahr zu belasten, wenn er alles seinerseits Erforderliche frühestens hätte tun müssen. Die eine Anknüpfung erscheint hier nicht billiger bzw. unbilliger als die andere, eine Bevorzugung des Verkäufers aus Billigkeitsgründen ist nicht gerechtfertigt.

Selbst wenn alleine die Erfüllung durch den Verkäufer für den Gefahrübergang maßgeblich sein sollte, rechtfertigt es sich, zweitens, nicht, in diesem Zusammenhang einseitig auf die Erfüllung der in Artikel 31 CISG geregelten Lieferpflicht abzustellen. Welche Pflichten der Verkäufer aus dem Kaufvertrag hat, ist nicht in Artikel 31 CISG, sondern in Artikel 30 CISG geregelt. Der Verkäufer hat demnach nicht nur die Ware zu liefern, sondern auch die sie betreffenden Dokumente zu übergeben und das Eigentum an ihr zu verschaffen. Auf die Übergabe der Dokumente kann es, wie sich aus der in Artikel 67 Abs. 1 Satz 3 CISG getroffenen Regelung bzw. dem ihr zu entnehmenden allgemeinen Rechtsgedanken ergibt[829], im Kontext des Gefahrtragungsrechts zugegebenermaßen nicht ankommen. Ganz zentral für den Käufer ist aber die Pflicht des Verkäufers, das Eigentum an der Ware zu übertragen[830]. Dies ist in letzter Konsequenz der Grund, aus dem der Käufer den Kaufvertrag abschließt und sich zur Zahlung des Kaufpreises verpflichtet.

Die Eigentumsübertragung durch den Verkäufer muss bei der Zuweisung der Preisgefahr jedoch außer Betracht bleiben. Diese Konsequenz ergibt sich allerdings nicht aus Billigkeitserwägungen, sondern vielmehr aus dem Umstand, dass der Eigentumsübergang im UN-Kaufrecht nicht geregelt und folglich nach dem unvereinheitlichten nationalen Sachenrecht zu beurteilen ist[831]. Ob der Verkäufer mit Erfüllung der Lieferpflicht alles seinerseits Erforderliche getan hat, bestimmt sich damit im Ergebnis ebenfalls danach, welches Recht auf den Eigentumsübergang anzuwenden ist[832]. In Rechtsordnungen

---

829 Oben Seiten 237 und 240.

830 *Bridge*, International Sale of Goods, Rn. 7.02; *Saenger* in: Ferrari u.a., Internationales Vertragsrecht, Art. 30 CISG, Rn. 4; *Herber/Czerwenka*, Art. 30, Rn. 6; *Piltz*, Internationales Kaufrecht, Rn. 4–82.

831 So Artikel 4 lit. b CISG; vgl. auch Bianca/Bonell-*Lando*, Art. 30, Anm. 2.2.; *Karollus*, UN Kaufrecht, S. 44; *Morrissey/Graves*, International Sales Law and Arbitration, S. 82; *Schlechtriem/Schroeter*, Internationales UN-Kaufrecht, Rn. 177; Staudinger-*Magnus*, Art. 4 CISG, Rn. 32; *Saenger* in: Ferrari u.a., Internationales Vertragsrecht, Art. 4 CISG, Rn. 7 f.; *Huber/Mullis*, the CISG, S. 25; Soergel-*Lüderitz/Fenge*, Art. 4 CISG, Rn. 3; Schlechtriem/Schwenzer-*Ferrari*, Art. 4, Rn. 29; Brunner-*Murmann/Stucki*, UN-Kaufrecht, Art. 4, Rn. 17; *Czerwenka*, Rechtsanwendungsprobleme, S. 106 f.

832 Zum Verhältnis von Eigentumsverschaffungsanspruch und Lieferpflicht auch schon oben Kapitel 1. II. 1. c), Seiten 60 ff.

wie dem englischen und französischen Recht, die das Eigentum bei der Stückschuld bereits mit Vertragsschluss, bei der Gattungsschuld mit Konkretisierung übergehen lassen[833], ist die Lieferhandlung tatsächlich der letzte Akt, den der Verkäufer zur Erfüllung seiner in Artikel 30 CISG geregelten Pflichten unternehmen muss. Ähnliches gilt für das US-amerikanische Recht, das den Eigentumsübergang selbst an die Erfüllung der Lieferpflicht knüpft[834]. Die Rechtsordnungen des germanischen Rechtskreises, allen voran das deutsche Recht, setzen zur Eigentumsübertragung allerdings noch weitere Handlungen des Käufers voraus, die grundsätzlich erst nach dem in Artikel 31 CISG vorgesehenen Lieferzeitpunkt erfüllt werden können[835]. So findet beispielsweise die Übereignung in den Konstellationen des hier so genannten „Versendungskaufs im engeren Sinne"[836] nach deutschem Recht erst statt, wenn der Frachtführer, der insoweit als Besitzmittler des Verkäufers auftritt, die Ware dem Käufer tatsächlich übergeben hat[837]. Das Eigentum geht beim Versendungskauf mithin am Ende des Transportvorgangs über, während der Verkäufer seine Lieferpflicht nach Artikel 31 lit. a) CISG bereits zu Beginn des Transports erfüllt hat.

Das einseitige Abstellen des CISG auf die Lieferpflicht erklärt sich ausschließlich vor dem Hintergrund, dass eine Anknüpfung an den Eigentumsübergang nicht praktikabel ist. Der Billigkeit entspricht ein solches Vorgehen nicht. Im Ergebnis kann ein Zusammenhang von Lieferpflicht und Gefahrübergang damit auch nicht aus den mit dem besonderen Gefahrtragungsrecht zusammenhängenden teleologischen Erwägungen hergeleitet werden.

---

833 Section 17 f. SOGA 1979, dazu *Bridge*, International Sale of Goods, Rn. 7.05 f.; Art. 1583 Code Civil; dazu *Ferid/Sonnenberger*, Das französische Zivilrecht II, S. 54–57. Die Verknüpfung von Eigentumsübergang und Vertragsschluss stellt ein stilbildendes Element der Rechtsordnungen des romanischen Rechtskreises dar, dazu. *Ferid/Sonnenberger*, Das französische Zivilrecht II, Rn. 2 G 204, S. 55.

834 § 2-401 UCC; dazu *Anderson*, Uniform Commercial Code, § 2-401:14, S. 524 f. und § 2-401:33 ff., S. 535 ff.; *Clark/Ansay*, Introduction to the Law of the United States, S. 213.

835 Ähnlich der Rechtslage im deutschen Recht bzw. in den Rechtsordnungen des germanischen Rechtskreises auch das japanische, chinesische, norwegische und argentinische Recht; überblicksartig *Piltz*, Internationales Kaufrecht, Rn. 4–86 sowie Bianca/Bonell-*Lando*, Art. 30, Anm. 2.2.

836 Vgl. oben Seite 186.

837 Staudinger-*Martin Gutzeit*, § 868 BGB, Rn. 35 m.w.N.

3. Zwischenergebnis

Wie schon bei der historischen Interpretation bietet es sich aufgrund des Umfangs der sich ergebenden Schlussfolgerungen an, auch das Ergebnis der objektiv teleologischen Auslegung in einen allgemeinen und einen besonderen Teil zu untergliedern. Der allgemeine Teil behandelt dabei die Implikationen der zweckorientierten Interpretation für das Konzept des besonderen Gefahrtragungsrechts in seiner Gesamtheit. Da die hier untersuchten Zweckerwägungen nicht durchweg zu übereinstimmenden Ergebnissen kommen, bedarf es in diesem Zusammenhang methodischer Vorüberlegungen zu Relevanz und Gewichtung der jeweiligen Kriterien. Der besondere Teil hat dann die objektiv teleologische Auslegung der einzelnen Gefahrtragungstatbestände unter Berücksichtigung der im allgemeinen Teil erarbeiteten Methodik zum Gegenstand.

a) Methode der teleologischen Auslegung und deren Implikationen für das besondere Gefahrtragungsrecht allgemein

Erstens: Die für das besondere Gefahrtragungsrecht relevanten teleologischen Erwägungen lassen sich nach dem jeweils mit ihnen verfolgten übergeordneten rechtspolitischen Interesse in drei Gruppen zusammenfassen. Grundlegend ist die Differenzierung zwischen Billigkeitserwägungen einerseits und an der Vertragsökonomie orientierten Auslegungszielen andererseits. Die Effektivität des Vertrags kann weitergehend entweder aus der *ex ante* oder der *ex post* Perspektive beurteilt werden. Den weitaus größten Raum nehmen Zweckerwägungen zur Effektivität des Vertrags aus der *ex ante* Perspektive ein. Dies sind im Einzelnen die hier so bezeichneten Erwägungen des „Schutzes der Kaufsache vor Schaden", der „Versicherung", sowie der „Streitvermeidung". Die Zweckerwägung der „Schadensabwicklung" zielt im Gegensatz dazu auf eine Optimierung der Vertragsökonomie aus der *ex post* Perspektive. Als anerkennenswerte Billigkeitserwägung bleibt ausschließlich die Verknüpfung des Gefahrübergangs mit der Möglichkeit der Parteien, die Kaufsache wirtschaftlich zu nutzen.

Zweitens: Alle untersuchten Zweckerwägungen kommen übereinstimmend zu dem Ergebnis, dass der Inhaber der tatsächlichen Sachherrschaft auch die Preisgefahr zu tragen hat. Hinsichtlich der Zuordnung der Gefahr in Fällen, in denen ein Dritter – das schließt nach dem hier vertretenen Ansatz eigene Leute der Vertragsparteien mit ein – die Sachherrschaft innehat, treffen die Zweckerwägungen im Gegensatz dazu uneinheitliche Aussagen je nachdem, welcher der unter Erstens gebildeten drei Kategorien, also „Billigkeit" „Effektivität aus der *ex ante* Perspektive" und „Effektivität aus der *ex post* Perspektive", sie im Einzelnen zuzuordnen sind. Innerhalb der einzelnen Kategorien weichen die Ergebnisse der so zusammengefassten Zweckerwägungen jedoch grundsätzlich nicht voneinander ab.

Drittens: Um eine selektive, vom Ergebnis ausgehende, Argumentation zu vermeiden, liegt es vor diesem Hintergrund methodisch nahe, die Überbegriffe der „Billigkeit", der „Effektivität aus der *ex ante* Sicht" sowie der „Effektivität aus der *ex post* Sicht" in ein ihrer Bedeutung für das besondere Gefahrtragungsrecht entsprechendes Rangverhältnis zu bringen. Auf ein nachrangiges Kriterium kann dabei zur Auslegung nur zurückgegriffen werden, wenn vorrangig zu berücksichtigende Zweckerwägungen keine bzw. widersprüchliche Ergebnisse geliefert haben.

Effektivitätserwägungen sind dabei Billigkeitsargumenten vorzuziehen[838]. Die Billigkeit spielt insbesondere im Verbraucherrecht eine große Rolle, während der Effektivitätsgedanke prägend für das Handelsrecht ist. Im UN-Kaufrecht äußert sich das angesprochene Rangverhältnis insbesondere im Dogma der verschuldensunabhängigen Haftung des Verkäufers für Vertragsverletzungen[839]. Ein weiteres charakteristisches Beispiel für den Vorrang der Effektivität vor der Billigkeit im UN-Kaufrecht ist der Ausschluss von Rechtsbehelfen bei nicht rechtzeitiger Mängeluntersuchung und –rüge durch den Käufer nach den Artikeln 38 und 39 CISG. Diese Vorschriften dienen erkennbar dem Zweck, Rechtssicherheit im kaufmännischen Verkehr zu gewährleisten und Rechtsstreitigkeiten über den Zustand der Kaufsache zu minimieren[840]. Aus der Käuferperspektive kann der Ausschluss von Gewährleistungsrechten im Gegensatz dazu durchaus als unbillig empfunden werden.

Innerhalb der auf die Vertragsökonomie bezogenen Zweckerwägungen ist vorrangig die *ex ante* Perspektive einzunehmen. Die in dieser Kategorie

---

838 Artikel 7 Abs. 1 CISG steht nicht entgegen. Das Gebot der „Wahrung des guten Glaubens im internationalen Handel" ist nicht gleichbedeutend mit „Billigkeit". Artikel 7 Abs. 1 CISG soll lediglich sicherstellen, dass Vorschriften des CISG so interpretiert werden, wie sie typischer Weise von einer mit den Gebräuchen und Anforderungen des internationalen Handels vertrauten Vertragspartei verstanden werden konnten. Beispielhaft wird im Schrifttum regelmäßig das Verbot widersprüchlichen Verhaltens genannt; vgl. MünchKommBGB-*Gruber*, Art. 7 CISG, Rn. 33; Witz/Salger/Lorenz-*Witz*, Art. 7, Rn. 14; Staudinger-*Magnus*, Art. 7 CISG, Rn. 25; *Herber/Czerwenka*, Art. 7, Rn. 6.

839 Dazu ausführlich oben Kapitel 1 I.; bei der Anknüpfung der Haftung an ein schuldhaftes Fehlverhalten handelt es sich im Gegensatz dazu um Billigkeitsrecht, vgl. *Schneider*, Abkehr vom Verschuldensprinzip, S. 1 m.w.N.

840 Staudinger-*Magnus*, Art. 39 CISG, Rn. 3; Witz/Salger/Lorenz-*Salger*, Art. 39, Rn. 1; *Ferrari* in: Ferrari u.a., Internationales Vertragsrecht, Art. 39 CISG, Rn. 3 m.w.N.

zusammengefassten objektiv teleologischen Gesichtspunkte erhöhen die Effektivität eines jeden Vertrags im Geltungsbereich des UN-Kaufrechts. Die Zweckerwägung der Schadensabwicklung aus der *ex post* Perspektive setzt im Gegensatz dazu ein bereits gestörtes Vertragsverhältnis voraus. Sie wird damit in viel weniger Fällen tatsächlich relevant. Bei einer globalen, von dem einzelnen Vertragsverhältnis zwischen konkreten Parteien abstrahierten, Betrachtungsweise gewährleisten die an der Effektivität aus der *ex ante* Perspektive orientierten Zweckerwägungen folglich ein „Mehr an Effektivität". Aber auch der Wille der Vertragsschließenden ist regelmäßig primär auf die Erhöhung der Effektivität des Vertrags aus der *ex ante* Sicht gerichtet. Der Vertragsschluss ist, zumindest im Handelsrecht, vor allem durch die Erwartung der Gewinnmaximierung motiviert. Diese Erwartung geht naturgemäß von einer störungsfreien Transaktion aus. Die Parteien nehmen mithin selbst die hier so genannte *ex ante* Sicht ein. Dem sollten dann auch die gesetzlichen Regelungen folgen, die im Vertragsrecht in konzeptioneller Hinsicht keine Ordnungs-, sondern lediglich eine dienende Funktion haben[841].

Viertens: Auch vor dem Hintergrund der mit dem besonderen Gefahrtragungsrecht verbundenen rechtspolitischen, das heißt zweckorientierten, Zielsetzungen kommt eine Anknüpfung des Gefahrübergangs an die Erfüllung der Lieferpflicht des Verkäufers im Sinne des Artikels 31 CISG nicht in Betracht. Die Gefahrzuweisung nach diesem Kriterium entspricht insbesondere nicht dem Gebot der Billigkeit.

b) Implikationen der untersuchten Zweckerwägungen für die einzelnen Gefahrtragungstatbestände im Besonderen

Erstens: Die in Artikel 67 Abs. 1 Satz 1 CISG enthaltene Grundregel zum Gefahrübergang beim Versendungskauf ist unter Rückgriff auf die mit dem besonderen Gefahrtragungsrecht verbundenen Zweckerwägungen nicht widerspruchsfrei zu erklären. Aus der Perspektive der Vertragsökonomie aus der *ex ante* Perspektive liegt eine Gefahrbelastung des Verkäufers beim „Versendungskauf im engeren Sinne" nahe. Dies ergibt sich primär aus den – hier so genannten – Zweckerwägungen des „Schutzes der Kaufsache vor Schaden" und der „Versicherung" (zur im vorliegenden Zusammenhang „neutralen" Erwägung der Streitvermeidung sogleich). Die Anwendung des Artikels 67 Abs. 1 Satz 1 CISG käme demnach allenfalls in Konstellationen in Betracht, in denen der Käufer den Transport

841 Vgl. Artikel 6 CISG; dazu Staudinger-*Magnus*, Art. 6 CISG, Rn. 1; Schlechtriem/Schwenzer-*Ferrari*, Art. 6, Rn. 5 mit Nachw. auch zur Rspr. in Fn. 20.

organisiert und den Frachtführer beauftragt. Dieses Auslegungsergebnis steht in einem unverkennbaren Widerspruch zu Wortlaut und Gesetzessystematik sowie dem insoweit offenkundigen Willen der Gesetzesverfasser. Auch unter Bezugnahme auf den – nach der hier vertretenen Ansicht nur nachrangig zu berücksichtigenden – Zweck der „Schadensabwicklung", lässt sich die Gefahrtragungsregel des Artikels 67 Abs. 1 Satz 1 CISG nicht widerspruchsfrei erklären. Zwar legt es der Aspekt der „Schadensabwicklung" einerseits nahe, die Gefahr möglichst früh, also meist zu Beginn des Transports, auf den Käufer übergehen zu lassen. Daraus folgt dann zwanglos die Gefahrbelastung des Käufers beim Versand der Ware durch einen vom Verkäufer beauftragten Frachtführer. Der Käufer ist allerdings auch dann besser zur Abwicklung eines Schadensfalls in der Lage, wenn der Transport der Kaufsache durch Leute des Verkäufers erfolgt. Ein solcher Eigentransport fällt aber nach allgemeiner Ansicht nicht in den Anwendungsbereich des Artikels 67 Abs. 1 Satz 1 CISG. Stellungnahmen im Schrifttum, die einerseits die Gefahrtragungsregel beim Versendungskauf aus dem Gedanken der effektiven Schadensabwicklung ableiten, die aus dieser Zweckerwägung folgenden Implikationen im Hinblick auf den Transport durch eigene Leute andererseits aber unberücksichtigt lassen[842], sehen sich dem Einwand einer selektiven Begründung ausgesetzt. Konsequenter ist es, davon auszugehen, dass die Zweckerwägung der Effektivität der Schadensabwicklung bei der Auslegung des Artikels 67 CISG keine Rolle spielt.

Die Erwägung der Streitvermeidung (eine Zweckerwägung, die nach der vorliegenden Systematik der Kategorie „Vertragsökonomie aus der *ex ante* Perspektive zuzuordnen ist) steht im Gegensatz dazu zwar nicht im Widerspruch zur Annahme eines frühen Gefahrübergangs, sie erklärt eine solche Gefahrtragungsregel aber auch nicht. Auch ein später Gefahrübergang würde die Streitträchtigkeit der in den Anwendungsbereich des Artikels 67 Abs. 1 Satz 1 CISG fallenden Vertragsverhältnisse mit anderen Worten nicht erhöhen.

Aus alldem folgt zweierlei. Die dem besonderen Gefahrtragungsrecht zu Grunde liegenden Zweckerwägungen führen in der Gesamtschau, erstens, zu dem Ergebnis, dass die Gefahrbelastung des Käufers beim Versendungskauf

842 So aber Witz/Salger/Lorenz-*Witz*, Art. 67, Rn. 1 einerseits und Rn. 4 andererseits; *Honnold/Flechtner*, Uniform Law, Rn. 367 einerseits und Rn. 369.1 andererseits; Bianca/Bonell-*Nicholas*, Art. 67, Anm. 3.1. einerseits und Anm. 2.2 andererseits; MünchKommBGB-*Peter Huber*, Art. 67 CISG, Rn. 1 einerseits und Rn. 10 andererseits; Schlechtriem/Schwenzer[5]-*Hager/Maultzsch*, Art. 67, Rn. 3 einerseits und Rn. 5 andererseits.

rechtspolitisch nicht sinnvoll ist[843]. *De lege lata* kann aufgrund des eindeutigen Ergebnisses der anderen Auslegungsmethoden allerdings kein Zweifel daran bestehen, dass zumindest der hier so genannte „Versendungskauf im engeren Sinne“ in den Anwendungsbereich des Artikels 67 Abs. 1 CISG fällt[844]. Der teleologischen Auslegung kann hier allenfalls das Ergebnis entnommen werden, dass die Vorschrift in Zweifelsfragen aufgrund ihrer Widersprüchlichkeit eng auszulegen ist. Die Zweckerwägung der Streitvermeidung vermag, zweitens, den im Verhältnis zu den anderen Gefahrtragungstatbeständen frühen Gefahrübergang zwar nicht zu rechtfertigen. Der Streitvermeidungsgedanke steht als nahezu einzige Zweckerwägung allerdings auch nicht in unmittelbarem Widerspruch zum in Artikel 67 Abs. 1 CISG angeordneten frühen Gefahrübergang. Er kann aus diesem Grund zur Beantwortung von Auslegungsfragen herangezogen werden, die lediglich den Tatbestand des Artikels 67 CISG betreffen und sich nicht weiter auf das Verhältnis der einzelnen Tatbestände des besonderen Gefahrtragungsrechts untereinander auswirken[845].

Zweitens: Das soeben postulierte Gebot der engen bzw. einschränkenden Auslegung der Gefahrtragungsregel beim Versendungskauf muss erst recht für Artikel 67 Abs. 1 Satz 2 CISG gelten. Zu den oben erörterten Widersprüchlichkeiten kommt hier noch hinzu, dass die Vorschrift in den Fällen des Containertransports selbst mit der Zweckerwägung der Streitvermeidung unvereinbar ist. Im Einklang mit dem Ergebnis der grammatikalischen Auslegung ist aus diesem Grund zu fordern, dass die bloße Vereinbarung eines besonderen Übergabeorts für die Anwendbarkeit der Vorschrift nicht ausreicht. Der Parteivereinbarung muss vielmehr zumindest implizit auch eine Einigung über den Zeitpunkt des Gefahrübergangs zu entnehmen sein, wie dies beispielsweise bei einem Kauf CIF der Fall wäre. Ferner ist eine teleologische Reduktion des Artikels 67 Abs. 1 Satz 2 CISG um die Fälle des Containertransports zu erwägen[846]. Beim Containertransport ist es im Hinblick vor allem auf den Streitvermeidungsgedanken alleine zweckmäßig, die Preisgefahr entweder zu Beginn oder am Ende des gesamten Transportvorgangs übergehen zu lassen.

---

843 So auch *Hager*, Gefahrtragung beim Kauf, S. 108; *Ulrich Huber*, Kaufvertrag, S. 919 f.

844 Auch der 2009 veröffentlichte Draft Common Frame of Reference hält (für den Handelskauf) am frühen Gefahrübergang beim Versendungskauf fest. Begründet wird dies– vergleichbar der Begründung der deutschen Schuldrechtskommission, dazu oben III. 3.– vornehmlich mit der internationalen Üblichkeit dieser Regelung (*v.Bar/ Clive*, DCFR II, IV.A.-5:202, Comment B, Seite 1385).

845 Dazu ausführlich unten Kapitel 5 II.

846 Dazu sogleich VI. 2.

Drittens: Der in Artikel 69 Abs. 2 CISG geregelte Gefahrübergang beim Verkauf eingelagerter Ware kann ausschließlich mit dem aus dem Billigkeitsgedanken abgeleiteten Zusammenhang von Gefahrtragung und wirtschaftlichem Nutzen an der Kaufsache erklärt werden. Der Zusammenhang zwischen Nutzung und Gefahrtragung ist besonders stark in den Fällen des Gattungskaufs. Beim Stückkauf ergeben sich Einschränkungen, weil der Verkäufer die Dispositionsbefugnis über die Ware schon mit dem Vertragsschluss verliert. Die Konstellation des Verkaufs eines bei einem Lagerhalter eingelagerten Einzelstücks wird allerdings in der Praxis kaum vorkommen. Die Gefahrbelastung des Käufers beim Verkauf eingelagerter Ware ab dem Zeitpunkt, in dem ihm die Kaufsache zur Verfügung steht, erscheint vor diesem Hintergrund interessengerecht.

Viertens: Im Gegensatz zu den Fällen des Verkaufs eingelagerter Ware sind beim Transport der Kaufsache durch eigene Leute des Verkäufers die vorrangig zu berücksichtigenden Zweckerwägungen des „Schutzes der Ware vor Schaden", der „Versicherung" sowie der „Streitvermeidung" einschlägig. Vor diesem Hintergrund liegt es nahe, die Fälle des Eigentransports des Verkäufers nicht unter Artikel 69 Abs. 2 CISG, sondern unter den Auffangtatbestand des Artikels 69 Abs. 1 CISG zu subsumieren. Nach den genannten teleologischen Erwägungen ist es alleine zweckmäßig, die Gefahr erst in dem Zeitpunkt auf den Käufer übergehen zu lassen, in dem die Kaufsache tatsächlich in dessen Einflusssphäre gelangt bzw. die Sphäre des Beförderers verlässt. Es kommt mithin maßgeblich auf die Übernahme der Ware durch den Käufer im Sinne des Absatzes 1 und nicht auf deren bloßes Zurverfügungstehen im Sinne des Absatzes 2 an. Das im Wege der teleologischen Interpretation gefundene Ergebnis ist allerdings mit dem Wortlaut des Artikels 69 Abs. 2 CISG erkennbar nicht in Einklang zu bringen. Es ist wiederum eine Korrektur des Gesetzeswortlauts im Wege der teleologischen Reduktion zu erwägen.

Fünftens: Von einer Übernahme der Ware durch den Käufer im Sinne des Artikels 69 CISG ist bei Berücksichtigung der im besonderen Gefahrtragungsrecht relevanten Zweckerwägungen auszugehen, sobald die Kaufsache in den tatsächlichen Herrschaftsbereich des Käufers oder einer vom Käufer zu diesem Zweck ausgesuchten dritten Person gelangt. Besondere Bedeutung kommt in diesem Zusammenhang dem Aspekt der Schadensvermeidung zu. Der Käufer soll demnach in Fällen, in denen die Organisation des Transports der Ware in seinen Aufgabenbereich fällt, durch die Gefahrbelastung primär zur sorgfältigen Auswahl des Beförderers angehalten werden. Die Beantwortung der Frage, ob die Gefahrbelastung des Käufers nach Artikel 69 Abs. 1 CISG in diesen Konstellationen rechtstechnisch aus der Zurechnung der Sachherrschaft des so ausgesuchten Beförderers folgt, oder ob es entscheidend darauf ankommt, dass der Käufer durch die dritte Person seine Übernahmeverpflichtung gegenüber dem Verkäufer erfüllt, hat auf das Auslegungsergebnis keinen Einfluss. Gegen letztgenannte Erklärung spricht allerdings, dass die Erfüllung der Lieferpflicht des Verkäufers nach dem bisherigen Gang der Untersuchung nicht entscheidend für den Gefahrübergang ist. Gleiches sollte spiegelbildlich für die vom Käufer geschuldeten Mitwirkungshandlungen nach Artikel 69 Abs. 1 CISG gelten.

Sechstens: Für den Grundtatbestand der Gefahrtragung beim Verkauf reisender Ware nach Artikel 68 Satz 1 CISG spielt die an objektiv teleologischen Kriterien orientierte Gesetzesauslegung im Grunde genommen keine Rolle. Ein Rückgriff auf die in diesem Kapitel analysierten Zweckerwägungen ist allerdings auch nicht erforderlich, da der Anwendungsbereich des Artikels 68 CISG ohnehin auf einen spezifischen in der Praxis des Exporthandels vorkommenden Fall zugeschnitten und damit gewissermaßen kraft Natur der Sache eindeutig umrissen ist. Es ist postuliert worden, dass die Gefahrtragungsregel des Artikels 68 Satz 1 CISG auf der Rechtsfolgenseite rechtspolitisch nicht sinnvoll sei[847], ein Umstand, den man im Hinblick auf die Entstehungsgeschichte aber hinnehmen müsse[848]. In diesem Zusammenhang ist allerdings interessant, dass Artikel 68 Satz 1 CISG die Preisgefahr im Ergebnis aller Voraussicht nach dem insoweit darlegungs- und beweisbelasteten Verkäufer zuweisen wird[849]. Nach dem soeben Gesagten ist dies die Rechtsfolge, die aus objektiv teleologischen Erwägungen ganz allgemein für den Gefahrübergang beim Versendungskauf zu wünschen gewesen wäre. Hervorzuheben ist des Weiteren, dass im Tatbestand des Artikels 68 Satz 2 CISG, anders als bei der Gefahrtragungsregel beim Versendungskauf nach Artikel 67 CISG, versicherungstechnische Aspekte ganz offensichtlich zu berücksichtigen sind. Dieses Ergebnis wird allerdings weniger durch die – objektiv – teleologische Auslegung (hier würde vielmehr eine Belastung des Verkäufers mit der Transportgefahr nahe liegen) als vielmehr durch die besondere Entstehungsgeschichte der Vorschrift[850] vorgegeben. Auf das Verhältnis von

847 *Bridge*, Transfer of Risk, S. 95; Enderlein/Maskow/Strohbach-*Maskow*, Art. 68, Anm. 1.1.

848 Z.B. Schlechtriem/Schwenzer[5]-*Hager/Maultzsch*, Art. 68, Rn. 4; Schlechtriem/Schwenzer-*Hachem*, Art. 68, Rn. 10.

849 Vgl. *Mankowski* in: Ferrari u.a., Internationales Vertragsrecht, Art. 68 CISG, Rn. 10; *Herber/Czerwenka*, Art. 68, Rn. 2; allgemein zur Beweislast des Verkäufers Staudinger-*Magnus*, Art. 36 CISG, Rn. 22 ff.; und auch schon oben Fn. 96.

850 Dazu oben Seiten 209 ff.

Ausnahme und Regel soll ausführlicher im sich anschließenden Kapitel 5 eingegangen werden[851].

VI. Auslegungsergebnis und Abgrenzung der Tatbestände des besonderen Gefahrtragungsrechts untereinander

Im Folgenden sollen die Ergebnisse der einzelnen Auslegungsmethoden für die einzelnen Tatbestände des besonderen Gefahrtragungsrechts zusammengefasst und anschließend am Beispiel der Gefahrtragung beim Streckengeschäft veranschaulicht werden.

1. Der Grundtatbestand des Versendungskaufs in Artikel 67 Abs. 1 Satz 1 CISG

Die Gefahrtragungsregel in Artikel 67 Abs. 1 Satz 1 CISG hat zwei Tatbestandsvoraussetzungen. In rein tatsächlicher Hinsicht ist erforderlich, dass die Kaufsache durch einen vom Verkäufer ausgesuchten und beauftragten Frachtführer transportiert wird. Als Frachtführer ist dabei jeder Kaufmann zu qualifizieren, der die Beförderung von Transportgut in Ausübung einer selbständigen gewerblichen Tätigkeit betreibt. Kumulativ hinzutreten muss die Vereinbarung eines Versendungskaufs durch die Vertragsparteien. Hierzu ist erforderlich, dass der Verkäufer nach dem Vertrag entweder unmittelbar verpflichtet wird, die Ware mittels eines von ihm ausgesuchten und beauftragten Frachtführers an den Käufer zu übermitteln oder dass dem Verkäufer ein Wahlrecht eingeräumt wird, das den Transport im soeben genannten Sinne miteinschließt. Weder die unaufgeforderte noch die vertragswidrige Versendung durch den Verkäufer stellen demnach einen Versendungskauf im Sinne des Artikels 67 Abs. 1 Satz 1 CISG dar. Gleiches gilt natürlich für den vertragswidrig vorgenommenen Transport durch eigene Leute des Verkäufers. In all diesen Fällen beurteilt sich der Gefahrübergang nach dem Grundtatbestand des Artikels 69 Abs. 1 CISG. Der Verkäufer trägt mithin die Transportgefahr.

Artikel 67 CISG setzt nicht voraus, dass der Käufer in den jeweiligen Transportdokumenten als Empfänger eingetragen ist. In Abgrenzung zu Artikel 68 CISG ist aber zu fordern, dass die Zweckbestimmung des Transports im Zeitpunkt der Übergabe der Ware an den Frachtführer in der Übermittlung an den Käufer bestand. Eine solche Zweckbestimmung muss nicht gegenüber dem Frachtführer erklärt werden. Es ist ausreichend, wenn sie dem Verhalten der

851 Dort III. 1. und 2.

Parteien des Kaufvertrags im Wege der, notfalls ergänzenden, Auslegung entnommen werden kann. Um Widersprüche zu Artikel 67 Abs. 2 CISG zu vermeiden sind hier keine allzu strengen Maßstäbe anzulegen. Bei erkennbar an einen Dritten adressierter Ware ist ein Versendungskauf nach Artikel 67 Abs. 1 Satz 1 CISG allerdings ausgeschlossen.

Der Vorbehalt in Artikel 67 Abs. 1 Satz 1 CISG ist einschränkend zu interpretieren. Eine Verpflichtung des Verkäufers, dem Käufer „die Ware an einem bestimmten Ort zu übergeben" ist nicht bereits in einer bloßen Vereinbarung über den Lieferort zu sehen. Die Vereinbarung muss sich, zumindest implizit, unmittelbar auf den Gefahrübergang beziehen. Der Vorbehalt betont damit im Ergebnis lediglich den Vorrang der Parteiabrede vor dem dispositiven Gefahrtragungsrecht. Er hat folglich nur deklaratorische Bedeutung. Die hier propagierte Interpretation geht erkennbar über die Bedeutung des Wortes „Übergabe" nach dem allgemeinen sowie dem juristischen Sprachgebrauch hinaus. Als Rechtsfortbildung im Wege der teleologischen Reduktion bedarf sie mithin einer besonderen Begründung[852]. Die teleologische Reduktion kann vorliegend insbesondere auf subjektiv teleologische Kriterien gestützt werden. Die Verfasser des UN-Kaufrechts bezweckten mit dem Vorbehalt, einen frühen Gefahrübergang nach Artikel 67 Abs. 1 Satz 1 CISG in Fällen auszuschließen, in denen die Vertragsparteien einen Kauf *„ex ship"* oder Vergleichbares vereinbart haben. Da entsprechende Handelsklauseln regelmäßig auch den Gefahrübergang explizit regeln, können sie nur als vereinbart gelten, wenn die Parteien im Zeitpunkt der Vereinbarung auch den Aspekt der Gefahrtragung berücksichtigt haben. Das kann im Falle der bloßen Einigung über einen bestimmten Übergabeort nicht ohne weiteres unterstellt werden. Unterstützend ist darauf abzustellen, dass sowohl nach dem erkennbaren Willen der Gesetzesverfasser als auch nach dem objektiv mit den Gefahrtragungsregeln des CISG verfolgten Zweck eine unmittelbare Anknüpfung der Gefahrtragung an den Inhalt der Lieferpflicht nicht in Betracht kommt. Bei der Vereinbarung eines bestimmten Übergabeorts handelt es sich in der Sache aber um eine ebensolche, ausschließlich den Inhalt der Lieferpflicht betreffende, vertragliche Absprache.

2. Der qualifizierte Tatbestand des Versendungskaufs in Artikel 67 Abs. 1 Satz 2 CISG

Bei Artikel 67 Abs. 1 Satz 2 CISG handelt es sich um einen Spezialtatbestand des Versendungskaufs, der der allgemeinen Regel des Artikels 67 Abs. 1 Satz 1

852 Vgl. *Kropholler*, Internationales Einheitsrecht, S. 292 f.

CISG vorgeht. Auf der Tatbestandsebene tritt bei Satz 2 als weitere Voraussetzung hinzu, dass der Verkäufer nach dem Kaufvertrag verpflichtet ist, die Ware an einem bestimmten Ort an einen Frachtführer im oben genannten Sinne zu übergeben.

Der Anwendungsbereich der Vorschrift ist allerdings auf Fallkonstellationen zu beschränken, in denen der geforderten Parteivereinbarung über den Übergabeort zumindest implizit auch eine Aussage über den Zeitpunkt des Gefahrübergangs selbst entnommen werden kann. Ähnlich dem Vorbehalt in Artikel 67 Abs. 1 Satz 1 CISG hat damit auch die Gefahrtragungsregel des Artikels 67 Abs. 1 Satz 2 CISG vor allem deklaratorische Bedeutung. Aufgrund des nicht auslegungsfähigen Gesetzeswortlauts bedarf Artikel 67 Abs. 1 Satz 2 CISG der teleologischen Reduktion. Sowohl das Ergebnis der subjektiv teleologischen als auch der objektiv teleologischen Auslegung sprechen für eine Beschränkung des Anwendungsbereichs. Die Gesetzesverfasser wollten mit Artikel 67 Abs. 1 Satz 2 CISG Konstellationen wie einem Kauf CIF Rechnung tragen. Die CIF Klausel setzt aber voraus, dass sich die Vertragsparteien auch konkret auf den Zeitpunkt des Gefahrübergangs geeinigt haben. Es gilt das soeben zu Artikel 67 Abs. 1 Satz 1 CISG Gesagte. Aus objektiv teleologischem Blickwinkel ist zu berücksichtigen, dass der durch Artikel 67 Abs. 1 Satz 2 CISG in aller Regel angeordnete Gefahrübergang während des Transports der Kaufsache immer dann zu nicht praktikablen Ergebnissen führt, wenn der Frachtführer am vereinbarten Übergabeort die Ware keiner Eingangskontrolle auf Mängel bzw. Transportschäden unterzieht bzw. unterziehen kann. Das ist insbesondere beim Containertransport der Fall. Hieraus ist die Auslegungsregel abzuleiten, dass von einer im Kontext des Artikels 67 Abs. 1 Satz 2 CISG zu fordernden Vereinbarung über den Gefahrübergang im Zweifel nicht auszugehen ist, wenn die Ware nach dem Willen der Parteien im Zeitpunkt des Vertragsschlusses in einem Container befördert werden sollte. Weitergehend sollte ein entsprechender Parteiwille im Wege der ergänzenden Auslegung immer dann unterstellt werden, wenn der Containertransport der betreffenden Warengattung in der Exportpraxis (wie beispielsweise bei der Verschiffung von Elektronikartikeln) absolut üblich ist.

3. Der qualifizierte Tatbestand des Versendungskaufs in Artikel 68 CISG

Artikel 68 CISG ist in der Sache ein Spezialfall des in Artikel 67 CISG geregelten Versendungskaufs. Daraus folgt, dass die Vorschrift als Ganzes nur anwendbar sein kann, wenn der Transport der Ware, auf dem sich diese nach Artikel 68 Satz 1 CISG befinden muss, von einem vom Verkäufer ausgewählten

Frachtführer durchgeführt wird. Im Gegensatz zu Artikel 67 CISG ist nicht zu fordern, dass sich die Parteien des Kaufvertrags auf die Art der Beförderung geeinigt haben. Dies wäre beim Verkauf reisender Ware faktisch gar nicht möglich, da die Art und Weise des Transports – gewissermaßen kraft Natur der Sache – im Zeitpunkt des Vertragsschlusses bereits fest steht. Ein Verkauf von auf dem Transport befindlicher Ware liegt bereits vor, wenn der Frachtführer die Ware im Zeitpunkt des Abschlusses des Kaufvertrags in seine Obhut genommen hat. Auf den Beginn des tatsächlichen Transportvorgangs kommt es insoweit nicht an[853]. Artikel 68 Satz 1 CISG setzt auch nicht voraus, dass der Frachtführer Transportdokumente über die reisende Ware ausgestellt hat.

Der Ausnahmetatbestand des Artikels 68 Satz 2 CISG ist stark einzelfallbezogen. Wie noch zu zeigen sein wird, ist sein Anwendungsbereich im Wesentlichen auf Konstellationen zu beschränken, in denen der Käufer die Ware rückwirkend auf den Zeitpunkt des Transportbeginns versichert bzw. versichern kann.

4. Die Gefahrtragungsregel des Artikels 69 Abs. 2 CISG

Die in Artikel 69 Abs. 2 CISG getroffene Regelung ist den Fällen des Verkaufs eingelagerter Ware vorbehalten. Der Verkauf eingelagerter Ware setzt tatbestandlich voraus, dass sich die Ware im Zeitpunkt des Abschlusses des Kaufvertrags in der Obhut eines Dritten befindet, der weder dem Organisationsbereich einer der Vertragsparteien zuzuordnen noch Frachtführer im oben verwendeten Sinne ist. In aller Regel wird es sich bei dem Dritten um einen gewerblich in dieser Funktion tätigen Lagerhalter handeln. Auch ein Verkauf „ab Werk" fällt in den Anwendungsbereich des Artikels 69 Abs. 2 CISG, wenn sich das Werk nicht an der Niederlassung des Verkäufers befindet[854].

Aus dieser Definition folgt insbesondere, dass die Fälle des Transports der Kaufsache durch Leute des Verkäufers unter den Grundtatbestand des Artikels 69 Abs. 1 CISG und nicht unter Artikel 69 Abs. 2 CISG zu subsumieren sind[855].

---

853 So auch die ganz überwiegende Ansicht im Schrifttum, bspw. Schlechtriem/Schwenzer-*Hachem*, Art. 68, Rn. 5; *Mankowski* in: Ferrari u.a., Internationales Vertragsrecht, Art. 68 CISG, Rn. 6; MünchKommBGB-*Peter Huber*, Art. 68 CISG, Rn. 3; Honsell-*Schönle/Th.Koller*, Art. 68, Rn. 6; Staudinger-*Magnus*, Art. 68 CISG, Rn. 6.

854 Enderlein/Maskow/Strohbach-*Maskow*, Art. 69, Anm. 6.

855 So Staub-*Koller*, Vor § 373 HGB, Rn. 721 und wohl auch Enderlein/Maskow/Strohbach-*Maskow*, Art. 69, Anm. 1; **a.A.** die g.h.M.: *Honnold/Flechtner*, Uniform Law, Rn. 377; Bianca/Bonell-*Nicholas*, Art. 69, Anm. 2.4.; *Hager*, Gefahrtragung nach UN Kaufrecht, S. 399; *Roth*, 27 Am. J. Comp. L. (1979), 291, 300; *Karollus*, UN-Kaufrecht, S. 202; Staudinger-*Magnus*, Art. 69 CISG, Rn. 18; Brunner-*Klingler/Mauerhofer*,

Aufgrund des anders lautenden Gesetzeswortlauts ist diese Schlussfolgerung methodisch wiederum als teleologische Reduktion zu qualifizieren, die als eine Form der Rechtsfortbildung *contra legem* einer ausführlichen und gewissenhaften Begründung bedarf. Für die teleologische Reduktion sprechen vorliegend sowohl subjektiv als auch objektiv teleologische Aspekte, die in den folgenden vier Argumenten zusammengefasst werden können:

Erstens: Sowohl in der Arbeitsgruppe als auch in den Gremien der diplomatischen Konferenz wurde Artikel 69 Abs. 2 CISG ausschließlich im Kontext des Verkaufs eingelagerter Ware diskutiert. Die Stellungnahme der norwegischen Delegation, auf deren Initiative Artikel 69 Abs. 2 CISG nachträglich in den Entwurfstext eingefügt wurde und der zufolge die Vorschrift auch den Fall der Lieferung der Kaufsache durch Leute des Verkäufers erfassen sollte, kann vor diesem Hintergrund vernachlässigt werden[856].

Zweitens: Artikel 69 Abs. 1 CISG knüpft tatbestandlich an die Übernahme der Kaufsache durch den Käufer an. Übernahme ist im Sinne von Übernahme der Sachherrschaft zu verstehen. Aus rechtsvergleichender Sicht orientiert sich die Vorschrift am Traditionsprinzip. Artikel 69 Abs. 2 CISG bewirkt im Vergleich dazu eine Vorverlagerung des Gefahrübergangs auf den Zeitpunkt des „Zurverfügungstehens" der Kaufsache, eine Rechtsfolge, die mit dem Traditionsprinzip erkennbar nicht vereinbar ist. Der Eigentransport durch Leute des Käufers ist nach ganz einhelliger Auffassung unter den Grundtatbestand des Artikels 69 Abs. 1 CISG zu subsumieren[857]. Hier gilt also das Traditionsprinzip. Es ist kein Grund ersichtlich, warum der Eigentransport durch Leute des Verkäufers rechtlich anders zu behandeln sein sollte. Insbesondere greifen in beiden Fallkonstellationen dieselben objektiv teleologischen Erwägungen. Dies sind im Einzelnen das Gebot der Schadensvermeidung, der effektiven Inanspruchnahme von Versicherungsschutz sowie der Streitvermeidung.

UN-Kaufrecht, Art. 69, Rn. 5; MünchKommBGB-*Peter Huber*, Art. 69 CISG, Rn. 8; Witz/Salger/Lorenz-*Witz*, Art. 69, Rn. 9; Schlechtriem/Schwenzer-*Hachem*, Art. 69, Rn. 18; *Herber/Czerwenka*, Art. 69, Rn. 6; *Achilles*, Art. 69 CISG, Rn. 4; wohl auch *Mankowski* in: Ferrari u.a., Internationales Vertragsrecht, Art. 69 CISG, Rn. 19.

856 Vgl. *Roth*, 27 Am. J. Comp. L. (1979), 291, 300; Staudinger-*Magnus*, Art. 69 CISG, Rn. 5, die die hier vorgeschlagene teleologische Reduktion im Ergebnis freilich nicht vornehmen.

857 Staudinger-*Magnus*, Art. 69 CISG, Rn. 9; Choi, Gefahrtragungsregeln, S. 117; *Mankowski* in: Ferrari u.a., Internationales Vertragsrecht, Art. 69 CISG, Rn. 6; MünchKommBGB-*Peter Huber*, Art. 69 CISG, Rn. 3; *Herber/Czerwenka*, Art. 69, Rn. 2; Witz/Salger/Lorenz-*Witz*, Art. 69, Rn. 6.

Drittens: Nur eine Beschränkung des Anwendungsbereichs des Artikels 69 Abs. 2 CISG auf die Fälle des Verkaufs eingelagerter Ware ermöglicht eine rechtsdogmatisch plausible Abgrenzung zu der in Artikel 69 Abs. 1 CISG enthaltenen Grundregel. Der nunmehr in Artikel 69 Abs. 2 CISG geregelte Ausnahmetatbestand wurde von den Gesetzesverfassern mit der Intention geschaffen, den in Abs. 1 verwendeten Übernahmebegriff auf diesem Wege zu konsolidieren. Während Artikel 69 Abs. 1 CISG nach der Konzeption der Gesetzesverfasser an die Übertragung der Sachherrschaft anknüpft, soll im Kontext des Absatzes 2 die Übertragung der Verfügungsbefugnis über die Ware maßgeblich sein. Das Konzept der Sachherrschaft ist dabei aber nicht in einem tatsächlichen, sondern in einem rechtlich wertenden Sinne zu verstehen. Im Exporthandel werden in aller Regel weder der Verkäufer noch der Käufer die Kaufsache jemals in eigenen Händen halten. Unmittelbare, also tatsächliche, Sachherrschaft üben ausschließlich Dritte wie beispielsweise Firmenangestellte, Subunternehmer oder Frachtführer aus. Im Kontext des Artikels 69 Abs. 1 CISG stellt sich damit nahezu immer die Frage, unter welchen Voraussetzungen die Sachherrschaft eines Dritten einer der Vertragsparteien zugerechnet werden kann[858]. Das Zurechnungskriterium muss dabei ein anderes sein als das Bestehen vertraglicher Weisungsrechte, die die Verfügungsbefugnis vermitteln. Andernfalls wäre eine Abgrenzung zu Absatz 2 offensichtlich nicht möglich. Auch ein Abstellen auf den Inhalt der Lieferpflicht kommt aus grundsätzlichen Erwägungen nicht in Betracht. Gerade mit Blick auf die Intention der Gesetzesverfasser liegt es vielmehr nahe, Artikel 69 Abs. 1 CISG immer dann anzuwenden, wenn sich die Zuordnung der Preisgefahr aus dem Traditionsprinzip ableiten lässt. Artikel 69 Abs. 2 CISG enthält demgegenüber eine Spezialregelung für diejenigen Fälle, die sich unter Rückgriff auf den Traditionsgrundsatz nicht lösen lassen. Letzteres ist ausschließlich beim Verkauf eingelagerter Ware der Fall. Da sich die Ware in diesen Fallkonstellationen bereits im Zeitpunkt des Vertragsschlusses bei einem Dritten befindet, kann dem Gefahrtragungsrecht hier nicht die Funktion zukommen, den Verkäufer zu einer sorgfältigen Auswahl ebendieser Person und damit zur Schadensvermeidung anzuhalten. Auch versicherungstechnische Implikationen stellen sich nicht, da der Lagerhalter die Ware im Wege der Gebäudeversicherung in aller Regel auf eigene Kosten versichert haben wird und es einer zusätzlichen Versicherung

---

858 Dass das Gesetz die Zurechenbarkeit der Sachherrschaft prinzipiell zulässt, ergibt sich aus der Entstehungsgeschichte, dazu oben Seiten 217 f; auch die systematische und die objektiv teleologische Interpretation der Artikel 67 bis 69 CISG legen dieses Auslegungsergebnis nahe, dazu oben Seiten 176 f. und 248 f.

durch den Käufer oder den Verkäufer somit nicht mehr bedarf. Die Gefahrbelastung des Verkäufers während des Transports durch seine eigenen Leute lässt sich im Gegensatz dazu sowohl mit dem Gedanken der Schadensvermeidung als auch mit dem Konzept der effektiven Inanspruchnahme von Versicherungsschutz erklären. Die Fallkonstellation ist mithin unter den in Artikel 69 Abs. 1 CISG enthaltenen Grundtatbestand des besonderen Gefahrtragungsrechts zu subsumieren.

Viertens: Die Anwendung des Artikels 69 Abs. 2 CISG auf die Fälle des vom Verkäufer durchgeführten Eigentransports führt ferner in Konstellationen zu unbilligen Ergebnissen, in denen der Verkäufer die Ware zu einem Zeitpunkt anliefert, in dem der Käufer nach Maßgabe des Artikels 60 CISG nicht zur Abnahme verpflichtet ist. Dies ist zum Beispiel bei einer Andienung der Kaufsache außerhalb der Geschäftszeiten des Käufers der Fall. Während eine Anwendung des Artikels 69 Abs. 2 CISG den Rechtsanwender in solchen Konstellationen zu gekünstelt wirkenden Ausnahmen nötigt[859], ergibt sich die Lösung bei Anwendung des Artikels 69 Abs. 1 CISG vor dem Hintergrund der dort für die Fälle des Abnahmeverzugs getroffenen Regelung ganz natürlich.

5. Artikel 69 Abs. 1 CISG als Auffangtatbestand des besonderen Gefahrtragungsrechts.

Als Auffangtatbestand regelt Artikel 69 Abs. 1 CISG den Gefahrübergang in all den Konstellationen, die von den Artikeln 67, 68 und 69 Abs. 2 CISG nicht erfasst werden. Dies sind vor allem die Fälle des Eigentransports der Ware durch Leute des Käufers oder des Verkäufers sowie der Transport durch einen vom Käufer beauftragten Frachtführer. Bei Artikel 69 Abs. 1 CISG handelt es sich um eine Ausprägung des Traditionsprinzips, die in dieser Form auch dem besonderen Gefahrtragungsrecht des US amerikanischen Uniform Commercial Code sowie des deutschen BGB zu Grunde liegt. Von den spezielleren Gefahrtragungstatbeständen des CISG unterscheidet sich die Vorschrift dadurch, dass sie nicht an eine im Exporthandel typische faktische Konstellation, sondern mit dem Traditionsprinzip vielmehr an einen rechtsdogmatischen Grundsatz, nämlich den Zusammenhang von Gefahrübergang und Sachherrschaft, anknüpft. Über seinen unmittelbaren Anwendungsbereich hinaus ist Artikel 69 Abs. 1 CISG die auf

---

859 Beispielhaft insoweit die Ausführungen bei Schlechtriem/Schwenzer-*Hachem*, Art. 69, Rn. 18, die ohne weitere Begründung als weitere Voraussetzung des Gefahrübergangs die Fälligkeit der Leistung annehmen. Denkbar ist des Weiteren der Rückgriff auf den auch im CISG geltenden Grundsatz des *venire contra factum proprium*.

alle Gefahrtragungstatbestände anzuwendende Aussage zu entnehmen, dass die Preisgefahr spätestens in dem Zeitpunkt auf den Käufer übergeht, in dem dieser die tatsächliche Sachherrschaft erlangt[860].

6. Die Gefahrtragung beim Streckengeschäft als Anwendungsbeispiel

Die Fallgestaltungen, in denen sich Gefahrtragungsprobleme stellen können, sind vielgestaltig. Weder können die gesetzlichen Gefahrtragungstatbestände alle diese Fälle lückenlos erfassen[861], noch können die soeben herausgearbeiteten Definitionen eine zweifelsfreie Zuordnung der Preisgefahr in allen denkbaren Sachverhaltskonstellationen gewährleisten. In Zweifelsfällen ist auf die einzelnen Auslegungsergebnisse zurückzugreifen, aus denen die jeweiligen Definitionen abgeleitet wurden. Dieses Vorgehen soll im Folgenden am Beispiel des Streckengeschäfts veranschaulicht werden.

Das Streckengeschäft, das oft auch als Durchlieferung oder Zwischenhandel bezeichnet wird, bietet sich als Beispiel schon aufgrund seiner großen Relevanz in der Handelspraxis an. Die erhöhte Komplexität der sich ergebenden Rechtsverhältnisse bietet ferner die Möglichkeit der vertieften Auseinandersetzung mit Fragen des besonderen Gefahrtragungsrechts. Von einem Streckengeschäft bzw. einer Durchlieferung ist auszugehen, wenn der Käufer die Kaufsache an einen Dritten veräußert ohne jemals selbst die, tatsächliche oder durch Zurechnung vermittelte, Sachherrschaft erlangt zu haben. Die relevanten Lieferhandlungen werden im Ergebnis ausschließlich zwischen dem Verkäufer und dem Dritten vorgenommen. Der Käufer fungiert als Zwischenhändler[862]. Da beim Streckengeschäft zumindest zwei Kaufverträge über dieselbe Ware abgeschlossen werden, muss auch der Gefahrübergang zweimal untersucht werden, einmal im Verhältnis zwischen dem Verkäufer und dem Käufer und einmal im Verhältnis zwischen dem Käufer und dem Endabnehmer. Wie auch beim „einfachen" Kauf mit lediglich zwei Beteiligten kommt es für den Gefahrübergang maßgeblich darauf an, wer den Transport der Ware organisiert bzw. nach dem Vertrag

860 *Karollus*, UN-Kaufrecht, S. 203 f.; Staudinger-*Magnus*, Art. 69 CISG, Rn. 7 f.

861 Vgl. *Honnold/Flechtner*, Uniform Law, Rn. 363: *"No statute can adequately define when risk passes [...], any more than a statute can define the characteristics and quality of the goods".*

862 *Raab*, Austauschverträge mit Drittbeteiligung, S. 336; MünchKommHGB-*Benicke*, Art. 31 CISG, Rn. 16; Baumbach/Hopt-*Hopt*, Einl. vor § 373 HGB, Rn. 27; *Karsten Schmidt*, Handelsrecht, § 29 III. 6.

zu organisieren hat. Der Transport durch eigene Leute soll dabei in der sich anschließenden Betrachtung aufgrund seiner geringen Praxisrelevanz gerade beim Streckengeschäft nicht berücksichtigt werden.

Die Problematik lässt sich gut anhand zweier der Rechtsprechung entnommener Beispiele darstellen:

> ***Beispielfall 1**: Der Käufer(B) mit Sitz in Österreich schließt einen Kaufvertrag über 100 Tonnen Apfelsaftkonzentrat mit einem polnischen Verkäufer (A), die er unmittelbar an seinen Endabnehmer (E) mit Sitz in Deutschland weiterverkauft. Der Vertrag zwischen A und B sieht vor, dass A das Apfelsaftkonzentrat durch eine spezialisierte Spedition mit Tanklastzügen direkt an E liefert. Der E wird demgemäß als Empfänger in den Frachtbrief eingetragen. Bei der Eingangskontrolle durch E stellt sich heraus, dass das Konzentrat mit Glucosesirup versetzt ist. E verweigert daraufhin die Zahlung des Kaufpreises gegenüber B. In dem sich anschließenden Rechtsstreit trägt der klagende B vor, eine chemische Untersuchung der Ware bei Verladung habe ergeben, dass das Apfelsaftkonzentrat in diesem Zeitpunkt rein war, das Glucosesirup mithin erst während des Transports zugesetzt worden sein müsse*[863].

Im Verhältnis zwischen A und B liegt hier ein Versendungskauf vor. Der Gefahrübergang richtet sich nach Artikel 67 Abs. 1 Satz 1 CISG, da A sich vertraglich verpflichtet hat, den Transport der Ware durch einen spezialisierten Frachtführer durchführen zu lassen. Dass nicht B, sondern E in den Transportdokumenten als Empfänger eingetragen wird, ist unschädlich. Für den Gefahrübergang nach Artikel 67 Abs. 1 Satz 1 CISG reicht es aus, dass die Ware erkennbar für den Käufer bestimmt ist. Diese Zweckbestimmung ergibt sich im vorliegenden Fall aus der vertraglichen Vereinbarung zwischen B und A, die Ware direkt an E auszuliefern[864]. In dem im Beispiel streitgegenständlichen Verhältnis zwischen B und E beurteilt sich der Gefahrübergang im Ergebnis ebenfalls nach Artikel 67 Abs. 1 Satz 1 CISG[865]. Die Tatbestandsvoraussetzungen dieser Vorschrift sind erfüllt. Die Durchlieferung erfolgt in tatsächlicher Hinsicht durch einen Frachtführer im transportrechtlichen Sinne. B ist gegenüber E auch vertraglich zur Organisation des Transports verpflichtet. Dass es im Ergebnis A ist, der den Transporteur aussucht und die erforderlichen Verträge schließt, schadet nicht. A ist nämlich seinerseits B gegenüber zur Versendung der Ware verpflichtet. Im Rechtsverhältnis des B zum E macht ihn das zur Hilfsperson des B[866]. Durch die

---

863 Nach OLG Stuttgart, Urteil vom 12. März 2001, 5 U 216/99, zitiert nach Juris.

864 Vgl. Soergel-*Lüderitz/Budzikiewicz*, Art. 67 CISG, Rn. 3.

865 So auch OLG Stuttgart, a.a.O., Rn. 49.

866 Vgl. *Eckert/Maifeld/Matthiessen*, Handbuch des Kaufrechts, Rn. 595; Soergel-*Lüderitz/Schüßler-Langeheine*, Art. 31 CISG, Rn. 3; MünchKommHGB-*Benicke*, Art. 31 CISG, Rn. 16; Schlechtriem/Schwenzer-*Widmer Lüchinger*, Art. 32, Rn. 24.

Vereinbarung der Durchlieferung zwischen B und E wird B ausdrücklich zur Einschaltung einer solchen Hilfsperson ermächtigt[867]. Artikel 67 Abs. 1 Satz 1 CISG wird nicht durch den Spezialtatbestand des Artikels 67 Abs. 1 Satz 2 CISG verdrängt[868]. Nach der hier vertretenen Auffassung ist letztgenannte Vorschrift nur unter der ungeschriebenen Voraussetzung einschlägig, dass die Parteien zumindest eine implizite Absprache über den Gefahrübergang getroffen haben, wie dies insbesondere beim Kauf CIF der Fall ist. Eine solche Absprache kann beim Streckengeschäft regelmäßig nicht unterstellt werden. Die Versendung erfolgt aus rein praktischen Gründen nicht von der Niederlassung des B. Da dem B die Versendung durch A aufgrund der vertraglichen Absprache mit dem E zugerechnet wird, versendet B nicht von einem „bestimmten Ort" im Sinne des Artikels 67 Abs. 1 Satz 2 CISG. Auch Artikel 69 Abs. 2 CISG ist in der hier untersuchten Fallkonstellation nicht einschlägig. Zwar wären die Tatbestandsvoraussetzungen dieser Bestimmung bei isolierter Betrachtung erfüllt. Artikel 69 Abs. 2 CISG ist aber, was sich aus der Gesetzessystematik ohne Weiteres ergibt, gegenüber den Gefahrtragungsregeln beim Versendungskauf subsidiär[869].

> ***Beispielfall 2:*** *Der Käufer (B), ein Zwischenhändler für Lebensmittel mit Sitz in den USA, verkauft eine Ladung gefrorene Schweinerippen an seinen kanadischen Endabnehmer (E). Der Kaufvertrag zwischen B und dem Verkäufer (A) sieht vor, dass Letzterer die Ware zu einem bestimmten Termin in seiner Fabrik bereitstellt, so dass sie dort unmittelbar von E abgeholt werden kann. E bedient sich zu diesem Zweck eines Transportunternehmens. Der so beauftragte Frachtführer überprüft die Schweinerippen bei Übernahme auf ihren äußerlich erkennbaren Zustand und kann insoweit keine Mängel feststellen. Dieses Ergebnis trägt er in den Frachtbrief ein. Die Untersuchung der Schweinerippen durch E fördert dann deren Mangelhaftigkeit zu Tage.*

Der Beispielsfall ist einer Entscheidung des United States Court of Appeals, Seventh Circuit nachgebildet[870]. Der Court of Appeals hatte über den Gefahrübergang im Verhältnis des B zum E zu entscheiden. Er hat insoweit Artikel 67 Abs. 1 Satz 1 CISG angewendet, da die Beförderung der Ware von einen selbständigen Transportunternehmer durchgeführt wurde. Nach der hier vertretenen Ansicht richtet sich der Gefahrübergang in diesem Rechtsverhältnis

---

867 Vgl. Schlechtriem/Schwenzer-*Widmer Lüchinger*, Art. 32, Rn. 24.

868 So im Ergebnis auch OLG Stuttgart, a.a.O., Rn. 49.

869 *Erauw*, Delivery Terms and the Passing of Risk, S. 406; *Mankowski* in: Ferrari u.a., Internationales Vertragsrecht, Art. 69 CISG, Rn. 17; MünchKommBGB-*Peter Huber*, Art. 69 CISG, Rn. 8.

870 *Chicago Prime Packers, Inc. v. Northam Food Trading Co.*, US Court of Appeals (7th Cir.), Urteil vom 23 Mai 2005, Lexis 9355, CISG-online Nr. 1026.

hingegen nach Artikel 69 Abs. 2 CISG. Der speziellere Artikel 67 CISG ist nicht einschlägig, weil der Kaufvertrag zwischen dem B und E eine Organisation des Warentransports durch B gerade nicht vorsah. Im vorliegenden Fall ist mithin nur das faktische, nicht aber das voluntative Element eines Versendungskaufs gegeben. Die Tatbestandsvoraussetzungen des Artikels 69 Abs. 2 CISG liegen vor. Die Kaufsache befindet sich im Zeitpunkt des Vertragsschlusses im Herrschaftsbereich des A, mithin eines Dritten, der weder dem Organisationsbereich des B zuzuordnen noch Frachtführer ist. Anders als in den Fällen des vom Verkäufer veranlassten Eigentransports ist eine teleologische Reduktion des Artikels 69 Abs. 2 CISG vorliegend nicht geboten. Wie beim Verkauf eingelagerter Ware auch hat das Gefahrtragungsrecht beim Streckengeschäft nicht die Aufgabe, den Käufer zur sorgfältigen Auswahl des Verkäufers anzuhalten. Eine solche sorgfältige Auswahl erfolgt alleine im Eigeninteresse des Käufers zu einem Zeitpunkt, in dem der Vertrag mit dem Endabnehmer unter Umständen noch gar nicht besteht. Da die Ware während sie sich beim Verkäufer befindet über dessen Gebäudeversicherung mitversichert ist, stellen sich für den Käufer auch keine versicherungstechnischen Implikationen. Es ist auch interessengerecht, den Endabnehmer die Gefahr nach Artikel 69 Abs. 2 CISG ab dem Zeitpunkt tragen zu lassen, in dem er über die Ware verfügen, sie mithin in einem wirtschaftlichen Sinne nutzen kann. Auch hier ergeben sich keine relevanten Unterschiede zum Verkauf eingelagerter Ware. In dem Vertrag zwischen dem Verkäufer und dem Käufer geht die Gefahr nach Artikel 69 Abs. 1 CISG über. Die Entgegennahme der Kaufsache durch den Endabnehmer ist dem Käufer aufgrund der Vereinbarung eines Streckengeschäfts zwischen Käufer und Verkäufer zuzurechnen. Der Endabnehmer wird hier als Hilfsperson des Käufers bei der Erfüllung von dessen Abnahmeverpflichtung gegenüber dem Verkäufer aus Artikel 60 CISG tätig.

VII. Implikationen für die Auslegung von Parteivereinbarungen

Die im Rahmen der historischen und objektiv teleologischen Analyse des besonderen Gefahrtragungsrechts herausgearbeiteten Ansätze lassen sich nicht nur zur Gesetzesauslegung, sondern in gewissen Grenzen auch als Hilfsmittel der Vertragsauslegung heranziehen. Bereits das in der Einführung zu diesem Kapitel verwendete Beispiel[871] sowie die Überlegungen zur Gesetzgebungsgeschichte[872]

871 Oben Seiten 166 f.

872 Vgl. insbesondere die Ausführungen oben Seiten 215 ff.

haben gezeigt, dass Kürzel wie „frei Haus" oder „ab Werk" in einem Kaufvertrag in erhöhtem Maße auslegungsbedürftig sind. Solche Kürzel können sich unter Umständen nur auf den Inhalt der Lieferpflicht beziehen. Es ist aber auch denkbar, dass gleichzeitig eine individualvertragliche Vereinbarung des Gefahrübergangs, der Versicherungspflicht oder der Pflicht zur Begleichung der Transportkosten getroffen werden sollte. Aus den im Zusammenhang mit der Interpretation der Artikel 67 bis 69 CISG herausgearbeiteten Grundsätzen lassen sich zwei Auslegungsregeln ableiten, deren Implikationen für die Fallbearbeitung am Beispiel der in der Einleitung bereits erwähnten Entscheidung des OLG Karlsruhe[873] aufgezeigt werden sollen.

1. Zwei Regeln für die Vertragsauslegung

Gemäß Artikel 8 Abs. 1 CISG ist für die Auslegung von einzelnen Willenserklärungen wie auch von Verträgen in ihrer Gesamtheit[874] der tatsächliche Parteiwille maßgeblich, soweit dieser für den Vertragspartner objektiv erkennbar ist. Hilfsweise ist nach Artikel 8 Abs. 2 CISG auf den objektivierten Empfängerhorizont abzustellen. Vor diesem Hintergrund lassen sich aus den in diesem Kapitel angestellten grundsätzlichen Überlegungen zum besonderen Gefahrtragungsrecht die folgenden zwei Auslegungsregeln ableiten. Alle Methoden der Gesetzesauslegung sind übereinstimmend zu dem Ergebnis gekommen, dass der Gefahrübergang unabhängig vom Inhalt der Lieferpflicht des Verkäufers erfolgt. Für die Vertragsauslegung bedeutet das, erstens, dass eine als solche erkennbare Lieferklausel im Zweifel nicht auch den Gefahrübergang regeln soll. Eine entsprechende Vereinbarung kann im Wege der Vertragsauslegung nur unterstellt werden, wenn weitere konkrete Anhaltspunkte vorliegen. Für eine Erstreckung der Lieferklausel auch auf den Gefahrübergang spricht dabei, zweitens, insbesondere, wenn sich die gegebene Parteiabrede erkennbar an den Wortlaut international anerkannter Handelsklauseln, wie vor allem der INCOTERMS, anlehnt[875]. Anders als im Gefahrtragungsrecht des CISG ist in den Klauseln der

---

873 Urteil vom 20. November 1992, 15 U 29/92, CISG online Nr. 54, NJW-RR, S. 1316 f.

874 *Ferrari*, IHR 2003. 10, 11; Bianca/Bonell-*Farnsworth*, Art. 8, Anm. 2.1.; *Honnold/Flechtner*, Uniform Law, Rn. 105; Soergel-*Lüderitz/Fenge*, Art. 8 CISG, Rn. 10; Witz/Salger/Lorenz-*Witz*, Art. 8, Rn. 3; Schlechtriem/Schwenzer-*Schmidt-Kessel*, Art. 8, Rn. 3 m.w.N.

875 Im Falle der direkten Vereinbarung einer Klausel der INCOTERMS ist das besondere Gefahrtragungsrecht des CISG in seiner Gesamtheit unanwendbar, so dass sich die im Folgenden zu erörternde Frage ganz grundsätzlich nicht stellt, vgl. *Graf von Bernsdorf*, RIW 2010, 672, 673 f. und auch schon oben in der Einleitung, Seite 23.

INCOTERMS durchweg vorgesehen, dass der Gefahrübergang mit Erfüllung der Liefer- bzw. Abnahmepflicht durch die jeweilige Vertragspartei erfolgt[876]. Parteien, die sich in ihrer Vereinbarung begrifflich an Klauseln der INCOTERMS orientieren, kann unterstellt werden, dass sie den Inhalt der einzelnen Handelsklauseln kennen und damit beim Vertragsschluss von einem Gleichlauf von Lieferpflicht und Gefahrübergang ausgegangen sind. Auf einen etwaig entgegenstehenden wirklichen Willen kann sich die durch dieses Auslegungsergebnis benachteiligte Partei regelmäßig wegen der in Artikel 8 Abs. 1 2. Halbsatz sowie Artikel 8 Abs. 2 CISG getroffenen Regelung nicht berufen[877]. Aufgrund der internationalen Üblichkeit der INCOTERMS darf eine im Exporthandel tätig werdende Vertragspartei über den Inhalt der betreffenden Handelsklauseln nicht in Unkenntnis sein. Das muss ganz besonders für Fallkonstellationen gelten, in denen sich die vertragliche Vereinbarung begrifflich an eine dieser Handelsklauseln anlehnt[878].

2. Das Urteil des OLG Karlsruhe, 15 U 29/92, als Anwendungsbeispiel

Vor diesem Hintergrund ist in dem in der Einleitung zu diesem Kapitel wiedergegebenen Beispiel[879] entgegen der Ansicht des OLG Karlsruhe davon

876 Abweichend von Artikel 60 CISG knüpft Ziff. B 4 der jeweiligen Klausel der INCOTERMS auch die Abnahmeverpflichtung des Käufers an den Lieferbegriff. Nach dem Konzept der INCOTERMS ist von einer Lieferung im Rechtssinne mithin erst auszugehen, wenn sowohl der Verkäufer als auch der Käufer das „Ihrerseits Erforderliche" getan haben; vgl. MünchKommHGB²-*Karsten Schmidt*, § 346 HGB, Rn. 116, S. 90.

877 Für den Erklärungsempfänger folgt dies aus Artikel 8 Abs. 1 2. Halbsatz CISG, für den Erklärenden aus Artikel 8 Abs. 2 CISG; zur Abgrenzung der beiden Auslegungsregeln: Staudinger-*Magnus*, Art. 8 CISG, Rn. 17 m.w.N.

878 Ähnlich Staudinger-*Magnus*, Art. 8 CISG, Rn. 20, der allerdings unmittelbar auf die Vertragsauslegung nach dem objektivierten Empfängerhorizont nach Artikel 8 Abs. 2 CISG abstellt.

879 Der Übersichtlichkeit halber soll die entsprechende Textpassage (vgl. oben Seite 166) hier noch einmal wiedergegeben werden: *Der Vertrag zwischen einem französischen Verkäufer und einem deutschen Käufer sieht die Lieferung von 1.800 grillfertigen Hähnchen „frei Haus" vor. Der Verkäufer übergibt die Ware dem mit dem Transport beauftragten Beförderer. Der Käufer verweigert die Kaufpreiszahlung mit der Argumentation, die Hähnchen hätten ihren Bestimmungsort am Sitz des Käufers nicht erreicht. Zwar enthält der Lieferschein des Beförderers den Wareneingangsstempel des Käufers. Nach ständiger Geschäftspraxis des Käufers wird der Wareneingangsstempel indes erteilt, sobald das betreffende Transportgut auf das Gelände des Käufers gelangt. Nach Überprüfung*

auszugehen, dass die Preisgefahr nach Artikel 67 Abs. 1 Satz 1 CISG mit Übergabe an den mit dem Transport betrauten Frachtführer auf den Käufer übergegangen ist. Die Tatbestandsvoraussetzungen des Artikels 67 Abs. 1 Satz 1 CISG liegen vor. Zumindest aus dem nach Artikel 8 Abs. 3 CISG bei der Vertragsauslegung zu berücksichtigenden Verhalten der Parteien nach Vertragsschluss ergibt sich, dass diese übereinstimmend von einer Verpflichtung des Verkäufers zur Durchführung des Transports der Ware ausgegangen sind. Eine ergänzende Vereinbarung über die Art und Weise der Beförderung wurde nicht getroffen bzw. ist aus dem veröffentlichten Tatbestand nicht ersichtlich. Im Zweifel ist damit vom Fehlen einer entsprechenden Abrede auszugehen. Der Verkäufer konnte folglich zwischen dem Transport durch einen Frachtführer und dem Transport durch seine eigenen Leute wählen. In tatsächlicher Hinsicht erfolgte der Transport durch einen Frachtführer. Damit ist der Kaufvertrag als Versendungskauf zu qualifizieren.

Die Vertragsparteien haben die Rechtsfolge des Artikels 67 Abs. 1 Satz 1 CISG auch nicht durch die Vereinbarung der „Lieferung frei Haus" abbedungen. Die genannte Klausel trifft unmittelbar lediglich eine Aussage zum Inhalt der Lieferpflicht. Es ist von einer „Lieferung frei Haus" und nicht etwa von einem „Kauf frei Haus" die Rede. Nach dem hier vertretenen Ansatz greift damit die erste aus der Gesetzesauslegung abgeleitete Auslegungsregel; es ist im Zweifel nicht davon auszugehen, dass die Parteien mit der Lieferklausel auch eine Vereinbarung über den Gefahrübergang treffen wollten. Eine Umkehrung dieser Vermutung durch die zweite hier entwickelte Auslegungsregel kommt vorliegend nicht in Betracht. Die Formulierung „frei Haus" entspricht begrifflich keiner der international anerkannten Handelsklauseln der INCOTERMS. Trotz vergleichbarer Rechtsfolge bei Vereinbarung eines Kaufs „DDP Niederlassung des Käufers"[880] weisen die Formulierungen DDP bzw. „geliefert verzollt" und „Lieferung frei Haus" keinerlei begriffliche Berührungspunkte auf. Eine mittelbare Bezugnahme auf die DDP Klausel kann den Vertragsparteien aus diesem Grund nicht unterstellt werden.

Entgegen der Ansicht des OLG Karlsruhe kann die vermutete Unabhängigkeit des Gefahrübergangs von der Lieferklausel auch durch die Umstände des

---

der Ware wird der Eingangsvermerk handschriftlich bestätigt. Eine solche Bestätigung durch Angestellte des Käufers ist allerdings nicht erfolgt.

880 Dazu *Ramberg*, International Commercial Transactions, S. 116; zum typischen Anwendungsbereich der DDP Klausel allgemein *Ramberg*, ICC Guide to INCOTERMS 2010, S 149 ff.

konkret zu beurteilenden Sachverhalts nicht widerlegt werden. Das OLG hat in der Urteilsbegründung hervorgehoben, dass es der französische Verkäufer war, der die deutschsprachige Lieferklausel in den Vertrag eingeführt hat, weswegen ihm nach Artikel 8 Abs. 2 CISG auch entsprechende Kenntnisse des deutschen Rechts unterstellt werden müssten[881]. Wie das OLG selbst ausführt, ist der Inhalt einer Lieferklausel „frei Haus“ im deutschen Recht allerdings noch nicht höchstrichterlich geklärt und im Schrifttum umstritten[882]. Die Kenntnis einer im Auslandsrecht herrschenden Literaturmeinung kann von einer Partei aber schon mit Blick auf den mit dem UN-Kaufrecht verfolgten Zweck der Rechtsvereinheitlichung nach dem Auslegungsstandard des objektivierten Empfängerhorizontes grundsätzlich nicht erwartet werden[883]. Der insoweit darlegungs- und beweispflichtige[884] Käufer hätte hier konkret vortragen müssen, dass dem Verkäufer auch der Meinungsstand im deutschsprachigen Schrifttum bekannt war. Ein solcher Vortrag ist zumindest aus dem veröffentlichten Teil des Tatbestandes nicht ersichtlich. Entgegen der Urteilsbegründung kann ein auf die Gefahrbelastung des Verkäufers gerichteter Parteiwille auch nicht aus dem Umstand abgeleitet werden, dass der Verkäufer die Transportversicherung abschloss[885]. In der Handelspraxis wird ein Verkäufer, der nach der Parteivereinbarung den Warentransport zu organisieren hat, die Versicherung auch dann abschließen, wenn im Ergebnis ein Versendungskauf vorliegt und der Käufer demzufolge die Transportgefahr trägt. Alleine der Verkäufer hat die zum Abschluss des Versicherungsvertrags nötigen Informationen. Dem Umstand, dass eine Beeinträchtigung der Ware während des Transports im Falle eines Versendungskaufs zu Lasten des Käufers geht, wird dadurch Rechnung getragen, dass der Verkäufer regelmäßig die Versicherungspolice mit den Transportdokumenten an

881 OLG Karlsruhe, Urteil vom 20. November 1992, 15 U 29/92, CISG online Nr. 54, NJW-RR 1993, 1316, 1317.

882 Dies trifft im Ergebnis zu; zum Meinungsstand MünchKommHGB-*Karsten Schmidt*, § 346 HGB, Rn. 85; Soergel[12]-*Ulrich Huber*, § 447 BGB, Rn. 84; Baumbach/Hopt-*Hopt*, § 346 HGB, Rn. 40, alle m.w.N.

883 Im Ergebnis zustimmend *Ferrari*, IHR 2003, 10, 13.

884 Nach den allgemeinen beweisrechtlichen Grundsätzen trifft den durch ein Auslegungsergebnis unter Zugrundelegung des objektivierten Empfängerhorizontes Begünstigten die Darlegungs- und Beweislast; dazu *Ferrari*, IHR 2003, 10, 15; Witz/Salger/Lorenz-*Witz*, Art. 8, Rn. 5; Schlechtriem/Schwenzer-*Schmidt-Kessel*, Art. 8, Rn. 61; Staudinger-*Magnus*, Art. 8 CISG, Rn. 31.

885 Ähnlich Brunner-*Klingler/Mauerhofer*, UN-Kaufrecht, Art. 67, Rn. 3; Staudinger-*Magnus*, Vorbem zu Art 66 ff CISG, Rn. 2 m.w.N.; **a.A.** Soergel[12]-*Ulrich Huber*, § 447 BGB, Rn. 84, allerdings im Kontext des unvereinheitlichten deutschen Rechts.

den Käufer übermittelt. Der Käufer kann dann in eigenem Namen gegen die Versicherung vorgehen. Im Ergebnis, nicht aber in der Begründung[886], ist damit der Entscheidung des Landgerichts Baden-Baden in der Eingangsinstanz zuzustimmen.

886 Entgegen der hier vertretenen Ansicht hat das Landgericht einen Versendungskauf alleine aufgrund des Umstands angenommen, dass die Ware faktisch durch einen Frachtführer transportiert wurde; LG Baden-Baden. Urteil vom 13. Januar 1992, 4 O 63/91, CISG-online Nr. 167.

Kapitel 5: Die Auslegung der Gefahrtragungstatbestände im Einzelnen

Die einzelnen Tatbestände des besonderen Gefahrtragungsrechts werfen sowohl auf der Tatbestands- als auch auf der Rechtsfolgenseite eine Reihe von Auslegungsfragen auf. Diese Fragestellungen sind grundsätzlich weniger komplex als die Abgrenzung des Anwendungsbereichs der Gefahrtragungstatbestände untereinander. Häufig kann auf die zur Klärung dieser übergeordneten Frage entwickelten allgemeinen Grundsätze des besonderen Gefahrtragungsrechts, insbesondere auf die Analyse der hier so genannten Zweckerwägungen sowie der Entstehungsgeschichte, zurückgegriffen werden.

Manche der im Folgenden diskutierten Auslegungsfragen stellen sich bei allen Gefahrtragungstatbeständen. Das gilt im Besonderen für die Auswirkung von Vertragsverletzungen des Käufers auf den Gefahrübergang, eine Problematik, die eigentlich dem allgemeinen Gefahrtragungsrecht zuzuordnen ist, im CISG aber systemwidrig – und fragmentarisch – in den Einzeltatbeständen des besonderen Gefahrtragungsrechts geregelt wurde. Andere Fragen stellen sich nur im Zusammenhang eines spezifischen Tatbestandes. Nicht verallgemeinerungsfähig sind insbesondere die Auslegungsprobleme auf Tatbestands- und Rechtsfolgenseite des Artikels 68 CISG. Das erklärt sich zum einen vor dem Hintergrund, dass diese Vorschrift mit Blick auf eine ganz spezifische Sachverhaltskonstellation geschaffen wurde und dass hier für allgemeine Erwägungen aus diesem Grund häufig kein Raum bleiben wird. Problematisch ist Artikel 68 CISG vor allem aber auch aufgrund der Änderungen in letzter Minute, die an der Vorschrift auf der diplomatischen Konferenz vorgenommen wurden. Aufgrund der Sonderstellung des Artikels 68 CISG im System des besonderen Gefahrtragungsrechts soll die Gefahrtragungsregel beim Verkauf reisender Ware am Ende dieses Abschnitts behandelt werden, auch wenn es sich in systematischer Hinsicht um einen Spezialfall des Versendungskaufs handelt.

I. Versendungskauf: Artikel 67 Abs. 1 CISG

1. Zuweisung des Verladerisikos und Übergabebegriff

Umstritten ist im Kontext des Artikels 67 CISG die Zuweisung des so genannten Verladerisikos, also des Risikos, dass die Ware während des Verladevorgangs auf das Transportmittel des Frachtführers beschädigt oder zerstört wird. Die Frage ist von einiger Relevanz, da Sachbeeinträchtigungen erfahrungsgemäß häufig während der Verladung verursacht werden[887].

Die Zuweisung des Verladerisikos hängt von der Auslegung des in Artikel 67 Abs. 1 CISG verwendeten Tatbestandsmerkmals der *Übergabe* ab. Wie der Übernahmebegriff in Artikel 69 CISG auch kann die Übergabe an den (ersten) Beförderer nicht im Sinne der Übertragung der Sachherrschaft unmittelbar vom Verkäufer auf den Frachtführer verstanden werden. In der Praxis werden in aller Regel sowohl auf Verkäufer- als auch auf Frachtführerseite Hilfspersonen tätig. Es bedarf mithin einer Zurechnung der Sachherrschaft, die nur nach normativen Kriterien erfolgen kann. Die genaue Bestimmung des Übergabezeitpunkts wird ferner dadurch erschwert, dass die Verladung der Ware in der Praxis häufig entweder durch Verkäufer und Beförderer gemeinschaftlich vorgenommen wird oder Dritte am Verladevorgang beteiligt sind. Diese zweite Konstellation ist insbesondere beim Luft- und Seetransport häufig[888]. Hier ist es praktisch nicht vorstellbar, dass eine Verladung der Ware ohne Einschaltung des Flughafen- bzw. Hafenbetreibers bzw. deren Subunternehmer vorgenommen wird. Aber auch beim Landtransport ist die Verladung der Ware durch auf den Verladevorgang spezialisierte Unternehmer bzw. Subunternehmer denkbar. Die Zuweisung des Verladerisikos ist mithin nach einem wertenden Kriterium vorzunehmen, das die genannten Aspekte hinreichend berücksichtigt[889].

Im Schrifttum wird, häufig implizit, ein Rückgriff auf transportrechtliche Regelungen empfohlen[890]. Das erscheint auf den ersten Blick überzeugend. Auch im Transportrecht ist der Zeitpunkt der Übergabe der Ware an bzw. der Übernahme der Ware durch den Frachtführer im Hinblick auf den Beginn der (Obhuts-)Haftung des Frachtführers von Bedeutung. Der Verladevorgang, und damit der Übergabe- bzw. Übernahmezeitpunkt wird häufig von dem

---

887 *Sevón*, Passing of Risk, S. 200; Enderlein/Maskow/Strohbach-*Maskow*, Art. 67, Anm. 5; *Mankowski* in: Ferrari u.a., Internationales Vertragsrecht, Art 69 CISG, Rn. 9.

888 *Bridge*, Transfer of Risk, S. 89 f.

889 Zumindest missverständlich sind insoweit die Stellungnahmen im Schrifttum, die den Übergabebegriff ausschließlich als Wechsel der Sachherrschaft definieren, so bspw. *v. Hoffmann*, Passing of Risk, S. 289; Brunner-*Klingler/Mauerhofer*, UN-Kaufrecht, Art. 67, Rn. 3; Schlechtriem/Schwenzer-*Hachem*, Art. 67, Rn. 17; MünchKommBGB-*Peter Huber*, Art. 67 CISG, Rn. 9; Honsell-*Schönle/Th.Koller*, Art. 67, Rn. 17; Bianca/Bonell-*Nicholas*, Art. 67, Anm. 3.2.

890 So z.B. von Witz/Salger/Lorenz-*Witz*, Art. 67, Rn. 12; *Erauw*, Observations on Passing of Risk, S. 307.

verwendeten Transportmittel abhängig sein, ein Umstand, der im beförderungsmittelspezifisch ausgestalteten Transportrecht grundsätzlich Berücksichtigung findet.

Ungeachtet dieser Überschneidungen zwischen Transportrecht und besonderem Gefahrtragungsrecht, ist das Transportrecht als Anknüpfungspunkt für den Gefahrübergang ungeeignet. Dies gilt unabhängig davon, ob Absender und Frachtführer die Verladepflicht ausdrücklich vertraglich geregelt haben oder ob insoweit auf das dispositive Recht zurückzugreifen ist. Eine vertragliche Vereinbarung zwischen Verkäufer und Frachtführer scheidet als Anknüpfungspunkt aus, da einer solchen Vereinbarung dann im Zweifel die Wirkung eines Vertrags zu Lasten eines Dritten, nämlich des gefahrbelasteten Käufers zukäme. Eine Anknüpfung an das dispositive Transportrecht verbietet sich vor dem Hintergrund des Gebots der einheitlichen Auslegung des UN-Kaufrechts[891]. Dies gilt selbst dann, wenn insoweit ebenfalls internationales Einheitsrecht einschlägig ist. Der Anwendungsbereich transportrechtlicher Übereinkommen ist mit dem Anwendungsbereich des UN-Kaufrechts nämlich nicht kongruent. Dies ist offensichtlich für Abkommen wie die CMR und die CIM, die Transportmittel zu Land betreffen und deren örtlicher Anwendungsbereich regelmäßig auf einen Kontinent bzw., wie im Falle der CMR, auf den europäischen Subkontinent beschränkt ist, trifft aber auch auf Abkommen wie die Haager und Haager-Visby Regeln im Seefrachtrecht oder das Montrealer Übereinkommen bzw. die Warschauer Abkommen zum Lufttransportrecht zu, die von Staaten weltweit ratifiziert worden sind[892]. Auch internationale Übereinkommen zum Transportrecht definieren des Weiteren den Begriff der Übergabe- an bzw. Übernahme durch den Frachtführer nicht, sondern greifen insoweit auf das unvereinheitlichte nationale Recht zurück[893].

Vorzugswürdig ist es vor diesem Hintergrund, die Zuweisung der Verladegefahr anhand der Zweckerwägungen vorzunehmen, die sich bereits bei der Abgrenzung der einzelnen Tatbestände des besonderen Gefahrtragungsrechts bewährt haben. Da eine Verknüpfung von Sachherrschaft und Gefahrübergang in Konstellationen, in denen Dritte (beispielsweise der mit der Verladung beauftragte Flughafenbetreiber) die unmittelbare Sachherrschaft während des

891 Art 7 Abs. 1 CISG und bereits oben in der Einleitung Seite 25.

892 Zu den Ratifikationsständen der jeweiligen Abkommen siehe oben Fn. 338, 391, 443 und 501.

893 Vgl. dazu beispielsweise die Diskussion zu Artikel 17 CMR, dazu MünchKommHGB-*Jesser-Huß*, Art. 17 CMR, Rn. 19; in den seerechtlichen Übereinkommen ist die Übergabe bzw. Übernahme sogar überhaupt nicht geregelt.

Verladevorgangs ausüben nicht in Betracht kommt, bietet sich im vorliegenden Kontext insbesondere ein Rückgriff auf die hier so genannte Zweckerwägung der Streitvermeidung an[894].

Wie im vorangegangenen Kapitel ausgeführt, ist es aus vertragsökonomischen Gründen grundsätzlich empfehlenswert, die Gefahr in einem Zeitpunkt übergehen zu lassen, zu dem die Beschaffenheit der Ware verbindlich festgestellt wird. Auf diesem Wege ist sichergestellt, dass im Fall der Beschädigung der Kaufsache keine Beweisprobleme im Hinblick auf die Tatsache auftreten, ob sich die Sachbeeinträchtigung vor oder nach Gefahrübergang ereignete[895]. Während des Verladevorgangs wird die Ware typischer Weise durch Krafteinwirkung von außen beschädigt. Die dadurch verursachten Schäden sind in aller Regel auch durch eine oberflächliche Untersuchung leicht erkennbar. Es bietet sich somit an, die Verladegefahr in dem Zeitpunkt übergehen zu lassen, in dem der Frachtführer die Kaufsache auf ihre Beschaffenheit untersucht und das Untersuchungsergebnis gegebenenfalls in den Transportdokumenten vermerkt. Maßgeblich muss insoweit der Zeitpunkt der tatsächlichen Untersuchung sein und nicht der Zeitpunkt, in dem die Untersuchung des Transportguts durch das jeweils einschlägige Transportrecht vorgeschrieben wird.

In Konstellationen, in denen ausnahmsweise eine Untersuchung der Ware nicht stattgefunden hat, etwa weil eine solche Überprüfung von vornherein nicht vorgesehen war oder weil sich der Frachtführer insoweit vertragswidrig verhalten hat, ist es vorzugswürdig, die Preisgefahr mit Ende des Verladevorgangs übergehen zu lassen und damit den Verkäufer mit dem Verladerisiko zu belasten[896]. Im Interesse der Zweckerwägung der Streitvermeidung ist zu berücksichtigen, dass sich das Ende des Verladevorgangs regelmäßig leichter feststellen lässt als dessen Beginn[897]. Das gilt gerade in den neuralgischen Fällen, in denen die Verladung, beispielsweise in einem Hafen oder auf einem Flughafen, durch einen spezialisierten Drittunternehmer vorgenommen wird. Hier wird regelmäßig unklar sein, ob bereits die Inobhutnahme der Ware durch den Dritten ausreichend ist, oder ob beispielsweise das Verbringen in ein Lagerhaus zum Zwecke der Zwischenlagerung bereits als Beginn des Verladevorgangs angesehen werden kann.

---

894 Zur Bedeutung dieser Zweckerwägung für die Auslegung des besonderen Gefahrtragungsrechts ausführlich oben Kapitel 4 V. 3. b), Seite 247.

895 Oben Kapitel 4 V. 2. d) (2), Seiten 244 ff.

896 Vgl. auch Staudinger-*Magnus*, Art. 67 CISG, Rn. 15, der die Gefahr immer im Zeitpunkt der Beendigung des Transportvorganges übergehen lassen will.

897 So Enderlein/Maskow/Strohbach-*Maskow*, Art. 67, Anm. 5.

Auch die hier so genannte Zweckerwägung der Schadensvermeidung[898] spricht für eine Belastung des Verkäufers mit der Verladegefahr. Es ist der Verkäufer, der beim Versendungskauf den Frachtführer auswählt. Nur im Falle der Belastung des Verkäufers auch mit dem Verladerisiko ist dieser angehalten, einen möglichst sorgfältigen Transporteur auszuwählen. Die besseren Gründe sprechen somit dafür, in Konstellationen, in denen der Frachtführer eine Untersuchung der Ware nicht vornimmt, den Verkäufer mit dem Verladerisiko zu belasten.

2. Gefahrtragung bei Einschaltung eines Spediteurs

Neben dem Begriff der Übergabe bedarf auch der in Artikel 67 Abs. 1 CISG verwendete Begriff des Beförderers der weitergehenden Konkretisierung. Es stellt sich die – im Schrifttum häufig erörterte – Frage, ob auch der Spediteur als Beförderer zu qualifizieren ist, eine Übergabe an den Spediteur mithin den frühen Gefahrübergang nach Artikel 67 Abs. 1 CISG zur Rechtsfolge hat. Obwohl die Einschaltung eines Spediteurs beim grenzüberschreitenden Warentransport üblich ist[899], ist die Fragestellung bislang ein rein akademisches Problem geblieben. Die Rechtsprechung hatte, soweit ersichtlich, über einen entsprechenden Fall bislang nicht zu entscheiden. Auch die Gesetzesverfasser haben die Problematik nicht diskutiert[900].

Wie die Funktion des Spediteurs im Einzelnen ausgestaltet ist, richtet sich nach der vertraglichen Vereinbarung und dem anwendbaren unvereinheitlichten[901] nationalen Recht. Grundlegend bestehen zwei Möglichkeiten. Der Spediteur kann entweder lediglich organisatorisch tätig werden und den Transport dann durch einen Dritten vornehmen lassen. Alternativ kann der Spediteur den Transport sowohl organisieren als auch selbst durchführen[902]. In beiden Varianten ist unstreitig die Gefahrtragungsregel des Artikels 67 CISG einschlägig. In objektiver Hinsicht erfolgt der Transport, unabhängig davon, ob der Spediteur den Transport lediglich organisiert oder aber ganz oder teilweise selbst durchführt,

898 Oben Kapitel 4 V. 2. a), Seiten 223 ff.

899 Vgl. *Karsten Schmidt*, Handelsrecht, § 33 I 1.

900 *Furtak*, Jb. Ital. R. 3 (1990), 127, 132.

901 Auf dem Gebiet des Speditionsrechts bestehen– anders als im Frachtrecht– keine rechtsvereinheitlichenden Übereinkommen, vgl. dazu *Bürskens* in: Kronke/Melis/Kuhn, Handbuch Internationales Wirtschaftsrecht, Teil E, Rn. 15; MünchKommHGB-*Bydlinski*, § 453 HGB, Rn. 200, Fußnote 199.

902 Rechtsvergleichend *Ramberg*, The Law of Transport Operators in International Trade, S. 27 ff.; zum deutschen Recht *Karsten Schmidt*, Handelsrecht, § 33 I 4 b; zum englischen Recht *Bugden*, Freight Forwarding and Goods in Transit, S. 1 ff.

faktisch durch einen vom Verkäufer ausgewählten selbständigen Transporteur. Dies ist offensichtlich in den Fällen, in denen der Spediteur den Transport selbst durchführt. Beauftragt der Spediteur einen Dritten, so ist er hierzu regelmäßig vom Verkäufer ermächtigt mit der Konsequenz, dass letzterem die Auswahl und Beauftragung durch den Spediteur zuzurechnen ist. Vergleichbares gilt für die subjektive Komponente des Versendungskaufs. Nach dem oben Gesagten liegt die Vereinbarung eines Versendungskaufs immer schon dann vor, wenn dem Verkäufer – ausdrücklich oder stillschweigend – ein Wahlrecht darüber eingeräumt wird, ob er den Transport durch eigene Leute durchführen oder einen unabhängigen Frachtführer beauftragen will[903]. Wenn sich die Parteien im Zeitpunkt des Vertragsschlusses aber noch nicht einmal darauf festlegen müssen, ob der Transport durch Leute des Käufers oder durch Dritte durchgeführt wird, so kann erst recht nicht verlangt werden, dass in diesem Zeitpunkt bereits eine Entscheidung darüber getroffen wird, ob der Transport unter Einschaltung eines Spediteurs erfolgen wird.

Weniger eindeutig zu beantworten ist die Frage, ob auch der Spediteur, der den Transport lediglich organisiert, als erster Beförderer im Sinne des Artikels 67 Abs. 1 CISG zu qualifizieren ist. Nach einer im Schrifttum häufig vertretenen Ansicht ist diese Frage zu verneinen. Die Gefahr geht nach dieser Meinung in dem Zeitpunkt über, in dem der Spediteur die Kaufsache entweder an den mit dem eigentlichen Transport betrauten Dritten übergibt oder in dem der Spediteur selbst die Rechtsstellung des Frachtführers einnimmt[904]. Diese Differenzierung nach der Funktion des Spediteurs wird damit begründet, dass die bloße Organisation des Transports für den Gefahrübergang keine Rolle spielen könne. Mit der bloßen Organisation habe der Verkäufer seine Schickschuldleistung noch nicht erbracht[905]. Die Tatsache, dass sich der Verkäufer, statt die Beförderung selbst zu organisieren, hierzu eines Spediteurs bedient, rechtfertige mithin eine vorgezogene Gefahrentlastung nicht[906].

Diese differenzierende Herangehensweise wird dem Gefahrtragungsrecht des CISG aus drei Gründen nicht gerecht. Sie vermengt, erstens, den Aspekt der Erfüllung der Lieferpflicht in unzulässiger Weise mit dem Gefahrtragungsrecht[907].

903 Oben Kapitel 4 VI. 1.

904 *Mankowski* in: Ferrari u.a., Internationales Vertragsrecht, Art. 67 CISG, Rn. 6; *Sevón*, Passing of Risk, S. 199; *Herber/Czerwenka*, Art. 67, Rn. 4; *Hager*, Gefahrtragung nach UN-Kaufrecht, S. 391; Honsell-*Schönle/Th Koller*, Art. 67, Rn. 21; Staudinger-*Magnus*, Art. 67 CISG, Rn. 11; ähnlich *Karollus*, UN-Kaufrecht, S. 196.

905 So Honsell-*Schönle/Th.Koller*, Art. 67, Rn. 21.

906 Witz/Salger/Lorenz-*Witz*, Art. 67, Rn. 6.

907 Zu diesem Aspekt ausführlich oben Kapitel 4 V. 2. g).

Unter welchen Voraussetzungen der Spediteur wie ein Frachtführer zu behandeln ist, richtet sich, zweitens, mangels einschlägiger rechtsvereinheitlichender Übereinkommen, nach den Bestimmungen des unvereinheitlichten nationalen Transportrechts. Damit hinge auch der Zeitpunkt des Gefahrübergangs nach Artikel 67 Abs. 1 CISG bei Einschaltung eines Spediteurs auf Verkäuferseite im Ergebnis unzulässiger Weise von den Bestimmungen des im Einzelfall einschlägigen nationalen Rechts ab. Schließlich, und drittens, ist es auch aus vertragsökonomischen Erwägungen nicht sinnvoll, den Gefahrübergang von der Funktion des Spediteurs im Einzelfall bzw. den entsprechenden Bestimmungen des nationalen Transportrechts abhängig zu machen. Dies sei am Beispiel der insoweit im deutschen Recht einschlägigen Bestimmungen erläutert. Nach § 458 HGB hat der Spediteur kraft Gesetzes das Recht, den so genannten Selbsteintritt zu erklären. Er schafft damit durch einseitige – nach h.M. nicht empfangsbedürftige – Willenserklärung[908] gegenüber dem Versender (hier also dem Verkäufer) ein Rechtsverhältnis mit Rechten und Pflichten wie beim Frachtvertrag[909]. Ließe man die Funktion des Spediteurs für den Gefahrübergang maßgeblich sein, würde also – bei Anwendbarkeit deutschen Speditionsrechts – der Gefahrübergang nach Artikel 67 Abs. 1 Satz 1 CISG unter Umständen durch die einseitige Willenserklärung des Spediteurs zum Selbsteintritt herbeigeführt. Diese Erklärung wird zeitlich nur in den allerseltensten Fällen mit einer Überprüfung der Ware auf ihre Beschaffenheit zusammenfallen. Ob die Ware im Zeitpunkt der Erklärung des Selbsteintritts bereits beeinträchtigt war, wird praktisch oft nur noch schwer festzustellen sein[910]. Im Prozess bedürfte es hierzu regelmäßig der Begutachtung durch einen Sachverständigen. Die dadurch entstehende Unsicherheit schafft den, aus vertragsökonomischer Sicht unerwünschten, Anreiz, es im Schadensfall „auf einen Rechtsstreit ankommen zu lassen“[911].

Im Interesse der Rechtssicherheit ist vielmehr der Gegenmeinung der Vorzug zu geben. Bei Einschaltung eines Spediteurs auf Verkäuferseite geht die Preisgefahr ohne Rücksicht auf die Funktion des Spediteurs im Einzelfall mit Übergabe der Ware an den Spediteur über[912]. Der Spediteur ist im Gefahrtragungskontext mithin dem Frachtführer gleichzustellen.

---

908 Statt aller *Karsten Schmidt*, Handelsrecht, § 33 IV 2; MünchKommHGB-*Bydlinski*, § 458 HGB, Rn. 32.

909 Überblick bei *Karsten Schmidt*, Handelsrecht, § 33 IV 2.

910 Schlechtriem/Schwenzer-*Hachem*, Art. 67, Rn. 15.

911 Vgl. oben Kapitel 4 V. 2. d).

912 Schlechtriem/Schwenzer-*Hachem*, Art. 67, Rn. 15; *Furtak*, Jb. Ital. R. 3 (1990), 127, 132; *Erauw*, Observations on Passing of Risk, S. 300; MünchKommBGB-*Peter Huber*,

3. Abnahmeverzug und sonstige Vertragsverletzungen des Käufers

Die Frage, wie sich pflicht- bzw. vertragswidriges Verhalten des Käufers auf den Gefahrübergang auswirkt, ist im Gesetz nur sehr fragmentarisch in Artikel 69 Abs. 1 2. Alternative CISG geregelt. Wie bereits in der Einleitung zum Ersten Teil ausgeführt wurde[913], handelt es sich bei der Problematik eigentlich um eine Frage des allgemeinen Gefahrtragungsrechts, die der Gesetzesverfasser systemwidrig im besonderen Gefahrtragungsrecht geregelt hat.

Artikel 69 Abs. 1 2. Alternative CISG regelt ausdrücklich lediglich die Gefahrtragung in Konstellationen, in denen der Käufer seiner Abnahmepflicht aus Artikel 60 CISG nicht rechtzeitig nachkommt (so genannter Abnahmeverzug) und in denen die Parteien keinen Versendungskauf nach Artikel 67 CISG vereinbart haben. Das Schrifttum zu Artikel 67 CISG befürwortet eine entsprechende Anwendung des Artikels 69 Abs. 1 2. Alternative CISG auf die Fälle des Abnahmeverzugs beim Versendungskauf[914].

Nach dem hier vertretenen Ansatz zur Abgrenzung der einzelnen Tatbestände des besonderen Gefahrtragungsrechts kann ein etwaiger Abnahmeverzug des Käufers allerdings niemals Auswirkungen auf den Gefahrübergang beim Versendungskauf haben. Die Abnahmepflicht des Käufers wird in Artikel 60 CISG konkretisiert und besteht aus zwei Komponenten. Nach Artikel 60 lit. a) CISG hat der Käufer alle Handlungen vorzunehmen, die vernünftigerweise von ihm erwartet werden können, damit dem Verkäufer die Lieferung ermöglicht wird. Nach Artikel 60 lit. b) CISG hat der Käufer die Ware tatsächlich vom Verkäufer zu übernehmen. Beim Versendungskauf kann der Verkäufer seine Lieferpflicht im Gegensatz dazu gänzlich ohne Mitwirkung des Käufers erfüllen. Alleine der Verkäufer wählt den Frachtführer aus und beauftragt diesen[915]. Auch

---

Art. 67 CISG, Rn. 10; BeckOKBGB-*Saenger*, Art. 67 CISG, Rn. 2, der seine Schlussfolgerung allerdings– nach der hier vertretenen Ansicht unzulässiger Weise– aus einer Verknüpfung von Gefahrtragungsrecht und (Verlust der) Sachherrschaft ableitet; ähnlich Schlechtriem/Schwenzer-*Widmer Lüchinger*, Art. 31, Rn. 28.

913 Oben Seite 27.

914 Schlechtriem/Schwenzer[5]-*Hager/Maultzsch*, Art. 67, Rn. 3a; Schlechtriem/Schwenzer-*Hachem*, Art. 67, Rn. 17, wenn auch nunmehr weniger deutlich als noch in der Vorauflage; MünchKommBGB-*Peter Huber*, Art. 67 CISG, Rn. 20; die Gegenansicht beschränkt den Verkäufer hier auf seinen Schadensersatzanspruch, vgl. Bianca/Bonell-*Nicholas*, Art. 67, Anm. 3.3.; Enderlein/Maskow/Strohbach-*Maskow*, Art. 69, Anm. 5.1 unter Verweis auf versicherungstechnische Erwägungen.

915 Der Verweis im Schrifttum auf den Kauf FOB als Fallkonstellation, in der Artikel 69 Abs. 1 2. Halbsatz CISG entsprechend anzuwenden ist (so Bianca/Bonell-*Nicholas*, Art. 67, Anm. 3.3 Enderlein/Maskow/Strohbach-*Maskow*, Art. 67,

am Beladen des Transportmittels ist der Käufer nicht beteiligt. Der Käufer kann beim Versendungskauf mithin nur nach Artikel 60 lit. b) CISG in Abnahmeverzug kommen, wenn er die Ware am Bestimmungsort nicht rechtzeitig entgegennimmt. Zu diesem Zeitpunkt ist die Gefahr nach Artikel 67 Abs. 1 CISG aber bereits übergegangen. Eine Abnahmepflichtverletzung des Käufers kann sich auf die Gefahrtragung mithin nicht mehr bzw. allenfalls nach Maßgabe der Artikel 36 Abs. 2, 66 2. Halbsatz CISG, auswirken.

Andere Vertragsverletzungen des Käufers können allerdings durchaus Auswirkungen auf den Gefahrübergang auch beim Versendungskauf haben. Zu denken ist an die Fallkonstellation, in der der zur Vorkasse verpflichtete Käufer seiner Zahlungsverpflichtung bzw. seiner Verpflichtung zur Eröffnung eines Dokumentenakkreditivs nicht nachkommt und der Verkäufer die Ware aus diesem Grund zurückbehält[916]. Hier stellt sich die Frage, ob ein allgemeiner Rechtsgrundsatz des Inhalts angenommen werden kann, dass eine Vertragsverletzung des Käufers vor Gefahrübergang eine Vorverlagerung desselben zu seinen Lasten zur Konsequenz hat[917]. Die Problematik wird überwiegend im Kontext des Artikels 69 Abs. 1 CISG diskutiert. Dort wird eine analoge Anwendung der zum Abnahmeverzug in Artikel 69 Abs. 1 2. Halbsatz CISG getroffenen Regelung auf andere Formen der Vertragsverletzung des Käufers bzw. die Annahme eines allgemeinen Rechtsgrundsatzes dieses Inhalts im Sinne des Artikels 7 Abs. 2 CISG von der herrschenden Meinung befürwortet[918].

Anm. 7.3.), überzeugt vor diesem Hintergrund nicht. Beim Kauf FOB wählt der Käufer den Frachtführer aus. Nur so kann es überhaupt zu einer Mitwirkung des Käufers kommen. Gerade aufgrund dieser Mitwirkung des Käufers handelt es sich beim Kauf FOB allerdings nicht um einen Versendungskauf im Sinne des Artikels 67 Abs. 1 CISG. Es ist vielmehr der Auffangtatbestand des Artikels 69 Abs. 1 CISG einschlägig, vgl. dazu schon oben Seite 207.

916 Honsell-*Schönle/Th.Koller*, Art. 69, Rn. 14; Staudinger-*Magnus*, Art. 69 CISG, Rn. 16; Brunner-*Klingler/Mauerhofer*, UN-Kaufrecht, Art. 69, Rn. 4; MünchKommBGB-*Peter Huber*, Art. 69 CISG, Rn. 7.

917 So ausdrücklich *Karollus*, UN-Kaufrecht, S. 192.

918 *V.Hoffmann*, Passing of Risk, S. 295; *Geist*, WBl. 1988, 349, 354; Kröll/Mistelis/Perales Viscasillias-*Anjanette Raymond*, Art. 69, Rn. 5; Schlechtriem/Schwenzer-*Hachem*, Art. 69, Rn. 15; Staudinger-*Magnus*, Art. 69 CISG, Rn. 16; BeckOKBGB-*Saenger*, Art. 69 CISG, Rn. 1; Soergel-*Lüderitz/Budzikiewicz*, Art. 69 CISG, Rn. 3; *Karollus*, UN-Kaufrecht, S. 192; *Schlechtriem/Schroeter*, Internationales UN-Kaufrecht, Rn. 550, der allerdings darauf hinweist, dass dies lediglich die h.M. im deutschsprachigen Schrifttum sei; **a.A.** unter Verweis auf die Entstehungsgeschichte dann auch Bianca/Bonell-*Nicholas*, Art. 69, Anm. 3.4.

Richtiger Weise ist dieser Ansatz über den Tatbestand des Artikels 69 Abs. 1 CISG hinaus auch auf den Versendungskauf zu übertragen[919]. Dafür spricht zum einen bereits, dass auf diese Weise Vertragsverletzungen des Verkäufers und Vertragsverletzungen des Käufers gleich behandelt werden. Nach Artikel 36 Abs. 2 CISG sowie Artikel 66 Abs. 1 2. Halbsatz CISG, mithin Regelungen des allgemeinen Gefahrtragungsrechts, die auf alle Tatbestände des besonderen Gefahrtragungsrechts Anwendung finden, werden durch Vertragsverletzungen des Verkäufers kausal herbeigeführte Sachbeeinträchtigungen von der Rechtsfolge des Gefahrübergangs nicht erfasst[920]. Es erscheint vor diesem Hintergrund angemessen, den Zeitpunkt des Gefahrübergangs zu Lasten des vertragsbrüchigen Käufers vorzuverlagern, wenn dieser den Eintritt der in den Artikeln 67 bis 69 CISG vorausgesetzten Tatbestandsmerkmale durch sein vertragswidriges Verhalten vereitelt[921]. Dies entspricht auch allgemeinen Billigkeitserwägungen. Es ist nicht ersichtlich, warum der Käufer, der durch sein vertragswidriges Handeln den Eintritt des Gefahrübergangs vereitelt, besser stehen soll als der Käufer, der sich vertragstreu verhält. Im Tatbestand des Artikels 69 CISG sind ferner keine sachlichen Gründe angelegt, die eine etwaige Sonderstellung des Abnahmeverzugs als einer besonderen Form der Pflichtverletzung rechtfertigten.

Aus der Parallele zur Rechtslage bei Vertragsverletzungen des Verkäufers sowie den genannten Billigkeitserwägungen ist allerdings die bedeutende Einschränkung abzuleiten, dass eine Vorverlagerung des Gefahrübergangs zu Lasten des vertragswidrig handelnden Käufers nur in Betracht kommt, wenn die betreffende Vertragsverletzung kausale Bedingung für den Nichteintritt des Gefahrübergangs nach den Artikeln 67 bis 69 CISG war. Dem Gefahrtragungsrecht kommt nach zutreffender Ansicht keine Straffunktion zu[922]. Eine Vorverlagerung des Gefahrübergangs kommt mithin nur in Betracht, wenn sich der Verkäufer seinerseits vertragstreu verhält und alles seinerseits zur Erfüllung des einschlägigen Gefahrtragungstatbestands Erforderliche leistet[923]. Beim Versendungskauf kann sich der Verkäufer mithin nicht auf eine verspätete Eröffnung eines Dokumentenakkreditivs durch den Käufer berufen, wenn er die Kaufsache nicht den Vorgaben des Artikels 67 Abs. 2 CISG entsprechend

---

919 Ausdrücklich im Kontext des Artikels 67 insbesondere Honsell-*Schönle/Th.Koller*, Art. 67, Rn. 37; Brunner-*Klingler/Mauerhofer*, UN-Kaufrecht, Art. 67, Rn. 6.

920 Oben Kapitel 2 I. 1. a) und d).

921 Vgl. Schlechtriem/Schwenzer-*Hachem*, Art. 69, Rn. 15.

922 Vgl. Enderlein/Maskow/Strohbach-*Maskow*, Art. 69, Anm. 5.1.

923 Vgl. *Geist*, WBl. 1988, 349, 354; Schlechtriem/Schwenzer[5]-*Hager/Maultzsch*, Art. 69, Rn. 9.

individualisiert hat[924] oder wenn der vom Verkäufer beauftragte Frachtführer aus ganz anderen Gründen nicht in der Lage gewesen wäre, die Ware termingerecht zu übernehmen.

Die im Kontext des Artikels 69 Abs. 1 CISG geäußerte Gegenauffassung lehnt die Annahme eines allgemeinen Rechtsgrundsatzes unter Berufung auf die Entstehungsgeschichte der betreffenden Vorschriften ab[925]. In der Tat ist ein Antrag der deutschen Delegation, das in Artikel 69 Abs. 1 CISG niedergelegte Prinzip zu verallgemeinern und auf alle Tatbestände des besonderen Gefahrtragungsrechts auszudehnen, auf der diplomatischen Konferenz abgelehnt worden[926]. Die Ausführungen des Generalsekretariats, einen allgemeinen Rechtsgrundsatz zu normieren[927], sind bei dieser Gelegenheit allerdings in der Sache nicht thematisiert bzw. in Frage gestellt worden[928]. Vor diesem Hintergrund ist davon auszugehen, dass eine Klarstellung nur deshalb nicht ins Gesetz aufgenommen wurde, weil die Delegierten auf der diplomatischen Konferenz einen allgemeinen Grundsatz des soeben dargestellten Inhalts für selbstverständlich und eine Klarstellung demnach nicht für erforderlich hielten[929]. Es sollte ferner berücksichtigt werden, dass die Rechtsauffassung der Verfasser des UN-Kaufrechts für die Auslegung des Übereinkommens richtiger Weise lediglich Indiz-, aber keine Bindungswirkung entfaltet[930]. Die Interessenlage ist nach dem soeben Gesagten aber eindeutig. Den teleologischen Erwägungen ist der Vorzug zu geben.

4. Individualisierung und Individualisierungsanzeige

Nach Artikel 67 Abs. 2 CISG setzt der Gefahrübergang beim Versendungskauf voraus, dass die Ware eindeutig dem Vertrag zugeordnet ist. Im Wege der so

924 Vgl. Schlechtriem/Schwenzer[5]-*Hager/Maultzsch*, Art. 69, Rn. 9.

925 So Bianca/Bonell-*Nicholas*, Art. 69, Anm. 3.4; MünchKommHGB[2]-*Benicke*, Art. 69 CISG, Rn. 4 (anders jetzt aber MünchKommHGB-*Wertenbruch*, Art. 69 CISG, Rn. 4).

926 Summary record of the 32nd meeting of the First Committee, 1. April 1980, OR S. 406 f., Rn. 47 ff.

927 Report of the Secretary-General: issues presented by chapters IV to VI of the Uniform Law on the International Sale of Goods (A/CN.9/87, annex IV), YB V, S. 92, Rn. 82 unter Verweis auf Artikel 98 Abs. 1 EKG.

928 Schlechtriem/Schwenzer[5]-*Hager/Maultzsch*, Art. 69, Rn. 9.

929 Schlechtriem/Schwenzer-*Hachem*, Art. 69, Rn. 15; ähnlich *v.Hoffmann*, Passing of Risk, S. 295; vgl., auch die Stellungnahme des spanischen Delegierten *Olivencia Ruiz* auf dem 32nd meeting of the First Committee, 1. April 1980, OR S. 407, Rn. 45.

930 Dazu ausführlich oben Kapitel 2 II. 1. c) (3).

genannten Individualisierung[931] soll sichergestellt werden, dass der Verkäufer dem Käufer nicht nachträglich das Risiko für Ware zuschiebt, die nicht speziell für diesen gedacht war[932]. Wie sich schon aus dem Wortlaut des Artikels 67 Abs. 2 CISG ergibt, kann die Individualisierung der Kaufsache rein faktisch durch Anbringung von Kennzeichen oder aber durch Anzeige gegenüber dem Käufer bewirkt werden. Gewissermaßen einen Zwischenschritt zwischen rein faktischer Individualisierung und Individualisierung im Wege einer Individualisierungsanzeige stellt die – in der Praxis häufige[933] – Individualisierung der Ware durch Angaben in den betreffenden Transportdokumenten dar. Alle in Artikel 67 Abs. 2 CISG genannten Arten der Individualisierung setzen implizit einen Gattungskauf voraus, der im Exporthandel ohnehin den absoluten Regelfall darstellt[934]. Beim Stückkauf ist die Kaufsache bereits durch den Kaufvertrag selbst hinreichend bestimmt und damit dem betreffenden Vertrag zugeordnet worden[935].

Erfolgt die Individualisierung im Wege einer Anzeige an den Käufer, so gilt Artikel 27 CISG mit der Konsequenz, dass die Individualisierung bereits mit Absendung der Individualisierungsanzeige an den Käufer rechtswirksam wird[936]. Die – soweit ersichtlich im Schrifttum nicht bestrittene – Anwendung

---

931 Im deutschsprachigen Schrifttum ist häufig auch von „Konkretisierung" die Rede (so bspw. bei Palandt-*Grüneberg*, § 243 BGB, Rn. 5 f.). Dieser Begriff ist zumindest nach deutschem Recht primär im Kontext der Zuordnung der Leistungsgefahr bei der Gattungsschuld relevant, vgl. § 243 BGB. Um Verwirrungen zu vermeiden soll vorliegend durchgängig der „neutrale" Begriff der Individualisierung verwendet werden.

932 *Honnold/Flechtner*, Uniform Law, Rn. 371; Bianca/Bonell-*Nicholas*, Art. 67, Anm. 2.7; Staudinger-*Magnus*, Art. 67 CISG, Rn. 25; Brunner-*Klingler/Mauerhofer*, UN-Kaufrecht, Art. 67 CISG, Rn. 8; MünchKommBGB-*Peter Huber*, Art. 67 CISG, Rn. 2; Enderlein/Maskow/Strohbach-*Maskow*, Art. 67, Anm. 9.

933 *Herber/Czerwenka*, Art. 67, Rn. 10.

934 Schlechtriem/Schwenzer-*Schwenzer*, Art. 79, Rn. 26; vgl. auch *Larenz*, Schuldrecht I, § 11 I, S. 151.

935 *Karollus*, UN-Kaufrecht, S. 195.

936 *Hager*, Gefahrtragung nach UN-Kaufrecht, S. 395 f. unter Verweis der Diskussion der Problematik auf der Wiener Konferenz; Bianca/Bonell-*Nicholas*, Art. 67, Anm. 2.7; *Schlechtriem/Schroeter*, Internationales UN-Kaufrecht, Rn. 544; Brunner-*Klingler/Mauerhofer*, UN-Kaufrecht, Art. 67 CISG, Rn. 8; MünchKommBGB-*Peter Huber*, Art. 67 CISG, Rn. 17; Staudinger-*Magnus*, Art. 67 CISG, Rn. 27; *Karollus*, UN-Kaufrecht, S. 195; *Herber/Czerwenka*, Art. 67, Rn. 10; Schlechtriem/Schwenzer-*Hachem*, Art. 67, Rn. 30; Witz/Salger/Lorenz-*Witz*, Art. 67, Rn. 17; Honsell-*Schönle/Th.Koller*, Art. 67, Rn. 29, alle m.w.N.

des Artikels 27 CISG ist konsequent, gewährleistet sie doch einen gewissen Gleichlauf mit den anderen dem Verkäufer zur Verfügung stehenden rein faktischen Individualisierungsmöglichkeiten, die ganz grundsätzlich keine Kommunikation an den Käufer erfordern.

Rechtspolitisch bedenklich ist, dass der Zeitpunkt der Abgabe der Individualisierungsanzeige nicht zwingend mit dem Beginn bzw. Ende des Transportvorgangs zusammenfällt, die Gefahr vielmehr auch während des Transports übergehen kann. Damit wird in der Praxis häufig nicht festzustellen sein, ob der betreffende Transportschaden vor oder nach Abgabe der Individualisierungsanzeige, und damit vor oder nach Gefahrübergang, eingetreten ist. Dies macht Fallkonstellationen, in denen der Verkäufer die Individualisierung durch nachträgliche Anzeige vornimmt, vergleichsweise „streitträchtig", eine Konsequenz, die allerdings vor dem Hintergrund des eindeutigen Wortlauts des Artikels 67 Abs. 2 CISG hinzunehmen ist. Die Alternative, die in einem rückwirkenden Gefahrübergang auf den Zeitpunkt des Transportbeginns bestünde, war im Gefahrtragungsrecht des Haager Kaufrechts ausdrücklich in Artikel 19 Abs. 2 i.V.m. Artikel 100 EKG vorgesehen. Diese Lösung ist bewusst nicht in das UN-Kaufrecht übernommen worden, nicht zuletzt um zu gewährleisten, dass Gefahrübergang und Lieferpflicht eindeutig voneinander abgegrenzt werden[937].

Neben Artikel 67 Abs. 2 CISG enthält auch Artikel 32 Abs. 1 CISG eine Regelung zur Individualisierungsanzeige. Der Verkäufer ist demnach beim Versendungskauf verpflichtet, dem Käufer in Fällen, in denen die Ware nicht bereits rein tatsächlich durch Kennzeichnung oder durch den Inhalt der Transportdokumente individualisiert ist, „*die Versendung anzuzeigen und dabei die Ware im Einzelnen zu bezeichnen*". In diesem Zusammenhang ist umstritten, bis zu welchem Zeitpunkt die Anzeige konkret zu erfolgen hat. Der Gesetzeswortlaut liefert für die Streitentscheidung keine Anhaltspunkte. Eine weit verbreitete Ansicht beruft sich auf den Zweck der Vorschrift und will die Anzeige nur innerhalb einer angemessenen Frist ab Versendung, also ab Beginn des Transportvorgangs, zulassen[938]. Dies ist insoweit nachvollziehbar, als dass der Käufer als der Empfänger der Ware ein anerkennenswertes Interesse daran hat, möglichst früh von der Versendung zu erfahren. Er kann dann einfacher die entsprechenden

---

937 Schlechtriem/Schwenzer[5]-*Hager/Maultzsch*, Art. 67, Rn. 10 unter Verweis auf die Entstehungsgeschichte; ausführlich hierzu *Hager*, Gefahrtragung nach UN-Kaufrecht, S. 393 ff.

938 MünchKommBGB-*Gruber*, Art. 32 CISG, Rn. 6; Schlechtriem/Schwenzer-Widmer *Lüchinger*, Art. 32, Rn. 6; BeckOKBGB-*Saenger*, Art. 32 CISG, Rn. 5; Bianca/Bonell-*Lando*, Art. 32, Anm. 2.2.2.

Vorkehrungen zur Abnahme treffen. Aus dem systematischen Vergleich der einzelnen in Artikel 32 Abs. 1 CISG genannten Alternativen ergibt sich jedoch, dass die Vorschrift dieses Interesse des Käufers nicht schützt und lediglich an den Individualisierungsgedanken des Artikels 67 Abs. 2 CISG anknüpft. Wie im Kontext des Artikels 67 CISG auch ist nach Artikel 32 Abs. 1 CISG eine Anzeige der Versendung überhaupt nur in Fällen erforderlich, in denen die Individualisierung nicht bereits auf faktischem Wege, also durch Anbringen von Kennzeichnen oder durch Bezeichnung der Ware in den Transportdokumenten, erfolgt ist. In den letztgenannten Konstellationen ist das Interesse des Käufers, zeitnah von der Versendung zu erfahren, aber ebenso schützenswert wie in Fällen, in denen die Individualisierung im Wege der Individualisierungsanzeige erfolgt. Es ist vor diesem Hintergrund davon auszugehen, dass Artikel 32 Abs. 1 CISG denselben Zweck verfolgt wie Artikel 67 Abs. 2 CISG, nämlich den Käufer beim Gattungskauf davor zu schützen, dass ihm nachträglich mangelhafte Ware untergeschoben wird[939]. Dieser Zweck wird bereits durch die bloße Verknüpfung von Individualisierung und Gefahrübergang erreicht. Auf den Zeitpunkt der Individualisierung kommt es nicht an. Den Vertretern der herrschenden Meinung ist des Weiteren entgegenzuhalten, dass der von ihnen verwendete unbestimmte Maßstab der Angemessenheit zu Rechtsunsicherheit im Hinblick auf den konkreten Zeitpunkt des Gefahrübergangs führt. Im Ergebnis ist somit davon auszugehen, dass an den Zeitpunkt der Individualisierungsanzeige keine qualifizierten Anforderungen zu stellen sind[940]. Individualisierung erfolgt spätestens mit Übergabe der Kaufsache an den Käufer[941]. In einem solchen Fall trägt der Verkäufer die gesamte Transportgefahr und profitiert von der ihn im Grundsatz begünstigenden Gefahrtragungsregel des Artikels 67 Abs. 1 CISG somit nicht.

Eine Rücknahme bzw. ein Widerruf der Individualisierungsanzeige ist richtiger Weise nach dem Rechtsgedanken der Artikel 15 und 22 CISG bis zu deren Zugang beim Empfänger möglich[942]. Vor dem Zugang mangelt es an der Schutzwürdigkeit des Käufers, der sich ja noch nicht auf den Erhalt bestimmter Ware eingerichtet hatte. Es ist in der Transportpraxis auch absolut üblich, dass Ware noch auf dem Transport an einen anderen Empfänger umgeleitet wird. Nahezu alle Transportrechtskonventionen sehen eine solche Möglichkeit vor[943]. Eine Umleitung der Ware

939 MünchKommBGB-*Gruber*, Art. 32 CISG, Rn. 1 stellt klar, dass der Normzweck der Vorschrift ausschließlich darin besteht, Konkretisierung herbeizuführen.

940 Vgl. Staudinger-*Magnus*, Art. 32 CISG, Rn. 10.

941 Soergel-*Lüderitz/Schüßler-Langeheine*, Art. 32 CISG, Rn. 3.

942 Staudinger-*Magnus*, Art. 32 CISG, Rn. 12; *Achilles*, Art. 32 CISG, Rn. 3.

943 Vgl. Art. 12 Abs. 1 CMR, Art. 18 § 1 CIM, Art. 12 MÜ.

wäre aber in der Praxis so gut wie ausgeschlossen, ginge man von der Unwiderruflichkeit der Individualisierungsanzeige ab dem Zeitpunkt ihrer Absendung aus. Die Dispositionsfreiheit des Verkäufers würde indes überspannt, ließe man eine Rücknahme der Individualisierungsanzeige auch noch nach deren Zugang beim Käufer zu. In solchen Konstellationen muss der Vertrauensschutz Vorrang haben. Etwas anderes gilt jedoch ausnahmsweise, wenn der Verkäufer sein Zurückbehaltungsrecht nach Artikel 71 CISG ausübt. Der mit dieser Vorschrift bezweckte Schutz des Verkäufers bei sich anbahnender Vertragsverletzung des Käufers liefe im Ergebnis leer, wenn der Verkäufer mit Geltendmachung des Zurückbehaltungsrechts nicht auch die Dispositionsbefugnis über die Ware wiedererlangte. Versendet der Verkäufer die Individualisierungsanzeige elektronisch, also insbesondere per E-Mail, so ist die Anzeige aufgrund der extrem kurzen Übermittlungszeit rein faktisch nicht widerruflich. In Fällen, in denen die Individualisierung durch einen Realakt, also durch Kennzeichnung der Ware oder deren Bezeichnung in den Transportdokumenten, erfolgt, muss eine Rückgängigmachung nach dem soeben Gesagten bis zum Zeitpunkt der Ablieferung möglich sein. Solange der Käufer noch keine Kenntnis von der Individualisierung hat, überwiegt das Interesse des Verkäufers an einer umfassenden Dispositionsbefugnis.

5. Massengüter / Bulk Verträge

Besonders problematisch ist die Verknüpfung von Individualisierung der Kaufsache und Gefahrübergang bei Sammelladungen von Massengütern wie beispielsweise Getreide oder Öl (so genannte „Bulk-Verträge"). Beim Transport solcher Massengüter wird es in Fällen, in denen die Ladung für mehrere Empfänger bestimmt ist, in aller Regel nicht möglich oder zumindest nicht praktikabel sein, die für die einzelnen Empfänger bestimmten Mengen räumlich voneinander zu trennen. Eine Individualisierung im Sinne des Artikels 67 Abs. 2 CISG, also die eindeutige Zuordnung der Ware zu einem bestimmten Kaufvertrag, ist bei Bulk-Ladungen somit streng genommen nicht möglich. Daraus ist gelegentlich die Schlussfolgerung gezogen worden, dass ein früher Gefahrübergang nach Artikel 67 Abs. 1 CISG bei solchen Sammelladungen von Massengütern nicht bzw. nur dann in Betracht kommen kann, wenn die Parteien diese Rechtsfolge ausdrücklich oder stillschweigend vereinbart haben[944]. Die Gefahr ginge dann

---

944 Honsell-*Schönle/Th.Koller*, Art. 67, Rn. 30; BeckOKBGB-*Saenger*, Art. 67 CISG, Rn. 5; MünchKommHGB-*Wertenbruch*, Art. 67 CISG, Rn. 19; *Herber/Czerwenka*, Art. 67, Rn. 9; *Honnold/Flechtner*, Uniform Law, Rn. 371; Witz/Salger/Lorenz-*Witz*, Art. 67, Rn. 16; *Karollus*, UN-Kaufrecht, S. 195.

im Ergebnis immer nach dem Auffangtatbestand des Artikels 69 Abs. 1 CISG, also mit Entgegennahme der Ware durch den Käufer, über.

Es ist aber bereits vor dem Hintergrund der vergleichsweise großen Bedeutung von Sammelladungen im grenzüberschreitenden Warenverkehr[945] nicht zu rechtfertigen, diese Beförderungsart im Ergebnis vollständig vom Anwendungsbereich des Artikels 67 CISG auszunehmen. Auch wenn in rechtspolitischer Hinsicht Bedenken gegen die Annahme eines frühen Gefahrübergangs bestehen[946], zielt Artikel 67 CISG erkennbar darauf ab, den Gefahrübergang beim Versendungskauf umfassend zu regeln. Diese Entscheidung der Gesetzesverfasser ist hinzunehmen. Eine Ausklammerung von Sammelladungen aus dem Anwendungsbereich des Artikels 67 CISG wird der grundlegenden Konzeption des besonderen Gefahrtragungsrechts des CISG nicht gerecht.

Die von der Gegenansicht vorgenommene Differenzierung zwischen Bulk- und sonstigen Kaufverträgen vermeidet das Problem, dass eine Zuordnung der Kaufsache zu den einzelnen Käufern bei Sammelladungen nicht oder nur schwer möglich ist, auch nicht grundlegend. Zumindest in Fällen des Annahmeverzugs des Käufers ist auch nach dieser Auffassung, die im Ergebnis Artikel 69 auf die Fälle des Transports von Massengütern anwenden will, eine – wie auch immer geartete – Zuordnung vorzunehmen. Dass in diesen Fällen der Gefahrübergang zeitlich vor der tatsächlichen physischen Aussonderung stattfinden muss, steht außer Zweifel. Den Verkäufer in einer Konstellation, in der der Käufer die Ware vertragswidrig nicht entgegennimmt, weiterhin mit der Preisgefahr zu belasten oder, etwa in analoger Anwendung des Artikels 69 Abs. 1 Satz 2 CISG, mittelbar zu nötigen, eine wirtschaftlich nicht vertretbare Aussonderung der für den säumigen Käufer bestimmten Menge tatsächlich vorzunehmen (zu denken wäre beispielhaft an die Lagerung des für den Käufer bestimmten Öls in einem eigenen Tank, auch wenn es sich nur um eine vergleichsweise Geringe Menge handelte) ist erkennbar unbillig und wird so auch von den Befürwortern eines grundsätzlich späten Gefahrübergangs bei Sammelladungen nicht vertreten.

Eine Grundsatzentscheidung zur Zuordnung der in Sammelladungen transportierten Ware zu einem bestimmten Käufer ist vor diesem Hintergrund also ohnehin unumgänglich. Es liegt dann nahe, auf ein allgemeines Konzept zurückzugreifen, das sowohl im Kontext des Artikels 67 Abs. 2 als auch des Artikels 69 Abs. 1 Satz 2 CISG zur Anwendung gebracht werden kann.

---

945 Vgl. die Beispiele bei *Honnold/Flechtner*, Uniform Law, Rn. 371.

946 Vgl. oben Seiten 246 f.

Da in Sammelladungen transportierte Massengüter in aller Regel weder individualisiert noch ausgesondert werden können, ist ein Gefahrübergang in diesen Konstellationen letztlich nur anteilig möglich. Sachbeeinträchtigungen nach Gefahrübergang betreffen die verschiedenen Empfänger bzw. Käufer also immer in demselben Verhältnis, in dem ihr jeweiliger Anteil zur Gesamtladung steht[947]. Die einzelnen Empfänger einer Sammelladung bilden aufgrund der gewählten bzw. wegen der Warenbeschaffenheit erforderlichen Transportart faktisch eine Gefahrengemeinschaft[948]. Das Individualisierungserfordernis nach Artikel 67 Abs. 1 Satz 2 CISG ist in diesen Konstellationen nicht *per se* unanwendbar, es bedarf insoweit lediglich einer Modifikation, die sich aus dem mit der Vorschrift verfolgten Zweck erschließt. Das Individualisierungserfordernis soll verhindern, dass der Verkäufer dem Käufer im Falle der Gefahrverwirklichung nachträglich das Risiko für die beeinträchtigte Ware zuweist[949]. Dieser Zweck wird bei Sammelladungen, geht man von einer „Gefahrtragung *pro rata*" aufgrund des Bestehens einer Gefahrengemeinschaft einmal aus, bereits dadurch erreicht, dass der Gefahrübergang bei der Versendung von Sammelladungen in teleologischer Reduktion des Artikels 67 Abs. 1 Satz 2 CISG davon abhängig gemacht wird, dass der Verkäufer den Empfängern bzw. Käufern zumindest die für diese jeweils bestimmte Quantität[950] sowie das konkrete Transportmittel benennt, auf dem sich die Sammelladung befindet[951]. Hat das Transportmittel mehrere räumlich voneinander getrennte Transportbehälter, wie z.B. mehrere Laderäume eines Schiffs oder mehrere Anhänger eines LKW, so hat die Anzeige

947 Wie hier Enderlein/Maskow/Strohbach-*Maskow*, Art. 67, Anm. 13.2; Brunner-*Klingler/Mauerhofer*, UN-Kaufrecht, Art. 67, Rn. 8; *Bridge*, Transfer of Risk, S. 93; *Grewal*, 14 Loy. L.A. Int'l & Comp. L.J. (1991), 93, 102; zurückhaltender Schlechtriem/Schwenzer[5]-*Hager/Maultzsch*, Art. 67, Rn. 10, a.A. die 6. Auflage Schlechtriem/Schwenzer-*Hachem*, Art. 67, Rn. 34, der im Ergebnis einen späten Gefahrübergang annehmen will, u.a. weil der Verkäufer, der die wirtschaftlichen Vorteile eines Sammeltransportes genießt, auch dessen Nachteile im Hinblick auf Individualisierungsschwierigkeiten tragen soll.

948 Schlechtriem/Schwenzer[5]-*Hager/Maultzsch*, Art. 67, Rn. 10; *Mankowski* in: Ferrari u.a., Internationales Vertragsrecht, Art 67 CISG, Rn. 38 m.w.N.

949 Oben Seiten 277 f.

950 Staudinger-*Magnus*, Art. 67 CISG, Rn. 31; *Mankowski* in: Ferrari u.a., Internationales Vertragsrecht, Art 67 CISG, Rn. 38.

951 Wie hier *Lookofsky*, Understanding the CISG, § 5.3, S. 103; Staudinger-*Magnus*, Art. 67 CISG, Rn. 31; ähnlich Soergel-*Lüderitz/Budzikiewicz*, Art. 67 CISG, Rn. 6, die dieses Ergebnis allerdings im Wege der ergänzenden Vertragsauslegung herleiten wollen.

weitergehend auch das verwendete Behältnis zu spezifizieren[952]. Manipulationsmöglichkeiten, die dem Verkäufer durch Angabe falscher Gesamtmengen entstehen, sind hinzunehmen[953], nicht zuletzt weil die Gesamtmenge in den allermeisten Fällen eindeutig den Transportpapieren zu entnehmen sein wird und es ferner nicht als primäre Aufgabe des Gefahrtragungsrechts angesehen werden kann, vorsätzliche – und unter Umständen sogar strafbare – Schädigungen des Käufers durch seinen Vertragspartner zu verhindern.

II. Verkauf eingelagerter Ware und allgemeiner Auffangtatbestand: Artikel 69 CISG

1. Übernahmebegriff und Zuweisung des Verladerisikos bei Artikel 69 Absatz 1 CISG

Unter den Auffangtatbestand des Artikels 69 Abs. 1 CISG fallen nach dem hier vertretenen Ansatz im Wesentlichen drei Fallgruppen: der Transport der Kaufsache durch einen vom Käufer ausgesuchten Frachtführer, der Transport durch Leute des Käufers sowie die Beförderung durch Leute des Verkäufers[954]. Artikel 69 Abs. 1 1. Alternative CISG lässt die Preisgefahr im Regelfall mit Übernahme der Ware durch den Käufer übergehen. Wie insbesondere die historische und die (objektiv) teleologische Auslegung[955] gezeigt haben, ist von einer Übernahme im Rechtssinne auszugehen, sobald die verkaufte Sache in die Einflusssphäre des Käufers eintritt[956]. Beim Transport durch Leute des Käufers oder durch einen vom Käufer beauftragten Frachtführer geht die Gefahr damit

952 Dem entspricht im Groben die im Transportrecht häufig anzutreffende Regelung, dass der Absender bei Verwendung mehrerer Anhänger etc. vom Frachtführer die Ausstellung eines gesonderten Frachtbriefs für jedes Transportbehältnis verlangen kann, vgl. z.B. Art. 5 Abs. 2 CMR, Art. 6 § 6 CIM.

953 Vgl. in diesem Zusammenhang auch Staudinger-*Magnus*, Art. 67 CISG, Rn. 31, der bereits davon ausgeht, dass eine nennenswerte Manipulationsmöglichkeit des Verkäufers grundsätzlich nicht besteht; **a.A.** BeckOKBGB-*Saenger*, Art. 67 CISG, Rn. 5, der in der Manipulationsgefahr gerade einen der Hauptgründe gegen die Annahme einer Gefahrengemeinschaft sieht.

954 Oben Kapitel 4 VI. 5.

955 Siehe zum Ergebnis der historischen Auslegung vor allem oben Kapitel 4 IV. 5. b), Seiten 214 ff., zum Ergebnis der objektiv teleologischen Auslegung vor allem oben Kapitel 4 V. 3. b), Seiten 245 ff.

956 *Mankowski* in: Ferrari u.a., Internationales Vertragsrecht, Art. 69 CISG, Rn. 6.

grundsätzlich zu Beginn, beim Transport durch Leute des Verkäufers am Ende des Transportvorgangs über.

Mit dieser Unterscheidung ist aber noch keine Aussage über die hier so genannte Zuweisung des Verladerisikos getroffen. Es wird insoweit vertreten, dass im Anwendungsbereich des Artikels 69 Abs. 1 CISG grundsätzlich der Käufer das Verladerisiko trägt[957]. Begründet wird diese Auffassung mit einem Verweis auf den Inhalt der Lieferpflicht des Verkäufers. Diese sei im Anwendungsbereich des Artikels 69 Abs. 1 CISG immer schon dann erfüllt, wenn der Verkäufer die Ware für den Käufer bereitgestellt und diesem die Möglichkeit zu einem Sachherrschaftswechsel eröffnet habe[958]. Diese Argumentation verkennt bereits, dass es im Kontext des Artikels 69 Abs. 1 1. Alternative CISG – und nur in dieser Alternative stellt sich die Frage nach der Zuweisung des Verladerisikos – nicht auf das bloße zur Verfügung Stellen der Ware, sondern ganz konkret auf die Übernahme durch den Käufer und damit einen konkreten Übergang der Sachherrschaft ankommt. Inhalt und Umfang der Lieferpflicht können darüber hinaus nach dem hier vertretenen Ansatz aber bereits ganz grundsätzlich keine unmittelbare Auswirkung auf den Gefahrübergang haben[959]. Maßgeblich für das besondere Gefahrtragungsrecht sind vielmehr in erster Linie teleologische Erwägungen, insbesondere die hier so genannten Zweckerwägungen des Schutzes der Ware vor Schaden, der Streitvermeidung sowie der Versicherbarkeit der Kaufsache[960]. Der Vielgestaltigkeit der unter den Auffangtatbestand fallenden Konstellationen, kann insoweit nur im Wege einer fallgruppenspezifischen Betrachtung Rechnung getragen werden.

Der Transport der Ware durch einen vom Käufer ausgesuchten Frachtführer ist in vielerlei Hinsicht mit der Konstellation des Versendungskaufs vergleichbar. Auch der vom Käufer beauftragte Frachtführer ist nach dem anwendbaren Transportrecht in aller Regel angehalten, die Ware bei Inobhutnahme auf äußerlich erkennbare Beeinträchtigungen zu untersuchen[961]. Wie beim Versendungskauf ist es ferner nicht unüblich, dass die Ware vor Übernahme durch den

---

957 Witz/Salger/Lorenz-*Witz*, Art. 69, Rn. 6; MünchKommBGB-*Peter Huber*, Art. 69 CISG, Rn. 4, allerdings unter Verweis auf den – nach der hier vertretenen Ansicht im Gefahrtragungskontext nicht zu berücksichtigenden – Inhalt der Lieferpflicht.

958 Witz/Salger/Lorenz-*Witz*, Art. 69, Rn. 6; *Mankowski* in: Ferrari u.a., Internationales Vertragsrecht, Art. 69 CISG, Rn. 9.

959 Oben Kapitel 4 V. 2. g).

960 Oben Kapitel 4 V. 3. a).

961 Die oben in Kapitel 3 analysierten transportrechtlichen Übereinkommen differenzieren– anders als Artikel 67 CISG– grundsätzlich nicht danach, ob der Verkäufer oder der Käufer den selbständigen Transportunternehmer beauftragt hat. Zwar gehen

Frachtführer von einem Drittunternehmer zwischengelagert wird oder dass ein Drittunternehmer, beispielsweise der Betreiber eines Containerterminals, am Verladevorgang beteiligt ist bzw. diesen sogar vollständig, das heißt ohne Mitwirkung von Verkäufer oder Frachtführer, durchführt. Vor diesem Hintergrund erscheint es zweckmäßig, auch in den Fällen des Transports der Ware durch einen vom Käufer ausgesuchten und beauftragten Frachtführer die Preisgefahr im Zeitpunkt der Untersuchung der Ware durch die Transportperson übergehen zu lassen. Der Übernahmezeitpunkt fällt mithin auf den Zeitpunkt bzw. Zeitraum der Untersuchung. Je nachdem, ob der Frachtführer die Ware vor Beginn oder nach Beendigung des Verladevorgangs untersucht, trägt beim Transport durch einen vom Käufer beauftragten Transporteur folglich entweder der Käufer oder der Verkäufer das Verladerisiko.

Im Vergleich zum Versendungskauf schwieriger zu beantworten ist die Frage nach der Zuweisung der Verladegefahr in Konstellationen, in denen der vom Käufer beauftragte Frachtführer die Ware nicht untersucht. Anders als beim Versendungskauf, wo alle maßgeblichen Erwägungen für eine Belastung des Verkäufers mit dem Verladerisiko sprechen, ist insoweit im Anwendungsbereich des Artikels 69 Abs. 1 CISG eine eindeutige Tendenz nicht zu erkennen. Vergleichbar dem Versendungskauf spricht auch beim Transport der Ware durch einen vom Käufer beauftragten Frachtführer die Tatsache, dass das Ende des Verladevorgangs in der Regel leichter festzustellen ist als dessen Beginn, ganz grundsätzlich für eine Gefahrbelastung des Verkäufers. Die gerade im Kontext des Artikels 69 CISG besonders relevante Zweckerwägung der Schadensvermeidung[962] legt im Gegensatz dazu allerdings – in Abweichung zur Interessenlage beim Versendungskauf – eine Belastung des Käufers mit der Verladegefahr nahe. Durch die Gefahrbelastung ist der Käufer angehalten, die Auswahl der Transportperson sorgfältig vorzunehmen und auf diesem Wege sicherzustellen, dass der Frachtführer hinreichend qualifiziert ist. Etwaige Sorgfaltspflichtverletzungen des Frachtführers, wie beispielsweise das Unterlassen einer Untersuchung des Transportguts trotz entsprechender transportrechtlicher Verpflichtung, sollen möglichst zu Lasten des Käufers gehen. Diesem letztgenannten Gedanken ist vorliegend im Hinblick auf die besondere Bedeutung der Zweckerwägung

auch die betreffenden Übereinkommen im Grundsatz vom Bestehen eines Dreipersonenverhältnisses zwischen Absender, Empfänger und Frachtführer aus. Absender und Empfänger können aber auch personenidentisch sein, vgl. zur CMR Thume-*de la Motte/Temme*, Vor Art. 1, Rn. 29.

962 Dazu oben Kapitel 4 V. 2. a).

der Schadensvermeidung im Kontext des Artikels 69 Abs. 1 CISG der Vorrang gegenüber der Effektivität der Schadensfeststellung einzuräumen. Im Ergebnis trägt also in den Fällen, in denen der vom Käufer ausgesuchte Frachtführer die Ware nicht untersucht, der Käufer das Verladerisiko.

Der Eigentransport durch Leute des Käufers oder des Verkäufers unterscheidet sich in rein tatsächlicher Hinsicht in einigen wesentlichen Gesichtspunkten vom Transport durch einen Frachtführer. Auf den Eigentransport sind transportrechtliche Bestimmungen nicht anwendbar. Das hat zur Konsequenz, dass weder die Ausstellung eines Transportdokuments noch eine Untersuchung der Ware durch den Frachtführer zwingend vorgesehen sind. Die Parteien des Kaufvertrags werden den Transport aller Erfahrung nach auch nur in Transportsituationen mit vergleichsweise geringer Komplexität durch eigene Angestellte durchführen, typischer Weise bei einem Transport per LKW über kürzere Strecken. In solchen Konstellationen werden die den Transport durchführenden Leute in aller Regel auch am Be- bzw. Entladen des LKW beteiligt sein. Beim Luft-, See oder Eisenbahntransport, bei dem der Verladevorgang häufig durch spezialisierte Drittunternehmer durchgeführt wird, ist eine Beförderung im Wege des Eigentransports hingegen kaum vorstellbar.

Aus alldem folgt, dass beim Transport durch Leute des Käufers pauschal der Käufer mit dem Verladerisiko belastet werden sollte. Da die Leute des Käufers typischer Weise am Beladen des Transportmittels beteiligt sind, sollte der Käufer auch insoweit durch die Gefahrbelastung zu einer sorgfältigen Auswahl angehalten werden. Dem Käufer hier das Verladerisiko zuzuweisen hilft auch, Haftpflichtprozesse in Konstellationen zu vermeiden, in denen die Leute des Käufers die Ware beim Beladen des Transportmittels beschädigen. Eine Gefahrbelastung des Käufers entspricht ferner dem „Sphärengedanken“, der, anders als bei der Gefahrtragung beim Versendungskauf, im Anwendungsbereich des Artikels 69 Abs. 1 CISG durchaus eine Rolle spielt[963]. Auf den Zeitpunkt einer etwaigen Untersuchung der Ware kann es im Gegensatz dazu nicht ankommen. Mangels eines obligatorischen Transportdokuments wird das Untersuchungsergebnis beim Eigentransport häufig bereits nicht „beweissicher“ schriftlich festgehalten werden. In jedem Fall wird der Verkäufer versucht sein, im Streitfall die „Objektivität“ einer für ihn unvorteilhaften Untersuchung durch Leute des Käufers anzuzweifeln. Die die Verknüpfung von Gefahrtragung und Untersuchung der Ware tragende Zweckerwägung der Streitvermeidung greift in den Fällen des

963 Vergleiche insoweit insbesondere das Ergebnis der teleologischen Auslegung oben Kapitel 4 V. 3. b) Viertens, Seite 248.

Eigentransports folglich nicht oder zumindest nicht in demselben Umfang wie beim Transport unter Einschaltung eines Frachtführers.

Beim Eigentransport durch Leute des Verkäufers, der nach der hier vertretenen Ansicht ebenfalls in den Anwendungsbereich des Artikels 69 Abs. 1 CISG fällt[964], geht die Ware erst am Ende des Transportvorgangs in die Einflusssphäre des Käufers über. Die Verladegefahr ist hier im Sinne einer Entladegefahr zu verstehen. Diese trägt nach dem soeben zum Eigentransport durch den Käufer Gesagten der Verkäufer. Der Käufer übernimmt die Ware mithin nach Beendigung des Entladevorgangs.

2. Zur Verfügung Stellen der Ware und Bereitschaftsanzeige bei Abnahmeverzug und beim Verkauf eingelagerter Ware

Anders als die erste Variante des Auffangtatbestands stellen sowohl Artikel 69 Abs. 1 2. Alternative CISG für den Abnahmeverzug des Käufers als auch Artikel 69 Abs. 2 CISG für den Verkauf eingelagerter Ware für den Gefahrübergang nicht auf die Übernahme, also den tatsächlichen Wechsel der Sachherrschaft, sondern darauf ab, dass dem Käufer die Ware zur Verfügung gestellt worden ist[965]. Sowohl Artikel 69 Abs. 1 2. Alternative als auch Artikel 69 Abs. 2 CISG beinhalten insoweit eine objektive sowie eine subjektive Komponente.

Die objektive Komponente ist in beiden Tatbeständen identisch und unproblematisch. Es ist zu verlangen, dass der Verkäufer seinem Vertragspartner rein faktisch die Möglichkeit eröffnen muss, derart auf die Ware zuzugreifen, dass dieser einen Sachherrschaftswechsel herbeiführen kann[966]. Beim Verkauf eingelagerter Ware nach Artikel 69 Abs. 2 CISG wird diese Zugriffsmöglichkeit in aller Regel in einem Weisungsrecht bzw. Herausgabeanspruch gegenüber dem Lagerhalter bestehen[967]. Im Anwendungsbereich des Auffangtatbestands ist die physische Bereitstellung der Ware maßgeblich.

---

964 Dazu ausführlich oben Kapitel 4 VI. 4.

965 Der Begriff des „Zur Verfügung Stehens" wird in beiden Tatbeständen in demselben Sinne verwendet, vgl. Schlechtriem/Schwenzer-*Hachem*, Art. 69, Rn. 20; *Mankowski* in: Ferrari u.a., Internationales Vertragsrecht, Art. 69 CISG, Rn. 22.

966 *Mankowski* in: Ferrari u.a., Internationales Vertragsrecht, Art. 69 CISG, Rn. 12.

967 Ausführlich *Hager*, Gefahrtragung nach UN-Kaufrecht, S. 400; des Weiteren *Karollus*, UN-Kaufrecht, S. 203; MünchKommBGB-*Peter Huber*, Art. 69 CISG, Rn. 12; *Reinhart*, UN-Kaufrecht, Art. 69, Rn. 3; *Mankowski* in: Ferrari u.a., Internationales Vertragsrecht, Art. 69 CISG, Rn. 24; *Sevón*, Passing of Risk, S. 205; *Herber/Czerwenka*, Internationales Kaufrecht, Art. 69, Rn. 7; Schlechtriem/Schwenzer-*Hachem*, Art. 69,

Die subjektive Komponente ist in Artikel 69 Abs. 1 2. Alternative und in Artikel 69 Abs. 2 CISG unterschiedlich ausgestaltet. Sie wirft in beiden Tatbeständen Auslegungsprobleme auf. Artikel 69 Abs. 1 2. Alternative CISG impliziert die subjektive Komponente lediglich. Maßgeblich für den Gefahrübergang nach Artikel 69 Abs. 1 2. Alternative CISG ist, dass dem Käufer die Ware zur Verfügung steht und er mit der Nichtabnahme eine Vertragsverletzung begeht. Letzteres ist als ein Verweis auf den in Artikel 60 CISG geregelten Abnahmeverzug zu verstehen[968]. In Abnahmeverzug kann der Käufer aber nur kommen, sobald er weiß oder zumindest hätte wissen müssen, dass die Kaufsache für ihn zur Übernahme bereit steht[969]. Der subjektiven Komponente ist Genüge getan, wenn die Parteien bereits im Kaufvertrag einen Abholtermin vereinbart haben[970]. Ist dies nicht geschehen, so hat der Verkäufer den Käufer mit einer so genannten Bereitstellungsanzeige gesondert zu benachrichtigen[971]. Die Bereitstellungsanzeige löst den Abnahmeverzug nach einhelliger Auffassung nur aus, wenn sie dem Käufer auch tatsächlich zugegangen ist[972]. Letztlich folgt das aus der Erwägung, dass Artikel 27 CISG ganz grundsätzlich keine Anwendung auf Mitteilungen finden könne, die beim Empfänger die Fälligkeit von Pflichten auslösen[973]. Rechtstechnisch bietet sich die Analogie zu Artikel 69 Abs. 2 CISG an[974].

Artikel 69 Abs. 2 CISG spricht die „subjektive Komponente" des Gefahrübergangs beim Verkauf eingelagerter Ware ausdrücklich an und verlangt insoweit, dass der Käufer Kenntnis davon hat, dass ihm die Ware zur Verfügung steht. Auf welchem Wege der Käufer Kenntnis erlangt, schreibt das Gesetz nicht vor[975]. Der

---

Rn. 20; Witz/Salger/Lorenz-*Witz*, Art. 69, Rn. 12; Staudinger-*Magnus*, Art. 69 CISG, Rn. 22; Honsell-*Schönle/Th.Koller*, Art. 69, Rn. 17; Soergel-*Lüderitz/Budzikiewicz*, Art. 69 CISG, Rn. 6; Brunner-*Klingler/Mauerhofer*, UN-Kaufrecht, Art. 69, Rn. 6.

968 Vgl. MünchKommBGB-*Peter Huber*, Art. 69 CISG, Rn. 6; *Mankowski* in: Ferrari u.a., Internationales Vertragsrecht, Art. 69 CISG, Rn. 14 f.

969 BeckOKBGB-*Saenger*, Art. 69 CISG, Rn. 7; MünchKommBGB-*Peter Huber*, Art. 69 CISG, Rn. 6.

970 Staudinger-*Magnus*, Art. 69 CISG, Rn. 14; Enderlein/Maskow/Strohbach-*Maskow*, Art. 69, Anm. 4.3.; *Achilles*, Art. 69 CISG, Rn. 2; MünchKommBGB-*Peter Huber*, Art. 69 CISG, Rn. 5; implizit *Honnold/Flechtner*, Uniform Law, Rn. 374.

971 Honsell-*Schönle/Th.Koller*, Art. 69, Rn. 10.

972 Staudinger-*Magnus*, Art. 69 CISG, Rn. 14; Schlechtriem/Schwenzer-*Hachem*, Art. 69, Rn. 21; MünchKommBGB-*Peter Huber*, Art. 69 CISG, Rn. 5; Enderlein/Maskow/Strohbach -*Maskow*, Art. 69, Anm. 4.3.

973 *Noussias*, Zugangsbedürftigkeit von Mitteilungen, S. 128 ff.; Schlechtriem/Schwenzer-*Mohs*, Art. 58, Rn. 10.

974 Enderlein/Maskow/Strohbach-*Maskow*, Art. 69, Anm. 4.3.

975 Vgl. Kröll/Mistelis/Perales Viscasillas-*Anjanette Raymond*, Art. 69, Rn. 2.

Regelfall wird sein, dass der Verkäufer dem Käufer den Lagerschein bzw. eine Kopie übersendet, und den Empfänger auf diesem Wege gegenüber dem Lagerhalter zur Verfügung über die Ware legitimiert. Auch eine gesonderte Benachrichtigung des Käufers kommt in Betracht. Artikel 69 Abs. 2 CISG macht zur Art und Weise, auf die der Käufer in Kenntnis gesetzt wird, keine Vorgaben. Daraus ist zweierlei zu folgern. Eine gesonderte Benachrichtigung im Sinne einer Bereitstellungsanzeige ist, erstens, nicht zwingend zu verlangen[976]. Es würde beispielsweise ausreichen, wenn der Käufer durch eigene Nachfrage, durch Dritte – oder sogar durch Zufall – von der Bereitstellung der Ware Kenntnis erlangt[977]. Wo eine Benachrichtigung durch den Verkäufer erfolgt, ist diese, zweitens, formlos möglich[978]. Der Verkäufer kann den Käufer also theoretisch auch mündlich benachrichtigen. In der Praxis überwiegt aber sicherlich die schriftliche Benachrichtigung. Diese wird beim Verkauf eingelagerter Ware vornehmlich durch Übersendung des Lagerscheins erfolgen.

Ist eine Bereitstellungsanzeige erforderlich, so muss diese dem Käufer zugehen. Das so genannte Absendeprinzip[979] des Artikels 27 CISG ist auf die Bereitstellungsanzeige des Verkäufers nicht anwendbar[980]. Artikel 69 Abs. 2 CISG knüpft den Gefahrübergang im Wesentlichen an den Wechsel der Verfügungsbefugnis an der Ware. Der hier so genannte „Sphären-„ oder „Sachherrschaftsgedanke“ hat beim Verkauf eingelagerter Ware im Gegensatz dazu keine Bedeutung, da sich die Ware im Zeitpunkt des Vertragsschlusses im Gewahrsam eines Dritten befindet und häufig weder Verkäufer noch Käufer die Kaufsache jemals in ihren eigenen Händen halten werden[981]. Ein Wechsel der Verfügungsbefugnis tritt aber regelmäßig erst ein, sobald dem Käufer die Bereitstellungsanzeige zugeht. Das gilt in besonderem Maße für die in der Praxis am häufigsten vorkommenden Fälle der Übersendung des Lagerscheins. Nur gegen Vorlage des Lagerscheins kann sich der Käufer gegenüber dem Lagerhalter als verfügungsberechtigt legitimieren. Im Zeitpunkt der Absendung liegt die Verfügungsbefugnis an der Ware und damit die Nutzungsmöglichkeit noch alleine beim Verkäufer.

---

976 Vgl. MünchKommHGB-*Wertenbruch*, Art. 69 CISG, Rn. 9 f.

977 Staudinger-*Magnus*, Art. 69 CISG, Rn. 23; *Sevón*, Passing of Risk, S. 205; ähnlich Enderlein/Maskow/Strohbach-*Maskow*, Art. 69, Anm. 8.

978 Witz/Salger/Lorenz-*Witz*, Art. 69, Rn. 10.

979 Vgl. Schlechtriem/Schwenzer- *Schröter*, Art. 27, Rn. 1.

980 Schlechtriem/Schwenzer-*Hachem*, Art. 69, Rn. 21; MünchKommBGB-*Peter Huber*, Art. 69 CISG, Rn. 5; Staudinger-*Magnus*, Art. 69 CISG, Rn. 23; Witz/Salger/Lorenz-*Witz*, Art. 69, Rn. 10. MünchKommHGB-*Wertenbruch*, Art. 69 CISG, Rn. 3.

981 Vgl. Staudinger-*Magnus*, Art. 69 CISG, Rn. 20.

Vor diesem Hintergrund ist das in Artikel 69 Abs. 2 CISG verwendete Kriterium der Kenntnisnahme zu verstehen. Das subjektive Element stellt hier sicher, dass Preisgefahr und Verfügungsbefugnis auch tatsächlich in demselben Zeitpunkt übergehen. Die in Artikel 69 Abs. 2 CISG getroffene Regelung bedingt Artikel 27 CISG in ihrem Anwendungsbereich ab[982].

Von überwiegend akademischer Bedeutung ist die Frage, wie im Falle eines Käufers zu verfahren ist, dem eine Bereitstellungsanzeige zwar zugeht, der aber den Inhalt dieser Anzeige nicht zur Kenntnis nimmt. Artikel 69 Abs. 2 CISG verlangt ausdrücklich die positive Kenntnis des Käufers davon, dass ihm die Ware zur Verfügung steht. Nach dem Wortlaut der Vorschrift hat er es somit in der Hand, durch Ignorieren des Inhalts der Bereitstellungsanzeige den Gefahrübergang zu verhindern. Ein solches Verständnis des Artikels 69 Abs. 2 CISG kommt aber aus mehreren Gesichtspunkten nicht in Betracht. Zum einen stünde es im Widerspruch zu dem allgemeinen Grundsatz, dass der sich vertragswidrig verhaltende Käufer im Hinblick auf den Gefahrübergang nicht privilegiert werden darf. Das Ergebnis eines Beharrens auf der tatsächlichen Kenntnisnahme durch den Käufer wäre aber vor allem nicht sachgerecht. Nach den allgemeinen beweisrechtlichen Grundsätzen[983] hätte der Verkäufer als der durch den Gefahrübergang Begünstigte die Kenntnis des Käufers vollumfänglich darzulegen und zu beweisen. Das wird ihm aber nur in den allerwenigsten Fällen möglich sein[984]. Das Prozessrecht hilft in solchen Konstellationen in aller Regel mit Beweiserleichterungen. Verweist man den Verkäufer aber auf solche Beweiserleichterungen, so hängt der Zeitpunkt des Gefahrübergangs im Ergebnis von den Regeln des jeweils anwendbaren nationalen Prozessrechts ab – ein im Hinblick auf den mit dem UN-Kaufrecht verfolgten Rechtsvereinheitlichungsgedanken nicht wünschenswertes Ergebnis. Die besseren Gründe sprechen vorliegend dafür, die in Artikel 69 Abs. 2 CISG gewählte Formulierung alleine als Abbedingung des Absendeprinzips des Artikels 27 CISG zu verstehen und den Zugang einer Bereitstellungsanzeige für den Gefahrübergang beim Verkauf eingelagerter Ware ausreichen zu lassen[985].

---

982 *Hager*, Gefahrtragung nach UN-Kaufrecht, S. 399; *Herber/Czerwenka*, Art. 69, Rn. 5; Honsell-*Schönle/Th.Koller*, Art. 69, Rn. 20; Staudinger-*Magnus*, Art. 69 CISG, Rn. 23; Schlechtriem/Schwenzer-*Hachem*, Art. 69, Rn. 21.

983 Dazu statt aller Schlechtriem/Schwenzer-*Ferrari*, Art. 4, Rn. 50 mit zahlr. Nachw.

984 Wie hier *de Vries*, 17 Eur. Transp. L (1982), 495, 511.

985 In diesem Sinne wohl auch Staudinger-*Magnus*, Art. 69 CISG, Rn. 23; Witz/Salger/Lorenz-*Witz*, Art. 69, Rn. 10; differenzierend *Achilles*, Art. 69 CISG, Rn. 5; MünchKommBGB-*Peter Huber*, Art. 69 CISG, Rn. 13: „*Allerdings wird man vom Vorliegen*

3. Sonstige Vertragsverletzungen des Käufers

Aus Artikel 69 Abs. 1 2. Alternative CISG ist nach dem oben zu Artikel 67 CISG Gesagten[986] ein allgemeiner Rechtsgedanke zu abzuleiten. Der Gefahrübergang wird immer dann zu Lasten des Käufers auf den Zeitpunkt der Vornahme der letzten maßgeblichen Mitwirkungshandlung des Verkäufers vorverlagert, wenn der Käufer eine Vertragsverletzung begeht und dadurch kausal bewirkt, dass der einschlägige Tatbestand des besonderen Gefahrtragungsrechts nicht erfüllt wird[987]. Nach allen Tatbeständen des besonderen Gefahrtragungsrechts geht die Preisgefahr also insbesondere nicht über, wenn der Verkäufer die Ware im Falle des Zahlungsverzugs des Käufers, beispielsweise in Form der verspäteten Eröffnung eines Dokumentenakkreditivs, berechtigter Weise zurückhält[988].

4. Individualisierung und Individualisierungsanzeige

Nach Artikel 69 Abs. 3 CISG gilt Ware, die noch nicht individualisiert worden ist, erst dann als dem Käufer zur Verfügung gestellt, wenn sie eindeutig dem Vertrag zugeordnet worden ist. Das bedeutet im Ergebnis nichts anderes, als dass auch beim Verkauf eingelagerter Ware sowie im Anwendungsbereich des Auffangtatbestands des Artikels 69 Abs. 1 2. Alternative CISG die Preisgefahr bei der Gattungsschuld frühestens in dem Zeitpunkt übergehen kann, in dem objektiv erkennbar wird, dass diese für den Käufer bestimmt ist[989]. Zwar spricht Artikel 69 Abs. 3 CISG, anders als Artikel 67 Abs. 2 CISG, die Abhängigkeit des Gefahrübergangs von der Individualisierung bei der Gattungsschuld nicht ausdrücklich aus. Der Zusammenhang ergibt sich aber eindeutig aus dem Zusammenspiel des Absatzes 3 mit den beiden in Artikel 69 CISG enthaltenen Gefahrtragungstatbeständen. Beim Kauf eingelagerter Ware geht die Gefahr

---

von Kenntnis ausgehen müssen, wenn dem Käufer eine entsprechende Mitteilung in einer Weise zugegangen ist, dass vernünftiger Weise mit einer Kenntnisnahme gerechnet werden konnte".

986 Oben I. 3.

987 Brunner-*Klingler/Mauerhofer*, UN-Kaufrecht, Art. 69, Rn. 4; Schlechtriem/Schwenzer[5]-*Hager/Maultzsch*, Art. 69, Rn. 9; BeckOKBGB-*Saenger*, Art. 69 CISG, Rn. 1; *Geist*, WBl. 1988, 349, 354; Honsell-*Schönle/Th.Koller*, Art. 69, Rn. 19; *Karollus*, UN-Kaufrecht, S. 192.

988 Vgl. Schlechtriem/Schwenzer-*Hachem*, Art. 69, Rn. 15; Honsell-*Schönle/Th.Koller*, Art. 69, Rn. 19; MünchKommBGB-*Peter Huber*, Art. 69 CISG, Rn. 7 und oben Seite 275.

989 Vgl. Schlechtriem/Schwenzer[5]-*Hager/Maultzsch*, Art. 69, Rn. 8; *Mankowski* in: Ferrari u.a., Internationales Vertragsrecht, Art. 69 CISG, Rn. 12 f.

frühestens in dem Zeitpunkt über, in dem der Verkäufer dem Käufer die Ware zur Verfügung stellt. Zur Verfügung gestellt ist die Ware nach Artikel 69 Abs. 3 CISG aber frühestens mit Individualisierung. Damit kann auch die Preisgefahr nicht vor Individualisierung übergehen. Nach Artikel 69 Abs. 1 CISG muss der Käufer die Ware entweder tatsächlich übernehmen oder sich aber im Abnahmeverzug befinden, damit die Preisgefahr auf ihn übergeht. Der erstgenannte Vorgang impliziert zwangsläufig die Individualisierung. In Fällen des Abnahmeverzugs geht die Gefahr, ähnlich dem Verkauf eingelagerter Ware, im Zeitpunkt des zur Verfügung Stellens durch den Verkäufer über, ein Vorgang, der nach Artikel 69 Abs. 3 CISG wiederum die Individualisierung voraussetzt.

Artikel 69 Abs. 3 CISG verwendet dieselbe Terminologie wie die insoweit beim Versendungskauf einschlägigen Artikel 67 Abs. 2 CISG und 32 Abs. 1 CISG. Daraus ist zu folgern, dass auch Zwecksetzung und Voraussetzungen des Individualisierungserfordernisses im Anwendungsbereich des Artikels 69 CISG und beim Versendungskauf identisch sind. Das Erfordernis der Individualisierung soll also sicherstellen, dass der Verkäufer dem Käufer im Falle der Gefahrverwirklichung nicht beschädigte Ware unterschieben kann, die ursprünglich nicht für diesen bestimmt war[990]. Die Individualisierung kann, muss aber nicht zwangsläufig im Wege einer Individualisierungsanzeige an den Käufer erfolgen[991]. Denkbar sind insbesondere auch die Markierung der Ware selbst und / oder ein Vermerk in den Transportdokumenten bzw. im Lagerschein[992].

Anders als auf die Bereitstellungsanzeige ist auf die Individualisierungsanzeige Artikel 27 CISG anwendbar. Bereits das Absenden der Individualisierungsanzeige bewirkt also die Individualisierung der Ware[993]. Diese Unterscheidung erklärt sich vor dem Hintergrund, dass Individualisierungs- und Bereitstellungsanzeige unterschiedliche Zwecke verfolgen. Die Bereitstellungsanzeige soll den Käufer in die Lage versetzen, über die Kaufsache zu verfügen. Dazu ist nach

990 *Honnold/Flechtner*, Uniform Law, Rn. 371; Bianca/Bonell-*Nicholas*, Art. 67, Anm. 2.7; Staudinger-*Magnus*, Art. 67 CISG, Rn. 25; Brunner-*Klingler/Mauerhofer*, UN-Kaufrecht, Art. 67 CISG, Rn. 8; MünchKommBGB-*Peter Huber*, Art. 67 CISG, Rn. 2; Enderlein/Maskow/Strohbach-*Maskow*, Art. 67, Anm. 9; *Achilles*, Art. 69 CISG, Rn. 6; zum Zweck der Individualisierung auch schon oben Seiten 277 f.

991 Honsell-*Schönle/Th.Koller*, Art 69, Rn. 22; MünchKommBGB-*Peter Huber*, Art. 69 CISG, Rn. 15; wohl auch Staudinger-*Magnus*, Art. 69 CISG, Rn. 14, der allerdings nicht zwischen Bereitstellungs- und Individualisierungsanzeige unterscheidet; **a.A.**; Schlechtriem/Schwenzer[5]-*Hager/Maultzsch*, Art. 69, Rn. 8.

992 Vgl. oben Seiten 277 f.

993 Honsell-*Schönle/Th.Koller*, Art. 69, Rn. 23.

dem soeben Gesagten ihr Zugang beim Käufer erforderlich[994]. Die Individualisierungsanzeige soll im Gegensatz dazu nur sicherstellen, dass dem Käufer nicht nachträglich beeinträchtigte Ware untergeschoben wird. Es gilt das zum Versendungskauf Gesagte. Da die Ware mit Bereitstellung in aller Regel auch individualisiert wird, ist die Unterscheidung zwischen Bereitstellungs- und Individualisierungsanzeige in der Praxis meist hinfällig. Bedeutung kann die Differenzierung aber beispielsweise in einer Fallkonstellation haben, in der die Parteien sich bereits im Kaufvertrag über eine Gattungssache auf einen Abholtermin geeinigt haben. Hier bedarf es keiner Bereitstellungs- unter Umständen aber sehr wohl einer Individualisierungsanzeige.

5. Massengüter / Bulk Verträge

Wie im Zusammenhang der Gefahrtragungsregel beim Versendungskauf herausgearbeitet worden ist, besteht die Besonderheit bei Kaufverträgen über Massengüter darin, dass es hier nicht zweckmäßig ist, eine genaue Zuordnung der Ware zu dem Kaufvertrag vorzunehmen, bevor diese tatsächlich an den Käufer übergeben wird. In dem Ausmaß, in dem Artikel 69 Abs. 3 CISG die Individualisierung zur Voraussetzung des Gefahrübergangs macht – also in Fällen des Abnahmeverzugs des Käufers nach Artikel 69 Abs. 1 2. Alternative CISG und des Verkaufs eingelagerter Ware nach Artikel 69 Abs. 2 CISG – stellen sich dieselben Fragen wie im Kontext des Gefahrübergangs beim Versendungskauf. Es kann insoweit auch auf die dort erarbeiteten Lösungen zurückgegriffen werden. Der Verkäufer kann demnach den Gefahrübergang bereits dadurch herbeiführen, dass er den Aufbewahrungsort des Masseguts sowie die für den Käufer bestimmte Menge so spezifiziert, dass im Falle einer Sachbeeinträchtigung eine anteilige Zuweisung der Preisgefahr möglich ist[995].

III. Verkauf reisender Ware: Artikel 68 CISG

1. Voraussetzungen des rückwirkenden Gefahrübergangs nach Artikel 68 Satz 2 CISG

Nach Artikel 68 Satz 2 CISG geht die Preisgefahr mit Übergabe der Ware an den – vom Verkäufer ausgewählten – Frachtführer über[996]. Die Gefahrtragungsregel

---

994 Oben Seiten 290 f.

995 Vgl. *Mankowski* in: Ferrari u.a., Internationales Vertragsrecht, Art. 69 CISG, Rn. 31; zu weitgehend Staudinger-*Magnus*, Art. 69 CISG, Rn. 13, der es insoweit ausreichen lässt, dass *„die geschuldete Menge vorhanden und eine Übergabe möglich ist"*.

996 Zum Anwendungsbereich oben Kapitel 4 VI. 3.

gleicht damit in wesentlichen Zügen der Grundregel des Gefahrübergangs beim Versendungskauf nach Artikel 67 Abs. 1 Satz 1 1. Alternative CISG. Der wesentliche Unterschied der beiden Gefahrtragungstatbestände besteht darin, dass im Anwendungsbereich des Artikels 68 CISG die Ware dem Beförderer übergeben wird, bevor ein konkreter Kaufvertrag überhaupt abgeschlossen worden ist. Der Verkäufer übergibt die Ware beim Verkauf reisender Ware dem Frachtführer mithin nicht „zur Übermittlung an den Käufer“[997]. Die praktische Bedeutung des Verkaufs reisender Ware liegt im Wesentlichen darin, dass der Verkäufer Verschiffungen von Sammelladungen – in der Praxis wird es zum Verkauf reisender Ware überwiegend während des Seetransports von in Sammelladungen transportierten Massengütern (*commodities*) kommen[998] – nicht davon abhängig machen muss, dass er die betreffende Ware bereits vollständig verkauft hat. Er kann sich vielmehr ausschließlich nach den vorhandenen Transportkapazitäten richten. Ferner bietet die Verschiffung noch nicht (vollständig) verkaufter Ware dem Verkäufer die Möglichkeit, auf während des Transportvorgangs steigende Preise zu spekulieren[999].

Die Zuweisung der Preisgefahr beim Verkauf reisender Ware ist von den Verfassern des UN-Kaufrechts auf der diplomatischen Konferenz kontrovers diskutiert worden. Die nunmehr in Artikel 68 Satz 2 CISG enthaltene Rechtsfolge, dass die Gefahr rückwirkend im Zeitpunkt der Übergabe an den Frachtführer und damit im Ergebnis vor Vertragsschluss übergeht, stellte lange den Regelfall dar. Auf der diplomatischen Konferenz einigte man sich dann auf eine Kompromisslösung dergestalt, dass die Gefahr in der Regel nunmehr im Zeitpunkt des Vertragsschlusses übergeht[1000]. Ein rückwirkender Gefahrübergang kann nach der in Artikel 68 CISG gefundenen Regelung nur ausnahmsweise unter zwei spezifischen Voraussetzungen angenommen werden. Die Umstände müssen, erstens, einen rückwirkenden Gefahrübergang nahelegen und der Frachtführer muss, zweitens, Dokumente über den Beförderungsvertrag ausgestellt haben.

Am ersten Kriterium, der Anknüpfung an die Umstände des Einzelfalls, zeigt sich deutlich der aus rechtspolitischer Sicht unerfreuliche Kompromisscharakter des Artikels 68 CISG in seiner Gesamtheit[1001]. Es ist in diesem Zusammenhang

---

997 Vgl. schon oben Seite 172.

998 Vgl. *Ramberg*, ICC Guide to INCOTERMS 2010, S. 8 f.

999 *V.Hoffmann*, Passing of Risk, S. 292; *Grewal*, 14 Loy. L.A. Int'l & Comp. L.J. (1991), 93, 95; vgl. auch *Rabel*, Recht des Warenkaufs II, § 115, 2, S. 335.

1000 Oben Seite 211.

1001 Dezidiert *Mankowski* in; Ferrari u.a., Internationales Vertragsrecht, Art. 68 CISG, Rn. 13: „*Wann die Umstände einen vorgezogenen Gefahrübergang nahe legen, eröffnet*

vertreten worden, dass die Umstände einen rückwirkenden Gefahrübergang immer dann nahelegen, wenn ein solcher früher Gefahrübergang im Zeitpunkt des Transportbeginns im Einzelfall zweckmäßig ist. Das soll der Fall sein, sobald sich der Zustand der Ware im Zeitpunkt des Vertragsschlusses nicht eindeutig feststellen lässt[1002]. Diesem Ansatz ist, neben der offenkundigen Unvereinbarkeit mit den ausführlichen Erwägungen der Delegierten auf der Wiener Konferenz, entgegenzuhalten, dass er die Ausnahme letztlich zur Regel erhebt[1003]. Auch im Einheitsrecht muss aber gelten, dass Ausnahmevorschriften eng auszulegen sind.

Unbestritten ist, dass Konstellationen, in denen der Käufer tatsächlich rückwirkenden Versicherungsschutz genießt, in den Anwendungsbereich des Artikels 68 Satz 2 CISG fallen[1004]. Eine unmittelbar in der Versicherungspolice vereinbarte Drittbegünstigung wird hier vergleichsweise selten sein. In der Praxis wesentlich häufiger ist die Konstellation, in der der Verkäufer die Versicherungspolice für sich abschließt und diese dem Käufer nach erfolgter Kaufpreiszahlung (die in der Regel im Wege der Eröffnung eines Dokumentenakkreditivs erfolgt) dann abtritt[1005]. In beiden Konstellationen greift der auf der diplomatischen Konferenz geäußerte Einwand der ungerechtfertigten Benachteiligung des Käufers nicht. Es kann mithin ohne Bedenken der rückwirkende Gefahrübergang angeordnet werden. Die Diskussion im Schrifttum beschränkt sich in aller Regel auf diese

---

ein nahezu unbeschränktes Argumentationspotenzial und kann im Konfliktfall mit hohen tertiären Kosten für die richterliche Streitentscheidung belastet sein. Das Kriterium trägt alle Zeichen eines schlechten Kompromisses und fördert indirekt ineffiziente Lösungen".

1002 Honsell-*Schönle/Th.Koller*, Art. 68, Rn. 13 f.

1003 MünchKommBGB-*Peter Huber*, Art. 68, Rn. 8; *Huber/Mullis*, the CISG, S. 315; im Ergebnis auch *Achilles*, Art. 68 CISG, Rn. 3.

1004 Bianca/Bonell-*Nicholas*, Art. 68, Anm. 2.2; *Sevón*, Passing of Risk, S. 203; *v.Hoffmann*, Passing of Risk, S. 294; *Honnold/Flechtner*, Uniform Law, Rn. 372.2; *Bucher*, Gefahrübergang, S. 216; *Erauw*, Observations on Passing of Risk, S. 310; Witz/Salger/Lorenz-*Witz*, Art. 68, Rn. 6 f.; *Schlechtriem/Schroeter*, Internationales UN-Kaufrecht, Rn. 548; Staudinger-*Magnus*, Art. 68 CISG, Rn. 11; Soergel-*Lüderitz/Budzikiewicz*, Art. 68 CISG, Rn. 3; MünchKommHGB-*Wertenbruch*, Art. 68 CISG, Rn. 5; *Grewal*, 14 Loy. L.A. Int'l & Comp. L.J. (1991), 93, 99; Brunner-*Klingler/Mauerhofer*, UN-Kaufrecht, Art. 68, Rn. 3; *Karollus*, UN-Kaufrecht, S. 199; Schlechtriem/Schwenzer-*Hachem*, Art. 68, Rn. 9; *Herber/Czerwenka*, Art. 68, Rn. 3; BeckOKBGB-*Saenger*, Art. 68 CISG, Rn. 3; *Lindacher*, Gefahrtragung und Gefahrübergang, S. 173; *Bucher*, Gefahrübergang, S. 216.

1005 Witz/Salger/Lorenz-*Witz*, Art. 68, Rn. 7; *Honnold/Flechtner*, Uniform Law, Rn. 372.2 i.V.m. Rn. 367; Brunner-*Klingler/Mauerhofer*, UN-Kaufrecht, Art. 68, Rn. 3.

Fälle des rückwirkenden Versicherungsschutzes des Käufers. Allenfalls wird noch darauf hingewiesen, dass zumindest Konstellationen, in denen der Käufer ein anderes Surrogat für die beschädigte oder untergegangene Ware erhalte, vergleichbar zu behandeln seien[1006]. Die mangelnde Resonanz in der Literatur ist wohl darauf zurückzuführen, dass andere Umstände, die einerseits konkret einen rückwirkenden Gefahrübergang nahelegen, andererseits die Regel des Artikels 68 Satz 1 CISG nicht grundsätzlich in Frage stellen, praktisch schwer vorstellbar sind[1007]. Eine Beschränkung auf die Fälle des rückwirkenden Versicherungsschutzes ist im Hinblick auf den allgemein gehaltenen Wortlaut des Artikels 68 Satz 2 CISG jedoch nicht angebracht. Näher liegt es, den Verweis auf die Versicherbarkeit als eine Art ungeschriebenes Regelbeispiel aufzufassen. Es ist also nicht schlechterdings ausgeschlossen, dass auch andere Umstände zur Anwendbarkeit des Ausnahmetatbestands führen. Der durch den rückwirkenden Gefahrübergang begünstigte Verkäufer hat in einem solchen Fall allerdings eine Vergleichbarkeit der Interessenlage darzulegen und zu beweisen[1008]. Klarstellend sei darauf hingewiesen, dass es sich bei der Vereinbarung eines Gefahrübergangs im Zeitpunkt der Übergabe der Ware an den ersten Beförderer nicht um einen besonderen Umstand im Sinne des Artikels 68 Satz 2 CISG handelt. Dass eine vom Regelfall nach Artikel 68 Satz 1 CISG abweichende Parteiabrede jederzeit möglich und wirksam ist, ergibt sich unmittelbar aus Artikel 6 CISG[1009]. Es bleibt insoweit bei den allgemeinen beweisrechtlichen Grundsätzen.

1006 So Witz/Salger/Lorenz-*Witz*, Art. 68, Rn. 7.

1007 Vgl. Brunner-*Klingler/Mauerhofer*, UN-Kaufrecht, Art. 68, Rn. 3, Fn. 2411.

1008 Ähnlich *Mankowski* in: Ferrari u.a., Internationales Vertragsrecht, Art. 68 CISG, Rn. 15.

1009 In gleich mehrfacher Hinsicht verfehlt ist die Entscheidung eines unter den Regeln der China International Economic and Trade Arbitration Commission (CIETAC) konstituierten Schiedsgerichts, das sich– in einem *obiter dictum*– für die Anwendbarkeit des Artikels 68 Satz 1 CISG ausgesprochen hatte, obwohl die Parteien einen Kauf CIF vereinbart hatten (Schiedsspruch vom 1. April 1997, abrufbar unter http://cisgw3.law.pace.edu/cases/970401c1.html, Stand 25. August 2019). Zumindest die CIF Klausel der INCOTERMS definiert zum einen den Zeitpunkt des Gefahrübergangs abweichend von den Artikeln 67 ff. CISG. Die Vereinbarung der Handelsklausel muss folglich als Abwahl des besonderen Gefahrtragungsrechts des CISG verstanden werden (Vgl. *Reiley*, International Sales Contracts, S. 156; Staudinger-*Magnus*, Vorbem zu Art 66 ff CISG, Rn. 1). Selbst wenn Artikel 68 CISG an sich anwendbar bliebe, hätte das Schiedsgericht berücksichtigen müssen, dass der Verkäufer die Ware– seiner Verpflichtung aus der CIF Klausel entsprechend– versichert hatte. Es ist insoweit allerdings anzumerken, dass der genaue Umfang des Versicherungsschutzes dem nur auszugsweise veröffentlichten Sachverhalt

Artikel 68 Satz 2 CISG ist im Übrigen nur anwendbar, wenn der Frachtführer Dokumente über den Beförderungsvertrag ausgestellt hat. Die Entstehungsgeschichte zeigt, dass die Gesetzesverfasser dieses Tatbestandsmerkmal bewusst großzügig formuliert haben. Eine Beschränkung auf Transportdokumente mit Traditionswirkung (*negotiable documents*) war gerade nicht gewollt[1010]. Das ist insbesondere vor dem Hintergrund anzuerkennen, dass der Eigentumsübergang für die Zuweisung der Preisgefahr im CISG keine Rolle spielen kann. Auch im Übrigen ist das Tatbestandsmerkmal des Bestehens von Dokumenten über die Beförderung großzügig auszulegen. Dies ergibt sich aus dem mit der Ausstellung solcher Dokumente regelmäßig verfolgten Zweck, der – abgesehen von einer etwaigen Traditionswirkung – in der Beweisfunktion im Hinblick auf Abschluss des Transportvertrags, Zeitpunkt des Vertragsschlusses, Zeitpunkt der Inobhutnahme der Ware durch den Frachtführer und Zustand der Ware im Zeitpunkt der Inobhutnahme bei oberflächlicher Untersuchung durch den Frachtführer besteht[1011]. Auf die beiden letztgenannten Aspekte kommt es im Zusammenhang des rückwirkenden Gefahrübergangs nach Artikel 68 Satz 2 CISG entscheidend an. Die intendierte streitvermeidende Wirkung kann der Ausnahmetatbestand nur entfalten, wenn auch der Zeitpunkt der Übernahme der Ware durch den Beförderer und der Zustand der Ware bei Übernahme unstreitig sind. Daraus ist zu folgern, dass jegliche Dokumentation die Anforderungen des Artikels 68 Satz 2 CISG erfüllt, die insoweit hinreichende Beweiswirkung entfaltet[1012]. Es ist also insbesondere nicht zu fordern, dass der Frachtführer dem Verkäufer klassische Frachtdokumente in Papierform ausstellt. Elektronische Dokumentation, die in der Transportpraxis erkennbar an Bedeutung zunimmt[1013], ist ausreichend,

---

des Schiedsurteils nicht entnommen werden kann und dass der beklagte Käufer im Verfahren vorgetragen hatte, die vom Verkäufer getroffenen Vorkehrungen wären hinter dessen vertraglicher Verpflichtung zurückgeblieben und aus diesem Grund nicht ausreichend gewesen. Im Ergebnis hatte sich das Schiedsgericht mit den vorgenannten Aspekten allerdings nicht auseinanderzusetzen. Das Gefahrtragungsrecht blieb bereits deshalb unanwendbar, weil die streitentscheidende Frage der Seetüchtigkeit des vom Verkäufer verwendeten Schiffes nach Ansicht des Schiedsgerichts nicht unter den Gefahrbegriff fiel.

1010 Oben Seite 210.

1011 Dazu oben Seiten 160 f.

1012 Brunner-*Klingler/Mauerhofer*, UN-Kaufrecht, Art. 68, Rn. 3; vgl. MünchKommBGB-*Peter Huber*, Art. 68 CISG, Rn. 9; *Herber/Czerwenka*, Art. 68, Rn. 4.

1013 Zu den unterschiedlichen Methoden der elektronischen Dokumentation und Sendungsverfolgung *Büter*, Außenhandel, S. 222 f.

sofern diese in einem mit Papierdokumenten vergleichbaren Masse vor nachträglicher Manipulation geschützt ist[1014].

2. Gefahrübergang bei Bösgläubigkeit des Verkäufers, Artikel 68 Satz 3 CISG

Artikel 68 CISG Satz 3 CISG statuiert eine verschärfte Haftung des im Zeitpunkt des Vertragsschlusses bösgläubigen Verkäufers. Die Vorschrift hat den folgenden Wortlaut:

> *Wenn dagegen der Verkäufer bei Abschluss des Kaufvertrags wusste oder wissen musste, dass die Ware untergegangen oder beschädigt war, und er dies dem Käufer nicht offenbart hat, geht der Untergang oder die Beschädigung zu Lasten des Verkäufers.*

Artikel 68 Satz 3 CISG bereitet Auslegungsschwierigkeiten sowohl auf der Tatbestands- als auch auf der Rechtsfolgenseite, ein Umstand, der vermutlich dem Kompromisscharakter des Artikels 68 CISG in seiner Gesamtheit sowie dem Zeitdruck geschuldet ist, unter dem die Gefahrtragungsregel beim Verkauf reisender Ware auf der diplomatischen Konferenz überarbeitet werden musste. Auf der Tatbestandsseite stellt sich die Frage, wann genau der Verkäufer bösgläubig ist. Auf der Rechtsfolgenseite ist insbesondere umstritten, ob sich der Vorbehalt der Bösgläubigkeit nur auf den rückwirkenden Gefahrübergang nach Artikel 68 Satz 2 CISG oder aber auch auf den Regelfall des Gefahrübergangs im Zeitpunkt des Vertragsschlusses bezieht. Uneinigkeit besteht ferner darüber, ob die verschärfte Haftung nach Artikel 68 Satz 3 CISG nur so weit reicht wie die Bösgläubigkeit des Verkäufers oder ob sich diese vielmehr auf alle zwischen Transportbeginn und Vertragsschluss eingetretenen Sachbeeinträchtigungen erstreckt, wenn der Verkäufer im Zeitpunkt des Vertragsschlusses zumindest im Hinblick auf eine dieser Beeinträchtigungen bösgläubig war.

1014 Im Ergebnis wie hier Brunner-*Klingler/Mauerhofer*, UN-Kaufrecht, Art. 68, Rn. 3; Witz/Salger/Lorenz-*Witz*, Art. 68, Rn. 9; Staudinger-*Magnus*, Art. 68 CISG, Rn. 13; *Mankowski* in: Ferrari u.a., Internationales Vertragsrecht, Art. 68 CISG, Rn. 18; MünchKommBGB-*Peter Huber*, Art. 68 CISG, Rn. 9, Honsell-*Schönle/Th.Koller*, Art. 68, Rn. 10 f.; ähnlich MünchKommHGB-*Wertenbruch*, Art. 68 CISG, Rn. 8; *Herber/Czerwenka*, Art. 68, Rn. 6; *Achilles*, Art. 68 CISG, Rn. 4; **a.A.** wohl Schlechtriem/Schwenzer-*Hachem*, Art. 68, Rn. 13 m.w.N.

a) *Maßstab der Bösgläubigkeit*

Nach Artikel 68 Satz 3 CISG haftet der Verkäufer verschärft, wenn er bei Abschluss des Kaufvertrags wusste oder zumindest hätte wissen müssen, dass die Ware in diesem Zeitpunkt bereits untergegangen oder beschädigt war. Für die Fälle positiver Kenntnis des Verkäufers leuchtet diese Regel unmittelbar ein. Der Verkäufer, der dem Käufer vorsätzlich bereits zerstörte oder zumindest mangelhafte Ware unterschiebt, soll durch das Gefahrtragungsrecht nicht privilegiert werden. Artikel 68 Satz 3 CISG weist insoweit eine gewisse Ähnlichkeit zum Individualisierungserfordernis nach den Artikeln 67 Abs. 2 CISG und 69 Abs. 3 CISG auf.

Der Vorbehalt zu Lasten des Verkäufers, der von einer Beeinträchtigung der Ware nur wissen musste, kann mit dieser Erwägung allerdings nicht erklärt werden. Die Regelung ist in zweierlei Hinsicht problematisch. Mit dem Maßstab des „Wissenmüssens" wird zum einen in systemwidriger Weise ein Element der Sorgfaltshaftung in das Gefahrtragungs- – und damit auch das Haftungsrecht – des CISG eingeführt. Es stellt sich, zweitens, die Frage nach dem insoweit anzulegenden Sorgfaltsmaßstab. Das Problem ist – soweit ersichtlich – bislang ausschließlich im deutschsprachigen Schrifttum diskutiert worden. Dort wird die Diskussion auf die Frage reduziert, ob der Verkäufer im Rahmen des Artikels 68 Satz 3 CISG nur für grobe oder auch für einfache Fahrlässigkeit haftet. Die herrschende Meinung stellt sich auf den Standpunkt, dass eine Beschränkung auf Fälle grober Fahrlässigkeit mit Wortlaut und Gesetzessystematik nicht vereinbar ist[1015]. Viel wichtiger als die Bestimmung des Zurechnungsmaßstabs[1016] ist allerdings die Frage, welche Sorgfaltspflichten dem Verkäufer beim Verkauf reisender Ware konkret aufzuerlegen sind. Artikel 68 Satz 3 CISG impliziert eine Untersuchungs- bzw. Nachforschungspflicht. Eine solche Pflicht ist außerhalb des Tatbestands des Artikels 68 CISG selbst allerdings weder für die spezielle Konstellation des Verkaufs reisender Ware noch für den Grundfall des

1015 *Mankowski* in: Ferrari/ u.a., Internationales Vertragsrecht, Art. 68 CISG, Rn. 20; Staudinger-*Magnus*, Art. 68 CISG, Rn. 21; *Geist*, WBl. 1988, 349, 352; MünchKommBGB-*Peter Huber*, Art. 68 CISG, Rn. 10; *Achilles*, Art. 68 CISG, Rn. 5; Soergel-*Lüderitz/ Budzikiewicz*, Art. 68 CISG, Rn. 4; Honsell-*Schönle/Th.Koller*, Art. 68, Rn. 20; **a.A.** (grobe Fahrlässigkeit) *Karollus*, UN-Kaufrecht, S. 199; *Loewe*, Internationales Kaufrecht, S. 86; *Herber/Czerwenka*, Art. 68, Rn. 7; MünchKommHGB-*Wertenbruch*, Art. 68 CISG, Rn. 9; *Reinhart*, UN-Kaufrecht, Art. 68, Rn. 4.

1016 Zum Zurechnungsmaßstab im unvereinheitlichten deutschen Recht bereits oben Seiten 33 f.

Versendungskaufs im Sinne des Artikels 67 CISG vorgesehen. Sie muss folglich unmittelbar aus Artikel 68 CISG abgeleitet werden. Dabei gilt es sowohl den praktischen Hintergrund der Regelung als auch den mit Artikel 68 Satz 3 CISG verfolgten Zweck sowie den Ausnahmecharakter der Vorschrift angemessen zu berücksichtigen.

Gerade der Blick auf die tatsächlichen Umstände macht die Auslegung des Vorbehalts in Artikel 68 Satz 3 CISG problematisch. Es zeigt sich, dass dem Verkäufer eine umfassende Untersuchung der Ware im Zeitpunkt des Vertragsschlusses eigentlich nicht zugemutet werden kann. Die Ware befindet sich in diesem Zeitpunkt in aller Regel bereits auf dem Transport. Eine Untersuchung während des Transports ist in der Praxis des Überseehandels aber absolut unüblich. Sie wäre in jedem Fall unverhältnismäßig aufwändig; in vielen Fällen werden die Transportmodalitäten eine Untersuchung sogar vollends unmöglich machen. Das gilt im Besonderen für in Sammelladungen transportierte Rohstoffe und andere Massengüter, die erfahrungsgemäß besonders häufig während der Verschiffung gehandelt werden.

Vor diesem Hintergrund ist der im Schrifttum vereinzelt unterbreitete Vorschlag zu verstehen, von einem sorgfaltswidrigen Verhalten immer dann auszugehen, wenn der Verkäufer bei Abschluss des Kaufvertrags von konkreten Umständen wusste, die eine Beeinträchtigung der Ware während des Transports indizieren[1017]. Zu denken ist hier insbesondere an einen Unfall des Transportmittels. Dieser Ansatz ist in mehrerlei Hinsicht begrüßenswert. Er vermeidet zum einen das sowohl in praktischer als auch in dogmatischer Hinsicht unbefriedigende Ergebnis, dass dem Verkäufer eine Pflicht auferlegt wird, deren Erfüllung ihm aufgrund der tatsächlichen Gegebenheiten häufig unmöglich sein wird. Die Haftungsverschärfung des Artikels 68 Satz 3 CISG wird ferner auf Konstellationen beschränkt, in denen der Verkäufer tatsächlich nicht schutzwürdig ist und aus diesem Grund vom eigentlich erfolgten Gefahrübergang nicht profitieren soll. Artikel 68 Satz 3 CISG verfolgt damit einen einheitlichen Zweck, unabhängig davon, ob die verschärfte Haftung an vorsätzliches oder fahrlässiges Verhalten des Verkäufers anknüpft. Diese Stringenz wird letztlich damit erkauft, dass die restriktive Auslegung des Vorbehalts auf Konstellationen, in denen „die Umstände den Verdacht einer Sachbeeinträchtigung zwischen Transportbeginn und Vertragsschluss nahelegen", die Sorgfaltshaftung nach Artikel 68 Satz 3 CISG im Ergebnis in die Nähe der Haftung für grobe Fahrlässigkeit rückt. Wortlaut und Systematik ist hier dadurch Rechnung zu tragen, dass vom Verkäufer

1017 In diesem Sinne Brunner-*Klingler/Mauerhofer*, UN-Kaufrecht, Art. 68, Rn. 7.

weitergehend zu verlangen ist, sich vor Abschluss des Kaufvertrags aktiv durch Rückfragen beim Frachtführer zu vergewissern, dass ein Ereignis, das zur Beeinträchtigung der Ware hätte führen können, auf dem Transport bislang nicht eingetreten ist[1018].

b) Anwendbarkeit des Artikels 68 Satz 3 CISG auch auf den Regelfall des Gefahrübergangs bei Vertragsschluss

Auf der Rechtsfolgenseite des Artikels 68 Satz 3 CISG ist insbesondere umstritten, ob sich der Vorbehalt der Bösgläubigkeit ausschließlich auf die ausnahmsweise rückwirkende Gefahrtragung nach Artikel 68 Satz 2 CISG bezieht, oder ob insoweit auch der Regelfall des Gefahrübergangs im Zeitpunkt des Vertragsschlusses nach Artikel 68 Satz 1 CISG erfasst ist. Für eine umfassende Bezugnahme sowohl auf Satz 2 als auch auf Satz 1 ist angeführt worden, dass der Käufer beim Verkauf reisender Ware ganz grundsätzlich besonders schutzwürdig ist, da er den Zustand der Ware im Zeitpunkt des Vertragsschlusses nicht überprüfen kann[1019]. Ferner wird auf den Rechtsgedanken des Artikels 66 2. Halbsatz CISG verwiesen[1020]. Überzeugender ist es jedoch, den Vorbehalt in Artikel 68 Satz 3 CISG nur auf Konstellationen anzuwenden, in denen der Käufer ausnahmsweise mit Vertragsschluss rückwirkend mit der Preisgefahr belastet wird[1021]. Für eine solche Auslegung sprechen im Wesentlichen drei Gründe.

Eine enge Auslegung des Vorbehalts ist, erstens, bereits aufgrund der Tatsache geboten, dass Artikel 68 Satz 3 CISG in seinem Anwendungsbereich die Verkäuferhaftung für sachbezogene Vertragsverletzungen in systemwidriger Weise von dessen Verschulden abhängig macht. Auch die Entstehungsgeschichte des

---

1018 Vgl. Soergel-*Lüderitz/Budzikiewicz*, Art. 68 CISG, Rn. 4; *Geist*, WBl. 1988, 349, 352, die auf die Sorgfalt einer vernünftigen Person unter den gleichen Umständen abstellen.

1019 *Piltz*, Internationales Kaufrecht, Rn. 4–284.

1020 Honsell[1]-*Schönle*, Art. 68, Rn. 19; anders jetzt aber die zweite Auflage: Honsell/-*Schönle/Th.Koller*, Art. 68, Rn. 23 ff.

1021 So die h.M.: Bianca/Bonell-*Nicholas*, Art. 68, Anm. 2.4. *Mankowski* in: Ferrari u.a., Internationales Vertragsrecht, Art. 68 CISG, Rn. 21; Brunner[1], UN-Kaufrecht, Art. 68, Rn. 5; Schlechtriem/Schwenzer-*Hachem*, Art. 68, Rn. 16; Schlechtriem/Schwenzer[5]-*Hager/Maultzsch*, Art. 68, Rn. 5; Soergel-*Lüderitz/Budzikiewicz*, Art. 68 CISG, Rn. 4; *Herber/Czerwenka*, Art. 68, Rn. 7; Witz/Salger/Lorenz-*Witz*, Art. 68, Rn. 11; Enderlein/Maskow/Strohbach-*Maskow*, Art. 68, Anm. 5.1; *Achilles*, Art. 68 CISG, Rn. 5; BeckOKBGB-*Saenger*, Art. 68 CISG, Rn. 4, MünchKommHGB-*Wertenbruch*, Art. 68 CISG, Rn. 11; *Imberg*, Beweislast, S. 173.

Artikels 68 CISG legt, zweitens, ein restriktives Verständnis nahe. Ein dem Artikel 68 Satz 3 CISG entsprechender Vorbehalt war bereits in Artikel 99 EKG und dann in allen Entwürfen des CISG bis hin zum endgültigen Gesetzestext enthalten. Sowohl das Haager Kaufrecht als auch der Genfer bzw. New Yorker Entwurf zum CISG gingen davon aus, dass die Preisgefahr beim Verkauf reisender Ware rückwirkend im Zeitpunkt des Beförderungsbeginns übergeht. Der Vorbehalt der Bösgläubigkeit konnte sich in diesen Fassungen somit zwangsläufig nur auf den rückwirkenden Gefahrübergang beziehen. Auf der diplomatischen Konferenz wurde dann in letzter Minute der nunmehrige Satz 1 als Regelfall eingefügt[1022]. Die alte Regel des rückwirkenden Gefahrübergangs und die Ausnahme hierzu im Falle der Bösgläubigkeit des Verkäufers bei Vertragsschluss verschoben sich dadurch entsprechend nach hinten. Der Stellungnahme eines Mitglieds des *Drafting Committee*, mithin der Institution, auf deren Überarbeitung der finale Entwurf des Artikels 68 CISG zurückgeht, kann entnommen werden, dass die Einfügung des Satzes 1 an der Reichweite des nunmehr in Satz 3 geregelten Vorbehaltes nichts ändern sollte[1023]. Wie in der Fassung des New Yorker Entwurfs auch ist Artikel 68 Satz 3 CISG vielmehr als Ausnahme vom rückwirkenden Gefahrübergang konzipiert, der nunmehr in Artikel 68 Satz 2 CISG geregelt ist.

Eine weite Auslegung von Artikel 68 Satz 3 CISG ist, drittens, mit der in den Artikeln 36 Abs. 2, 66 2. Halbsatz, 70 und 82 CISG für die Fälle der hier so genannten sukzessiven Sachbeeinträchtigung getroffenen Regelung nicht vereinbar. Nur in diesen Konstellationen der sukzessiven Sachbeeinträchtigung kann Artikel 68 Satz 3 CISG die Haftung eines Verkäufers, der nach Artikel 68 Satz 1 CISG die Preisgefahr sowieso bereits bis zum Zeitpunkt des Abschlusses des Kaufvertrags trägt, überhaupt verschärfen[1024]. Artikel 68 Satz 3 CISG hätte also zur Konsequenz, dass der Verkäufer für eine nach Vertragsschluss (und damit auch nach Gefahrübergang) eingetretene Sachbeeinträchtigung aufgrund der Tatsache haftet, dass die Ware bereits vor Vertragsschluss beschädigt war und der Verkäufer dies wusste oder zumindest hätte wissen müssen[1025]. Dieser Zusammenhang leuchtete allenfalls

---

1022 Dazu oben Seiten 209 ff.

1023 Stellungnahme des Delegierten *Kopać* (Tschechoslowakei) auf dem 10th Plenary Meeting, 10. April 1980, OR S. 220, Rn. 18; vgl. auch die Analyse der Entstehungsgeschichte bei Bianca/Bonell-*Nicholas*, Art. 68, Anm. 2.4.

1024 Vgl. die Analyse bei *Mankowski* in: Ferrari u.a., Internationales Vertragsrecht, Art. 68 CISG, Rn. 21.

1025 Vgl. Schlechtriem/Schwenzer-*Hachem*, Art. 68, Rn. 15; Schlechtriem/Schwenzer[5]-*Hager/Maultzsch*, Art. 68, Rn. 5.

in Konstellationen ein, in denen die Mangelhaftigkeit der Kaufsache vor Gefahrübergang die Ursache auch der weitergehenden Sachbeeinträchtigung nach Gefahrübergang ist. In diesen Fällen greifen aber bereits die Artikel 36 Abs. 2 und 66 2. Halbsatz CISG, so dass es eines Rückgriffs auf Artikel 68 Satz 3 CISG nicht mehr bedarf. Warum der Verkäufer weitergehend auch für eine von seiner Pflichtverletzung vor Gefahrübergang unabhängige zweite Sachbeeinträchtigung nach Gefahrübergang haften soll, ist hingegen nicht ersichtlich. Mit der Erwägung, dass der Käufer den Zustand der Ware im Zeitpunkt des Vertragsschlusses nicht kennt, lässt sich diese weitreichende Rechtsfolge jedenfalls nicht begründen. Dass der Käufer im Zeitpunkt des Gefahrübergangs den Zustand der Ware in einem Zeitpunkt nach Gefahrübergang nicht kennen kann, gebietet schon die Logik. Dieser völlig selbstverständliche Befund kann eine Sonderbehandlung des Gefahrübergangs beim Verkauf reisender Ware nicht rechtfertigen. Eine derart weitgehende Haftung des Verkäufers hebelte auch das allgemeine Gefahrtragungssystem für die Fälle sukzessiver Sachbeeinträchtigungen aus. Nach dem hier vertretenen Ansatz ist in diesen Konstellationen danach zu differenzieren, ob der vom Käufer geltend gemachte Rechtsbehelf seiner Natur nach teilbar ist. Im Falle der Teilbarkeit ist der Rechtsbehelf seinem Umfang nach auf die Folgen der vor Gefahrübergang eingetretenen Sachbeeinträchtigung beschränkt. Die nicht teilbaren Rechtsbehelfe der Ersatzlieferung und der Vertragsaufhebung ermöglichen es dem Käufer im Ergebnis, das wirtschaftliche Risiko der Sachbeeinträchtigung nach Gefahrübergang auf den Käufer abzuwälzen. Dies ist aber nur unter den einschränkenden Voraussetzungen der Artikel 70 und 82 CISG zulässig[1026]. Eine Anwendung des Artikels 68 Satz 3 CISG auch auf den Grundfall der Gefahrtragung im Zeitpunkt des Vertragsschlusses hätte zur Folge, dass dieses austarierte System der Gefahrzuweisung bei sukzessiver Sachbeeinträchtigung beim Verkauf reisender Ware nicht gilt und durch eine umfassende Verkäuferhaftung ersetzt wird. Eine solche Konsequenz ist weder sinnvoll, noch bieten sich Anhaltspunkte dafür, dass diese weitreichende Verkäuferhaftung von den Gesetzesverfassern intendiert war. Hier gilt es zu beachten, dass dem Gefahrtragungsrecht des CISG insbesondere keine Straffunktion zukommen soll[1027].

1026 Dazu ausführlich oben Kapitel 2 III.

1027 Vgl. Enderlein/Maskow/Strohbach-*Maskow*, Vorbem 1 zu Art. 66 ff. CISG; s. auch schon oben Seite 276; **a.A.** wohl *Honnold/Flechtner*, Uniform Law, Rn. 372.2.

c) *Verschärfte Haftung des Verkäufers für Sachbeeinträchtigungen, hinsichtlich derer er nicht bösgläubig war*

Schließlich ist umstritten, ob der Verkäufer nur in dem Umfang verschärft haftet, in dem er tatsächlich konkret bösgläubig ist[1028] oder ob die verschärfte Haftung für alle bis zum Zeitpunkt des Vertragsschlusses eingetretenen Sachbeeinträchtigungen eintritt, auch wenn der Verkäufer nur von einem Teil der Beeinträchtigung wusste oder hätte wissen müssen[1029].

Dieses – weitgehend akademische[1030] – Problem lässt sich eigentlich nur mit Blick auf die beiden insoweit potentiell auftretenden Fallkonstellationen verstehen. Es ist danach zu differenzieren, ob die Ware im maßgeblichen Zeitraum zwischen Transportbeginn und Vertragsschluss durch ein oder durch mehrere Ereignisse beeinträchtigt wird.

Wird die Ware durch nur ein Ereignis beeinträchtigt, sollte der Verkäufer immer vollumfänglich für die dadurch verursachte Sachbeeinträchtigung haften, unabhängig davon, ob er auch bezüglich des ganzen Ausmaßes des Schadens bösgläubig war. Als Beispiel wird hier im Schrifttum der Fall genannt, dass ein Fünftel der Ware durch Eindringen von Seewasser verdorben war, der Verkäufer aber nur von einer Beeinträchtigung von einem Zehntel der Ware Kenntnis hatte oder hätte haben müssen[1031]. Dass der Verkäufer in diesen Konstellationen bei Vertragsschluss eine genaue Vorstellung vom Ausmaß der Beeinträchtigung hat, ist einigermaßen unwahrscheinlich. In den allermeisten Fällen wird man das

---

1028 So Soergel-*Lüderitz/Budzikiewicz*, Art. 68 CISG, Rn. 4; Schlechtriem/Schwenzer-*Hachem*, Art. 68, Rn. 17; Schlechtriem/Schwenzer[5]-*Hager/Maultzsch*, Art. 68, Rn. 5a; Enderlein/Maskow/Strohbach-*Maskow*, Art. 68, Anm. 5.2; Staudinger-*Magnus*, Art. 68 CISG, Rn. 19 f.; *Karollus*, UN-Kaufrecht, S. 200; MünchKommBGB-*Peter Huber*, Art. 68 CISG, Rn. 11; *Herber/Czerwenka*, Art. 68, Rn. 7; Witz/Salger/Lorenz-*Witz*, Art. 68, Rn. 12; *Achilles*, Art. 68 CISG, Rn. 5.

1029 So *Honnold/Flechtner*, Uniform Law, Rn. 372.2; *Bridge*, Transfer of Risk, S. 96; BeckOKBGB-*Saenger*, Art. 68 CISG, Rn. 4; *Reinhart*, UN-Kaufrecht, Art. 68, Rn. 4; wohl auch *Piltz*, Internationales Kaufrecht, Rn. 4–284; weitergehend sogar Bianca/Bonell-*Nicholas*, Art. 68, Anm. 2.4, der auch Folgeschäden nach Gefahrübergang erfasst sehen will, wenn nur ein hinreichender Kausalzusammenhang besteht („*all subsequent damage which is casually connected with the original damage*"). Diese äußerst großzügige Interpretation steht allerdings in Widerspruch zu den Artikeln 36 Abs. 2 und 66 2. Halbsatz CISG. Ihr kann mithin nicht gefolgt werden.

1030 Schlechtriem/Schwenzer[5]-*Hager/Maultzsch*, Art. 68, Rn. 5a („*Interpretationsschwierigkeit […], die nicht allzu häufig praktisch werden dürfte*").

1031 Bianca/Bonell-*Nicholas*, Art. 68, Anm. 2.3.

Eintreten des Transportschadens zwar bemerkt haben. Der genaue Umfang der Sachbeeinträchtigung wird sich aber erst im Zeitpunkt des Entladens feststellen lassen. Ein Käufer, der auf den Eintritt eines Transportschadens vor Vertragsschluss pflichtgemäß hingewiesen wurde, wird sich hier vernünftiger Weise nicht auf eine Teilung der Gefahr und die damit einhergehenden Beweisschwierigkeiten einlassen. Die Parteien würden im Beispielsfall vielmehr vereinbaren, dass entweder der Käufer oder, was wahrscheinlicher ist, der Verkäufer das Risiko aller Wasserschäden trägt. Die Pflichtverletzung des Verkäufers hat den Käufer in diesen Konstellationen mithin um die Möglichkeit gebracht, auf eine praktikable Gefahrzuweisung im Wege einer entsprechenden Parteivereinbarung hinzuwirken[1032]. Es ist aus diesem Grund interessengerecht, den Verkäufer für den betreffenden Transportschaden aufgrund seiner Bösgläubigkeit vollumfänglich mit der Preisgefahr zu belasten.

Wird die Ware im maßgeblichen Zeitpunkt durch mehrere Ereignisse beeinträchtigt[1033], greifen die soeben angestellten Erwägungen nicht. Da dem Gefahrtragungsrecht wie gesagt keine Straffunktion zukommen soll, liegt es hier nahe, den Verkäufer nur für die Konsequenzen der Ereignisse verschärft haften zu lassen, hinsichtlich derer er im Zeitpunkt des Vertragsschlusses auch tatsächlich bösgläubig war. Die dadurch bedingte Splittung der Gefahrtragung kann nach den allgemein für die Fälle sukzessiver Sachbeeinträchtigung entwickelten Regeln[1034] vorgenommen werden, die auf die vorliegende Konstellation zumindest sinngemäß übertragbar sind. Entgegen im Schrifttum insoweit häufig geäußerter Bedenken[1035] ergeben sich aus der Aufteilung der Gefahrtragung auch keine über das bereits aus dem allgemeinen Gefahrtragungsrecht bekannte Maß hinausgehenden Beweisprobleme. Was den Umfang der einzelnen Sachbeeinträchtigungen angeht, so gilt es zu berücksichtigen, dass Transportschäden in aller Regel durch Einwirkungen von außen verursacht werden, ein Umstand, der die Abgrenzung anhand äußerlicher Merkmale meist ohne weiteres ermöglicht. Größere Probleme kann die Rekonstruktion der zeitlichen Abfolge der einzelnen Sachbeeinträchtigungen bereiten. Dies ist aber ein allen Fällen der sukzessiven Sachbeeinträchtigung inhärentes (Beweis-)Problem. Es ist nicht einzusehen,

---

1032 Ähnliche Überlegungen finden sich bei *Honnold/Flechtner*, Uniform Law, Rn. 372.2; Brunner-*Klingler/Mauerhofer*, UN-Kaufrecht, Art. 68, Rn. 6.

1033 Vgl. das Beispiel bei Schlechtriem/Schwenzer-*Hachem*, Art. 68, Rn. 17.

1034 Oben Seiten 108 ff.

1035 Bianca/Bonell-*Nicholas*, Art. 68, Anm. 2.4.; *Honnold/Flechtner*, Uniform Law, Rn. 372.2.; *Bridge*, Transfer of Risk, S. 96; Schlechtriem/Schwenzer[5]-*Hager/Maultzsch*, Art. 68, Rn. 5a; Schlechtriem/Schwenzer-*Hachem*, Art. 68, Rn. 20.

warum diese Fragestellung beim Verkauf reisender Ware anders beurteilt werden soll als im Anwendungsbereich der anderen Tatbestände des besonderen Gefahrtragungsrechts. In den Fällen der überholenden Kausalität ist auf den Rechtsgedanken des Artikels 70 CISG zurückzugreifen. Der Käufer kann einen Rechtsbehelf wegen der Sachbeeinträchtigung, hinsichtlich derer der Verkäufer bösgläubig war, nur geltend machen, wenn bereits diese Sachbeeinträchtigung die Schwelle der wesentlichen Vertragsverletzung überschreitet.

3. Vertragsverletzungen des Käufers

Anders als im Kontext der Artikel 67 und 69 CISG sind beim Verkauf reisender Ware Konstellationen, in denen der Käufer den Eintritt der Tatbestandsvoraussetzungen des Gefahrübergangs durch die Verletzung einer seiner Vertragspflichten verzögert, nicht denkbar. Das ist offensichtlich für Artikel 68 Satz 2 CISG. Die Gefahr geht hier ja bereits vor Vertragsschluss und damit in einem Zeitpunkt über, in dem vertragliche Pflichten des Käufers noch nicht bestehen können. Nach Artikel 68 Satz 1 CISG fällt der Gefahrübergang mit dem Vertragsschluss zusammen. Hier kann nichts anderes gelten als beim rückwirkenden Gefahrübergang. Die Ware wird ausschließlich auf dem Papier gehandelt. Einer Mitwirkungshandlung des Käufers, die über den bloßen Vertragsschluss hinausgeht, bedarf es dazu nicht. Weigerungen des Käufers – beispielsweise die Weigerung, dem Verkäufer einen Dokumentenakkreditiv auszustellen – führen zum Dissens[1036]. Die Zusage des Käufers ist insoweit konstitutiv für das Zustandekommen des Vertrages und nicht lediglich eine Modalität seiner Durchführung.

Das oben gefundene Ergebnis, dass dem UN-Kaufrecht ein allgemeiner Rechtsgrundsatz zu entnehmen ist, demnach der Gefahrübergang immer dann zu Lasten des Käufers auf den Zeitpunkt der Vornahme der letzten maßgeblichen Mitwirkungshandlung des Verkäufers vorverlagert wird, wenn der Käufer eine Vertragsverletzung begeht und dadurch kausal bewirkt, dass der einschlägige Tatbestand des besonderen Gefahrtragungsrechts nicht erfüllt wird[1037], wird durch die Irrelevanz des Zusammenhangs zwischen Gefahrübergang und Vertragsverletzungen des Käufers beim Verkauf reisender Ware natürlich nicht in Frage gestellt.

1036 Zur Behandlung des Dissenses im UN-Kaufrecht Schlechtriem/Schwenzer-*Schroeter*, Vor Artt. 14–24, Rn. 6 m.w.N.

1037 Oben Seiten 274 ff.

4. Individualisierung und Massengüter / Bulk Verträge

Auch beim Verkauf reisender Ware gilt, dass die Gefahr grundsätzlich nicht auf den Käufer übergeht, bevor der Verkäufer die betreffende Ware eindeutig dem Vertrag zugeordnet hat. Zwar fehlt in Artikel 68 CISG insoweit eine ausdrückliche Regelung. Der allgemeine Rechtsgedanke, dass es dem Verkäufer nicht ermöglicht werden soll, dem Käufer im Nachhinein beeinträchtigte Ware unterzuschieben[1038], gilt aber auch hier. Vor dem Hintergrund, dass es sich beim Verkauf reisender Ware um einen Spezialfall des Versendungskaufs handelt, bietet sich eine analoge Anwendung des Artikels 67 Abs. 2 CISG an[1039].

Besondere Bedeutung hat im Anwendungsbereich des Artikels 68 CISG die Gefahrtragung bei in Sammelladungen transportierten Massengütern. Auch insoweit ist wie bei Artikel 67 CISG zu entscheiden. Der Verkäufer hat die Ware demnach so weitgehend zu individualisieren, wie ihm das möglich ist. Im Falle der Verschiffung muss er also beispielsweise den Laderaum benennen, in dem sich das für den Käufer bestimmte Transportgut konkret befindet. Innerhalb der so bezeichneten Sammelladung bilden alle Empfänger des Masseguts eine Gefahrengemeinschaft. Bei Beschädigung oder Untergang nur eines Teils der Sammelladung tragen sie die Preisgefahr anteilig[1040].

IV. Zusammenfassung der Ergebnisse

Noch stärker als die in den Kapiteln eins bis vier angestellten Überlegungen orientieren sich die einzelnen Tatbestände des besonderen Gefahrtragungsrechts an den tatsächlichen und rechtlichen Gegebenheiten des Exporthandels. Daneben kann zur Auslegung auf die bereits zur Abgrenzung der einzelnen Gefahrtragungsnormen untereinander herausgearbeiteten Zweckerwägungen zurückgegriffen werden. Insbesondere die Überlegungen zur Bestimmung des Übernahmebegriffs bei Artikel 69 CISG bestätigen, dass ein Zusammenhang zwischen Gefahrtragung und Erfüllung der Lieferpflicht des Verkäufers im UN-Kaufrecht nicht angenommen werden sollte. In abgeschwächter Form stellt sich

---

1038 Oben Seiten 277 f.

1039 Schlechtriem/Schwenzer-*Hachem*, Art. 68, Rn. 22; Witz/Salger/Lorenz-*Witz*, Art. 68, Rn. 10. Staudinger-*Magnus*, Art. 68 CISG, Rn. 23; *Geist*, WBl. 1988, 349, 352; *Huber/Mullis*, the CISG, S. 316; MünchKommBGB-*Peter Huber*, Art. 68 CISG, Rn. 5; *Bucher*, Gefahrübergang, S. 215; MünchKommHGB-*Wertenbruch*, Art. 68 CISG, Rn. 13; sprechen sich für eine Gesamtanalogie zu den Artikeln 67 Abs. 2 und 69 Abs. 3 CISG aus.

1040 Ausführlich oben Seiten 281 ff. zu Artikel 67 CISG.

die Frage nach der Bedeutung der Lieferpflicht ferner im Kontext des im Schrifttum häufig thematisierten Problems des Gefahrübergangs bei Einschaltung eines vom Verkäufer beauftragten Spediteurs. Hier ist allerdings das Verhältnis von Ursache und Wirkung umgekehrt. Die durch die historische sowie die objektiv teleologische Auslegung gewonnene Erkenntnis, dass die Lieferpflicht keinen Einfluss auf den Zeitpunkt des Gefahrübergangs hat, indiziert, dass auch bei Beauftragung eines Spediteurs durch den Verkäufer ein Versendungskauf im Sinne des Artikels 67 CISG vorliegt.

Bei der Auseinandersetzung mit den einzelnen Gefahrtragungsproblemen beim Versendungskauf fällt des Weiteren auf, dass der hier so genannten Zweckerwägung der Streitvermeidung in diesem Kontext eine überproportional große Bedeutung zukommt. Der Zusammenhang setzt sich im Tatbestand des Artikels 68 CISG fort, ein Umstand, der bestätigt, dass es sich beim Verkauf reisender Ware um einen Spezialfall des Versendungskaufs handelt. Erwähnenswert ist die besondere Relevanz der Zweckerwägung der Streitvermeidung vor allem, weil es sich hierbei um eine echte Besonderheit der Auslegung der einzelnen Tatbestände des besonderen Gefahrtragungsrechts handelt. Im vierten Kapitel hatte sich gezeigt, dass der Streitvermeidungsgedanke im Gegensatz dazu den frühen Gefahrübergang beim Versendungskauf zwar schlüssig erklären kann, eine widerspruchsfreie Abgrenzung des Artikels 67 von den Gefahrtragungstatbeständen des Artikels 69 CISG aber gerade nicht ermöglicht[1041].

Den einzelnen Tatbeständen des besonderen Gefahrtragungsrechts sind schließlich zwei fundamentale Erwägungen gemeinsam. Es gilt, erstens, der allgemeine Grundsatz, dass eine Vorverlagerung des Gefahrübergangs anzunehmen ist, wenn der Käufer das Eintreten der in den jeweiligen Tatbeständen normierten Voraussetzungen durch sein vertragswidriges Verhalten vereitelt. Hierzu ist bereits in der Einleitung zum Ersten Teil angemerkt worden, dass es sich insoweit um eine Regel handelt, die funktional dem allgemeinen Gefahrtragungsrecht zuzuordnen ist. Der Zusammenhang zwischen Vertragsverletzungen des Käufers und dem Gefahrübergang ist in den einzelnen Tatbeständen unterschiedlich relevant. Naturgemäß kommt dem Rechtsgedanken dort die größte Bedeutung zu, wo sich das Gefahrtragungsrecht des CISG am stärksten an das Traditionsprinzip anlehnt und wo der Gefahrübergang aus diesem Grund tatsächlich nur unter Mitwirkung des Käufers herbeigeführt werden kann. Dieser Zusammenhang mag erklären, weshalb die Problematik ausschließlich im Auffangtatbestand des Artikels 69 Abs. 1 CISG – fragmentarisch – geregelt worden

1041 Oben Seite 246.

ist. Beim Versendungskauf und beim Verkauf eingelagerter Ware bedarf es einer Mitwirkungshandlung des Käufers nicht. Eine Vertragsverletzung des Käufers kann sich aber immerhin dergestalt mittelbar auf den Gefahrübergang auswirken, dass sich der Verkäufer aufgrund des vertragswidrigen Verhaltens des Käufers veranlasst sieht, die von ihm zwecks Herbeiführung des Gefahrübergangs zu erbringende Handlung nicht vorzunehmen. Beim Verkauf reisender Ware kann schließlich nicht einmal ein solcher mittelbarer Zusammenhang angenommen werden.

Der Gefahrübergang beim Gattungskauf setzt, zweitens, ungeachtet des konkret einschlägigen Gefahrtragungstatbestands die so genannte Individualisierung der Ware, also die eindeutige Zuordnung einer bestimmten Sache zu dem spezifischen Vertrag mit dem Käufer, voraus. Dies ist mit Ausnahme des Artikels 68 CISG für alle Tatbestände des besonderen Gefahrtragungsrechts ausdrücklich gesetzlich vorgeschrieben. Der dahinterstehende Gedanke ist, dass dem Verkäufer die Möglichkeit abgeschnitten werden soll, dem Käufer nachträglich beschädigte oder sogar völlig unbrauchbare Ware unterzuschieben. Solange der Verkäufer sich die (Spekulations-)Möglichkeit offenhalten möchte, die Ware an einen anderen Abnehmer umzuleiten, soll er auch weiterhin die Preisgefahr tragen. Für Artikel 68 CISG folgt das Individualisierungserfordernis ohne weiteres aus dem engen systematischen Zusammenhang mit der allgemeinen Gefahrtragungsregel beim Versendungskauf. Gerade beim Verkauf reisender Ware hat der Rechtsgrundsatz aufgrund des sehr frühen Gefahrübergangs eine große Bedeutung. Für alle Gefahrtragungstatbestände gilt, dass die Individualisierung nicht zwangsläufig durch eine Erklärung des Verkäufers herbeigeführt werden muss, sondern dass vielmehr auch Realakte wie das Anbringen von Kennzeichen ausreichen. Wo sich der Verkäufer für das Mittel der Individualisierungsanzeige entscheidet, kommt es für deren Wirksamkeit auf die Absendung, nicht auf den Zugang beim Käufer an.

Dritter Teil: Leistungsgefahr und Schadensersatz

Kapitel 6: Leistungsgefahr

Nach welchen Vorschriften die Leistungsgefahr im UN-Kaufrecht übergeht, ist umstritten. Während die überwiegende Anzahl der Kommentatoren nicht nur die Preis-, sondern auch die Leistungsgefahr nach den Regeln des IV. Kapitels des CISG übergehen lassen will[1042], spricht sich eine Mindermeinung dafür aus, zum Zwecke der Zuordnung der Leistungsgefahr auf die Regelungen zur Lieferpflicht des Verkäufers, also insbesondere Artikel 31 CISG, zurückzugreifen[1043]. Im Grunde genommen ist die Frage nach der Zuordnung der Leistungsgefahr in den vorangegangenen Kapiteln bereits beantwortet worden. Die Lösung folgt aus der hier entwickelten streng an den Rechtsbehelfen des Käufers orientierten Analyse des Gefahrtragungs- und Haftungsrechts.

Gerade aus der Perspektive des deutschen Rechts bzw. der Rechtsordnungen des germanischen Rechtskreises wird der Zusammenhang zwischen Leistungsgefahr und Verkäuferhaftung wird allerdings häufig dadurch verschleiert, dass die Problematik des Übergangs der Leistungsgefahr beim Gattungskauf über die Rechtsfigur der Konkretisierung mit dem Unmöglichkeitsrecht in Verbindung gebracht wird. Der Konkretisierungsgedanke suggeriert ferner, dass die Leistungsgefahr bei der Stückschuld keine Rolle spielt. Die genannten Aussagen gilt es einleitend auf ihre Vereinbarkeit mit dem Haftungssystem des UN-Kaufrechts zu überprüfen. Zur Entscheidung des Meinungsstreits über die Zuordnung der Leistungsgefahr im CISG kann vor dem Hintergrund der so gewonnenen Erkenntnisse dann im Wesentlichen auf die bereits in den vorangegangenen Kapiteln erarbeiteten Grundsätze zurückgegriffen werden.

1042 *Piltz*, Internationales Kaufrecht, Rn. 4–271; *Schlechtriem*, Pflichten des Verkäufers, S. 113; MünchKommBGB-*Peter Huber*, Art. 66 CISG, Rn. 15; Soergel-*Lüderitz/Budzikiewicz*, Art. 66 CISG, Rn. 1; Schlechtriem/Schwenzer-*Widmer Lüchinger*, Art. 31, Rn. 62; Schlechtriem/Schwenzer[5]-*Hager/Maultzsch*, Art. 69, Rn. 10; *Reinicke/Tiedtke*, Kaufrecht, Rn. 1203; *Mankowski* in: Ferrari u.a., Internationales Vertragsrecht, Art. 66 CISG, Rn. 27; *Hager*, Gefahrtragung nach UN-Kaufrecht, S. 408; nicht ganz eindeutig *Choi*, Gefahrtragungsregeln, S. 124 f.

1043 *Karollus*, UN-Kaufrecht, S. 192 ff.; *Bucher*, Neuerungen, S. 39 f.; Honsell-*Schönle/Th. Koller*, Art. 66, Rn. 2; Brunner-*Dimsey*, UN-Kaufrecht, Art. 31, Rn. 14; *Imberg*, Beweislast, S. 51 ff.; wohl auch Staudinger-*Magnus*, Vorbem zu Art 66 ff CISG, Rn. 9.

I. Leistungsgefahr und Konkretisierung

Dass es beim Gattungskauf früher oder später der Aussonderung der zur Erfüllung bestimmten individuellen Sache aus der Gattung bedarf, steht außer Frage. Tatsächlich erfüllt werden kann auch der Kaufvertrag über eine Gattungssache nur mit einem individuellen Exemplar aus der Gattung. Aus diesem Grund muss eine Aussonderung, bzw. Konkretisierung oder Individualisierung, spätestens mit der Übertragung der tatsächlichen Sachherrschaft der Ware an den Käufer erfolgen. Wie der Blick auf die Bestimmungen des UN-Kaufrechts und einzelner nationaler Rechtsordnungen zeigt, kann das Konzept der Aussonderung bei der Gattungsschuld in rechtlicher Hinsicht dreierlei unterschiedliche Funktionen erfüllen.

Das UN-Kaufrecht selbst befasst sich mit der Aussonderung bei der Gattungsschuld ausschließlich im Kontext des Gefahrtragungsrechts. Es ist insoweit von der *„eindeutigen Zuordnung der Ware zu dem Vertrag"* die Rede, die in der Kommentarliteratur gemeinhin als *„Individualisierung"* bezeichnet wird[1044]. Im Gefahrtragungsrecht des CISG gilt der allgemeine Rechtsgrundsatz, dass die (Preis-)Gefahr bei der Gattungsschuld nicht vor dem Zeitpunkt der Individualisierung übergehen kann. Damit soll sichergestellt werden, dass der Verkäufer dem Käufer nachträglich das Risiko für Ware unterschiebt, die nicht speziell für ihn gedacht war[1045]. Das Individualisierungserfordernis dient also dem Schutz des Käufers vor ungerechtfertigter Inanspruchnahme.

Die Aussonderung einer konkreten Sache aus der Gattung ist des Weiteren unabdingbare Voraussetzung des Eigentumsübergangs. Als dingliches Recht kann das Eigentum ganz grundsätzlich nur an einem konkreten Gegenstand bestehen. Im deutschen Sachenrecht gilt aus diesem Grund beispielsweise, dass in Fällen, in denen die zur Übereignung eigentlich erforderliche körperliche Übergabe der betreffenden Sache durch ein so genanntes Besitzkonstitut ersetzt wird, die bloße Bestimmbarkeit der zu übereignenden Sache nicht ausreicht[1046].

1044 Z.B. MünchKommBGB-*Peter Huber*, Art. 67 CISG, Rn. 17 ff.; Soergel-*Lüderitz/Budzikiewicz*, Art. 67 CISG, Rn. 6; Schlechtriem/Schwenzer-*Hachem*, Art. 67, Rn. 29 ff.; Schlechtriem/Schwenzer[5]-*Hager/Maultzsch*, Art. 67, Rn. 9; MünchKommHGB-*Wertenbruch*, Art. 67 CISG, Rn. 15 ff.

1045 Staudinger-*Magnus*, Art. 67 CISG, Rn. 25; *Honnold/Flechtner*, Uniform Law, Rn. 371; Bianca/Bonell-*Nicholas*, Art. 67, Anm. 2.7; Brunner-*Klingler/Mauerhofer*, UN-Kaufrecht, Art. 67 CISG, Rn. 8; MünchKommBGB-*Peter Huber*, Art. 67 CISG, Rn. 2; Enderlein/Maskow/Strohbach-*Maskow*, Art. 67, Anm. 9.; siehe auch oben Seiten 277 f.

1046 Statt aller Palandt-*Herrler*, § 930 BGB, Rn. 2.

Besondere Bedeutung hat der Zusammenhang zwischen Aussonderung und Eigentumsübertragung in Rechtsordnungen wie dem englischen und französischen Recht, nach denen das Eigentum im Grundsatz bereits im Zeitpunkt des Vertragsschlusses übergeht. Hier ist die Aussonderung im Ergebnis die einzige konkrete Handlung, die der Verkäufer zur Übertragung des Eigentums vornehmen muss, und damit das eigentlich konstitutive Element des Eigentumsübergangs[1047]. Da nach dem englischen und französischen Recht die Gefahr zusammen mit dem Eigentum übergeht, gilt dieser Zusammenhang dort dann zwangsläufig auch für den Gefahrübergang.

Im deutschen Recht ist die Bedeutung der Aussonderung beim Gattungskauf weniger leicht zu greifen. Auch hier ist die Aussonderung wie gesagt zwingende Voraussetzung des Eigentumsübergangs. Sie hat darüber hinaus aber auch Bedeutung im Schuldrecht. Nach § 243 Abs. 2 BGB beschränkt sich die Leistungspflicht des Schuldners bei der Gattungsschuld auf einen spezifischen Gegenstand aus der Gattung, sobald er das *„seinerseits Erforderliche getan"* hat[1048]. Dies wird in dem Sinne verstanden, dass sich die Gattungsschuld mit Aussonderung eines spezifischen Gegenstandes in eine Stückschuld umwandelt bzw. zumindest rechtlich als solche zu behandeln ist[1049]. Bei Untergang der ausgesonderten Sache wird der Schuldner dann nach den Regeln des Unmöglichkeitsrechts von seiner Leistungspflicht frei[1050]. Dies ist der Zusammenhang, der im deutschen Recht gemeinhin als Übergang der Leistungsgefahr bezeichnet wird[1051]. Hierzu gilt es drei Beobachtungen festzuhalten. Der Übergang der

---

1047 Zum englischen Recht siehe Section 16 Sale of Goods Act 1979 und dazu *Bridge*, International Sale of Goods, Rn. 7.11; zum französischen Recht vgl. *Hager*, Gefahrtragung beim Kauf, S. 44 ff.

1048 Zur vergleichbaren Rechtslage im österreichischen Recht vgl. *Rabl*, Gefahrtragung beim Kauf, S. 362.

1049 Welche dieser beiden Deutungen zutrifft, ist besonders im älteren Schrifttum umstritten. Beide Auffassungen kommen allerdings zu identischen Ergebnissen. Zum Ganzen *Gernhuber*, Schuldverhältnis, § 10 III 1, S. 226; *Griebl*, Leistungsgefahr bei der Gattungsschuld, S. 12 unter Verweis auf die Entstehungsgeschichte. Aktuellere Stellungnahmen gehen auf diesen tradierten Meinungsstreit meist nicht mehr ein bzw. lassen die Streitfrage dezidiert offen, so z.B. MünchKommBGB-*Emmerich*, § 243 BGB, Rn. 22; *Peter Huber*, in: Staudinger, Eckpfeiler des Zivilrechts (2011), D., Rn. 91.

1050 *Larenz*, Schuldrecht I, § 11 I, S. 152 f.; *Emmerich*, Das Recht der Leistungsstörungen, § 9, Rn. 4.

1051 *Larenz*, Schuldrecht I, § 11 I, S. 153; *Peter Huber*, in: Staudinger, Eckpfeiler des Zivilrechts (2011), B., Rn. 91.

Leistungsgefahr ist im deutschen Recht, erstens, nicht im Gefahrtragungsrecht, sondern im allgemeinen Schuldrecht geregelt. Die Leistungsgefahr geht, zweitens, in dem Moment auf den Gläubiger (d.h. Käufer) über, wenn der Schuldner (d.h. Verkäufer) *„das seinerseits Erforderliche getan"* hat. Vom Individualisierungserfordernis des UN-Kaufrechts unterscheidet sich der Übergang der Leistungsgefahr im deutschen Recht, drittens, durch den Umstand, dass durch die Regeln des allgemeinen Schuldrechts nicht der Gläubiger (und vorliegend somit der Käufer), sondern vielmehr der Schuldner (und somit vorliegend der Verkäufer) begünstigt wird[1052].

Alle drei soeben dargestellten Funktionen der Aussonderung können für die Zuweisung der Leistungsgefahr im UN-Kaufrecht keine Rolle spielen. Das Individualisierungserfordernis nach den Artikeln 67 Abs. 2 und 69 Abs. 3 CISG bzw. der insoweit bestehende allgemeine Rechtsgrundsatz sind aufgrund der Tatsache nicht berücksichtigungsfähig, dass sie den der Zuweisung der Leistungsgefahr unmittelbar entgegengesetzten Zweck, nämlich den Schutz bzw. die Privilegierung des Käufers, verfolgen. Der Eigentumsübergang ist im CISG bewusst nicht geregelt. Damit kann es aber auch keine Rolle spielen, welche Funktion der Aussonderung der Ware in diesem Kontext nach dem insoweit anwendbaren unvereinheitlichten nationalen Sachenrecht zukommt. Der Blick auf das deutsche Recht ist zwar hilfreich, die Diskussion zur Zuordnung der Leistungsgefahr im UN-Kaufrecht – die interessanter Weise so gut wie ausschließlich im deutschsprachigen Schrifttum geführt wird – zu verstehen. Im Ergebnis kann der Konkretisierungsgedanke für die hier zu erörternde Frage aber nicht relevant sein. Die im deutschen Recht vorgenommene Verknüpfung von Leistungsgefahr und Unmöglichkeitsrecht ist terminologisch unglücklich. Sie suggeriert eine Zwangsläufigkeit, die bei der Gattungsschuld, zumindest in Rechtsordnungen, in denen das Eigentum nicht bereits mit Vertragsschluss übergeht, in dieser Form nicht existiert. Rein faktisch ist der Schuldner hier – vom in der Exportpraxis so gut wie ausgeschlossenen Fall des Untergangs der gesamten Gattung einmal abgesehen – auch nach dem Zeitpunkt der Konkretisierung jederzeit zur Leistung eines Substituts in der Lage. Seine Leistungspflicht entfällt nach Konkretisierung nicht etwa deshalb, weil er nicht mehr leisten kann, sondern deshalb, weil er aufgrund einer rechtlichen Wertung nicht mehr zur Leistung verpflichtet sein soll[1053]. Es geht also, wie bei der Zuordnung der Preisgefahr auch, um die Begrenzung der Haftung in zeitlicher Hinsicht aus wertenden Erwägungen, mithin um

---

1052 Vgl. *Gernhuber*, Schuldverhältnis, § 10 III 2, S. 228.

1053 *Rabl*, Gefahrtragung beim Kauf, S. 362 spricht insoweit von einer Fiktion.

Gefahrtragung. Der normativ geprägte Charakter des deutschen Unmöglichkeitsrechts sollte ferner auch aus ganz grundsätzlichen Erwägungen nicht auf das UN-Kaufrecht übertragen werden. Die Rechtsfolgen der Unmöglichkeit sind im CISG nicht explizit geregelt. Der Grundsatz, dass der Schuldner bei Unmöglichkeit von seiner Leistungspflicht befreit wird, ergibt sich vielmehr lediglich aus den allgemeinen Grundsätzen des Abkommens sowie dem Grundsatz von Treu und Glauben. Die „Rechtsfolge" des Erlöschens der Leistungspflicht folgt aus der Erwägung, dass etwas Unmögliches vom Schuldner auch bei Anwendbarkeit des UN-Kaufrechts sinnvoller Weise nicht verlangt werden kann[1054]. Dieser Gedanke ist erkennbar auf die rein tatsächliche Unmöglichkeit zugeschnitten. Auf die alleine auf wertende Erwägungen gegründete „Unmöglichkeit" wie sie das deutsche Recht bei der konkretisierten Gattungsschuld anordnet, ist die aus Treu und Glauben abgeleitete Rechtsfolge hingegen nicht übertragbar.

Als Zwischenergebnis ist also festzuhalten, dass der hier so genannte Konkretisierungsgedanke für die Zuordnung der Leistungsgefahr – also die Begrenzung der leistungsbezogenen Rechtsbehelfe des Käufers in den Fällen der Sachbeeinträchtigung – keine Rolle spielt[1055].

II. Leistungsgefahr bei der Stückschuld

Nach dem hier vertretenen Ansatz kann, entgegen anders lautender Stellungnahmen zum unvereinheitlichten deutschen Recht[1056], die Leistungsgefahr auch bei der Stückschuld eine Rolle spielen. Dies ergibt sich daraus, dass – wie soeben gezeigt wurde – im UN-Kaufrecht kein zwingender Zusammenhang zwischen Leistungsgefahr und Unmöglichkeit bzw. Konkretisierung besteht.

1054 Oben Seite 74.

1055 Um Missverständnisse zu vermeiden, sollte aus diesem Grund der Begriff der Konkretisierung auch im Kontext der Artikel 67 Abs. 2 CISG und 69 Abs. 3 CISG nicht verwendet werden (anders aber bspw. *Mankowski* in: Ferrari u.a., Internationales Vertragsrecht, Art. 67 CISG, Rn. 31 ff.; Staudinger-*Magnus*, Art. 67 CISG, Rn. 25 ff.; Witz/Salger/Lorenz-*Witz*, Art. 67, Rn. 16 f.). Vorzugsweise ist von *Aussonderung* oder besser noch von *Individualisierung* zu sprechen (so bspw. Schlechtriem/Schwenzer-*Hachem*, Art. 67, Rn. 29 ff.; Schlechtriem/Schwenzer[5]-*Hager/Maultzsch*, Art. 67, Rn. 9; MünchKommBGB-*Peter Huber*, Art. 67 CISG, Rn. 17 ff.; Soergel-*Lüderitz/Budzikiewicz*, Art. 67 CISG, Rn. 6; MünchKommHGB-*Wertenbruch*, Art. 67 CISG, Rn. 15 ff.

1056 Soergel[12]-*Ulrich Huber*, Vor § 446 BGB, Rn. 6; *Griebl*, Leistungsgefahr bei der Gattungsschuld, S. 8.

Die Leistungsgefahr begrenzt die Verkäuferhaftung nach den hier so genannten leistungsbezogenen Rechtsbehelfen in zeitlicher Hinsicht[1057]. Als leistungsbezogene Rechtsbehelfe wurden die in Artikel 46 CISG geregelten Ansprüche des Käufers auf Lieferung, auf Ersatzlieferung und auf Nachbesserung identifiziert[1058].

Der Rechtsbehelf aus Artikel 46 Abs. 1 CISG setzt den Untergang der Kaufsache voraus[1059]. Er steht dem Käufer bei der Speziesschuld vor dem Hintergrund, dass die Erbringung einer unmöglichen Leistung auch nach dem CISG nicht verlangt werden kann[1060], mithin nicht zur Verfügung. Gleiches gilt für den Ersatzlieferungsanspruch aus Artikel 46 Abs. 2 CISG. Dieser setzt konzeptionell zwar gerade die Beschädigung der Kaufsache voraus. Bei der Stückschuld fehlt es aber an einem Substitut, das der Verkäufer in Erfüllung seiner vertraglichen Verpflichtung liefern könnte. Wiederum gilt, dass Unmögliches von ihm nicht verlangt werden sollte.

Es bleibt der Nachbesserungsanspruch. Nachbessern kann der Verkäufer grundsätzlich auch eine Speziessache. Die zeitliche Begrenzung der Nachbesserungspflicht des Verkäufers ist nach der vorliegend entwickelten Systematik unter Heranziehung der Grundsätze des Gefahrtragungsrechts zu entscheiden. Es handelt sich mithin um die Frage der Zuordnung der Leistungsgefahr.

Es ist im ersten Kapitel bereits ausgeführt worden, dass das rechtliche Schicksal der leistungsbezogenen Rechtsbehelfe des Käufers wegen Beschädigung der Ware abschließend in Artikel 36 Abs. 1 CISG geregelt ist. Das bedeutet im Ergebnis, dass sich die Frage der Zuordnung der Leistungsgefahr zwar auch bei der Stückschuld stellen kann. Der eingangs angedeutete Meinungsstreit hat hier allerdings keine Bedeutung. Der Wortlaut des Artikels 36 Abs. 1 CISG ist eindeutig. Der Zeitpunkt des Übergangs der Leistungsgefahr bestimmt sich hier nach den Bestimmungen des besonderen Gefahrtragungsrechts.

III. Die Zuordnung der Leistungsgefahr im UN-Kaufrecht

Der eingangs angerissene Meinungsstreit über die Zuordnung der Leistungsgefahr im UN-Kaufrecht ist vor dem Hintergrund der soeben angestellten allgemeinen konzeptionellen Erwägungen sowie den in den vorangegangenen Kapiteln erarbeiteten Thesen zu bewerten. Es sind zwei Fragen zu unterscheiden.

1057 Oben Seite 78.

1058 Oben Seiten 73 ff.

1059 Oben Seiten 74 f.

1060 Oben Seite 74.

Augenscheinlich ist im Schrifttum umstritten, ob Artikel 31 CISG oder die Artikel 66 ff. CISG zum Zwecke der Zuordnung der Leistungsgefahr herangezogen werden müssen. Dieser Streit ist zu Gunsten der herrschenden Meinung zu entscheiden, die auch die Zuordnung der Leistungsgefahr nach den Vorschriften des Gefahrtragungsrechts vornimmt. Es stellt sich die Folgefrage, in welchem Umfang die Gefahrtragungsregeln heranzuziehen sind.

1. Stellungnahme zum Meinungsstreit

Der zur Zuordnung der Leistungsgefahr geführte Meinungsstreit ist nur von geringer praktischer Relevanz.[1061] Zu unterschiedlichen Ergebnissen kommen die beiden hierzu vertretenen Auffassungen allenfalls in den Konstellationen des „Platzkaufs", in denen sich der Inhalt der Lieferpflicht nach Artikel 31 lit. c) CISG und der Übergang der Preisgefahr nach Artikel 69 Abs. 1 CISG richtet[1062]. Seine Lieferpflicht hat der Verkäufer hier immer schon dann erfüllt, wenn er die Ware für den Käufer an seiner Niederlassung bereitgestellt hat. Die Preisgefahr geht nach Artikel 69 Abs. 1 CISG über, sobald der Käufer die Ware tatsächlich an diesem Ort abholt oder sobald er mit der Abholung in Annahmeverzug gerät. Haben die Parteien also beispielsweise eine Zeitspanne vereinbart, innerhalb derer der Käufer die Ware abholen kann und stellt der Verkäufer die Kaufsache zu Beginn dieser Zeitspanne für den Käufer zur Abholung bereit, so geht die Leistungsgefahr bei Anknüpfung an die Lieferpflicht in einem früheren Zeitpunkt auf den Käufer über als dies bei analoger Anwendung des Artikels 69 CISG der Fall wäre.

Die Auffassung, die die Leistungsgefahr nach Artikel 31 CISG übergehen lässt, vermag im Ergebnis nicht zu überzeugen. Die Vertreter dieser Auffassung verweisen, sofern sie den Zusammenhang von Leistungsgefahr und Lieferpflicht nicht einfach nur postulieren, darauf, dass die Leistungspflicht in dem in Artikel 31 CISG bezeichneten Zeitpunkt erfüllt sei und somit mit Lieferung der Ware ende[1063]. Von Karollus wird weitergehend ausgeführt, dass der Verkäufer im Zeitpunkt der Lieferung alles „seinerseits zur Erfüllung des Vertrags Erforderliche getan habe" und aus diesem Grund von seiner Leistungspflicht frei werden solle[1064].

1061 Dazu Schlechtriem/Schwenzer-*Hachem*, Vor Artt. 66–70, Rn. 20.

1062 Schlechtriem/Schwenzer[5]-*Hager/Maultzsch*, Art. 69, Rn. 10, *Bach/Stieber*, IHR 2006, 59, 66; *Brunner*[1], UN-Kaufrecht, Art. 66, Rn. 10.

1063 Honsell-*Schönle/Th. Koller*, Art. 66, Rn. 2; in diesem Sinne wohl auch Staudinger-*Magnus*, Vorbem. zu Art 66 ff. CISG, Rn. 9.

1064 *Karollus*, UN-Kaufrecht, S. 193.

Diese Argumentation ist bereits im Zusammenhang mit den Vorschriften des besonderen Gefahrtragungsrechts widerlegt worden[1065]. Keineswegs hat der Verkäufer in dem in Artikel 31 CISG näher bezeichneten Zeitpunkt alle seine Pflichten nach dem Vertrag erfüllt und damit „alles seinerseits Erforderliche getan". Insbesondere ist zu diesem Zeitpunkt unter Umständen das Eigentum noch nicht übertragen worden. Wann der Eigentumsübergang stattfindet, richtet sich nach dem durch das internationale Privatrecht des Forumsstaates berufenen unvereinheitlichten nationalen Sachenrecht. Die ausführliche Regelung der Lieferpflicht im UN-Kaufrecht erklärt sich nicht zuletzt vor dem Hintergrund, dass das Pflichtenprogramm des Verkäufers umschrieben werden musste, ohne dass dazu auf die Pflichten im Zusammenhang mit dem Eigentumsübergang Bezug genommen werden konnte. Das Konzept der Erfüllung ist dem UN-Kaufrecht bereits aus diesem Grund fremd und kann nicht zum Gefahrübergang, sei es der Übergang der Preisgefahr, sei es der Übergang der Leistungsgefahr, führen. Ferner ist auf die Entstehungsgeschichte zu verweisen. Wie in Kapitel 4 ausführlich dargelegt worden ist haben sich die Gesetzesverfasser – zumindest im Grundsatz – gegen eine Verknüpfung von Gefahrübergang und Lieferpflicht ausgesprochen[1066].

Auch im Übrigen sprechen die besseren Argumente für die Anwendung der Gefahrtragungsvorschriften auch zur Bestimmung des für den Übergang der Leistungsgefahr maßgeblichen Zeitpunkts. Entgegen der gelegentlich im Schrifttum getroffenen Aussage[1067] ist die Frage der Zuordnung der Leistungsgefahr im UN-Kaufrecht durchaus, wenn auch fragmentarisch, geregelt. Bestimmungen hierzu finden sich in den Artikeln 36, 70 und 82 CISG. Alle diese Vorschriften implizieren, dass die Leistungsgefahr in demselben Zeitpunkt übergehen soll wie die Preisgefahr.

Artikel 36 CISG ist nach dem hier vertretenen Ansatz als Gefahrtragungsregel im funktionalen Sinne zu qualifizieren[1068]. Der Vorschrift ist im Zusammenspiel

---

1065 Oben Kapitel 4 V. 2. g), Seiten 240 f.

1066 So insbesondere die Stellungnahmen des Generalsekretariats, denen die Delegierten der an den Beratungen beteiligten Staaten zumindest dem Grundsatz nach gefolgt sind, dazu oben Seiten 212 f. Auch im Schrifttum wird im Zusammenhang der Zuordnung der Leistungsgefahr ausdrücklich auf die Entstehungsgeschichte verwiesen, so bspw. von Schlechtriem/Schwenzer[5]-*Hager/Maultzsch*, Art. 69, Rn. 10; *Choi*, Gefahrtragungsregeln, S. 124 f.; *Hager*, Gefahrtragung nach UN-Kaufrecht, S. 408.

1067 *Mankowski* in: Ferrari u.a., Internationales Vertragsrecht, Art. 66 CISG, Rn. 26; *Reinicke/Tiedtke*, Kaufrecht, Rn. 1203.

1068 Oben Seite 52.

mit Artikel 66 CISG die grundlegende Aussage des allgemeinen Gefahrtragungsrechts zu entnehmen, dass die Funktion des Gefahrtragungsrechts in der umfassenden (zeitlichen) Begrenzung der Verkäuferhaftung für sachbezogene Vertragsverletzungen besteht. Anders als Artikel 66 CISG differenziert Artikel 36 CISG nicht zwischen gegenleistungs- und leistungsbezogenen Rechtsbehelfen. Die Vorschrift ist allerdings lediglich in den Fällen anwendbar, in denen die Vertragsverletzung des Verkäufers in der Lieferung beschädigter Ware besteht[1069]. Nur insoweit besteht überhaupt eine Regelungslücke, die durch Heranziehung des Artikels 31 CISG geschlossen werden könnte. Dies hätte dann allerdings die Konsequenz, dass die Leistungsgefahr bei Beschädigung der Ware nach anderen Regeln zugewiesen würde als in Fällen des vollständigen Untergangs. Sachliche Gründe für eine solche Differenzierung sind jedoch nicht ersichtlich[1070].

Auch bei Artikel 82 Abs. 1 CISG handelt es sich um eine Gefahrtragungsregel im funktionalen Sinne[1071]. Der Vorschrift ist zu entnehmen, unter welchen Voraussetzungen dem Käufer der gegenleistungsbezogene Rechtsbehelf der Vertragsaufhebung und der leistungsbezogene Rechtsbehelf des Ersatzlieferungsanspruchs in den hier so genannten Fällen sukzessiver Sachbeeinträchtigung zustehen. Indem Artikel 82 CISG identische Rechtsfolgen für leistungsbezogene und gegenleistungsbezogene Rechtsbehelfe anordnet, bringt die Vorschrift – wie Artikel 36 Abs. 1 CISG auch – die grundlegende Wertung zum Ausdruck, dass Leistungs- und Preisgefahr nach identischen Regeln zugewiesen werden sollten. Gleiches gilt für Artikel 70 CISG, der für die leistungs- und gegenleistungsbezogenen Rechtsbehelfe des Käufers lediglich deklaratorische Bedeutung hat und insoweit die in Artikel 82 CISG getroffenen Aussagen bestätigt[1072].

Schließlich gebietet auch die rechtsvergleichende Auslegung, Leistungs- und Preisgefahr gleich zu behandeln. Es ist bereits angedeutet worden, dass es sich bei der Differenzierung zwischen Leistungs- und Preisgefahr um ein Spezifikum der Rechtsordnungen des germanischen Rechtskreises handelt[1073]. „Entdeckt“

1069 Oben Seite 57.

1070 Schlechtriem/Schwenzer[5]-*Hager/Maultzsch*, Art. 69, Rn. 10; Schlechtriem/Schwenzer-*Widmer Lüchinger*, Art. 31, Rn. 62; *Piltz*, Internationales Kaufrecht, Rn. 4–271; MünchKommHGB-*Wertenbruch*, Art. 66 CISG, Rn. 10.

1071 Oben Seite 105.

1072 Vgl. exemplarisch die Ausführungen bei Schlechtriem/Schwenzer-*Hachem*, Art. 70, Rn. 5, der ausdrücklich auch den– leistungsbezogenen– Ersatzlieferungsanspruch miteinbeziehen.

1073 So explizit auch *Imberg*, Beweislast, S. 51, der daraus dann aber den unzutreffenden Schluss zieht, die rechtsvergleichende Auslegung habe zur Beantwortung der Frage

wurde das Konzept der von der Preisgefahr zu unterscheidenden Leistungsgefahr im deutschen Recht. In diesem Zusammenhang ist erwähnenswert, dass diese juristische „Entdeckung“ bzw. Erfindung nicht im Kontext des Kaufrechts gemacht wurde. Vielmehr sollte das Konzept der Konkretisierung bei der Gattungsschuld und der aus ihr resultierenden rechtlichen Fiktion der Unmöglichkeit der Erfüllung der Leistungspflicht bei Gattungssachen ursprünglich primär die Begrenzung der Haftung des Schuldners einer einseitigen Verpflichtung, beispielsweise aus Schenkungsverträgen, gewährleisten[1074]. Selbst im deutschen Recht ist die Differenzierung zwischen Leistungs- und Preisgefahr mithin der für das deutsche Rechtsdenken stilbildenden Unterscheidung zwischen Allgemeinem und Besonderem geschuldet und nicht etwa besonderen, für das Kaufrecht spezifischen Überlegungen[1075]. Die Rechtsordnungen des romanischen und, insbesondere, des anglo-amerikanischen, Rechtskreises kennen das Konzept der Leistungsgefahr konsequenter Weise nicht bzw. lassen Leistungs- und Preisgefahr ganz selbstverständlich in demselben Zeitpunkt übergehen[1076] Konsequenter

---

nach der Zuordnung der Leistungsgefahr nur untergeordnete Bedeutung, da es sich insoweit um ein „typisch deutsches Phänomen“ handele.

1074 *Hager*, Gefahrtragung beim Kauf, S. 227 m.w.N.

1075 Hinzu kommt, dass selbst der historische Gesetzgeber des BGB von einem Gleichlauf von Leistungs- und Preisgefahr ausging. Die nunmehr im deutschen Recht getroffene Unterscheidung entspricht lediglich der herrschenden Meinung wie sie sich im Laufe der letzten Jahrzehnte herausgebildet hat. Dazu *Hager*, Gefahrtragung nach UN-Kaufrecht, S. 408.

1076 *Hager*, Gefahrtragung beim Kauf, S. 226 mit Nachweisen zum Auslandsrecht; *ders.*, Gefahrtragung nach UN-Kaufrecht, S. 408; Schlechtriem/Schwenzer[5]-*Hager/Maultzsch*, Art. 69, Rn. 10; Schlechtriem/Schwenzer-*Hachem*, Vor Artt. 67–70, Rn. 20; zum französischen Recht auch *Ferid/Sonnenberger*, Das französische Zivilrecht II, Rn. 2 G 230, S. 60. Überraschend nimmt sich vor diesem Hintergrund die Lösung der auf umfangreichen rechtsvergleichenden Vorarbeiten beruhenden *DCFR Model Rules* aus. Die Regeln selber sprechen das Problem der Zuordnung der Leistungsgefahr zwar nicht explizit an. Dem von den Verfassern der Regeln herausgegebenen Kommentar ist allerdings zu entnehmen, dass die hier so genannten leistungsbezogenen Rechtsbehelfe vom Gefahrbegriff nicht erfasst sein sollen und dass die Haftungsbegrenzung insoweit vielmehr über den allgemeinen Befreiungstatbestand der Regel III.-3:104 zu erfolgen habe (*v.Bar/Clive*, DCFR II, Comment C zu IV.A.-5:101, S. 1368). Regel III.-3:104 entspricht in Wortlaut und Konzeption weitestgehend Artikel 79 CISG. Die Verfasser der *DCFR Model Rules* haben dezidiert auf die Vergleichbarkeit der beiden Bestimmungen sowie auf den Umstand hingewiesen, dass der Befreiungstatbestand seinen Ursprung im (in vielen europäischen Rechtsordnungen verwendeten) Konzept der *force majeure* hat (*v.Bar/Clive*, DCFR I,

Weise wird die Frage der Zuordnung der Leistungsgefahr im englisch- und französischsprachigen Schrifttum zum Gefahrtragungsrecht des CISG in aller Regel nicht diskutiert[1077]. Auch die Gefahrtragungsregeln der INCOTERMS kennen die Unterscheidung zwischen Leistungs- und Preisgefahr nicht[1078].

Vor diesem Hintergrund wird offenbar, dass eine an der Lieferpflicht orientierte Begrenzung der Verkäuferhaftung nach den leistungsbezogenen Rechtsbehelfen nichts anderes bedeutet, als das dem unvereinheitlichten deutschen Recht entstammende Konzept von der Konkretisierung bei der Gattungsschuld auf das UN-Kaufrecht zu übertragen. Dies ist aber weder in rechtsdogmatischer Hinsicht sinnvoll, noch ist eine solche Übertragung mit dem Grundsatz der einheitlichen, vom nationalen Vorverständnis der einzelnen Unterzeichnerstaaten unabhängigen, Auslegung des CISG vereinbar.

Note I 1. zu III.- 3:104, S. 788 bzw. Comment C zu III.-3:104, S. 784). Auf das UN-Kaufrecht ist die Lösung der *DCFR Model Rules* erkennbar nicht übertragbar. Anders als nach Regel III.-3:104 i.V.m. III.-3:101 (2) *DCFR Model Rules* wirkt sich die Befreiung nach Artikel 79 CISG auf die Rechtsbehelfe des Käufers aus Artikel 46 CISG nicht aus (Artikel 79 Abs. 5 CISG). Der Käufer könnte folglich insbesondere den Nachbesserungs- und Ersatzlieferungsanspruch zeitlich unbegrenzt bis zur vollständigen ordnungsgemäßen Erfüllung durch den Verkäufer geltend machen. Ganz unabhängig von der Rechtslage im UN-Kaufrecht gibt der Ansatz der *DCFR Model Rules* Anlass zu Kritik. Nimmt man die Verfasser der *DCFR Model Rules* beim Wort, so haftet der Verkäufer nach diesen Regeln schärfer nach den hier so genannten leistungsbezogenen Rechtsbehelfen als nach den hier so genannten gegenleistungsbezogenen Rechtsbehelfen bzw. dem Rechtsbehelf gerichtet auf Schadensersatz. Der auf dem *force majeure* Gedanken aufbauende Befreiungsgrund des „*impediment beyond the debtor's control*" nach Regel III.-3:104 DCFR Model Rules wird nur in absoluten Ausnahmefällen einschlägig sein (vgl. in diesem Zusammenhang die Ausführungen zu Artikel 79 CISG unten Seiten 326 ff). In den UNIDROIT Principles und den PECL ist der Gefahrübergang im Gegensatz zu den *DCFR Model Rules* überhaupt nicht geregelt (vgl. Kröll/Mistelis/Perales Viscasillias-*Johan Erauw*, Art. 66, Rn. 53), so dass sich vergleichbare Fragen im Schrifttum diesbezüglich nicht gestellt haben.

1077 Darauf weist *Piltz*, Internationales Kaufrecht, Rn. 4–271 hin.

1078 Implizit *Ramberg*, ICC Guide to INCOTERMS 2010, S. 24: "*It should also be noted that the seller's possibility to recover from his insurer in case of loss of or damage to the goods does not relieve him from his duty to perform as he is still required to provide goods in substitution for the goods which might have been lost or damaged while he was still at risk […]*".

2. Der Umfang der analogen Anwendung der Vorschriften des IV. Kapitels

Die leistungsbezogenen Rechtsbehelfe des Käufers wegen Substanzbeeinträchtigungen der Kaufsache werden also, ganz wie die gegenleistungsbezogenen Rechtsbehelfe, durch die Vorschriften des IV. Kapitels des UN-Kaufrechts in zeitlicher Hinsicht begrenzt. Für die Fälle der Beschädigung der Ware folgt das nach dem soeben Gesagten bereits unmittelbar aus Artikel 36 Abs. 1 CISG. Dass die Haftung des Verkäufers auch bei Zerstörung der Ware nach den Vorschriften des (allgemeinen) Gefahrtragungsrechts begrenzt wird, wird in den Artikeln 82 Abs. 1 CISG und 70 CISG zwar vorausgesetzt. Die unmittelbare Rechtsfolge der Haftungsbegrenzung ist hingegen nicht geregelt. In der Sache betrifft das lediglich die Rechtsbehelfe der Lieferung und der Ersatzlieferung. Eine Nachbesserung, die der Käufer nach Artikel 46 Abs. 3 CISG verlangen könnte, ist bei Zerstörung der ursprünglich zur Erfüllung des Kaufvertrags vorgesehenen Sache nicht mehr möglich.

Die so beschriebene Regelungslücke ist durch eine Analogie zu den Artikeln 36 CISG und 66 CISG zu schließen[1079]. Diese Normen stellen den Bezug zum besonderen Gefahrtragungsrecht her, so dass es insoweit einer weiteren Analogie nicht bedarf. Die Tatbestände des besonderen Gefahrtragungsrechts finden damit auf alle leistungsbezogenen Rechtsbehelfe des Käufers Anwendung, unabhängig davon, ob die zur Erfüllung bestimmte Ware beschädigt oder aber vollständig zerstört wurde. Ebenso wenig bedarf es der entsprechenden Anwendung der Artikel 82 Abs. 1 CISG und 70 CISG. Diese Vorschriften regeln das rechtliche Schicksal der leistungsbezogenen Rechtsbehelfe des Käufers bereits unmittelbar.

1079 Ähnlich Witz/Salger/Lorenz-*Witz*, Vor Artt. 66– 70, Rn. 2, der die Analogie allerdings ausschließlich auf Artikel 36 Abs. 1 CISG gründet.

Kapitel 7: Schadensersatz

In Rechtsprechung und Schrifttum gänzlich unerörtert geblieben ist bislang der Zusammenhang zwischen dem Gefahrtragungsrecht und dem Schadensersatzanspruch des Käufers aus Artikel 45 Abs. 1 lit. b) CISG i.V.m. Artikel 74 CISG. Dies mag daran liegen, dass der Schadensersatzanspruch, anders als die hier so genannten leistungsbezogenen und gegenleistungsbezogenen Rechtsbehelfe, nicht nur auf die sachbezogenen Vertragsverletzungen des Verkäufers anwendbar ist. Es handelt sich vielmehr um den allgemeinen vertragsrechtlichen Rechtsbehelf, der sowohl dem Käufer als auch dem Verkäufer grundsätzlich in allen Fällen der Vertragsverletzung zur Verfügung steht[1080].

Ungeachtet dessen hat der Schadensersatzanspruch in den Konstellationen der Lieferung mangelhafter Ware ein besonderes Gepräge, das sich aus den Wechselwirkungen dieses Rechtsbehelfs mit den anderen in Artikel 45 CISG genannten Käuferrechten ergibt. Insbesondere kann der Käufer das volle Erfüllungsinteresse (in Deutschland spricht man hier vom Schadensersatz statt der ganzen Leistung oder dem großen Schadensersatz) nur dann im Wege des Schadensersatzes geltend machen, wenn auch die Voraussetzungen des Vertragsaufhebungsrechts nach Artikel 49 CISG gegeben sind. Nur so kann eine Umgehung der spezifischen Voraussetzungen des Artikels 49 CISG vermieden werden[1081]. Der Schadensersatzanspruch des Käufers wegen einer Substanzbeeinträchtigung der Kaufsache ist ferner nach den Artikeln 38 und 39 CISG ausgeschlossen, wenn der Käufer die Ware nicht rechtzeitig auf Mängel untersucht bzw. solche Mängel gegenüber dem Verkäufer innerhalb einer angemessenen Frist angezeigt hat[1082]. Diese Beschränkungen gelten unabhängig davon, ob die maßgebliche Vertragsverletzung des Verkäufers auf einer Beschädigung oder aber auf der vollständigen Zerstörung des Kaufgegenstandes beruht.

1080 *Saenger* in: Ferrari u.a., Internationales Vertragsrecht, Art. 45 CISG, Rn. 8; vgl. auch MünchKommHGB-*Mankowski*, Art. 74 CISG, Rn. 5.

1081 *Stoll*, Inhalt und Grenzen der Schadensersatzpflicht, S. 264 f.; *Stoll*, RabelsZ 52 (1988), 617, 634 f.; MünchKommBGB-*Peter Huber*, Art. 74 CISG, Rn. 9 f.; Schlechtriem/Schwenzer-*Müller-Chen*, Art. 45, Rn. 27; Staudinger-*Magnus*, Art. 45 CISG, Rn. 22.; *Huber/Mullis*, the CISG, S. 282; *Weber*, Vertragsverletzungsfolgen, S. 191; aus der Rspr. AG Nordhorn, Urteil vom 14. Juni 1994, 3 C 75/94, CISG-online Nr. 259; OGH, Urteil vom 6. Februar 1996, 10Ob518/95, CISG-online Nr. 224; **a.A.** wohl *Karollus*, UN-Kaufrecht, S. 223; Honsell-Schönle/*Th.Koller*, Art. 74, Rn. 15.

1082 Vgl. die Ausführungen hierzu bei Staudinger-*Magnus*, Art. 39 CISG, Rn. 58 m.w.N.

Das allgemeine Gefahrtragungsrecht regelt das Zusammenspiel von Schadensersatzanspruch und Gefahrtragungsrecht fragmentarisch in Artikel 36 Abs. 1 CISG. Artikel 36 Abs. 1 CISG differenziert nicht nach der Natur des vom Käufer geltend gemachten Rechtsbehelfs als leistungsbezogen, gegenleistungsbezogen oder als Schadensersatzanspruch. Der sachliche Anwendungsbereich der Vorschrift ist allerdings begrenzt. Artikel 36 CISG findet keine Anwendung, wenn die Kaufsache vollständig untergeht. In diesen Fällen kann nicht von einer Vertragswidrigkeit der Ware gesprochen werden[1083].

Vor dem Hintergrund der soeben erörterten Rechtslage bei den leistungsbezogenen Rechtsbehelfen spricht vieles dafür, auch den Schadensersatzanspruch des Käufers wegen sachbezogenen Vertragsverletzungen des Verkäufers umfassend der Begrenzung durch das Gefahrtragungsrecht zu unterwerfen. Es gelten weitgehend die zur Leistungsgefahr angestellten Überlegungen. Für die unterschiedliche Behandlung von Beschädigung und Untergang der Kaufsache bestehen auch im Hinblick auf den Schadensersatzanspruch des Käufers keine sachlichen Gründe. Artikel 70 CISG regelt das rechtliche Schicksal des Schadensersatzanspruchs im Falle sukzessiver Sachbeeinträchtigung und differenziert insoweit nicht zwischen Untergang und Beschädigung der Kaufsache. Als Vorschrift des allgemeinen Gefahrtragungsrechts bringt Artikel 70 CISG damit zum Ausdruck, dass beide Formen der Sachbeeinträchtigung auch im Kontext des Schadensersatzanspruchs des Käufers gleich behandelt werden sollten.

Eine Besonderheit ergibt sich beim Schadensersatzanspruch daraus, dass eine gewisse Begrenzung dieses Rechtsbehelfs bereits durch Artikel 79 CISG erreicht wird. Verstünde man diese Haftungsbegrenzung als umfassend, so hätte das zur Konsequenz, dass für eine entsprechende Anwendung der Artikel 36 Abs. 1 und 66 CISG auf den Schadensersatzanspruch des Käufers bei Zerstörung der Kaufsache mangels einer Regelungslücke kein Raum wäre.

Nach Artikel 79 Abs. 1 CISG, der im Zusammenhang mit Absatz 5 zu lesen ist, kann sich eine nach dem verschuldensunabhängigen Haftungssystem des UN-Kaufrechts eigentlich zum Schadensersatz verpflichtete Partei entlasten, indem sie beweist,

> *dass die Nichterfüllung [ihrer Vertragspflicht] auf einem außerhalb ihres Einflussbereichs liegenden Hinderungsgrund beruht und dass von ihr vernünftiger Weise nicht erwartet werden konnte, den Hinderungsgrund bei Vertragsschluss in Betracht zu ziehen oder den Hinderungsgrund und seine Folgen zu vermeiden oder zu überwinden.*

1083 Dazu ausführlich oben Seiten 52 f.

Artikel 79 CISG bezweckt, die strenge verschuldensunabhängige Schadensersatzhaftung sowohl des Verkäufers als auch des Käufers nach den Artikeln 45 Abs. 1 lit. b) und 61 Abs. 1 lit. b) CISG abzumildern[1084], ohne diese im Ergebnis zu einer Verschuldenshaftung zu machen[1085]. Der Enthaftungsmaßstab des Artikels 79 CISG ist vielmehr an das nahezu allen Rechtsordnungen bekannte Rechtsinstitut der Haftungsbefreiung in den Fällen höherer Gewalt (*force majeure*) angelehnt[1086]. Es gilt der Grundsatz, dass der Schuldner nicht für Umstände bzw. die durch sie hervorgerufenen Konsequenzen haften soll, wenn sich diese Umstände außerhalb seines Verantwortungsbereichs ereignet haben und von ihm schlechterdings nicht beherrschbar sind[1087]. Die Vorschrift wird gemeinhin außerordentlich restriktiv ausgelegt[1088]. Von Autoren aus Rechtsordnungen des anglo-amerikanischen Rechtskreises wird, entgegen der inzwischen wohl herrschenden Meinung[1089], sogar vertreten, Artikel 79 auf die vorliegend relevanten hier so genannten sachbezogenen Vertragsverletzungen des Verkäufers überhaupt nicht anzuwenden[1090].

1084 *Huber/Mullis*, the CISG, S. 258; *Achilles*, Art. 79 CISG, Rn. 1; Kröll/Mistelis/Perales Viscasillias-*Yesim M.Atamer*, Art. 79, Rn. 2; *Rathjen*, RIW 1999, 561; *Stoll*, Inhalt und Grenzen der Schadensersatzpflicht, S. 270.

1085 Dazu ausführlich oben Kapitel 1 I. 2. b) (3), Seiten 45 ff.

1086 Vgl. Schwenzer/Fountoulakis-*Fountoulakis*, International Sales Law, S. 565; *Grigera Naón*, The UN Convention for the International Sale of Goods, S. 122; *Achilles*, Art. 79 CISG, Rn. 4 ff.; *Erauw*, 25 J.L. & Com. (2005/2006), 203, 209; Witz/Salger/Lorenz-*Salger*, Art. 79, Rn. 1; Schlechtriem/Schwenzer-*Schwenzer*, Art. 79, Rn. 16; MünchKommBGB-*Peter Huber*, Art. 79 CISG, Rn. 10; ausführlich *Brunner*, Force Majeure and Hardship under General Contract Principles, S 100 ff.

1087 Für in diesen– normativ zu bestimmenden– Einflussbereich des Schuldners fallende Umstände haftet der Schuldner immer, unabhängig davon, ob er das die Vertragsverletzung auslösende Ereignis beherrschen konnte; vgl. zum Ganzen MünchKommHGB-*Mankowski*, Art. 79 CISG, Rn. 24 ff. m.w.N.

1088 Brunner-*Brunner/Sgier*, UN-Kaufrecht, Art. 79, Rn. 1; MünchKommBGB-*Peter Huber*, Art. 79 CISG, Rn. 1; Staudinger-*Magnus*, Art. 79 CISG, Rn. 4; Schlechtriem/Schwenzer-*Schwenzer*, Art. 79, Rn. 1; OLG Zweibrücken, Urteil vom 31.3.1998, 8 O 1995/95, CISG-online Nr. 481.

1089 BGH, Urteil vom 9. Januar 2002, VIII ZR 304/00, CISG-online Nr. 651, NJW 2002, 1651, 1654; OLG Zweibrücken, Urteil vom 31.3.1998, 8 O 1995/95, CISG-online Nr. 481; LG Köln, Urteil vom 16.11.1995, 5 O 189/94, CISG-online Nr. 265; *Rathjen*, RIW 1999, 561, 562 f.; Schlechtriem/Schwenzer-*Schwenzer*, Art. 79, Rn. 6 mit umfassenden Nachweisen zum Schrifttum in Fußnote 18.

1090 *Nicholas*, Liability for Breach of Contract, S. 287 f.; *Honnold/Flechtner*, Uniform Law, Rn. 427; wohl auch Bianca/Bonell-*Tallon*, Art. 79, Anm. 2.6.1. f.

Von einem abschließenden Charakter der in Artikel 79 CISG ausgesprochenen Haftungsbegrenzung kann vor diesem Hintergrund nicht ausgegangen werden[1091]. Wie bei der Leistungsgefahr auch leuchtet es nicht ein, die Haftung des Verkäufers für Beschädigung (hier ist ja Artikel 36 CISG anwendbar, der auf das besondere Gefahrtragungsrecht verweist) und für vollständigen Untergang der Ware nach unterschiedlichen Kriterien zu beurteilen. Das gilt ganz besonders vor dem Hintergrund, dass eine Haftungsbegrenzung nach Artikel 79 CISG im Hinblick auf den Ausnahmecharakter der Vorschrift nur in den allerseltensten Fällen in Betracht kommen wird. Der Verkäufer haftete für den Untergang der Ware mithin weitgehend unbeschränkt bis zum Zeitpunkt der vollständigen Erfüllung. Damit wäre aber – vom wirtschaftlichen Ergebnis her betrachtet – auch die durch das Gefahrtragungsrecht ausgesprochene zeitliche Begrenzung der anderen Rechtsbehelfe des Käufers für sachbezogene Vertragsverletzungen des Verkäufers deutlich abgeschwächt. Statt vom Vertrag zurückzutreten könnte der Käufer bei Zerstörung der Ware nach Gefahrübergang (unter der Bedingung, dass die Voraussetzungen der Vertragsaufhebung im Übrigen vorliegen) beispielsweise sein volles Erfüllungsinteresse immer dann als Schadensersatz liquidieren, wenn die Ware nicht infolge höherer Gewalt, wie zum Beispiel durch eine Naturkatastrophe, untergegangen ist. Eine solch weitgehende Verkäuferhaftung geht aber auch nach dem verschuldensunabhängigen Haftungssystem des UN-Kaufrechts erkennbar zu weit. Gerichte könnten sich insoweit veranlasst sehen, die als unbillig empfundene nahezu unbegrenzte Verkäuferhaftung durch Rückgriff auf das durch das internationale Privatrecht des Forumstaates einschlägige unvereinheitlichte nationale Recht zu begrenzen[1092].

Im Ergebnis ist also wie bei den leistungsbezogenen Rechtsbehelfen zu verfahren. Wird der Schadensersatzanspruch des Käufers durch die bloße Beschädigung der Ware ausgelöst, findet das Gefahrtragungsrecht unmittelbar über die in Artikel 36 Abs. 1 CISG ausgesprochene Verweisung Anwendung. Auf die Fälle der Zerstörung der Ware sind Artikel 36 Abs. 1 CISG und Artikel 66 CISG

1091 So im Ergebnis auch Kröll/Mistelis/Perales Viscasillias-*Yesim M.Atamer*, Art. 79, Rn. 6, der hierzu Folgendes ausführt: *„The parties need to refer to Art, 79 in order to escape liability until the risk of loss or damage has passed to the other party. From this moment on the obligor will have no reason to resort to Art. 79 anymore as he will be under no duty to pay damages (Art. 66)"* (Hervorhebung hinzugefügt). Diese Stellungnahme verkennt zwar, dass Artikel 66 CISG auf den Schadensersatzanspruch des Käufers gerade nicht anwendbar ist, bestätigt im Ergebnis aber die vorliegend vertretene Auffassung.

1092 Vgl. *Stoll*, Inhalt und Grenzen der Schadensersatzpflicht, S. 271.

entsprechend anwendbar. Artikel 70 CISG spricht ganz allgemein von Rechtsbehelfen. Dies schließt auch den Schadensersatzanspruch mit ein. Einer Analogie bedarf es nicht, es verhält sich hier ja sogar so, dass das rechtliche Schicksal des Schadensersatzanspruchs des Käufers bei überholender Kausalität den einzigen echten Anwendungsfall des Artikels 70 CISG darstellt[1093].

Artikel 82 CISG ist auf den Schadensersatzanspruch grundsätzlich nicht anwendbar. Dies ergibt sich bereits unmittelbar aus dem Gesetzeswortlaut und findet seine Berechtigung darin, dass es sich beim Schadensersatzanspruch nach der vorliegend verwendeten Terminologie um einen „teilbaren Rechtsbehelf" handelt[1094]. Etwas anderes muss aber ausnahmsweise gelten, wenn der Käufer den „großen Schadensersatz" geltend macht, also sein gesamtes Erfüllungsinteresse im Wege des Schadensersatzes liquidieren möchte. Auch in den Fällen sukzessiver Sachbeeinträchtigung soll der Käufer die restriktiven Voraussetzungen des Vertragsaufhebungsrechts nicht durch Ausweichen auf den Schadensersatzanspruch aushebeln können. In entsprechender Anwendung des Artikels 82 CISG ist in dieser Fallkonstellation folglich ausnahmsweise auch für den Schadensersatzanspruch ein normativer Zusammenhang zwischen rechtsbehelfsbegründendem erstem und rechtsbehelfsbeeinträchtigendem zweitem Ereignis anzunehmen.

1093 Siehe oben Kapitel 2 III. 2. c) (2), Seiten 122 ff.

1094 Vgl. die Ausführungen dazu oben Seiten 128 f.

Vierter Teil: Schlussbetrachtung

Die vorliegende Untersuchung hat es sich zum Ziel gesetzt, das Gefahrtragungsrecht des UN-Kaufrechts einer systematischen Analyse zu unterziehen und damit einzelne mit dem Gefahrübergang zusammenhängende (Auslegungs-) Probleme auf Grundlage einheitlicher und objektiv nachvollziehbarer Kriterien widerspruchsfrei zu lösen. Die jeweiligen Auslegungsergebnisse sind dabei bereits am Ende der einzelnen Kapitel der Darstellung zusammengefasst worden und sollen an dieser Stelle nicht im Einzelnen wiederholt werden. Während sich die vorangegangen Ausführung größtenteils an der Auslegung einzelner Gefahrtragungsnormen oder aber zumindest an der Beantwortung einzelner konkreter Rechtsprobleme beziehungsweise Fragestellungen orientiert haben, bietet die sich anschließende Schlussbetrachtung nunmehr die Gelegenheit einer systematischen Analyse, in der die bislang angestellten Überlegungen auf einige wenige (insgesamt sind es sieben) Leitgedanken zurückgeführt werden sollen.

Das hier so genannte allgemeine und das besondere Gefahrtragungsrecht sind, erstens, als unterschiedliche, wenn auch an mehreren Stellen miteinander verschränkte, Regelungskomplexe zu begreifen. Während das allgemeine Gefahrtragungsrecht gewissermaßen kraft Natur der Sache einer dogmatischen Analyse besonders zugänglich ist, sind die Artikel 67 bis 69 CISG stärker anwendungsspezifisch ausgestaltet und entziehen sich aus diesem Grund einer vergleichbaren Systematisierung. Dies ist der Hintergrund, vor dem auch die nachfolgenden Ausführungen zu verstehen sind. Die abstrakte Natur des allgemeinen Gefahrtragungsrechts erklärt insbesondere, dass die Mehrzahl der im Folgenden angesprochenen Leitgedanken dieser Rechtsmaterie zu entnehmen ist, während sich die Mehrzahl der eigentlichen (anwendungsspezifischen) Auslegungsfragen im besonderen Gefahrtragungsrecht stellt.

Vier wesentliche Aussagen des allgemeinen Gefahrtragungsrechts lassen sich bereits aus der Definition der Funktion des Gefahrübergangs ableiten. Diese lautet wie folgt:

Der Gefahrübergang begrenzt die Haftung des Verkäufers für Beeinträchtigungen der Kaufsache in zeitlicher Hinsicht umfassend.

Das Gefahrtragungsrecht steht also, dies ist der zweite Leitgedanke der vorliegenden Untersuchung, in einem untrennbaren funktionalen Zusammenhang mit den haftungsrechtlichen Vorschriften des II. Kapitels des 3. Teils des UN-Kaufrechts. Als Mittel der Haftungsbegrenzung ist letztlich auch das Gefahrtragungsrecht Haftungsrecht. Die Vorschriften des II. Kapitels regeln im Gegensatz dazu den Inhalt der Verkäuferpflichten und die einzelnen dem Käufer im Falle der Vertragsverletzung zustehenden Rechtsbehelfe. Diese Elemente sind in den vorangegangenen Erörterungen als Haftungsbegründung im Gegensatz zur Haftungsbegrenzung durch das Gefahrtragungsrecht bezeichnet worden. Die Verschränkung von Haftungsbegründung und Haftungsbegrenzung wird besonders deutlich an Artikel 36 CISG, einer Vorschrift, die systematisch in dem mit „Pflichten des Verkäufers" überschriebenen II. Kapitel des 3. Teils des CISG geregelt ist, ungeachtet dessen aber nicht den Inhalt der Verkäuferpflichten zum Gegenstand hat, sondern deren zeitliche Grenzen. Konkrete Bedeutung für die Auslegung der Gefahrtragungsvorschriften hat die hier so genannten funktionale Betrachtung unter anderem für die Beantwortung der Frage, ob auch die Verkäuferhaftung für durch hoheitliche Eingriffe verursachte Sachbeeinträchtigungen durch das Gefahrtragungsrecht begrenzt wird. Dies ist zu bejahen, da nur auf diesem Wege ein Gleichlauf von Haftungsbegründung und Haftungsbegrenzung gewährleistet werden kann.

Aus dem Zusammenhang zwischen Gefahrübergang und Haftungsbegründung ergibt sich vor allem aber der dritte hier wesentliche Grundsatz, nämlich das Gebot, die Normen des allgemeinen Gefahrtragungsrechts rechtsmittelspezifisch auszulegen. Die haftungsbegrenzende Funktion der Artikel 36 Abs. 2 und 66 1. Halbsatz CISG lässt sich letztlich nur vor dem Hintergrund der im II. Kapitel geregelten einzelnen Rechtsbehelfe des Käufers wegen sachbezogener Vertragsverletzungen des Verkäufers verstehen. In Artikel 66 2. Halbsatz ist insbesondere die Differenzierung zwischen den hier so genannten gegenleistungsbezogenen und leistungsbezogenen Rechtsbehelfen des Käufers und damit zwischen Preisgefahr und Leistungsgefahr angelegt. Die gewählte Terminologie nimmt zum Ausgangspunkt, dass die Pflicht des Verkäufers zur Lieferung und Übereignung der Ware für den Kaufvertrag charakteristisch ist. Die primären Vertragspflichten des Verkäufers sind also Leistung, die Primärpflicht des Käufers zur Kaufpreiszahlung ist Gegenleistung. Unter Preisgefahr ist dementsprechend die Begrenzung der Verkäuferhaftung nach Rechtsbehelfen zu verstehen, die den Käufer ganz oder teilweise von seiner Kaufpreiszahlungspflicht befreien.

Dies sind im UN-Kaufrecht das Minderungsrecht nach Artikel 50 CISG und die Möglichkeit, den Vertrag nach Maßgabe des Artikels 49 CISG aufzuheben. Die gegenleistungsbezogenen Rechtsbehelfe sind nach Artikel 66 1. Halbsatz CISG vollumfänglich der zeitlichen Begrenzung durch das Gefahrtragungsrecht unterworfen. Eine genaue Umschreibung der leistungsbezogenen Rechtsbehelfe wird durch den Umstand erschwert, dass das UN-Kaufrecht die für den Kaufvertrag wesentliche Eigentumsverschaffungspflicht nicht regelt. Notgedrungen ist deshalb an die Lieferung im Sinne einer Verschaffung der Verfügungsgewalt anzuknüpfen. Leistungsbezogen sind demnach der Erfüllungsanspruch des Käufers gerichtet auf (erstmalige) Lieferung nach Artikel 46 Abs. 1 i.V.m. Artikel 31 CISG, der Ersatzlieferungsanspruch nach Artikel 46 Abs. 2 CISG, sowie der Nachbesserungsanspruch nach Artikel 46 Abs. 3 CISG. Artikel 36 Abs. 1 CISG erklärt das Gefahrtragungsrecht auf die leistungsbezogenen Rechtsbehelfe unter der Voraussetzung für anwendbar, dass der betreffende Rechtsbehelf wegen der Beschädigung der Ware geltend gemacht wird. Die zeitliche Begrenzung der dem Käufer im Falle der Zerstörung des Kaufgegenstandes zustehenden leistungsbezogenen Rechtsbehelfe ist hingegen nicht gesetzlich geregelt. Eine echte Regelungslücke besteht im Ergebnis allerdings nur im Hinblick auf die zeitliche Begrenzung des Ersatzlieferungsanspruchs des Käufers. Nachbesserung und (erstmalige) Lieferung scheiden bei Untergang der ursprünglich zur Erfüllung bestimmten Kaufsache bereits aufgrund des aus Treu und Glauben abzuleitenden allgemeinen Grundsatzes aus, dass etwas Unmögliches vom Schuldner nicht verlangt werden kann. Richtiger Weise ist die Zuordnung der Leistungsgefahr in entsprechender Anwendung der Artikel 36 Abs. 1 und 66 2. Halbsatz CISG vorzunehmen. Für die zeitliche Begrenzung des Schadensersatzanspruchs gelten diese Überlegungen sinngemäß. Verlangt der Käufer Schadensersatz wegen Beschädigung der Ware, so verweist Artikel 36 Abs. 1 CISG unmittelbar auf das Gefahrtragungsrecht. In den Fällen des vollständigen Untergangs finden die Gefahrtragungsvorschriften entsprechende Anwendung.

Die Bedeutung der hier so genannten rechtsbehelfsbezogenen Betrachtung zeigt sich auch bei der Auslegung des Artikels 70 CISG, einer Vorschrift, die aus sich heraus im Grunde genommen nicht verständlich ist. Artikel 70 CISG setzt voraus, dass die Ware sukzessive durch zwei Ereignisse beeinträchtigt wird und dass das zweite Ereignis aus rechtlichen Gründen der Geltendmachung des durch das erste Ereignis begründeten Rechtsbehelfs entgegensteht. Eigenständige Bedeutung hat Artikel 70 CISG für den Schadensersatzanspruch in den Fällen der überholenden Kausalität. Wird die Ware durch das zweite Ereignis nach Gefahrübergang (für das eigentlich der Käufer das Risiko trägt) vollständig zerstört, so kann der Käufer dennoch den bereits durch das erste Ereignis vor Gefahrübergang verursachten Schaden liquidieren, sofern bereits dieses erste Ereignis als wesentliche Vertragsverletzung zu qualifizieren ist. Praktisch bedeutender dürfte der Zusammenhang zwischen einem durch das erste Ereignis begründeten Vertragsaufhebungsrecht beziehungsweise Ersatzlieferungsanspruch des Käufers und einem nachfolgenden Ereignis sein, das die Ware nach Gefahrübergang weiter beeinträchtigt und dem Käufer somit die Rückgabe der Kaufsache in dem Zustand, in dem er sie vom Verkäufer erhalten hat, unmöglich macht. Artikel 70 CISG wird hier durch Artikel 82 CISG, einer Gefahrtragungsnorm im funktionalen Sinne, verdrängt. Nach Artikel 82 Abs. 2 lit. a) CISG kann der Käufer den Vertrag aufheben oder Ersatzlieferung verlangen, wenn er die weitergehende Beeinträchtigung der Ware nach Gefahrübergang nicht selbst durch die Verletzung einer seiner vertraglichen Pflichten verursacht hat.

Der vierte hier wesentliche Grundsatz lautet, dass die Zuweisung von (Leistungs- und Preis-)Gefahr unabhängig vom Verschulden beziehungsweise Vertretenmüssen der Parteien erfolgen muss. Die im II. Kapitel des 3. Teils geregelte Haftungsbegründung ist – von wenigen im vorliegenden Kontext nicht relevanten Ausnahmen abgesehen – verschuldensunabhängig ausgestaltet. Das UN-Kaufrecht folgt hier einer begrüßenswerten allgemeinen – auch im nationalen deutschen Recht zu beobachtenden – Tendenz der Abkehr vom Verschuldensprinzip im Schuldrecht. Verschuldensunabhängig haftet der Verkäufer allerdings nur, wenn nicht nur die Haftungsbegründung, sondern auch die Haftungsbegrenzung durch das Gefahrtragungsrecht verschuldensunabhängig erfolgt. Die hergebrachte Definition der Gefahr als Verwirklichung eines zufälligen, das heißt von keiner der Vertragsparteien zu vertretenden Ereignisses, ist mit einer verschuldensunabhängigen Verkäuferhaftung mithin nicht vereinbar. Sie ist durch das eingangs angesprochene Verständnis des Gefahrtragungsrechts als Mittel der umfassenden Haftungsbegrenzung zu ersetzen. Der Zeitpunkt des Gefahrübergangs bildet damit die Trennlinie zwischen verschuldensunabhängiger vertraglicher Haftung vor Gefahrübergang und in der Regel verschuldensabhängiger außervertraglicher Haftung nach Gefahrübergang. Sowohl vertragliche als auch außervertragliche Haftung sind dabei exklusiv. Das bedeutet insbesondere, dass der Käufer einen nach unvereinheitlichtem nationalem Recht zu beurteilenden außervertraglichen Rechtsbehelf wegen einer Beeinträchtigung der Ware zu einem Zeitpunkt vor Gefahrübergang nicht geltend machen kann. Nach erfolgtem Gefahrübergang endet – zumindest was die hier so genannten sachbezogenen Rechtsbehelfe des Käufers betrifft – die haftungsrechtliche Sonderbeziehung zwischen den Parteien. Der Verkäufer wird haftungsrechtlich so behandelt wie jeder Dritte, der mit der Ware in Berührung kommt. Die Ware wird behandelt wie jeder andere Vermögensgegenstand des Käufers.

Artikel 36 Abs. 2 und 66 2. Halbsatz CISG durchbrechen diesen Grundsatz in Konstellationen, in denen eine Beeinträchtigung der Ware zu einem Zeitpunkt nach Gefahrübergang durch eine anderweitige Vertragsverletzung des Verkäufers, für die dieser nach den Bestimmungen des UN-Kaufrechts haftet, verursacht worden ist. Der Regelfall ist hier die Vertragsverletzung vor Gefahrübergang, die die Ware erst in einem Zeitpunkt nach Gefahrübergang beschädigt oder zerstört. Denkbar ist aber auch die Haftung für eine durch eine Vertragsverletzung nach Gefahrübergang bedingte Sachbeeinträchtigung ebenfalls nach Gefahrübergang.

Diese zweite Konstellation eignet sich besonders gut zur Veranschaulichung der fünften – und letzten – wesentlichen Aussage des allgemeinen Gefahrtragungsrechts: die haftungsbegrenzende Funktion des Gefahrübergangs ist umfassend im Hinblick auf die erfassten Rechtsbehelfe, nicht aber im Hinblick auf die einzelnen Haftungsgründe, sprich Vertragsverletzungen des Verkäufers. Ausschließlich die Haftung des Verkäufers für Untergang oder Beschädigung der Ware, mithin für die Erfüllung seiner Verpflichtung aus Artikel 35 CISG, ist Gegenstand des Gefahrtragungsrechts. Für andere Vertragsverletzungen kann die Verkäuferhaftung im Gegensatz dazu auch über den in den Artikeln 67 bis 69 CISG bezeichneten Zeitpunkt hinaus fortbestehen. Die Aussage, dass eine Vertragsverletzung nach Gefahrübergang die Ausnahmetatbestände der Artikel 36 Abs. 2 und 66 2. Halbsatz CISG erfüllen kann, ist also nicht widersprüchlich. Sie erklärt sich vor dem Hintergrund, dass der Anwendungsbereich des Gefahrtragungsrechts auf die hier so genannten sachbezogenen Vertragsverletzungen des Verkäufers beschränkt ist.

Die gesetzlich geregelten Verkäuferpflichten können allerdings nur in Ausnahmefällen in einem Zeitpunkt nach Gefahrübergang verletzt werden. Insbesondere ein den Gefahrübergang überdauernder Verzug des Verkäufers ist aufgrund der starken Überschneidung des in den Artikeln 67 bis 69 CISG festgesetzten Zeitpunkts mit dem in Artikel 31 CISG geregelten Inhalt der Lieferpflicht nicht denkbar. Im Ergebnis kann lediglich die – verschuldensabhängige – Erhaltungspflicht des Verkäufers nach Artikel 85 CISG den Gefahrübergang überdauern. Die den Käufer privilegierenden Ausnahmen nach Artikel 36 Abs. 2 und 66 2. Halbsatz CISG greifen hier allerdings nicht, da Artikel 85 CISG im Tatbestand den Annahmeverzug des Käufers voraussetzt und dieser Umstand auch dann im Wege des Mitverschuldens berücksichtigt werden sollte, wenn die Ware während der durch den Annahmeverzug veranlassten Aufbewahrung beim Verkäufer in ihrer Substanz beeinträchtigt wird. Die Vorbehalte der Artikel 36 Abs. 2 und 66 2. Halbsatz CISG können damit im Ergebnis durch eine Vertragsverletzung des Verkäufers nach Gefahrübergang nur dann beeinträchtigt werden, wenn eine entsprechende den Gefahrübergang überdauernde Verkäuferpflicht individualvertraglich vereinbart wurde. Zu denken ist in diesem Zusammenhang beispielsweise an eine Montage- oder Wartungspflicht des Verkäufers. Während die Verletzung solcher Vertragspflichten also eine „Gefahrtragung nach Gefahrübergang“ zur Folge haben kann, sind die betreffenden Pflichten selbst einer zeitlichen Begrenzung durch das Gefahrtragungsrecht (kraft Natur der Sache) nicht unterworfen. Das beleuchtet wiederum das Verhältnis von Gefahrübergang und Verschulden. Bei individualvertraglich vereinbarten Verkäuferpflichten, die typischer Weise nach Gefahrübergang zu erfüllen sind, wird es sich in aller Regel um Sorgfaltspflichten handeln (die Ausgestaltung der vorerwähnten Montagepflicht als Übernahme einer Garantie wäre beispielsweise nur schwer konstruierbar). Bei Verletzung der betreffenden Pflichten haftet der Verkäufer folglich nur verschuldensabhängig. Sorgfaltswidriges Verhalten setzt eine räumliche und zeitliche Nähe des so Verpflichteten zum Haftungsobjekt voraus. Daraus folgt, dass das Verschuldenskorrektiv bei funktionaler Betrachtung – ähnlich dem Gefahrtragungsrecht – der Haftungsbegrenzung dient. Diese funktionale Überschneidung lässt auf ein Exklusivitätsverhältnis zwischen Verschuldenshaftung und Gefahrtragung schließen. Das bedeutet zum einen, dass das Gefahrtragungsrecht ausschließlich die verschuldensunabhängige Verkäuferhaftung in zeitlicher Hinsicht begrenzt. Umgekehrt kann das Verschulden beziehungsweise sein Fehlen dann konsequenter Weise aber auch keinerlei Relevanz für das Gefahrtragungsrecht haben.

Der sechste wesentliche Leitgedanke des Gefahrtragungsrechts des CISG hat sowohl für das allgemeine als auch für das besondere Gefahrtragungsrecht Bedeutung und kann aus diesem Grund als Schnittstelle zwischen diesen beiden Bereichen verstanden werden. Der Inhalt der Lieferpflicht beziehungsweise der Umstand ihrer Erfüllung haben demnach keine Implikationen für den Gefahrübergang. Im allgemeinen Gefahrtragungsrecht wird das Problem, inwieweit ein Zusammenhang zwischen Gefahrübergang und Lieferpflicht besteht, insbesondere im Kontext der Zuordnung der Leistungsgefahr relevant. Im besonderen Gefahrtragungsrecht stellt sich die Frage – weniger unmittelbar – im Kontext der Abgrenzung der einzelnen Gefahrtragungstatbestände untereinander und dabei insbesondere auf der Ebene der Vertragsauslegung. In letztgenanntem Zusammenhang wird häufig vertreten, dass eine spezifische Parteivereinbarung zum Inhalt der Lieferpflicht im Zweifel als Vereinbarung auch über den Zeitpunkt des Gefahrübergangs zu verstehen sein soll. Hintergrund ist hier sicherlich, dass Lieferpflicht und Gefahrübergang in den im Exporthandel sehr häufig verwendeten Standardklauseln, zuvorderst den INCOTERMS, parallel geregelt sind. In allen angesprochenen Zusammenhängen geht es der Sache nach darum, ob ein Verkäufer, der „alles seinerseits Erforderliche getan“ hat, von der Gefahr entlastet werden, ob er mit anderen Worten also nur bis zur Erfüllung der in Artikel 31 CISG geregelten Lieferpflicht für eine Beeinträchtigung der Ware haften soll.

Dass die Leistungsgefahr nicht pauschal mit Erfüllung der Lieferpflicht übergeht, ergibt sich schon aus systematischen Erwägungen, vor allem aus einem Vergleich der beiden grundlegenden Normen des allgemeinen Gefahrtragungsrechts – Artikel 36 Abs. 1 und Artikel 66 1. Halbsatz CISG. Im besonderen Gefahrtragungsrecht ist die Frage ungleich schwieriger zu beantworten. Zwar haben sich die Gesetzesverfasser bereits zu einem sehr frühen Zeitpunkt während der Beratungen zum Wiener Kaufrecht für eine Trennung von Gefahrtragung und Lieferung ausgesprochen. In dieser Entscheidung kann sogar eine der zentralen Weichenstellungen des Gefahrtragungsrechts des UN-Kaufrechts im Vergleich zu seinem Vorgänger, dem Haager Einheitlichen Kaufrecht, gesehen werden. In der praktischen Anwendung ist die Trennung von Gefahrtragung und Lieferung aber alles andere als eindeutig. Bereits die Gesetzesverfasser selbst sind während ihrer vorbereitenden Beratungen häufig in Denkmuster zurückgefallen, die eine – mehr oder weniger direkte – Verbindung zwischen Gefahrübergang und Lieferpflicht herstellen. Dies erklärt sich zu einem guten Teil daraus, dass in Standardklauseln wie insbesondere den INCOTERMS Gefahrtragung und Inhalt der Lieferpflicht häufig parallel ausgestaltet sind und dass die Gesetzesverfasser, trotz entgegenstehender Beteuerungen zu Beginn ihrer Beratungen, nach und nach immer stärker dahin tendierten, die Gefahrtragungstatbestände des CISG einzelnen in der Praxis besonders häufig verwendeten Handelsklauseln nachzubilden. Auch das nationale Kaufrecht vieler Unterzeichnerstaaten – so insbesondere § 2–509 des U.S. amerikanischen Uniform Commercial Code, indirekt aber auch das Gefahrtragungsrecht des deutschen BGB, zumindest in seiner Auslegung durch die herrschende Meinung – knüpft den Gefahrübergang ferner an die Erfüllung der Lieferpflicht. Hinzu kommt schließlich, dass der Lieferpflicht im UN-Kaufrecht notgedrungen eine zentrale Bedeutung zukommt, da die Eigentumsverschaffung als die eigentlich wesentliche Verkäuferpflicht von vornherein vom Anwendungsbereich des Einheitskaufrechts ausgenommen wurde.

Diese Schwierigkeiten gilt es bei der Auslegung des – allgemeinen wie besonderen – Gefahrtragungsrechts im Hinterkopf zu behalten. Im Ergebnis ist an dem von den Gesetzesverfassern ursprünglich ausgegebenen Dogma der Trennung von Gefahrtragung und Lieferpflicht festzuhalten. Es ist schon fraglich, ob der Verkäufer, der liefert, nicht aber das Eigentum an der Ware überträgt, tatsächlich alles „seinerseits Erforderliche" geleistet hat. Ferner gilt es zu bedenken, dass die Lieferpflicht nach dem CISG einseitig ausgestaltet ist während der Gefahrübergang in vielen Konstellationen – dem Grundsatz nach – nur unter Mitwirkung des Käufers herbeigeführt werden kann. Im Gefahrtragungsrecht spielt schließlich eine Vielzahl teleologischer Erwägungen – wie beispielsweise die hier so genannten Zweckerwägungen des Schutzes der Ware vor Schaden oder der Streitvermeidung – eine Rolle, die im Kontext des Artikels 31 ganz und gar irrelevant sind. Eine Auslegungsregel, dass eine Parteivereinbarung über die Lieferpflicht sich im Zweifel auch auf den Gefahrübergang erstrecken soll, kann vor diesem Hintergrund nicht angenommen werden. Es gilt vielmehr der Grundsatz, dass Gefahrtragung und Lieferung zwei voneinander getrennte Regelungsmaterien bilden und dass folglich konkrete Anhaltspunkte für eine Erstreckung von Lieferklauseln auf das Gefahrtragungsrecht bestehen müssen. Praktisch wichtig sind hier Konstellationen, in denen sich die Parteien terminologisch an im Exportgeschäft häufig verwendete Standardklauseln anlehnen (ohne konkret auf eine solche Klausel Bezug zu nehmen – in diesem Fall ist das Gefahrtragungsrecht des CISG ohnehin vollständig abbedungen) und beispielsweise einen Kauf „frei Haus" vereinbaren. Nur dann ist der Umstand, dass Lieferpflicht und Gefahrtragung in den meisten Handelsklauseln parallel geregelt sind, auch im Rahmen des dispositiven Rechts des CISG berücksichtigungsfähig.

Der siebte (und letzte) wesentliche Leitgedanke des Gefahrtragungsrechts hat die Gefahrtragungsregel beim Versendungskauf und deren Stellung innerhalb des Gefahrtragungsrechts des CISG zum Inhalt. Ein Versendungskauf nach Artikel 67 CISG liegt vor, wenn zwei Voraussetzungen kumulativ erfüllt sind. Die Ware muss, erstens, durch einen vom Verkäufer beauftragten und von diesem unabhängigen (das heißt selbständig gewerblich tätigen) Transporteur befördert werden. Zusätzlich muss der Versendungskauf, zweitens, von den Parteien vereinbart werden, was entweder in Form einer vertraglichen Verpflichtung oder durch Einräumung eines Wahlrechts des Verkäufers zur Einschaltung eines selbständigen Transporteurs geschehen kann. Auf Fragen der Zurechnung der Sachherrschaft an der Ware oder auf den Inhalt der Lieferpflicht des Verkäufers kommt es im Gegensatz dazu nicht an.

Artikel 67 CISG nimmt im Gefahrtragungsrecht in mehrerlei Hinsicht eine Sonderstellung ein. Die Entscheidung, ob ein Versendungskauf vorliegt, hat einerseits für die Risikoverteilung im Vertrag eine entscheidende Bedeutung. Bejaht man das Vorliegen eines Versendungskaufs, geht die Gefahr zu Beginn des Transportvorgangs über, verneint man die Anwendbarkeit des Artikels 67 CISG, trägt hingegen meist der Verkäufer die Transportgefahr. Mit dieser – rechtlichen – Bedeutung der Abgrenzungsfrage korrespondiert die große Häufigkeit, mit der sich das Problem in der Exportpraxis tatsächlich stellt. In vielen Fällen des grenzüberschreitenden Warenkaufs wird der Transport durch einen vom Verkäufer ausgesuchten und beauftragten Frachtführer durchgeführt werden. Das gilt besonders für Transporte ohne eine „Seekomponente", mithin Konstellationen, in denen das gesetzliche Gefahrtragungsrecht mangels Vereinbarung einer standardisierten Handelsklausel typischer Weise zur Anwendung gelangt. Die große Relevanz der Abgrenzungsfrage steht im Widerspruch zur

Systemwidrigkeit des in Artikel 67 CISG angeordneten frühen Gefahrübergangs im Zeitpunkt des Transportbeginns. Die das besondere Gefahrtragungsrecht tragenden teleologischen Erwägungen sprechen entweder unmittelbar gegen eine Belastung des Käufers mit der Transportgefahr (so der Umstand, dass auch beim Transport der Kaufsache durch einen selbständigen Frachtführer der Verkäufer die Ware effektiver vor Schaden schützen und gegen Beeinträchtigungen während des Transports versichern kann) oder sind insoweit zumindest neutral (so insbesondere die Erwägung, dass das Gefahrtragungsrecht so auszugestalten ist, dass mit einer Beweisaufnahme verbundene Haftungsprozesse möglichst vermieden werden). Etwaige Ersatzansprüche des Käufers gegen den Frachtführer können den Verlust der kaufrechtlichen Rechtsbehelfe gegen den Verkäufer schließlich nicht kompensieren, da die Haftung des Frachtführers durch das Transportrecht der Summe nach regelmäßig stark begrenzt ist.

Ungeachtet dieser Bedenken gilt die Regel, dass die Gefahr beim Versendungskauf zu Beginn des Transports übergeht, nahezu weltweit. Erklären lässt sich diese Anomalie allenfalls rechtshistorisch unter Verweis auf den Umstand, dass nach dem althergebrachten Ansatz des römischen und auch des englischen Rechts die Gefahr im Grundsatz bereits mit Vertragsschluss übergeht und dass die Gefahrtragungsregel beim Versendungskauf den Gefahrübergang damit ursprünglich nicht vorverlegte, sondern vielmehr verzögerte. Die Entwicklung hin zu einem stärker an praktischen Gegebenheiten orientierten Gefahrtragungsrecht und damit der Übergang vom Grundsatz *periculum est emptoris* beziehungsweise *res perit domino* zum Traditionsprinzip erfolgte dann – wohl nicht zuletzt unter dem Einfluss der gängigen Vertragspraxis – ohne dass eine dogmatisch eigentlich erforderliche Neubewertung der Gefahrtragungsregel beim Versendungskauf vorgenommen worden wäre. Vor allem die weite Verbreitung des frühen Gefahrübergangs beim Versendungskauf legt es nahe, dass sich eine dem Artikel 67 CISG vergleichbare Gefahrtragungsregel auch in künftigen Kodifikationen finden wird. Beispielhaft kann auf die Überlegungen der (deutschen) Schuldrechtskommission verwiesen werden, die beim Handelskauf in voller Kenntnis der Interessenlage an der überkommenen Regel mit der Begründung festhielt, dass diese inzwischen international üblich sei. In letzter Konsequenz wird man dieser Analyse zustimmen müssen. Vorhersehbarkeit und Rechtssicherheit sind letztlich die im Handelsrecht bedeutsamsten Zweckerwägungen. Die Ausrichtung der Gefahrtragungsregel beim Versendungskauf am internationalen Konsens in voller Kenntnis der teleologischen Unzulänglichkeiten ist letztlich selbst nichts anderes als eine teleologische Wertung.

Literaturverzeichnis

Achilles, Wilhelm Albrecht: Kommentar zum UN-Kaufrechtsübereinkommen (CISG), 2. Auflage, Neuwied 2019

Al-Deb'I, Fadi: Überseekauf und Abladegeschäft, Berlin 2008

Anderson, Ronald A.: Uniform Commercial Code, Volume 3 §§ 2–313 to 2–509, 3. Auflage, Rochester, New York, 1983

Anson, William R. / Beatson, Jack: Anson's Law of Contract. 28 Auflage, Oxford 2002

Assmann, Heinz-Dieter / Bungert, Hartwin (Hrsg.): Handbuch des US-amerikanischen Handels-, Gesellschafts- und Wirtschaftsrechts, Band 1, München 2001 (zit.: *Bearbeiter* in: Assmann/Bungert, Handbuch des US-amerikanischen Handels-, Gesellschafts- und Wirtschaftsrechts)

Audit, Bernard: La Vente Internationale de Marchandises, Paris 1990 (zit.: Vente Internationale)

Aue, Joachim: Mängelgewährleistung im UN-Kaufrecht unter besonderer Berücksichtigung stillschweigender Zusicherungen, Frankfurt am Main 1989 (zit: Mängelgewährleistung im UN-Kaufrecht)

Baasch Andersen, Camilla: Macro-Systematic Interpretation of Uniform Commercial Law: The Interelation of the CISG and Other Uniform Sources in: *Janssen/Meyer* (Hrsg.), CISG Methodology. München 2009, S. 207–261 (zit.: The Interrelation of the CISG and Other Uniform Sources)

Bach, Ivo / Stieber, Christoph: Die Unmöglichkeit der Leistung im CISG, IHR 2006, S. 59–67

Baden, Eberhard: Zum Regelungsgehalt von Gesetzgebungsmaterialien, in: *Jürgen Rödig* (Hrsg.), Studien zu einer Theorie der Gesetzgebung, Berlin, Heidelberg, New York 1976, S. 369–420 (zit.: Regelungsgehalt von Gesetzgebungsmaterialien)

Bamberger, Heinz Georg / Roth, Herbert / Hau, Wolfgang / Poseck, Roman (Hrsg.), BeckOK BGB, 48. Edition (Stand 01.11.2018) (zit.: BeckOKBGB-*Bearbeiter*)

Basedow, Jürgen: Der Transportvertrag – Studien zur Privatrechtsangleichung auf regulierten Märkten, Tübingen 1987 (zit.: Transportvertrag)

Basler Kommentar: Kommentar zum Schweizerischen Privatrecht, Obligationenrecht I, Art. 1 – 529 OR, hrsg. von *Heinrich Honsell, Nedim Vogt, Wolfgang Wiegand*, 5. Auflage, Basel 2011 (zit.: Basler Kommentar-*Bearbeiter*)

Baumbach, Adolf / Hopt, Klaus J: Handelsgesetzbuch, 38. Auflage, München 2018 (zit.: Baumbach/Hopt-*Bearbeiter*)

Baumbach, Adolf / Hefermehl, Wolfgang / Casper, Matthias: Wechselgesetz, Scheckgesetz, Recht der kartengestützten Zahlungen, 23. Auflage, München 2008

Baumgärtel, Gottfried / Laumen, Hans-Willi / Prütting, Hanns: Handbuch der Beweislast; Band 2 – §§ 1 – 811 BGB, 4. Auflage, Köln 2019 (zit.: Baumgärtel/Laumen/Prütting-*Bearbeiter*)

Baur, Jürgen / Stürner, Rolf: Sachenrecht, 18. Auflage, München 2009

Benjamin's Sale of Goods: hrsg. von *Guest*, 5. Auflage, London 1997 (zit.: *Bearbeiter* in: Benjamin's Sale of Goods)

Bianca, Cesare Massimo / Bonell, Michael Joachim: Commentary on the International Sales Law, Mailand 1987 (zit. Bianca/Bonell-*Bearbeiter*)

Birds, John: Birds' Modern Insurance Law, 7. Auflage, London 2007 (zit.: Modern Insurance Law)

Bollée, Sylvain: The Theory of Risks in the 1980 Vienna Sale of Goods Convention, Pace Review of the Convention on Contracts for the International Sale of Goods (1999–2000), S. 245–290 (zit.: Theory of Risks)

Bridge, Michael: A Commentary on Articles 1 – 13 and 78, in: *Ferrari, Flechtner, Brand* (Hrsg.), The Draft UNCITRAL Digest and Beyond: Cases, Analysis and Unresolved Issues in the U.N. Sales Convention, München, London 2004, S. 235–258 (zit.: Draft Digest)

Bridge, Michael: The International Sale of Goods, 4. Auflage, Oxford 2017 (zit.: International Sale of Goods)

Bridge, Michael: The Transfer of Risk under the UN Sales Convention 1980 (CISG), in: *Camilla B Andersen, Ulrich G Schroeter* (Hrsg.); Sharing International Commercial Law across National Boundaries – Festschrift for Albert H Kritzer on the Occasion of his Eightieth Birthday, London 2008, S. 77–105 (zit.: Transfer of Risk)

Brockhaus Enzyklopädie: 21. Auflage, Leipzig, Mannheim, 2006

Brunner, Christoph: Force Majeure and Hardship under General Contract Principles, Austin 2009

Brunner, Christoph: UN-Kaufrecht, Bern, 2004 (zit.: Brunner[1], UN-Kaufrecht)

Brunner, Christoph (Hrsg.), UN-Kaufrecht, 2. Auflage, Bern 2014 (zit.: Brunner-*Bearbeiter*, UN-Kaufrecht)

Bucher, Eugen: Gefahrübergang, in: Schweizerisches Institut für Rechtsvergleichung (Hrsg.), Wiener Übereinkommen von 1980 über den internationalen Warenkauf – Lausanner Kolloquium vom 19. und 20. November 1984, Zürich, 1985, S. 207–218 (zit.: Gefahrübergang)

Bucher, Eugen: Überblick über die Neuerungen des Wiener Kaufrechts; dessen Verhältnis zur Kaufrechtstradition und zum nationalen Recht in: *Bucher* (Hrsg.), Wiener Kaufrecht. Der schweizerische Aussenhandel unter dem UN-Übereinkommen über den internationalen Warenkauf, Bern 1991, S. 13–52 (zit.: Neuerungen)

Bugden, Paul M.: Freight Forwarding and Goods in Transit, London 1999

Burkart, Fabian: Interpretatives Zusammenwirken von CISG und UNIDROIT Principles, Baden Baden, 2000 (zit.: Interpretatives Zusammenwirken)

Büter, Clemens: Außenhandel, Heidelberg, 2007

Bydlinski, Franz: Juristische Methodenlehre und Rechtsbegriff, 2. Auflage, Wien 1982

Canaris, Claus-Wilhelm: Die Bedeutung allgemeiner Auslegungs- und Rechtsfortbildungskriterien im Wechselrecht, JZ 1987, S. 543–553

Canaris, Claus-Wilhelm: Schutzgesetze – Verkehrspflichten – Schutzpflichten, in: *Claus-Wilhelm Canaris, Uwe Diederichsen* (Hrsg.), Festschrift für Karl Larenz zum 80. Geburtstag, München 1983, S. 27–111 (zit.: Schutzgesetze)

Carr, Indira: International Trade Law, 3. Auflage, London 2005

Cenini, Marta /Parisi, Francesco: An Economic Analysis of the CISG, in: Janssen/*Meyer* (Hrsg.), CISG Methodology. München 2009, S. 151–171

Chitty on Contracts: Volume 1 – General Principles, hrsg. von *H.G. Beale*, 28 Auflage, London 1999 (zit: Chitty on Contracts-*Bearbeiter*)

Choi, Bonkyung: Mangelschaden, Mangelfolgeschaden und Folgeschaden ohne Mangel im Lichte typologischen Denkens, München 2003 (zit.: Mangelschaden)

Choi, June-Sun: Rechtsvergleichende Untersuchung der Gefahrtragungsregeln im anglo-amerikanischen und im UN-Kaufrecht, Marburg 1991 (zit.: Gefahrtragungsregeln)

CISG-online: Internet Datenbank, Universität Basel (www.cisg-online.ch)

Clark, David S. / Ansay, Tuğrul: Introduction to the Law of the United States, 2. Auflage, Den Haag, London, New York 2002

Cooter, Robert D. / Rubinfeldt, Daniel L.: Economic Analysis of Disputes and Their Resolution, 27 J. Econ. Lit. (1989), S. 1067–1097

Cross, Sir Rupert: Statutory Interpretation, 2. Auflage, London 1997

Czerwenka, Beate G.: Rechtsanwendungsprobleme im internationalen Kaufrecht, Berlin 1988 (zit.: Rechtsanwendungsprobleme)

Danne, William H.: Who Bears Risk of Loss of Goods under UCC §§ 2–509, 2–510, 66 ALR 3d (1975), S. 145–214 *de Cruz, S.P.*: Risk of Loss: a Need for Reform, 11 AALR (1982), S. 1–19

de Vries, H.: The Passing of Risk in International Sales under the Vienna Sales Convention 1980 as compared with Traditional Trade Terms, 17 Eur. Transp. L (1982), S. 495–528

Deutsch, Erwin / Ahrens, Hans-Jürgen: Deliktsrecht, 4. Auflage, Köln, Berlin, Bonn 2002

Deutsch, Erwin: Fahrlässigkeit und erforderliche Sorgfalt, Köln, Berlin, Bonn 1963 (zit: Fahrlässigkeit)

Dietl, Clara-Erika / Lorenz, Egon: Wörterbuch für Recht, Wirtschaft und Politik, 6. Auflage, München 2009

Eckert, Hans-Werner / Maifeld, Jan /Matthiessen, Michael: Handbuch des Kaufrechts – Der Kaufvertrag nach Bürgerlichem Recht, Handelsrecht und UN-Kaufrecht, 2. Auflage, München 2014 (zit.: Handbuch des Kaufrechts)

Emmerich, Volker: Das Recht der Leistungsstörungen, 6. Auflage, München 2005

Enderlein, Fritz / Maskow, Dietrich / Strohbach, Heinz: Internationales Kaufrecht, Berlin 1991 (zit.: Enderlein/Maskow/Strohbach-*Bearbeiter*)

Enge, Hans Joachim: Transportversicherung – Recht und Praxis in Deutschland und England, 2. Auflage, Wiesbaden 1987 (zit.: Transportversicherung)

Engisch, Karl: Einführung in das juristische Denken, 10 Auflage, Stuttgart, Berlin, Köln 2005

Erauw, Johan: CISG Articles 66–70: The Risk of Loss and Passing it, 25 J. L. & Com. (2005/2006), S. 203–216

Erauw, Johan: The Delivery Terms and the Passing of Risk: Drafting Clauses Related to CISG Articles 66 – 70, in: *Harry M. Flechtner, Ronald A. Brand, Mark S. Walter* (Hrsg.): Drafting Contracts under the CISG, Oxford 2008, S. 383–410 (zit.: Delivery Terms and the Passing of Risk)

Erauw, Johan: Observations on Passing of Risk, in: *Ferrari, Flechtner, Brand* (Hrsg.), The Draft UNCITRAL Digest and Beyond: Cases, Analysis and Unresolved Issues in the U.N. Sales Convention, London 2004, S. 292–319 (zit.: Observations on Passing of Risk)

Esser, Josef / Schmidt, Eike: Schuldrecht, Band I, Allgemeiner Teil, Teilband 2, 8. Auflage, Heidelberg 2000 (zit.: Schuldrecht I 2)

Ewert, Anja Nikola: Die Gefahrtragung beim Kaufvertrag – Eine rechtsvergleichende Studie des deutschen und englischen Rechts sowie des UN-Kaufrechts, Frankfurt am Main 2007 (zit.: Gefahrtragung beim Kaufvertrag)

Farnsworth, E. Allen: Farnsworth on Contracts, Volume I, 3. Auflage, New York 2004

Ferid, Murat / Sonnenberger, Hans Jürgen: Das Französische Zivilrecht, Band 2 – Schuldrecht: Die einzelnen Schuldverhältnisse; Sachenrecht, 2. Auflage, Heidelberg 1986 (zit.: Das Französische Zivilrecht II)

Ferrari, Franco: Auslegung von Parteierklärungen und –verhalten nach UN-Kaufrecht, IHR 2003, S. 10–15

Ferrari, Franco: Have the Dragons of Uniform Sales Law Been Tamed? Ruminations on the CISG's Autonomous Interpretation by Courts, in: *Camilla B Andersen, Ulrich G Schroeter* (Hrsg.); Sharing International Commercial Law across National Boundaries – Festschrift for Albert H Kritzer on the Occasion of his Eightieth Birthday, London 2008, S. 134–167 (zit.: Autonomous Interpretation)

Ferrari, Franco / Kieninger, Eva-Maria / Mankowski, Peter / Otte, Karsten / Saenger, Ingo / Schulze, Götz / Staudinger, Ansgar: Internationales Vertragsrecht, 3. Auflage, München, 2018 (zit.: *Bearbeiter* in: Ferrari u.a., Internationales Vertragsrecht)

Ferrari, Franco: The Interaction between the United Nations Conventions on Contracts for the International Sale of Goods and Domestic Remedies, RabelsZ 71 (2007), S. 52–80

Finke, Karin: Die Bedeutung der internationalen Handelsklauseln für den Gefahrübergang nach deutschem und US-amerikanischem Recht, Frankfurt am Main, 1984

Flessner, Axel: Einstweilige Zurückbehaltung der Gegenleistung nach europäischen Vertragsrecht, in: *Werner Barfuß, Bernard Dutoit, Hans Forkel, Ulrich Immenga, Ferenc Majoros* (Hrsg.), Festschrift für Karl Heinz Neumayer, Basel 1997, S. 297–312 (zit.: Einstweilige Zurückbehaltung)

Fox, Thomas: Das Wiener Kaufrechtsübereinkommen – Ein Vergleich zum italienischen und deutschen Recht, München 1994 (zit.: Das Wiener Kaufrechtsübereinkommen)

Frankfurter Kommentar zum Luftverkehrsrecht: hrsg. von *Giemulla/Schmid*, Loseblatt, 1972 ff. (zit.: FrankfKomm-Bearbeiter)

Freiburg, Nina: Das Recht auf Vertragsaufhebung im UN-Kaufrecht, Berlin, 2001 (zit.: Vertragsaufhebung)

Furtak, Oliver: UN Kaufrecht und EKG: Gefahrtragung beim Versendungskauf, Jb.Ital. R. 3 (1990), S. 127–133

Gabler Verlag (Hrsg): Gabler Wirtschaftslexikon, Stichwort: Zufall, URL http://wirtschaftslexikon.gab-ler.de/Archiv/9439/zufall-v5.html, Stand: 25.3.2012 (zit.: *Bearbeiter* in: Gabler Wirtschaftslexikon)

Geist, Reinhard: Die Gefahrtragung nach dem UN-Übereinkommen über den internationalen Warenkauf, WBl. 1988, S. 349–356

Gernhuber, Joachim: Handbuch des Schuldrechts, hrsg. von *Joachim Gernhuber*, Band 8: Das Schuldverhältnis, Begründung und Änderung, Pflichten und Strukturen, Drittwirkungen, Tübingen 1989 (zit.: Schuldverhältnis)

Goodfriend, Douglas E.: After the Damage is Done: Risk of Loss Under the United Nations Convention on Contracts for the International Sale of Goods, 22 Colum. J. Transnat'l L. (1984), S. 575–606

Grewal, Shivbir S.: Risk of Loss in Goods Sold During Transit: A Comparative Study of the United Nations Convention on Contracts for the International Sale of Goods, the Uniform Commercial Code, and the British Sale of Goods Act, 14 Loy. L.A. Int'l & Comp. L.J. (1991), S. 93–119

Griebl, Günter: Das Problem des Übergangs der Leistungsgefahr bei der Gattungsschuld, Diss, München 1970 (zit.: Leistungsgefahr bei der Gattungsschuld)

Gruber, Urs Peter: Legislative Intention and the CISG in: *Janssen/Meyer* (Hrsg.), CISG Methodology. München 2009, S. 91–113 (zit.: Legislative Intention)

Gruber, Urs Peter: Methoden des internationalen Einheitsrechts, Tübingen 2004

Hager, Günter: Gefahrtragung nach UN-Kaufrecht im Vergleich zu EKG und BGB in: *Schlechtriem* (Hrsg.), Einheitliches Kaufrecht und nationales Obligationenrecht, Referate und Diskussionen der Fachtagung Einheitliches Kaufrecht am 16./17.2.1987, Baden Baden 1987, S. 387–411 (zit.: Gefahrtragung nach UN-Kaufrecht)

Hager, Günther: Die Gefahrtragung beim Kauf – Eine rechtsvergleichende Untersuchung, Frankfurt am Main 1982 (zit: Gefahrtragung beim Kauf)

Hartmann, Felix: Ungeschriebene Zurückbehaltungsrechte im UN-Kaufrecht, IHR 2006, S. 181–191

Hay, David (Hrsg.): Words and Phrases legally defined, Volume 1: A – K, London 2007

Hennecke, Rudolf: Gefahrtragung beim Rücktransport mangelhafter Ware, IHR 2003, S. 268–275

Herber, Rolf / Piper, Henning: CMR – Internationales Straßentransportrecht, München 1996 (zit.: Internationales Straßentransportrecht)

Herber, Rolf: Das VN Übereinkommen über internationale Kaufverträge, RIW 1980, S. 601–608

Herber, Rolf: Die Arbeiten des Ausschusses der Vereinten Nationen für internationales Handelsrecht (UNCITRAL), RIW 1974, S. 577–584

Herber, Rolf / Czerwenka, Beate G.: Internationales Kaufrecht, Kommentar zu dem Übereinkommen der Vereinten Nationen vom 11. April 1980 über Verträge über den internationalen Warenkauf, München 1991

Herber, Rolf: Seehandelsrecht – Systematische Darstellung, 2. Auflage, Berlin, Boston 2015

Hill, Christopher: Maritime Law, 6. Auflage, London, Hong Kong 2003

Honnold, John O.: Documentary History of the Uniform Law for Internationale Sales, Deventer, 1989 (zit.: Documentary History)

Honnold, John O.: Risk of Loss, in: *Galston/Smit* (Hrsg.), International Sales, New York 1984, Ch. 8, 1–15 (zit.: Risk of Loss)

Honnold, John O. / Flechtner, Harry M.: Uniform Law of International Sales under the 1980 United Nations Convention, 4. Auflage, Alphen aan den Rijn 2009 (zit.: Uniform Law)

Honsell, Heinrich: Die Vertragsverletzung des Verkäufers nach dem Wiener Kaufrecht, SJZ 1992, S. 345–354 und 361–365

Honsell, Heinrich (Hrsg.): Kommentar zum UN-Kaufrecht. Übereinkommen der vereinten Nationen über Verträge über den Internationalen Warenkauf (CISG), Berlin, Heidelberg 1997 (zit.: Honsell[1]-*Bearbeiter*)

Honsell, Heinrich (Hrsg.): Kommentar zum UN-Kaufrecht. Übereinkommen der vereinten Nationen über Verträge über den Internationalen Warenkauf (CISG), 2. Auflage, Berlin, Heidelberg 2010 (zit.: Honsell-*Bearbeiter*)

Honsell, Heinrich: Schweizerisches Obligationenrecht, Besonderer Teil, 9. Auflage, Bern 2010 (zit.: OR BT)

Howard, Margaret: Allocation of Risk of Loss Under the UCC. A Transactional Evaluation of Sections 2–509 and 2–510, 15 UCC L.J. [1983], S. 334–372

Huber, Peter: Zug-um-Zug Verurteilung, Annahmeverzug und UN-Kaufrecht, IPRax 2001, S. 557–561

Huber, Peter / Mullis, Alastair: The CISG – A new textbook for students and practitioners, München, London 2007 (zit.: the CISG)

Huber, Ulrich: Der UNCITRAL-Entwurf eines Übereinkommens über Internationale Kaufverträge, RabelsZ 43 (1979), S. 413–526

Huber, Ulrich: Die Pflichtverletzung als Grundtatbestand der Leistungsstörung im Diskussionsentwurf eines Schuldrechtsmodernisierungsgesetzes, ZIP 2000, S. 2273–2284

Huber, Ulrich: Die Rechtsbehelfe der Parteien, insbesondere der Erfüllungsanspruch, die Vertragsaufhebung und ihre Folgen im Vergleich zu EKG und BGB in: *Schlechtriem* (Hrsg.), Einheitliches Kaufrecht und nationales Obligationenrecht, Referate und Diskussionen der Fachtagung Einheitliches Kaufrecht am 16./17.2.1987, Baden Baden 1987, S. 199–223 (zit.: Rechtsbehelfe)

Huber, Ulrich: Kaufvertrag, in: Bundesminister der Justiz (Hrsg.); Gutachten und Vorschläge zur Überarbeitung des Schuldrechts, Band I, Köln 1981, S. 911–949 (zit.: Kaufvertrag)

Huber, Ulrich: Leistungsstörungen, in: Bundesminister der Justiz (Hrsg.); Gutachten und Vorschläge zur Überarbeitung des Schuldrechts, Band I, Köln 1981, S. 647–909 (zit.: Leistungsstörungen)

Hübner, Ulrich / Constantinesco, Vlad: Einführung in das französische Recht, 4. Auflage, München 2001

Huguenin, Claire: Obligationenrecht Besonderer Teil, 3. Auflage, Zürich 2008 (zit.: OR BT)

Imberg, Alexander: Die Verteilung der Beweislast beim Gefahrübergang nach UN-Kaufrecht, Frankfurt am Main 1998 (zit.: Beweislast)

Ivamy, E R Hardy: Payne and Ivamy's Carriage of Goods by Sea, 12. Auflage, London 1985 (zit.: Carriage of Goods by Sea)

Jentsch, Armin: Die Erhaltungspflichten des Verkäufers und des Käufers im UN-Kaufrecht im Vergleich zum US-amerikanischen Uniform Commercial Code und zum deutschen Recht, Frankfurt am Main, 2002 (zit.: Erhaltungspflichten)

Karollus, Martin: UN-Kaufrecht, Wien 1991

Kirchner, Christian: Europäisches Vertragsrecht, in: *Hans-Leo Weyers* (Hrsg.), Europäisches Vertragsrecht, Referate und Sitzungsberichte der Arbeitssitzung der Fachgruppe Zivilrecht der Gesellschaft für Rechtsvergleichung auf der Tagung vom 20.-22. März 1996 in Jena, Baden-Baden 1997, S. 103–137 (zit.: Europäisches Vertragsrecht)

Köhler, Martin: Die Haftung nach UN Kaufrecht im Spannungsverhältnis zwischen Vertrag und Delikt, Tübingen 2003 (zit.: Haftung nach UN Kaufrecht)

Kötz, Hein: Rechtsvergleichung und Rechtsdogmatik, RabelsZ 54 (1990), S. 203–215

Koller, Ingo: Transportrecht – Kommentar zu Spedition und Gütertransport, 8. Auflage, München 2013

Kommission zur Überarbeitung des Schuldrechts: Abschlußbericht der Kommission zur Überarbeitung des Schuldrechts, hrsg. vom Bundesminister der Justiz, Köln: Bundesanzeiger 1992 (zit.: Abschlußbericht)

Koziol, Helmut / Welser, Rudolf: Grundriss des bürgerlichen Rechts, Band II, 12. Auflage, Wien 2001

Kramer, Ernst A.: Uniforme Interpretation von Einheitsprivatrecht – mit besonderer Berücksichtigung von Art. 7 UNKR, öst. JBL 1996, S. 137–151

Krebs, Markus: Die Rückabwicklung im UN-Kaufrecht, München 2000 (zit.: Rückabwicklung im UN-Kaufrecht)

Kröll, Stefan / Mistelis, Loukas / Perales Viscasillas, Pilar: UN Convention on Contracts for the International Sale of Goods (CISG), 2. Auflage, München, 2018 (zit.: Kröll/Mistelis/Perales Viscasillias-*Bearbeiter*)

Kronke, Herbert / Melis, Werner / Kuhn, Hans (Hrsg): Handbuch Internationales Wirtschaftsrecht, 2. Auflage, Köln 2017 (zit.: *Bearbeiter* in: Kronke/Melis/Kuhn, Handbuch Internationales Wirtschaftsrecht)

Kropholler, Jan: Internationales Einheitsrecht – Allgemeine Lehren, Tübingen 1975 (zit.: Internationales Einheitsrecht)

Krüger, Ulrich: Modifizierte Erfolgshaftung im UN-Kaufrecht – Die Haftungsbefreiung bei Lieferung vertragswidriger Ware gemäß Art. 79 CISG, Frankfurt am Main, 1999 (zit.: Modifizierte Erfolgshaftung)

Lando, Ole: European Contract Law, in: *Hans-Leo Weyers* (Hrsg.), Europäisches Vertragsrecht, Referate und Sitzungsberichte der Arbeitssitzung der Fachgruppe Zivilrecht der Gesellschaft für Rechtsvergleichung auf der Tagung vom 20.-22. März 1996 in Jena, Baden-Baden, 1997, S. 81–103 (zit.: European Contract Law)

Lange, Hermann / Schiemann, Gottfried: Handbuch des Schuldrechts, hrsg. *von Joachim Gernhuber*, Band 1: Schadensersatz, 3. Auflage, Tübingen 2003 (zit.: Schadensersatz)

Larenz, Karl: Lehrbuch des Schuldrechts, Erster Band, Allgemeiner Teil, 14. Auflage, München 1987 (zit.: Schuldrecht I)

Larenz, Karl: Lehrbuch des Schuldrechts, Zweiter Band, Besonderer Teil, 1. Halbband, 13. Auflage, München 1986 (zit.: Schuldrecht II 1)

Larenz, Karl: Methodenlehre der Rechtswissenschaft, 6. Auflage, Berlin, New York 1991 (zit.: Methodenlehre)

Leser, Hans G.: Vertragsaufhebung und Rückabwicklung unter dem UN Kaufrecht, in: *Schlechtriem* (Hrsg.), Einheitliches Kaufrecht und nationales Obligationenrecht, Referate und Diskussionen der Fachtagung Einheitliches Kaufrecht am 16./17.2.1987, Baden Baden 1987, S. 225–255 (zit.: Vertragsaufhebung)

Lindacher, Walter F.: Gefahrtragung und Gefahrübergang in: *Hoyer/Posch* (Hrsg.), Das Einheitliche Wiener Kaufrecht, Wien 1992, S. 165–176 (zit.: Gefahrtragung und Gefahrübergang)

Loewe, Roland: Internationales Kaufrecht, Wien, 1989

Lögering, Martin P.: CISG und internationale Handelsklauseln, Frankfurt am Main 2008

Lookofsky, Joseph: Understanding the CISG – A Compact Guide to the 1980 United Nations Convention on Contracts for the International Sale of Goods, 3. Auflage, Austin 2008 (zit.: Understanding the CISG)

Lüderitz, Alexander: Pflichten der Parteien nach UN-Kaufrecht im Vergleich zu EKG und BGB, in: *Schlechtriem* (Hrsg.), Einheitliches Kaufrecht und nationales Obligationenrecht, Referate und Diskussionen der Fachtagung Einheitliches Kaufrecht am 16./17.2.1987, Baden Baden 1987, S. 179–195 (zit.: Parteipflichten)

Magnus, Ulrich: Aktuelle Fragen des UN-Kaufrechts, ZEuP 1993, S. 79–99

Magnus, Ulrich: Währungsfragen im Einheitlichen Kaufrecht. Zugleich ein Beitrag zu seiner Lückenfüllung und Auslegung, RabelsZ 53 (1989), S. 116–143

Magnus, Ulrich / Lüsing, Jan: CISG und INCOTERMS, Leistungsverzug und Fixgeschäft, IHR 2007, S. 1–12

Mammen, Christian E.: Using Legislative History in American Statutory Interpretation, Den Haag, London, New York 2002 (zit.: Legislative History)

Mansel, Heinz-Peter: Rechtsvergleichung und europäische Rechtseinheit, JZ 1991, 529–534

Mayr, Vincent: Schutzpflichten im deutschen und französischen Recht, Frankfurt am Main, 2005

McBride, Nicholas / Bagshaw, Roderick: Tort Law, 2. Auflage, Harlow 2005

Medicus, Dieter: Schuldrecht I, Allgemeiner Teil, 13. Auflage, München 2003 (zit.: Schuldrecht I)

Melin, Patrick: Gesetzesauslegung in den USA und Deutschland, Tübingen 2005 (zit.: Gesetzesauslegung)

Messent, Andrew / Glass, David: Hill & Messent; CMR: Contracts for the Carriage of Goods by Road, 3, Auflage, London, Hong Kong 2000 (zit.: Carriage of Goods by Road)

Miceli, Thomas J.: The Economic Approach to Law, Stanford 2004

Morrissey, Joseph F. / Graves, Jack M.: International Sales Law and Arbitration, Alphen aan den Riijn, 2008

Müller, Lothar A.: Schutzpflichten im Bürgerlichen Recht, JuS 1998, S. 894–898

Münchener Kommentar zum Bürgerlichen Gesetzbuch: hrsg. von *Säcker/Rixecker/Oetker/Limperg*, Band 1, Allgemeiner Teil, 7. Auflage, München 2015 (zit.: MünchKommBGB-*Bearbeiter*)

Münchener Kommentar zum Bürgerlichen Gesetzbuch: hrsg. von *Säcker/Rixecker/Oetker/Limperg*, Band 2, Schuldrecht Allgemeiner Teil, 7. Auflage, München 2016 (zit.: MünchKommBGB-*Bearbeiter*)

Münchener Kommentar zum Bürgerlichen Gesetzbuch: hrsg. von *Säcker/Rixecker/Oetker/Limperg*, Band 3, Schuldrecht Besonderer Teil I, 7. Auflage, München 2016 (zit.: MünchKommBGB-*Bearbeiter*)

Münchener Kommentar zum Bürgerlichen Gesetzbuch: hrsg. von *Säcker/Rixecker/Oetker/Limperg*, Band 7, Sachenrecht, 7. Auflage, München 2017 (zit.: MünchKommBGB-*Bearbeiter*)

Münchener Kommentar zum Handelsgesetzbuch: hrsg. von *Karsten Schmidt*, Band 5, 2. Auflage, München 2009 (zit.: MünchKommHGB²-*Bearbeiter*)

Münchener Kommentar zum Handelsgesetzbuch: hrsg. von *Karsten Schmidt*, Band 5, 4. Auflage, München 2018 (zit.: MünchKommHGB-*Bearbeiter*)

Münchener Kommentar zum Handelsgesetzbuch: hrsg. von *Karsten Schmidt*, Band 6, 2. Auflage, München 2007 (zit.: MünchKommHGB²-*Bearbeiter*)

Münchener Kommentar zum Handelsgesetzbuch: hrsg. von *Karsten Schmidt*, Band 7, 1. Auflage, München 1997 (zit.: MünchKommHGB¹-*Bearbeiter*)

Münchener Kommentar zum Handelsgesetzbuch: hrsg. von *Karsten Schmidt*, Band 7, 3. Auflage, München 2014 (zit.: MünchKommHGB-*Bearbeiter*)

Neumayer, Karl H. / Ming, Catherine: Convention de Vienne sur les Contrats de Vente Internationale de Merchandises, Lausanne 1993

Nicholas, Barry: Fault and Breach of Contract, in: *Jack Beatson*; *Daniel Friedmann* (Hrsg.): Good Faith and Fault in Contract Law, Oxford, 1995, S. 337–357 (zit.: Fault and Breach of Contract)

Nicholas, Barry: Prerequisites and extent of liabilty for breach of contract under the U.N. Convention in: *Schlechtriem* (Hrsg.), Einheitliches Kaufrecht und nationales Obligationenrecht, Referate und Diskussionen der Fachtagung Einheitliches Kaufrecht am 16./17.2.1987, Baden Baden 1987, S. 283–288 (zit.: Liability for Breach of Contract)

Noussias, Konstantinos: Die Zugangsbedürftigkeit von Mitteilungen nach den Einheitlichen Haager Kaufgesetzen und nach dem UN-Kaufgesetz, Heidelberg 1983 (zit.: Zugangsbedürftigkeit von Mitteilungen)

Oechsler, Jürgen: Schuldrecht Besonderer Teil – Vertragsrecht, München 2003 (zit.: Vertragsrecht)

Otte, Karsten: UN-Kaufrecht: Käuferrechte bei Weiterverarbeitung der Kaufsache bzw. unterlassener Untersuchung und Mängelanzeige (zu BGH 25.6.1997 – VIII ZR 300/96 und zu BGH, 25.11.1998 – VIII ZR 259/97), IPRax 1999, S. 352–356

Palandt, Otto: Bürgerliches Gesetzbuch, 77. Auflage, München 2018 (zit.: Palandt-*Bearbeiter*)

Pellegrino, Mario: Subjektive oder objektive Vertragshaftung? Ein rechtsvergleichender Blick auf die Rolle des Verschuldens im Vertragsrecht, ZEuP 1997, S. 41–57

Piltz, Burghard: Internationales Kaufrecht. Das UN-Kaufrecht in praxisorientierter Darstellung, 2. Auflage, München 2008 (zit.: Internationales Kaufrecht)

Popkin, William D.: Statutes in Court – The History and Theory of Statutory Interpretation, Durham, London, 1999 (zit.: Statutes in Court)

Posner, Richard A.: Economic Analysis of Law, 6. Auflage, New York 2003

Principles, Definitions and Model Rules of European Private Law: Principles, Definitions and Model Rules of European Private Law, Draft Common Frame of Reference, prepared by the Study Group on a European Civil Code and the Research Group on EC Private Law (Acquis Group), Outline Edition, hrsg. von *Christian von Bar, Eric Clive and Hans Schulte-Nölke* u.a., München 2009 (zit.: DCFR Model Rules)

Principles of European Contract Law: Principles of European Contract Law, Parts I and II, Prepared by The Commission on European Contract Law, hrsg. von *Ole Lando, Hugh Beale*, Den Haag 2000 (zit.: Principles of European Contract Law oder PECL)

Puttfarken, Hans-Jürgen: Seehandelsrecht, Heidelberg 1997

Raab, Thomas: Austauschverträge mit Drittbeteiligung, Tübingen 1999

Rabe, Dieter: Seehandelsrecht, 4. Auflage, München 2000

Rabe, Dieter / Bahnsen, Kay Uwe: Seehandelsrecht, 5. Auflage, München 2018

Rabel, Ernst: Das Recht des Warenkaufs, Eine rechtsvergleichende Darstellung, 1. Band, Unveränderter Neudruck der Ausgabe von 1936, Berlin 1957 (zit.: Recht des Warenkaufs I)

Rabel, Ernst: Das Recht des Warenkaufs, Eine rechtsvergleichende Darstellung, 2. Band, Berlin, Tübingen 1958 (zit.: Recht des Warenkaufs II)

Rabl, Christian: Die Gefahrtragung beim Kauf, Wien 2002 (zit.: Gefahrtragung beim Kauf)

Radbruch, Gustav: Einführung in die Rechtswissenschaft, 12. Auflage, Stuttgart 1969

Radin, Max: Statutory Interpretation, 43 Harv. L. Rev. (1929/1930), S. 863–893

Ramberg, Jan: CISG and INCOTERMS 2000 in Connection with International Commercial Transactions, in: *Camilla B Andersen, Ulrich G Schroeter* (Hrsg.); Sharing International Commercial Law across National Boundaries – Festschrift for Albert H Kritzer on the Occasion of his Eightieth Birthday, London 2008, S. 394–403 (zit.: CISG and INCOTERMS 2000)

Ramberg, Jan: ICC Guide to INCOTERMS 2010, ICC Publication No. 720E, Paris, 2011

Ramberg, Jan: International Commercial Transactions, Stockholm 1998

Ramberg, Jan: The Law of Transport Operators in International Trade, Stockholm 2005

Rathjen, Peter: Haftungsentlastung des Verkäufers oder Käufers nach Art. 79, 80 CISG, RIW 1999, S. 561–565

Reiley, Eldon H.: International Sales Contracts, The UN Convention and Related Transnational Law, Durham, North Carolina, 2008 (zit.: International Sales Contracts)

Reinhardt, Wilhelm: Gefahrtragungsregeln beim Kauf unter besonderer Berücksichtigung des Schuldrechtsmodernisierungsgesetzes, in: Holger Sutschet (Hrsg.) Festschrift für Horst Ehmann zum 70 Geburtstag, Berlin 2005, S. 135–153 (zit.: Gefahrtragungsregeln beim Kauf)

Reinhart, Gert: UN-Kaufrecht, Heidelberg 1991

Reinhart, Gert: Zurückbehaltungsrecht und Unsicherheitseinrede nach UN-Kaufrecht im Vergleich zu EKG und BGB, in: *Schlechtriem* (Hrsg.), Einheitliches Kaufrecht und nationales Obligationenrecht, Referate und Diskussionen der Fachtagung Einheitliches Kaufrecht am 16./17.2.1987, Baden Baden 1987, S 361–383 (zit.: Zurückbehaltungsrecht und Unsicherheitseinrede)

Reinicke, Dietrich / Tiedtke, Klaus: Kaufrecht, 8. Auflage, Köln 2009

Renck, Andreas W.: Der Einfluß der Incoterms 1990 auf das UN-Kaufrecht. Eine Untersuchung zu den rechtlichen Wirkungen der Incoterms 1990 im Recht des internationalen Warenkaufs, Münster 1995 (zit.: Incoterms und UN-Kaufrecht)

Reuschle, Fabian: Montrealer Übereinkommen, Berlin 2005

Reynolds, Francis: Carriage of Goods by Sea, in: *Peter Birks* (Hrsg.), English Private Law, Volume II, Oxford, 2000, S. 261–303

Rheinstein, Max: Die Struktur des vertraglichen Schuldverhältnisses im anglo-amerikanischen Recht, Berlin und Leipzig 1932

Richardson, John: The Hague and Hague-Visby Rules, 4. Auflage, London, Hong Kong 1998 (zit.: Hague and Hague-Visby Rules)

Röhl, Klaus F.: Allgemeine Rechtslehre, Köln, Berlin, Bonn, München 1994

Roth, P.M.: The Passing of Risk, 27 Am. J .Comp. L (1979), S. 291–310

Rüffer, Wilfried / Halbach, Dirk / Schimikowski, Peter: Versicherungsvertragsgesetz,3. Auflage, Berlin 2015 (zit.: Rüffer/Halbach/Schimikowski-*Bearbeiter)*

Ruprecht, Ingeborg: Das Recht des Warenkaufs im Amerikanischen Uniform Commercial Code, RabelsZ 19 (1954), S. 427–462

Ryffel, Gritli: Die Schadensersatzhaftung des Verkäufers nach dem Wiener Übereinkommen über internationale Warenkaufverträge vom 11. April 1980, Frankfurt am Main, 1992 (zit.: Die Schadensersatzhaftung des Verkäufers)

Schlechtriem, Peter: Bemerkungen zur Geschichte des Einheitskaufrechts, in: *Schlechtriem* (Hrsg.), Einheitliches Kaufrecht und nationales Obligationenrecht, Referate und Diskussionen der Fachtagung Einheitliches Kaufrecht am 16./17.2.1987, Baden Baden 1987, S. 27–36 (zit.: Geschichte des Einheitskaufrechts)

Schlechtriem, Peter: Die Pflichten des Verkäufers und die Folgen ihrer Verletzung, insbesondere bezüglich der Beschaffenheit der Ware, in: *Bucher* (Hrsg.), Wiener Kaufrecht. Der schweizerische Aussenhandel unter dem UN-Übereinkommen über den internationalen Warenkauf, Bern 1991, S. 103–135 (zit.: Pflichten des Verkäufers)

Schlechtriem, Peter: Gemeinsame Bestimmungen über Verpflichtungen des Verkäufers und des Käufers, in: Schweizerisches Institut für Rechtsvergleichung (Hrsg.), Wiener Übereinkommen von 1980 über den internationalen Warenkauf – Lausanner Kolloquium vom 19. und 20. November 1984, Zürich, 1985, S. 149–171 (zit.: Gemeinsame Bestimmungen)

Schlechtriem, Peter / Schroeter, Ulrich G., Internationales UN Kaufrecht, 6. Auflage Tübingen 2016 (zit.: Schlechtriem/Schroeter, Internationales UN-Kaufrecht)

Schlechtriem, Peter / Schwenzer, Ingeborg: Kommentar zum Einheitlichen UN-Kaufrecht, 4. Auflage, München 2004 (zit.: Schlechtriem/Schwenzer^4-*Bearbeiter*)

Schlechtriem, Peter / Schwenzer, Ingeborg: Kommentar zum Einheitlichen UN-Kaufrecht, 5. Auflage, München 2008 (zit.: Schlechtriem/Schwenzer^5-*Bearbeiter*)

Schlechtriem, Peter / Schwenzer, Ingeborg: Kommentar zum Einheitlichen UN-Kaufrecht, 6. Auflage, München, Basel 2013 (zit.: Schlechtriem/Schwenzer-*Bearbeiter*)

Schmidt, Karsten: Handelsrecht, 6. Auflage Köln, Berlin, Bonn 2014

Schmitthoff, Clive M.: Export Trade. The Law and Practice of International Trade, 9. Auflage, London 1990 (zit.: Export Trade)

Schmitthoff, Clive M.: The Risk of Loss in Transit in International Sales, in: *John Honnold* (Hrsg.), Unification of the Law governing International Sales of Goods – The Comparison and Possible Harmonization of National and Regional Unifications, Paris 1966, S. 169–199 (zit.: Risk of Loss in Transit)

Schneider, Wnifried-Thomas: Abkehr vom Verschuldensprinzip? Eine rechtsvergleichende Untersuchung zur Vertragshaftung, Tübingen, 2007 (zit.: Abkehr vom Verschuldensprinzip)

Schulz, Florian: Der Ersatzlieferungs- und Nachbesserungsanspruch des Käufers im internen deutschen Recht, im UCC und im CISG, Frankfurt am Main 2002 (zit.: Ersatzlieferungsanspruch)

Schwimann, Michael (Hrsg.): Praxiskommentar zum ABGB, Band 4, 3. Auflage, Wien, 2006 (zit.: Schwimann-*Bearbeiter*)

Sekretariatskommentar: Commentary on the draft Convention on Contracts for the International Sale of Goods prepared by the Secretariat, A/CONF.97/5 Part II, O.R., S. 14–66 (zit.: Sekretariatskommentar)

Sevón, Leif: Passing of Risk, in: Schweizerisches Institut für Rechtsvergleichung (Hrsg.), Wiener Übereinkommen von 1980 über den internationalen Warenkauf – Lausanner Kolloquium vom 19. und 20. November 1984, Zürich, 1985. S. 191–206 (zit.: Passing of Risk)

Soergel, Hans Theodor: Bürgerliches Gesetzbuch mit Einführungsgesetz und Nebengesetzen, begr. v. *Soergel*, neu hrsg. v. *Siebert*, Band 3, Schuldrecht II, 12. Auflage, Stuttgart 1991 (zit.: Soergel[12]-*Bearbeiter*)

Soergel, Hans Theodor: Bürgerliches Gesetzbuch mit Einführungsgesetz und Nebengesetzen, begr. v. *Soergel*, neu hrsg. v. *Siebert*, Band 13, Schuldrechtliche Nebengesetze 2 – Übereinkommen der Vereinten Nationen über Verträge über den internationalen Warenkauf (CISG) (zit.: Soergel-*Bearbeiter*)

Soergel, Hans Theodor: Bürgerliches Gesetzbuch mit Einführungsgesetz und Nebengesetzen, begr. v. *Soergel*, neu hrsg. v. *Siebert*, Band 14, Sachenrecht I, 13. Auflage, Stuttgart 2002 (zit.: Soergel-*Bearbeiter*)

Song, Yang-Ho: Vertragsaufhebung und Rückabwicklung nach deutschem und koreanischem Recht und internationalem Einheitskaufrecht, Frankfurt am Main, 1999 (zit.: Vertragsaufhebung und Rückabwicklung)

Sonnenberger, Hans Jürgen / Autexier, Christian: Einführung in das französische Recht, 3. Auflage, Heidelberg 2000

Sonnenberger, Hans Jürgen / Dammann, Reinhard: Französisches Handels- und Wirtschaftsrecht, 3. Auflage, Frankfurt am Main 2008

Staub, Hermann: Handelsgesetzbuch, Großkommentar, begr. von *Staub*, hrsg. von *Canaris*, *Schilling*, *Ulmer*, Vierter Band, 4. Auflage, Vor § 373 HGB, Loseblatt, Stand: 1.4.1984 (zit.: Staub-*Koller*)

Staudinger, Julius: Julius von Staudingers Kommentar zum Bürgerlichen Gesetzbuch mit Einführungsgesetz und Nebengesetzen, Buch 1 Allgemeiner Teil, Einl zum BGB; §§ 1–14 Verschollenheitsgesetz, Berlin, Neubearbeitung 2018 (zit.: Staudinger-*Bearbeiter*)

Staudinger, Julius: Julius von Staudingers Kommentar zum Bürgerlichen Gesetzbuch mit Einführungsgesetz und Nebengesetzen, Recht der Schuldverhältnisse, Einl. zu § 241 ff, §§ 241–243 (Treu und Glauben), Berlin, Neubearbeitung 2015 (zit.: Staudinger-*Bearbeiter*)

Staudinger, Julius: Julius von Staudingers Kommentar zum Bürgerlichen Gesetzbuch mit Einführungsgesetz und Nebengesetzen, Recht der Schuldverhältnisse, §§ 249–254 (Schadensersatzrecht), Berlin, Neubearbeitung 2017 (zit.: Staudinger-*Bearbeiter*)

Staudinger, Julius: Julius von Staudingers Kommentar zum Bürgerlichen Gesetzbuch mit Einführungsgesetz und Nebengesetzen, Recht der Schuldverhältnisse, §§ 255–304 (Leistungsstörungsrecht 1), Berlin, Neubearbeitung 2014 (zit.: Staudinger-*Bearbeiter*)

Staudinger, Julius: Julius von Staudingers Kommentar zum Bürgerlichen Gesetzbuch mit Einführungsgesetz und Nebengesetzen, Recht der Schuldverhältnisse, §§ 433–487 (Kaufrecht), Berlin, Neubearbeitung 2014 (zit.: Staudinger-*Bearbeiter*)

Staudinger, Julius: Julius von Staudingers Kommentar zum Bürgerlichen Gesetzbuch mit Einführungsgesetz und Nebengesetzen, Sachenrecht, Besitz und Allgemeines Liegenschaftsrecht 1, §§ 854–882, Neubearbeitung 2018 (zit.: Staudinger-*Bearbeiter*)

Staudinger, Julius: Julius von Staudingers Kommentar zum Bürgerlichen Gesetzbuch mit Einführungsgesetz und Nebengesetzen,, Sachenrecht, Eigentum II, §§ 925–984; Anhang zu §§ 929 ff.; Sonderformen der Übereignung, Neubearbeitung 2017 (zit.: Staudinger-*Bearbeiter*)

Staudinger, Julius: Julius von Staudingers Kommentar zum Bürgerlichen Gesetzbuch mit Einführungsgesetz und Nebengesetzen, Wiener UN-Kaufrecht, CISG, Neubearbeitung, Berlin 2018 (zit.: Staudinger-*Bearbeiter*)

Staudinger, Julius: Julius von Staudingers Kommentar zum Bürgerlichen Gesetzbuch mit Einführungsgesetz und Nebengesetzen, Eckpfeiler des Zivilrechts, Berlin, Neubearbeitung 2011 (zit.: *Bearbeiter* in: Staudinger, Eckpfeiler des Zivilrechts)

Stoll, Hans: Die Beweislastverteilung bei positiven Vertragsverletzungen, in: *Josef Esser* und *Hans Thieme* (Hrsg.), Festschrift für Fritz von Hippel zum 70. Geburtstag, Tübingen 1967, S. 517–559 (zit.: Die Beweislastverteilung bei positiven Vertragsverletzungen)

Stoll, Hans: Inhalt und Grenzen der Schadensersatzpflicht sowie Befreiung von der Haftung im UN-Kaufrecht, im Vergleich zu EKG und BGB, in: *Schlechtriem* (Hrsg.), Einheitliches Kaufrecht und nationales Obligationenrecht, Referate und Diskussionen der Fachtagung Einheitliches Kaufrecht am

16./17.2.1987, Baden Baden 1987, S. 257–281 (zit.: Inhalt und Grenzen der Schadensersatzpflicht)

Stoll, Hans: Zur Haftung bei Erfüllungsverweigerung im Einheitlichen Kaufrecht, RabelsZ 52 (1988), S. 617–642

Tetley, William: International Encyclopedia of Comparative Law, Volume XII, Law of Transport, Chapter 4, Maritime Transportation (zit.: Maritime Transportation)

Thume, Karl-Heinz: Kommentar zur CMR: Übereinkommen über den Beförderungsvertrag im internationalen Straßengüterverkehr, 2. Auflage, Frankfurt am Main 2007 (zit.: Thume-*Bearbeiter*)

Treitel, Guenter H.: Remedies for Breach of Contract – A Comparative Account, Oxford, 1988 (zit.: Remedies for Breach of Contract)

UNIDROIT (Hrsg.): Principles of International Commercial Contracts, Rom, UNIDROIT 1994/2004, URL http://www.unidroit.org/english/principles/contracts/ main.htm, Stand: 25.3.2012 (zit.: UNIDROIT Principles)

van Alstine, Michael P.: Dynamic Treaty Interpretation, 146 U. Pa. L. Rev. (1998), S. 686–793

van Zelst, Bastiaan: The Politics of European Sales Law, Alphen aan den Rijn, 2008 (zit.: Politics of European Sales Law)

Veljanovski, Cento G.: Economic Principles of Law, Cambridge 2007

Vischer, Frank: Gemeinsame Bestimmungen über Verpflichtungen des Verkäufers und des Käufers, in: Schweizerisches Institut für Rechtsvergleichung (Hrsg.), Wiener Übereinkommen von 1980 über den internationalen Warenkauf – Lausanner Kolloquium vom 19. und 20. November 1984, Zürich, 1985, S. 173–184 (zit.: gemeinsame Bestimmungen)

von Bar, Christian / Clive, Eric (Hrsg.): Principles, Definitions and Model Rules of European Private Law, Draft Common Frame of Reference (DCFR), Full Edition, Volume 1, München, 2009 (zit.: DCFR I)

von Bar, Christian / Clive, Eric (Hrsg.): Principles, Definitions and Model Rules of European Private Law, Draft Common Frame of Reference (DCFR), Full Edition, Volume 2, München, 2009 (zit.: DCFR II)

von Bar, Christian: Verkehrspflichten, Köln, Berlin, Bonn 1980

von Bar, Christian: Vertragliche Schadensersatzpflichten ohne Vertrag, JuS 1982, S. 637–645

von Bernsdorf, Christoph Graf: INCOTERMS 2010, RIW 2010, S. 672–679

von Caemmerer, Ernst: Das Verschuldensprinzip im Vertragsrecht in rechtsvergleichender Sicht, 1 Nihon University Comparative Law (1983), S. 1–13 (zit.: Das Verschuldensprinzip im Vertragsrecht)

von Hoffmann, Bernd: Gewährleistungsansprüche im UN-Kaufrecht – verglichen mit dem EKG und BGB, in: *Schlechtriem* (Hrsg.), Einheitliches Kaufrecht und nationales Obligationenrecht, Referate und Diskussionen der Fachtagung Einheitliches Kaufrecht am 16./17.2.1987, Baden Baden 1987, S. 293–303 (zit.: Gewährleistungsansprüche im UN-Kaufrecht)

von Hoffmann, Bernd: Passing of Risk in International Sale of Goods, in: *Šarevic/Volken* (Hrsg.), Dubrovnik Lectures, New York 1986, S. 265–303 (zit.: Passing of Risk)

Nánássy, Béla von / Wick, Josef: Das Internationale Eisenbahnfrachtrecht, Wien, 1965 (zit.: Eisenbahnfrachtrecht)

Weber, Rolf H.: Vertragsverletzungsfolgen: Schadenersatz, Rückabwicklung, vertragliche Gestaltungsmöglichkeiten, in: *Eugen Bucher* (Hrsg.), Berner Tage für die juristische Praxis 1990. Wiener Kaufrecht. Der schweizerische Aussenhandel unter dem UN-Übereinkommen über den internationalen Warenkauf, Bern 1991, S. 165–210 (zit.: Vertragsverletzungsfolgen)

Welser, Rudolf: Die Vertragsverletzung des Verkäufers und ihre Sanktion in: *Doralt* (Hrsg.), Das UNCITRAL-Kaufrecht im Vergleich zum österreichischen Recht – Referate und Diskussionen des Symposiums in Baden bei Wien, 17. – 19. April 1983, Wien 1985, S. 105–132 (zit.: Vertragsverletzung des Verkäufers)

Wertenbruch, Johannes: Die Incoterms – Vertragsklauseln für den internationalen Kauf, ZGS 2005, S. 136–142

Wertenbruch, Johannes: Gefahrtragung beim Versendungskauf nach neuem Schuldrecht, JuS 2003, S. 625–633

Wilson, John F.: Carriage of Goods by Sea, 3. Auflage, London 1998

Witz, Wolfgang / Salger, Hanns-Christian / Lorenz, Manuel: International Einheitliches Kaufrecht, Praktiker-Kommentar und Vertragsgestaltung zum CISG, 2. Auflage, Frankfurt am Main 2016 (zit.: Witz/Salger/Lorenz-*Bearbeiter*)

Witz, Wolfgang: Zurückbehaltungsrechte im internationalen Kauf – Eine praxisorientierte Analyse zur Durchsetzung des Kaufpreisanspruchs im CISG, in: Festschrift für Peter Schlechtriem zum 70. Geburtstag, hrsg. von *Ingeborg Schwenzer* und *Günter Hager*, Tübingen 2003, S. 291–307 (zit.: Zurückbehaltungsrechte im internationalen Kauf)

Zimmermann, Reinhard: Konturen eines Europäischen Vertragsrechts, JZ 1995, S. 477–491

Zippelius, Reinhold: Juristische Methodenlehre, 6. Aufl., München 1994

Zweigert, Konrad / Kötz, Hein: Einführung in die Rechtsvergleichung auf dem Gebiete des Privatrechts, 3. Auflage Tübingen 1996 (zit.: Einführung in die Rechtsvergleichung)

www.ingramcontent.com/pod-product-compliance
Ingram Content Group UK Ltd.
Pitfield, Milton Keynes, MK11 3LW, UK
UKHW021125041026
8980IPUK00026B/420

9 783631 817858